terra incognita /ˌtɛrə ɪnˈkɒgnɪtə, ɪnkɒgˈniːtə/

名詞片語；起源於拉丁文，不明土地之意。
未知或未經探索的領域、土地或地區；比喻用
法：未知或未經探索的研究、知識或經驗領域。

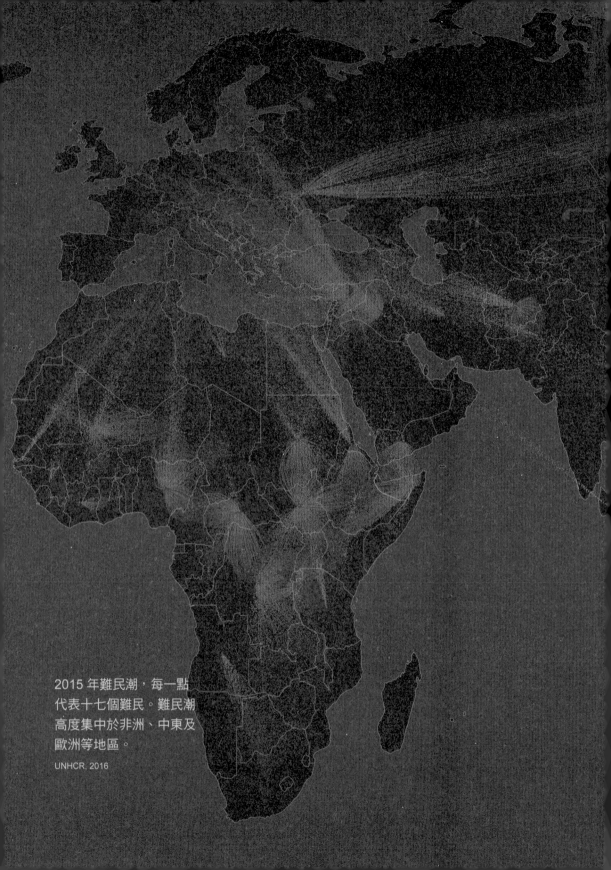

2015 年難民潮，每一點
代表十七個難民。難民潮
高度集中於非洲、中東及
歐洲等地區。

UNHCR, 2016

未來生存地圖

面對下一個百年，用 100 張地圖
掌控變動世界中的威脅與機會

伊恩‧高丁與羅伯特‧穆加

EarthTime 影像由機器人科技教育實驗室提供：

保羅‧迪爾（Paul Dille）、萊恩‧賀夫曼（Ryan Hoffman）
與加百列‧歐唐納（Gabriel O'Donnell）

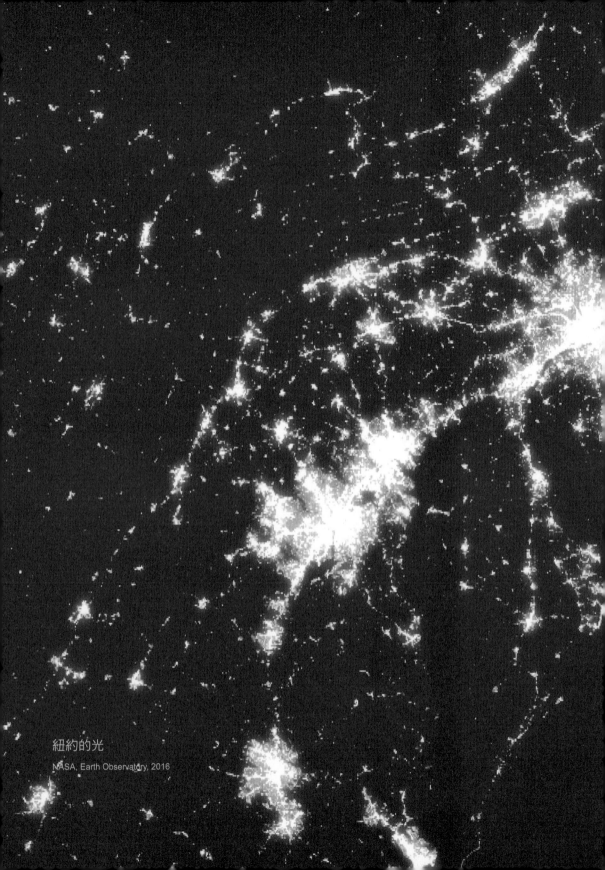

紐約的光
NASA, Earth Observatory, 2016

Contents

棕櫚油主要來自印尼和馬來西亞，這兩個地方的熱帶森林被棕櫚林場所取代。

聯合國商品貿易統計資料庫，OEC, 2017

100 張地圖

泰絲、奧莉薇亞、亞歷克斯，
願你們在自己的旅程中茁壯成長。
伊恩·高丁

給勇於擁抱未知的亨利與貝蒂。
羅伯特·穆加

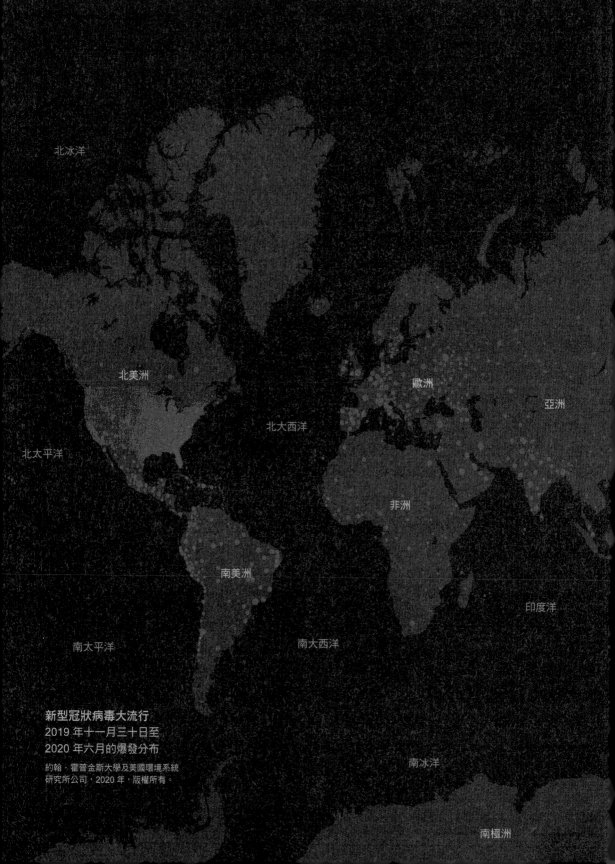

北冰洋

北美洲

歐洲

亞洲

北大西洋

北太平洋

非洲

南美洲

印度洋

南太平洋

南大西洋

新型冠狀病毒大流行
2019 年十一月三十日至
2020 年六月的爆發分布
約翰・霍普金斯大學及美國環境系統
研究所公司，2020 年，版權所有。

南冰洋

南極洲

序文

2020年最初五個月裡，新冠肺炎擴散到一百八十八個國家，超過八百萬人確診，其中四十萬人死亡，佔受感染者的一小部分。就像本書中所收錄的其他地圖一樣，新型冠狀病毒地圖突顯了我們彼此互相連結的方式，還有我們在二十一世紀如何面對著共同的威脅和機會。

2020年初，全球有超過三分之二的人口被限制外出，左邊這張以鮮紅色與黑色呈現的地圖，是由約翰・霍普金斯大學與美國環境系統研究所公司所製作，追蹤這個百年以來最嚴重病毒的演變。[1] 一看就令人害怕的地圖提供新冠肺炎感染及死亡人數的即時統計。疾病爆發的速度震驚全球，但病毒本身卻並不令人意外。多年來，比爾・蓋茲（Bill Gates）與許多人不斷提出警告，包括我們兩人在內，要聽得進去的人留意大規模流行病的威脅，甚至還預測了起源地和全球大爆發的情況。[2] 這些資料呈現出2019到2020年新型冠狀病毒駭人的規模，卻也帶來了一線希望。康復的人數代表著許多人的種種義行，醫生、護士、救護車駕駛、救護人員，還有其他第一線的急救人員，他們冒著生命危險，救了那些連呼吸都有困難的人。

本書書稿交付企鵝藍燈書屋（Penguin Random House）的時候，新冠肺炎疫情正肆虐全球。2019年十二月病毒首次在武漢檢測出來之時，羅伯特加入團隊，協助流行病學家和統計學家建立病毒的全球軌跡模式，希望藉此找出控制疾病的方法。股市開始崩盤，單週蒸發9兆美元，伊恩透過電視及廣播提醒

民眾，過去像這樣的危機該如何收場。我們最大的敵人在過去和現在都一樣，是那些散播陰謀論、否定科學的政客和權威人士。雖然無法預測這場危機將如何收場，但可以確定的是，這將對全球化還有我們生活中的許多層面產生永久的影響。新冠肺炎疫情揭露了伴隨加速的連結而來的系統性風險，它提醒世人，我們的命運交錯、密不可分，合作不可避免，而且十分關鍵。面臨許多已知的生存威脅——不論是流行病、氣候變遷或是大規模毀滅性武器——否認與不採取行動不只危險，根本是犯罪。

新冠肺炎疫情以難以預料的方式加劇，並且打亂了我們的生活，很多人取消了計畫、暫停工作、照顧生病的親友、太早失去摯愛的人，衝擊往往來得又急又重。2020 年三月初，羅伯特在紐約市進行休假研究，在分析了新冠肺炎的全球數據後，他決定更進一步檢視自身周遭的情況。他對自己的統計預測感到不安，於是在居處附近那些未來的「熱點」很快地逛了一圈，卻發現街上滿是人潮，並且毫不在意社交距離。羅伯特當天就打包，雇了貨車舉家搬回老家加拿大，在那裡與剛經歷過英國封城的伊恩合作完成本書。羅伯特離開紐約幾天後，加拿大與美國關閉邊界。幾週之內，紐約成為全球新冠肺炎的爆發中心，死亡數以萬計，感染人數占全美國的四分之一。

新冠肺炎疫情讓所有人的生活天翻地覆，但它清楚地突顯出本書目的，即找出最迫切的全球挑戰和解決辦法，讓大家看見。新冠肺炎不會殺死全球化，但絕對會帶來新局面，[3] 疫情爆發也暴露出全球化的弊端與優點。在高度連結的世界中，傳染病毒比從前散播得更快、更廣。不只會瞬間讓人感染，也會影響到政治與經濟。由於全球供應鏈高度整合，只要有一個生產者中斷，就會如骨牌傾倒般造成難以預料的後果。然而，儘管有去全球化的聲浪，呼籲縮短供應鏈，世界仍因網際網路而連結，社群投入分享資訊，共同對抗有害的疾病爆發。只要

保有多樣性和豐富度，生產者、銷售者和消費者就能提高適應力：就算有幾處中斷，網絡及節點的多樣性也能維持系統運作。在本書付印之時，我們親身經歷了這些衝擊：中國的印刷廠由於疫情，已幾乎全面停擺幾個月了，因此企鵝藍燈書屋必須改變計劃，改至義大利印刷。

　　儘管比起從前，我們更容易暴露在危險的病毒中，但我們也更有所準備。政府、企業、社會，都已準備妥當，能夠承受全球危機。雖然巴西、白俄羅斯、尼加拉瓜、土庫曼等領導人抱持著鴕鳥心態，甚至中國和美國都延誤了對抗新冠肺炎的時間，但大致來說，政府都能根據科學來回應，提出健康措施來緩和肺炎疫情對於脆弱族群的影響。[4]這絕不是人類第一次必須戰勝天啟騎士，歷史上曾有數以百萬計的人死於疫病。過去五百年裡爆發的重大疫情中，以 1918 至 1919 年間的流感大流行最嚴重，全球至少三分之一的人被感染，死亡人數將近五千萬人，沒人知道確切的數字。[5]第一位受害者據信是一個美國士兵，可追溯到 1918 年三月時在堪薩斯州的美軍基地。因船隻載送軍隊遠赴德法作戰，使得病毒在幾個月內就從美國散播出去，死了幾百萬人。1918 年年底，第二波更具破壞力的傳染蔓延到澳洲、日本、印度甚至中國。俗話說得好，歷史不會重演，但絕對有相似之韻律可循。

　　一個世紀前，這個世界完全疏於準備，無法招架疫情爆發，也沒有分子生物學家或病毒學家，無法將流感基因體定序。事實上，大多數醫生根本不知道疾病是由病毒造成的。沒有任何抗病毒藥物，也沒有疫苗接種能保護人免於感染——疫苗要幾十年後才會出現。沒有像世界衛生組織（WHO）這樣的全球機構，甚至各國也沒有像疾病管制與預防中心（CDC）這樣夠格的機構，能在美洲、歐洲、非洲和亞洲調查追蹤新疾病的散播。幾乎沒有任何關於疫情的資訊，特別是在戰時的審查制度下。

1918 年到 1919 年的西班牙流感起源
《BMC 傳染病》（*BMC Infectious Diseases*），第 19 輯，2019 年

- ● 首度爆發
- → 第一波傳播
- ● 第二度爆發的焦點
- → 第二波傳播
- 6↗ 1918 年三月美國通報首例感染之後經過的月份數

2000 km
1000 miles

1918 年到 1919 年的流行性感冒傳播 [6]
1918 年到 1919 年的流行性感冒又稱作西班牙流感，奪走了多達五千萬條人命，至少有六十七萬五千名美國居民死於這種病毒，是整個第一次世界大戰期間死亡人數的三倍以上。全球有三波傳播，首先從北美到歐洲，接著再到非洲和亞洲。

每千人的死亡人數

（縱軸刻度：0, 5, 10, 15, 20, 25）

6/29　7/27　8/24　9/21　10/19　11/16　12/14　1/11　2/8　3/8　4/5
　　　　　　　　1918　　　　　　　　　　　　　1919

《流感教科書》（*Textbook of Influenza*），Blackwell Science 出版，1998 年

今日，儘管大部分的身心健康指標都已有了長足的進步，國際社會仍沒能阻止新冠肺炎散播。中國、義大利、法國、西班牙、英國、美國在 2020 年最初幾個月採取的多項控制措施，與 1918 年和 1919 年的做法非常相似，甚至和十四世紀黑死病流行時一樣。當時就跟現在一樣，鼓勵大家保持社交距離，實施隔離檢疫，隔開受感染的社區，提倡洗手，引進種種策略防止大型群聚。他們也許不確定大規模死亡的真正原因——很多人相信是因為不好的空氣，或是瘴氣——但是地方政府明白健康的人必須跟生病的人隔開。在沒有疫苗、全球領

導力不佳的情況下，這也許是今日最先進社會所能找到的最好辦法了。

流行病的衝擊不僅僅只在於人們的健康，西班牙流感對實際經濟活動造成重大影響，在 1920 年代導致許多大國成長緩慢。[7] 儘管西班牙流感已經很嚴重了，但新冠肺炎會比過去的流行病更嚴重，對全球健康、政治和經濟會造成更大的傷害。因為相較二十世紀早期，如今的世界更加緊密相互依存。二十世紀早期，商業航空尚未興起，大部分人旅行是搭遠洋郵輪或火車。旅遊業，作為我們今日所知的全球產業，當時的規模很小。[8] 國際貿易雖在第一次世界大戰前曾快速成長，但也已經瓦解[9]，人們因戰爭而精疲力竭，因為污染而生病，很容易染上流感。西班牙流感導致缺工、薪資上漲，不過也可能加速戰爭結束，催生了社會安全體制。

新冠肺炎爆發對經濟更具威脅，因為世界經濟比從前更緊密相連。2003 年 SARS 大流行的時候，中國只佔全球經濟的 4%，如今卻超過 16%。中國位於全球供應鏈的中心，中國觀光客每年在國外消費超過 2,600 億美元。[10] 國內外貿易旅遊劇增，讓億萬人擺脫貧困。但如此相互依存有其黑暗面，疫情爆發幾個月之內，新冠肺炎打斷了超過 75% 美國公司的供應鏈，擾亂了全球製造業。[11] 應該從「及時生產」（just in time）轉型成「及時預防」（just in case）管理的呼聲更大了，大家也致力於與中國脫鉤。復原是緩慢而痛苦的，對最脆弱的人來說尤其如此，新冠肺炎也導致國內與各國之間的不平等持續惡化。[12]

新冠肺炎疫情暴露出赤裸的不平等，包括統治的本質及社會契約不堪的狀況，在全世界許多國家都能看到。正常運作的民主國家如紐西蘭，擁有高度信任，不只和緩了疫情曲線，還能壓下來。與此同時，民粹主義領導的國家如巴西，感染及死亡人數不斷攀升。本書付印之時，美國是全世界疫情最嚴重

的國家。與其他地方一樣，社會中最貧困的成員首當其衝——尤其是黑人、亞洲人以及少數民族的家庭。就在美國黑人佛洛伊德（George Floyd）遭警方窒息致死的影片流出之後，這世界想起了少數族群所面臨的種種負擔。多年來，「Black Lives Matter」運動讓許多人得以宣洩怒火，抒發對於警察暴行的憤慨，但效果有限。在疫情嚴峻時發生佛洛伊德之死，點燃了憤怒與絕望的篝火，遍及全美三百五十個城市。幾天之內，抗議擴散到全球十幾個國家，引發對話的迫切性，我們必須談談種族歧視、警察暴力、公義和不平等。

　　這場流行病也將帶來深遠的地緣政治影響。部分是因為經濟衝擊會延伸政治上的不穩定，加深與撙節相關的社會動盪，激發保護主義者的強烈反對。[13] 儘管新冠肺炎應該讓我們學會合作的價值，但到目前為止，大國的反應卻是毫無條理，而且往往過激。從第二次世界大戰以來，美國就一直在全球危機中位居領導角色，但新冠肺炎爆發之後，美國領導人卻是積極削弱世界衛生組織，敵友不分。此外，美國擴大了對中國的貿易戰爭，指責對手隱藏流行病的資訊，使得全球合作的機會更加渺茫。這場流行病不只加劇了美中之間原本的離齬，也削弱了歐盟的凝聚力，包括遷徙自由這項核心原則。

　　儘管有許多與新冠肺炎相關的不利之處，但科學界對於流行病的迅速反應突顯了全球化的一些優點。由於數位連結、高科技實驗室測試和新的基因組科技，科學家能在幾週之內就定序出病毒的基因組。流行病學家、微生物學家和數學家組成的國際網絡日以繼夜地工作，分享預測、研究以及最佳做法。這場危機也激發了某些國家國內與國家之間的團結表現，包括分享口罩和呼吸器之類的專門技能及設備。一時間，這場全球危機看似能夠振興集體行動，就像 2008 年金融危機促成了二十國集團（G20）的形成。但這場危機揭露了全球領導力根本上的缺失，還有許多國家社會契約中的深層隱憂，也暴露出多

邊主義的脆弱狀態。聯合國安全理事會甚至在疫情爆發一百天後，已超過四萬人死亡時才同意開會討論。

我們正進入了一個異常複雜又不確定的新時代，沒有人知道接下來還會發生什麼。國際貨幣基金組織（IMF）預測，一場經濟大蕭條即將降臨，所有經濟體都將受到影響，尤其是新興地區。但我們也有理由相信，只要我們能果斷行動並避免過去的錯誤，其實是可以避掉某些最糟糕的結果。這大部分取決於何時（或是否）有疫苗，以及能否找到有效的抗病毒藥物。少了疫苗及藥物，新型冠狀病毒會持續好幾年，也許永遠都在。即使存在的時間不長，新冠肺炎早已重新配置了未來，包括旅遊、工作、教育、健康，還有我們互動的方式，雖然我們還不清楚改變會有多劇烈，但主宰新常態的規則將會非常不一樣。這不全然是壞消息，英國在疫情發生後進行的調查顯示，只有 9% 的英國人想在外出限制結束後，恢復從前的生活。[14] 此外，世界上許多地方的二氧化碳及二氧化氮排放量前所未有地減低，為受污染的城市帶來乾淨的空氣。[15] 儘管面臨諸多困難，全球市長及市議會已經開始重新想像更環保、更永續的城市生活。[16]

新冠肺炎年代讓人最擔憂的是日益加深的鴻溝，系統性的風險造成威脅加劇，不管是全球、各國、各州或城鎮，準備與反應的步調都太慢了。在這種全球危機迅速升級的時刻，許多政府不再合作，拋棄了從二十世紀中葉以來盛行的國際制度。聯合國不興，承受著數十年疏忽的後果，如何解決因新冠肺炎產生的大規模健康問題，與排山倒海的經濟、食物、人道需求，讓聯合國感到焦頭爛額。世界銀行（World Bank）及國際貨幣基金組織挹注了數十億美金，提供需要財務協助的國家，但事實證明這並不夠，需要的金額超過 2 兆美元。今日的多邊體制由分歧的國家主宰，需要徹底改造才有辦法補救。[17]

新冠肺炎發生的時機再壞不過了，許多國家正因為撙節

和私有化而耗竭，為了緩和 2008 年金融危機及隨之而來的歐債危機，各國中央銀行開始印行鈔票，並把利率降到趨近於零。但在用盡金融彈藥之後，他們能努力的地方如今已大幅縮減，甚至早在 2019 年十二月新型冠狀病毒出現之前，許多政府及公司行號就已深陷嚴重的債務之中。病毒加速了經濟活動崩潰，讓各國面臨的潛在經濟考驗更加嚴峻，削弱了大家處理眼前問題的能力，遑論顧及未來的需求。早在新冠肺炎來臨之前，大眾對於民主的支持就已經減弱，達到有紀錄以來的最低程度。[18] 全球各地的社會早已因為極端對立而分裂，加深了對於當選（或落選）領導人的不信任。[19]

全球合作至關重要，我們迫切需要但卻缺乏全球領導力去執行。在本書中會談到，全球兩大勢力美國與中國似乎走上了衝突之路，猛衝直向冷戰 2.0。歐盟也開始分散來自中國的供應鏈，放棄既定策略，不再擴張與亞洲巨頭的經濟關係。至於中國則採取了新的「慢活」典範，因為經濟趨緩的程度四十年來前所未見。聯合國像是癱瘓的局外人，七大工業國組織（G7）和二十國集團毫無作為，只能提供世界領導人合照的機會。因為看不到明確的終點，許多國家保持專注向內，走自己的路。全球機構急需改革，才能應付二十一世紀的挑戰，但各國政府缺少需要的領導力、正當性和資源，導致全球機構越來越落後。

全球機構的不足削弱了全球適應力，讓所有人都暴露在危險中，尤其是傳染病爆發和氣候變遷。儘管這兩項威脅是最有可能的未來危機，我們還是任由事情發生了。更糟的是，國際和國內的法規政策大多忽略了風險，無視金融機構集中在一小撮位置的危險。全球競爭對手的總部不是分布各處，而是位於毗鄰的建築中。救命藥物的製造也有類似的集中風險，當流行病隔絕了美國與供應商，人口健康的風險大增。同樣地，如果颱風導致華爾街關閉，或是世上某些地方的重要物資供應與服

務中斷，全球經濟和集體福祉也會因為我們的緊密相連而面臨更大的風險。[20]

　　流行病與其他全球危機不同，因為世上任何地方都有可能出現。面對氣候變遷、網路攻擊和抗生素抗藥性這類威脅，只要有一小群人採取行動，包括公司、城市和社群，就能結盟起來，大幅降低風險。[21] 但流行病不是這樣，監控、介入並隔離感染源的能力很重要，也需要全國採取行動，隔離治療受到感染的個人。對於不具備這種能力的國家，就需要國際上的警覺監控和迅速反應，才能從源頭控制疫情。為此，全球共享資訊及資源很重要，尤其是支援最貧困的國家。世界衛生組織擁有這樣的權力，卻因為欠缺改革，也得不到全球各政府的支持而窒礙難行。

　　新冠肺炎赤裸裸地揭露了複雜的全球整合系統的不足之處。說到底，再高的柵欄、再厚的牆都阻擋不了流行病，阻擋不了任何一種全球威脅，我們在不平等世界中合作的集體意願正在接受考驗。我們正進入未知的水域，風險再高不過了。在寫作這本書時，我們相信地圖有助於開創更好的合作，像是序文開頭的紅黑色視覺化地圖，就能以有渲染力卻簡單的方式傳達出複雜的觀念。我們希望這些地圖和影像，能夠教育並引導大家獲得新的洞見和理解，最終帶來希望。翻開二十一世紀的新地圖，接受地圖的引導。讓我們開始吧。

伊恩·高丁

羅伯特·穆加

2020 年六月

海洋地圖，奧勞斯・馬格努斯（Olaus Magnus），1539 年

前言

「你不能靠舊地圖去探索新世界。」
——愛因斯坦（Albert Einstein）

人類歷史上大多時候，對於自己置身何處可說是一無所知，而無法直接觀察的就是未知。直到我們的祖先開始在洞穴的牆上描繪週遭環境（包括最靠近的野生獵物或是水源）時，情況才有所改變。大約三千年前，人類開始把最早的世界地圖畫在莎草紙上，尚未探索的地區充滿了龍、蛇和獅子等神奇而駭人的野獸。直到不久以前，地球上大部分地方仍然都是未知地，但在導航輔助以及科技發展的突飛猛進之下，一切開始改變。我們仍然有許多要學，但是這個複雜的世界——氣候、生物多樣性、複雜的人類體制——正在迅速現身。我們現在到達了已知地的狀態，處在已知的世界中。

在本書中，我們利用地圖來解釋某些最嚴峻的生存挑戰，還有一些最鼓舞人心的解決方法。我們正處於充滿不確定性，但也有著無限機會的年代。新冠肺炎發生之前，氣候危機是首要議題，引發眾人關注地球上的改變，包括氣候、冰河、海洋、生態系統和生活。全球暖化對於我們這輩子的生命造成空前影響，但卻不是我們面臨的唯一緊急事件。在全球化的年代裡，我們面臨廣泛的威脅，從極度不平等到傳染病爆發，從政治極端主義到扼殺隱私的監視，還有暴力暴增。每種風險都相互關聯，這就是為什麼同時處理所有風險雖然困難，卻比任何時候都更有必要。

要是我們能夠講清楚，加上脈絡把世界上最大的危險具體

化，進而使得這些危險能夠用來釐清事情、提供資訊，而不是造成恐懼，加深社群之間與內部的分歧呢？想像一下，要是我們能夠動用資訊，降低不確定性，增進了解和透明度，而且還有助於未來的決策呢？如果我們能夠打造一組好用的新工具，能讓人更有信心地邁向未來，而不是躲躲藏藏並冒著倒退的風險呢？從複雜中提煉出明晰的方法之一，就是詳細勾勒出我們最大的挑戰。地理影像和資訊科學有了長足的進步，讓我們得以標繪出最嚴峻的威脅，以視覺化的方式呈現出過去、現在與未來。可供探索的不只是有形之地，還有環境、社會、經濟和政治層面。

綠製地圖是一種古老的衝動，從智人學會溝通的那一刻起，就懂得利用地圖來理解世界。早在書寫發明之前，大家就會用地圖來解釋彼此之間的關係，以及我們與環境、行星和宇宙之間的關係。不論是刻在石頭上，或是用來確認遙遠的太陽系方向，地圖都有指引正確方向的功能。然而，無論是從前還是現在的地圖，都提醒我們：不能只看表面。因為地圖所隱藏的，往往跟顯露出來的一樣多。

改變世界的地圖

早在衛星影像及遙感探測技術發明的數千年前，人類就透過估計陸地板塊之間的距離在遠洋航行。史上最具影響力的地圖之一是二世紀時托勒密（Claudius Ptolemy）創作的《地理學》（*Geographia*），首度標示出經度和緯度。儘管《地理學》集結了當時所有已知的地理知識，內容卻有誤導之嫌。從加那利群島（Canary Islands）延伸到暹羅灣（Gulf of Thailand）這部分，它嚴重誤判了大多數國家和航道的大小、位置與形狀。這份地圖也把子午線（0度經線）擺在西非某處。儘管如此，幾個世紀以來，包括約翰尼斯・斯尼茲爾（Johannes Schnitzer）在

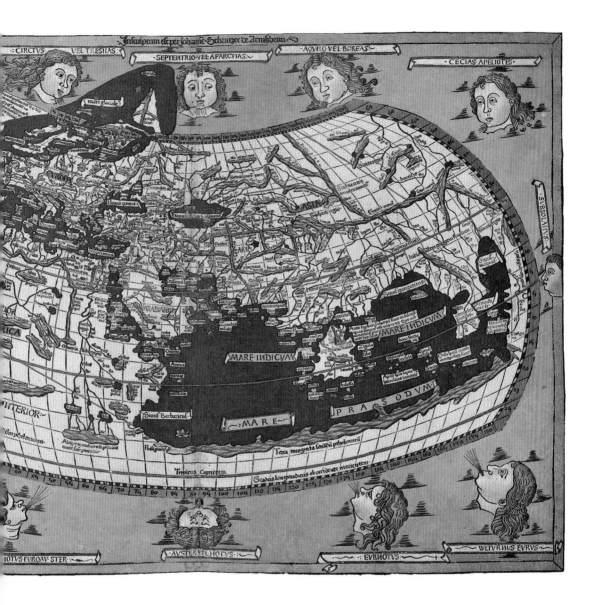

托勒密的《地理學》
（西元 150 年）
約翰尼斯・斯尼茲爾，
1482 年

內的製圖師，仍多次翻印複製了《地理學》，它提供了迷人卻扭曲的方式，讓人用來理解這個地球。

《地理學》深深影響了我們想像世界的方式。十五、十六世紀的歐洲探險家，利用這份地圖推動了探險的新世紀。例如，葡萄牙的探險家藉此詳細標示出新的非洲海岸線，最終繞過非洲大陸進入印度洋。還有哥倫布，他延伸了托勒密地圖上

的度長，把緯度近一步向東推進。儘管設計有所改進，哥倫布的地圖還是有誤導性，導致哥倫布和全體船員誤判了歐洲到亞洲的航行距離。1492 年，哥倫布總算抵達加勒比群島時，他以為自己已經到了亞洲，這說明了為何他在得知伊斯帕紐拉島（Hispaniola）其實不是日本時如此沮喪，其他就不再贅述了。

　　另一份變革性地圖在十六世紀時出現，由偉大的製圖師、地理學家暨宇宙學家傑拉杜斯‧麥卡托（Gerardus Mercator）所繪製。他的創舉是利用圓柱投影法，讓緯線及經線在恆向航線

《世界圖》（*Orbis Terrae Compendiosa Descriptio*）傑拉杜斯‧麥卡托，1569 年

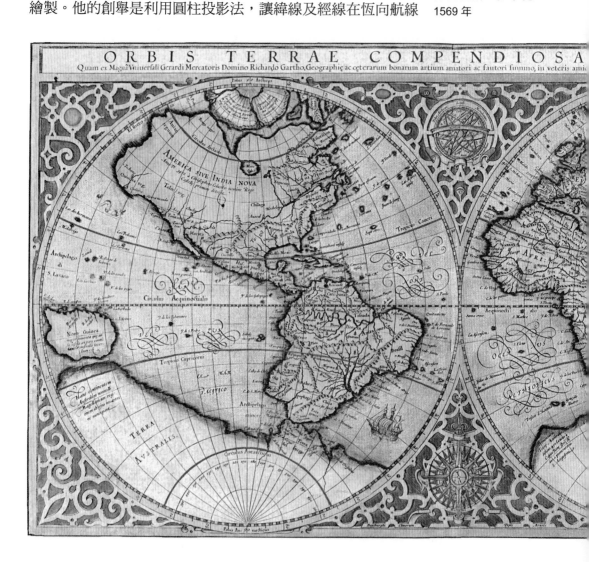

上維持九十度角（又稱恆向線），水手因此能夠更有效率地在海域中航行。製圖師努力多年，希望能把二維圖固定在三維球面上。儘管具有變革性，麥卡托的地圖使用起來卻叫人洩氣：水手必須不斷重新計算路線，才能彌補地圖固有的不足。

雖然提供了比前人更精確的航行輔助，麥卡托的地圖仍暗藏個問題——物體尺寸隨著緯度增加而大幅扭曲，從赤道到兩極，變形尺度無限。麥卡托地圖上恆定的緯度與經度，說明了為何格陵蘭和南極洲在比例上看起來比靠近赤道的陸地要大得多，而事實上只有巴西五分之一大的阿拉斯加，在圖上卻看起來跟巴西一樣大。第7頁的地圖顯示，光是加拿大和俄羅斯似乎就佔了世界表面25%，但事實上只佔5%。儘管有這些侷限，麥卡托的「地圖集」依然很流行，成為今日使用的大部分地圖的基礎。

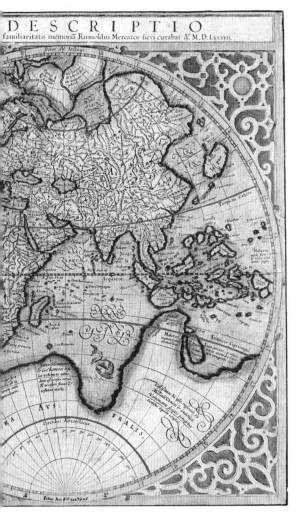

有份很受歡迎的地圖，是由一家位於紐澤西的公司「地理學」（Geographia）在1940年代早期出版。那是詳細版本的麥卡托地圖，至今仍常見於世界各地大學及小學校園中的牆上。地理學公司以及其他的麥卡托地圖時常受到批評，因為它們扭曲了陸地大小並強化了以歐洲為中心的世界觀——由北半球主宰著南半球。相較之下，高爾－彼德斯（Gall-Peters）投影法這種方式在1970年代獲得製圖師的肯定，也揭露出麥卡托地圖某些嚴重的侷限性。更具體來說，高爾－彼德斯地圖上每個國家的相對尺寸都是正確的，像是非洲和巴西比其他地圖大得多，西歐則不像南

美洲那麼大，只有南美洲的一半。

　　地圖在二十一世紀又經歷了另一番變革：越來越數位化、多維度，根據的是遙感探測科技。Google 地圖在 2005 年推出，如今每年使用人數超過十億。它把影像繞著球體彎曲，展現出一個接近真實情況的崎嶇不平的球體。在第 8 頁可以看到，這個地圖也提供了選擇，讓觀察者可以把世界劃分成行政單位，或是透過衛星來看地球。平面二維圖也在 2018 年升級成三維立體版本。

　　如果地圖可以透露出我們的過往，那麼能不能幫助我們

右圖：麥卡托及高爾彼德斯地圖（投影尺寸及真實尺寸）

下圖：標準世界地圖，**1942 年**
「地理學」公司出版

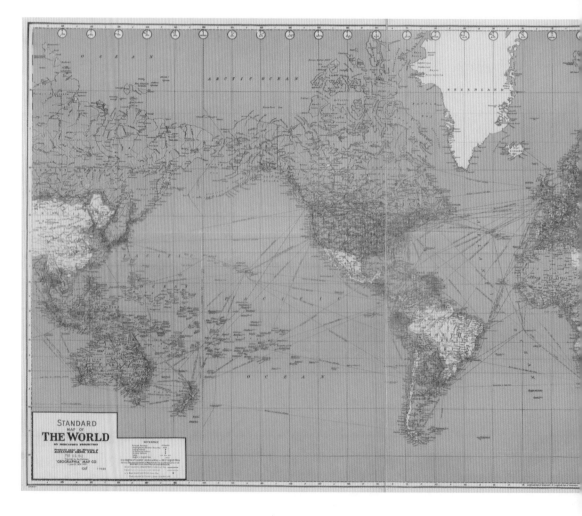

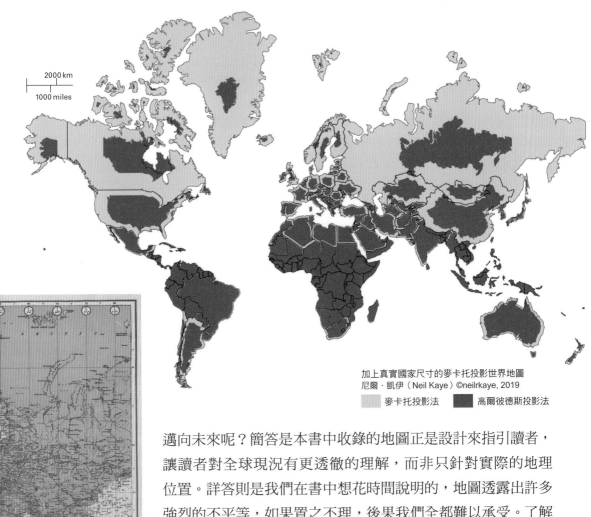

加上真實國家尺寸的麥卡托投影世界地圖
尼爾‧凱伊（Neil Kaye）©neilrkaye, 2019

麥卡托投影法　　高爾彼德斯投影法

邁向未來呢？簡答是本書中收錄的地圖正是設計來指引讀者，讓讀者對全球現況有更透徹的理解，而非只針對實際的地理位置。詳答則是我們在書中想花時間說明的，地圖透露出許多強烈的不平等，如果置之不理，後果我們全都難以承受。了解問題之間的關聯，我們才能開始制定解決辦法。我們活在苦痛又費解的年代裡，舊時的確切正在瓦解。新冠肺炎疫情影響深遠，改變的步調之快，表示許多心智上與實際上的地圖都不再合用。雖然我們不該拋棄閱讀地圖的基本原則，那些由托勒密、麥卡托、高爾、彼德斯和 Google 所奠定的基礎，但是我們急需新的地圖協助確認方向，讓我們走上更確定的道路，邁向更好的命運。

　　即使在所有新冠肺炎爆發的相關壞消息當中，仍有充分的理由當一個了解狀況的樂觀主義者。我們活在特別的時刻，仍然可以說是人類歷史上最好的時代。我們正同時經歷多重變

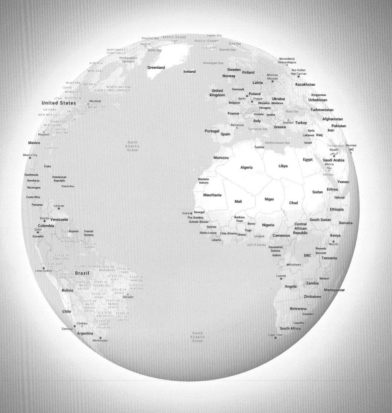

革，在科技上、社會上、經濟上及政治上都是，儘管新型冠狀病毒造成可怕的衝擊，但比起二十萬年前第一個智人開始行走在地球上時，大部分人仍然比任何時候都更長壽、更健康。在健康那一章會提到，全球平均預期壽命在過去五年間增加了驚人的二十年。儘管新冠肺炎重創經濟的後果，在接下來幾年都能感受得到，但我們確實有潛力消彌其餘的隔閡，為地球上的全體人類提供更好、更有意義的生活。不過，在不平等那一章會提到，儘管有明確的進步和保證，許多人仍然有種前景堪慮的預感，尤其是在比較富裕的國家，這種無力感在新冠肺炎發生後急遽增加。

儘管人類總是生活在不確定中，但今日不一樣了，史上從來沒有過這樣的時候，由單一世代所做的決定，對後世的存亡影響如此重大。最迫切的問題是日常對話的題材：面對新冠肺炎，如何打造更包容、更具適應力的世界？我們能不能反轉溫室效應氣體排放，緩和海平面上升對於沿海城市的風險？人工智慧能被控制，還是反過來控制我們？我們能否避免悲慘的核戰、生物戰或恐怖主義，那些由民族國家或甚至單獨極端主義者所造成的災難？我們能否在不引起毀滅性的民粹主義和加深分化的情況下，擷取全球化的優點？我們是否能夠減少難民潮，確保他們的尊嚴和權利，並且提出合乎情理的移民方法？吃素可以救地球嗎？

我們需要深呼吸，這些問題的重要性會讓人感到無力招架，甚至有些虛弱。面對種種消息，傳染病爆發、氣候變遷、自動化還有網路戰，許多人會感到無能為力或害怕。不妨客觀地來看看今日公認的一些重大挑戰。想想難民的議題，很少有主題能如此吸引西歐和北美的注意。今日世上大約有兩千六百萬難民，是二次世界大戰以來最多的時候。由於報紙頭條新聞的誤導，西方人相信大多數難民都想到他們的城市裡尋求庇護。某種程度上，這導致了對於遷徙者的態度轉趨強硬，助長

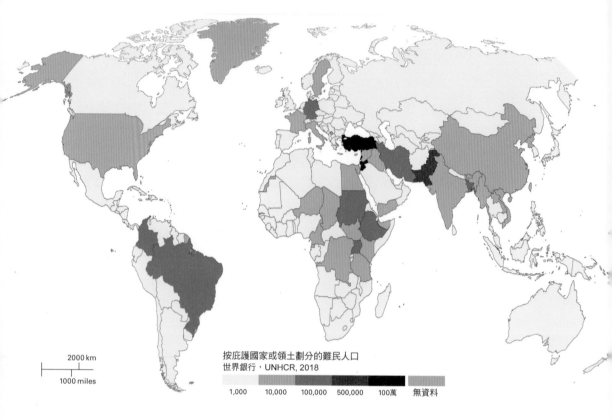

按庇護國家或領土劃分的難民人口
世界銀行，UNHCR, 2018

| 1,000 | 10,000 | 100,000 | 500,000 | 100萬 | 無資料 |

2000 km
1000 miles

保守分子國家主義的散播，還有那些令人不愉快的徵兆——限制移民政策、拘留營及高牆。

　　然而就算匆匆一瞥，稍微看一下我們的地圖也可以發現，難民比一般人所認為的要分散多了。事實上，大約 90% 的難民和尋求庇護的人，目前都住在非洲、中東、亞洲和拉丁美洲，通常都很靠近他們原本的國家。只有不到 10% 的難民有辦法進入比較富裕的國家。在 2020 年，擁有三億兩千五百萬居民的美國，只打算接受不到一萬八千個難民，這個數字還不到全球總數的 0.006%，是美國史上紀錄最低的接納率。而擁有九百七十萬人口的約旦，卻容納了六十五萬名敘利亞難民，他們穿越邊界，逃離難以想像的苦難。約旦接納的難民人數與其總人口相比，差不多相當於讓英國在一夜之間接納四百多萬人，或是讓加拿大接受兩百五十萬人。約旦沒有把難民看作負

擔，而是將難民的到來視為多元化的機會，推動發展經濟。

　　儘管難民不會造成生存威脅，不會影響到國族認同或自由民主，民粹主義者和權威專家卻日以繼夜地想說服我們其實不然。難民潮趨緩，幾乎進不了美國，白宮卻要求旅行禁令，要動員士兵「保衛」南方國界，不讓墨西哥和中美洲的人尋求庇護，此舉顯然帶有政治話術的意味。此外在歐洲國家，庇護申請案件拒絕的數量是核准的兩倍，關於移民政策的爭論是關注的焦點。世界領導人定下的基調很重要，因為污名化難民和移民會讓社會分裂，即使是最多元、最包容的群體也難以倖免。等到新冠肺炎疫情造成的經濟苦果開始出現，這些反對移民的聲浪會變得更大。我們在移民、地緣政治和文化的章節中會看到，突然湧入的大量人潮如果處理不當，將會引起混亂。這種恐懼助長了保守分子運動，從英國脫歐到極右派國家主義者的興起，在法國、德國、匈牙利和波蘭都能看到。歧視外國人也是領導者常見的形象，從澳洲、巴西到印度、菲律賓都有。

用互動地圖來了解世界

　　據說二十世紀初的廣告公司主管佛瑞德・巴納德（Fred Barnard）創造了「一圖勝千言」這句話，他說的沒錯，大家在探索地圖時，能夠連結起看文字時可能會遺漏的事物。我們的製圖方法是將衛星影像與來自國家研究單位、一流大學、私人公司以及非政府組織收集到的大量數據相結合。把人類行為的結果視覺化加在地球輪廓上，可能會立即讓人眼花撩亂、焦慮不安，覺得違反直覺。不過一旦看出真正發生什麼，事情就會變得更清楚。例如 2019 年到 2020 年間嚴重破壞澳洲的叢林大火，燒毀了數千萬公頃的土地，有十億多隻動物死亡。由日本氣象衛星向日葵八號（Himawari-8）所產生的這類地圖，有助於展現火災的整體規模和層面。你會開始從驚慌焦慮的狀態中

走出來，覺得有了主張，受到感動，可能會有足夠的信心去採取行動。

　　本書中大部分的地圖都是由 EarthTime 所產生的，這個線上數據視覺化平台是由卡內基美隆大學（Carnegie Mellon University）的機器人科技教育實驗室（CREATE Lab）所研發。主要數據來源包括五百多萬張衛星影像，是過去三十年間由包含哨

500 km
250 miles

NASA-FIRMS

250 km
100 miles

Himawari 8. JMA

兵二號 A（Sentinel-2A）在內的大地衛星所拍到的，這些衛星每天繞行地球十四次，傳送大量數據。EarthTime 地圖結合高解析度的衛星成像及兩千多筆數據圖層，來自合作夥伴如聯合國、歐盟、美國太空總署、美國人口普查局、大學院校、研究機構和 Google 這類私人單位，呈現出各種自然變化及人類影響的模式，涵蓋整體和局部。

本書提供詳盡的內容，但絕非無所不包。大部分都在新冠肺炎疫情出現之前就已經寫好，共十四個章節，專門討論這個時代最重要的事情，每一章都強調幾個我們面臨的關鍵挑戰，並根據最新科學證據建議解決辦法。世界在過去幾十年來明顯改變了，在 2020 年更是發生巨變，但是許多最重大的改變仍未發生。為了讓受傷又相互連結的地球蓬勃發展，我們全都必須變得更擅長詮釋數據資料，要成為更懂方法的人，能從喧囂中分辨出訊息，要做到上述這一切，需要我們每一個人都增進數位和地圖繪製的素養。包括新地圖在內的數據平台，無法告訴我們確切該做什麼，但可以讓我們的判斷有所依據，提供迫切需要的觀點，協助我們在不確定的年代中前進。

即使在政府、企業和社會學者適應有新冠肺炎的世界的此時，我們還是有潛力能讓本世紀成為人類歷史上最好的世紀。但如果我們控制不住排山倒海而來的風險，用英國皇家天文學家馬丁・芮斯（Martin Rees）的話來說，這很可能會是人類的最後一個世紀。未來取決於我們能否收穫眼前那些前所未有的機遇，能否了解並克服潛在的災難性威脅。過去的世界曾經歷過動盪巨變，柏林圍牆垮了，全球資訊網問世，三十年前發生的事情從根本上改變了全球秩序與所有人互動的方式，大多是變好。危險在於過去的成功可能會導致對未來的自滿。我們可以慶祝已經達成的進步，但也要認清風險的倍增和聚合。我們正在臨界點：往前邁進，還是險險地退後，全由我們作主。

本書中每章都有三個主題，第一個與全球化的衝擊相關，

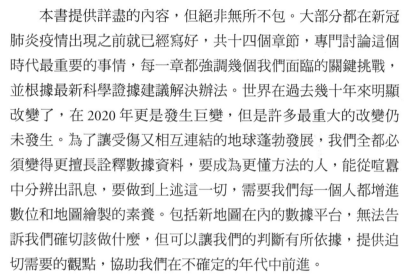

澳洲叢林大火的太空影像，2020 年

加速移動的人類、產品和想法深深影響了我們的文化及商業關係，而且並非都是好事。第二個主題是不平等的增加，儘管各地的生活水準幾乎都提升了，許多國家卻也越來越不平等，最富裕與最貧窮者之間的差距越來越大，數字驚人。有兩千一百五十個億萬富翁比全球 60% 的人口還富有，他們其中四十二個人就比地球上最貧窮的三十七億人擁有更多財富。我們也看到在壽命、食物取得和面臨犯罪上，不平等的加深，我們的郵遞區號能預測我們的壽命和人生中的機會，這項事實在新冠肺炎疫情後變得非常明顯。最後一個主題是新科技快速轉變的影響。人工智慧、機器人技術、基因組學、生物技術的驚人發展，重新配置了一切——從政治、健康到教育——讓人既興奮又不安。科學界對新冠肺炎的反應證明了這一點：在察覺新冠肺炎的三個月內，有超過三萬篇經過同儕審查但尚未發表的研究在全世界分享流通。地圖能否幫我們汲取過去的教訓，創造更好的未來呢？

借助地圖，走向新理解

旅遊作家比爾・布萊森（Bill Bryson）曾說過：「地圖是怎麼一回事？我可以整天盯著看。」所有的領航員和定向員（包括布萊森先生在內）都知道，閱讀地圖有些準則，少了這些準則，我們很快就會發現自己犯下愚蠢的錯誤，並且迷失方向。首先，選擇正確的地圖種類很重要：航海圖對登山家沒有用，就像地形圖對在城市中開車的人來說，也沒有多少用途。

務必確認圖例——通常稱為「符號說明」——之後再去詮釋地圖。圖例通常有符號或色碼，代表城市、山脈、林區，或者表示淡水及海水。在這本書中，會用色碼圖例來幫助讀者了解改變，例如隨著時間而改變的森林覆蓋率、工

業及自然火災的面積範圍（從太空來看）、戰爭地區有組織犯罪的路徑，還有全球各國兒童死亡率的變化。

考慮地圖上沒有放進去的也很重要，所有的地圖都是不完美的投射，每份地圖都有些扭曲——涵蓋的區域越大，就越失真。你可能會很想根據所呈現出來的難懂相互關係和因果過程，早早做出結論。然而，舉例來說，儘管某些國家的預期壽命很高，學校測驗成績優良，卻不表示所有人都能平等受惠。我們必須一直抱持懷疑的態度，不斷去質疑地圖上包含了什麼，缺少了什麼，又是為了什麼原因。我們的地圖遠遠稱不上完美，希望有天能夠找到改進的方式。

讀者應該知道是誰製作了地圖，地圖既不中立也不公正，不管有多精密，都是某個地方挑選過的特性象徵代表。製圖者為了不同的目的而製作地圖，他們的觀點會反映在每一份地圖的內容中。過去只有少數幾個知名的製圖師，由皇室供養，用昂貴的皮裝書發表自己的發現——麥卡托在十五世紀發表的《地圖集》（Atlas），或是十八世紀時的《新地圖集》（Atlas Nouveau）。今日的地圖有各種形狀和尺寸，由各種專家和業餘者開發，透過數位重製提供億萬人使用。讓更多人有機會使用地圖固然值得慶賀，了解地圖的出處卻比任何時候都更重要。

地圖是眾多工具之一，能幫助我們走向更好的洞見和理解。數百年來，領航員仰賴各種方法的組合——評估星座和行星的位置、觀察風向、理解羅盤及六分儀、利用在地的智慧——來找到通往目的地的路。地圖能提供安全的管道，但是我們絕不能只靠地圖。由於本章和其他地方會提到的理由，我們仰賴多種科技來講述這個世界的故事——讓這個世界成為已知地。

水下光纖電纜、鐵軌網絡和各種管線，讓這個世界比從前
任何時候都更加相連。

庫德斯基集團（Kudelski Group），帕拉格‧康納（Parag Khanna）、傑夫‧布拉瑟
（Jeff Blossom），哈佛世界地圖（Harvard World Map）

全球化

跨境流動定義了全球化

全球化讓億萬人脫離貧困

全球化散播機會與風險

全球化不死，只是受到威脅

相連的世界
「白點」代表群集的電話、電腦和其他連結設備,「紫線」代表連結各大陸的海中通訊電纜。人口稠密處的高連通程度顯而易見,沙漠、鄉村和貧困地區,例如非洲,則明顯缺乏連結。

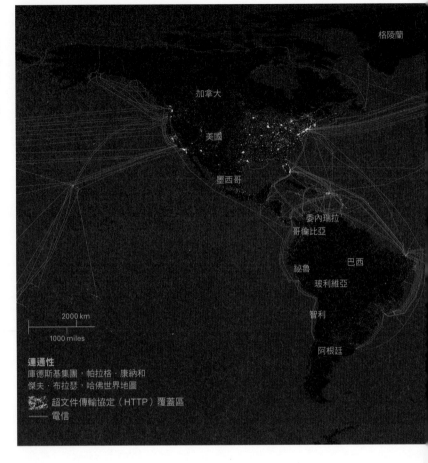

格陵蘭

加拿大

美國

墨西哥

委內瑞拉
哥倫比亞

祕魯　　巴西
玻利維亞

智利

阿根廷

2000 km
1000 miles

連通性
庫德斯基集團,帕拉格‧康納和
傑夫‧布拉瑟,哈佛世界地圖

超文件傳輸協定(HTTP)覆蓋區
—— 電信

前言

　　全球化受到廣泛談論,卻很少有人為其定義。從最普遍的層面來看,全球化可以轉化成人類跨越國界的活動總和。[1] 這些流動可能是經濟上、社會上、文化上、政治上、科技上或甚至是生物上的,就像新型冠狀病毒或是愛滋病病毒這類流行病的傳播。想法的國際流動最不容易看見,但卻是全球化最強大的層面之一。想法的碰撞與融和,塑造了社會組織的方式,管理經濟和公司的方式,還有人們理解及思考的方式。

　　網際網路連通性的地圖描繪出全球化的一項關鍵要素:全

球資訊如何流動。白點表示群集的連結設備，包括電腦、伺服器和電話。水下電信電纜以紫線表示，交叉分布於海中，光憑這些網絡的密度就能看出我們相互連結的程度。我們可以看到發著光的北美洲、歐洲、南亞及東亞，還有澳洲及拉丁美洲的東部沿海地區。北美洲 90% 以上、歐洲 88% 以上都有網際網路。[2]

　　這張地圖也提醒了我們，世界上有些地方的連通性較差。黑暗的地區多半人煙稀少，像是北極、亞馬遜、撒哈拉沙漠。英國電信監管單位通訊管理局（Ofcom）規定，寬頻網速至少要有 10Mbps，消費者才能參與數位社會[3]，但在接受調查的四

十個非洲國家中，只有四個國家的寬頻網速超過 5Mbps。非洲只有馬達加斯加的網速超過 10Mbps，而該國人口只佔全非洲大陸不到 2%。[4] 不意外地，發展中世界成長最迅速的，正好是那些連結度最高的國家，尤其是南亞、東亞、非洲沿海岸地區及拉丁美洲的城市。被遺留在黑暗中的地區更加落後了。

三十多年前柏林圍牆倒塌、蘇聯解體，大家預料這會讓自由民主的原則及價值變得全球化。法蘭西斯・福山（Francis Fukuyama）1992 年著名的大作預示了「歷史之終結」以及公開市場的勝利。[5] 普遍的期待是地緣政治聚合和新發明的全球資訊網能讓世界縮小，支持「距離已死」的概念。[6] 這些原本全都該散播機會，創造出湯馬斯・佛里曼（Thomas Friedman）描述的「平世界」[7]，可惜事情並未如計劃中順利發展。[8]

三十年前的亢奮如今成了苦澀的領悟，全球化沒有實現美國和西歐許多權威專家的承諾。新冠肺炎透過全球化的要道散播，在各地造成空前的健康和經濟危機。此外，儘管世上前 1% 的人得益甚巨，卻有更多公民因所得不均而變得更窮困。[9] 這些令人憂慮的事情，在 2008 年金融危機後變得更加普遍。十多年後，美國、英國和南歐的平均薪資水準仍然低於危機發生之前[10]，所以大家會焦慮不是沒有原因的，畢竟一直以來，高所得不只代表財務優勢，也與高預期壽命，還有更好的工作機會、更好的學校等其他根深蒂固的優勢相關。

有一陣子，全球化看似促進了觀點的融和，而且不只在歐洲與北美洲之間，就連新興的經濟體也是，中國、印度、亞洲大部分地區、非洲和拉丁美洲，全都擁抱公開市場。2008 年金融危機反映出協調一致的多邊行動最精彩的部分，二十國集團（G20）迅速達成協議，推出全球救援方案，從金融險境中挽救世界。但這是最後的努力了，這場危機導致中產階級薪資十年的停滯，國內不平等也急遽攀升。銀行家、政客與管理金融管理系統專家的無能，使憤怒加劇，激起民粹主義反撲，反對

全球化。

全球化沒有促成社會上的才智交流，反而造成意識形態和政治上的分歧。這損害了集體做出決定的潛力，無法共同找出解決辦法。全球化就像金融危機所展現的那樣，絕對需要更多協調才能應付根本上的風險，同時也需要集體行動，控制經濟成長和機會散播所帶來的負面後果。這類需要設法處理的外部性的例子包括傳染病爆發、抗生素抗藥性攀升及氣候變遷。日益脆弱的地球生態系統迫切需要眾人加強合作，但全球化帶來的不良影響卻讓我們更少合作了。

過去十年來，全球化一詞受到濫用，各種壞事都怪全球化。儘管聽起來像異端邪說，但問題不在太過全球化，而是不夠全球化。得不到足夠資金的地方無法開展貿易，無法低價供給網際網路，沒有好的教育和醫療保健，接觸不到最新的觀念。這些地方的人更容易得傳染病，收入更低，機會也更少。[11]為了應付那些無國界的問題，我們需要更好的全球化管理。本章首先檢視全球化的意義——探討全球化演變的過程，接著考量全球化的不同層面，如何重塑了金融及國際援助，還有未來我們能夠處理得更好的方式。

全球化浪潮

全球化不是二十一世紀的發明，已經存在好幾百年了，經濟史學家一般會用不同的方法來解釋全球化的特定事件，包括跨國移動的產品、服務、財源、科技、人，以及思想。[12]儘管先前有過全球化的浪潮，但相較之下，我們眼前目睹的是全球化的海嘯。過去三十年來，跨境貿易不論是有形的產品或是無形的金流和交流，全都驟升到過去難以想像的程度。

22頁為法蘭西斯‧高爾頓（Francis Galton）1881年繪製的地圖，可以看到從前將人和貨物從倫敦運送到世界各地要花多

少時間。[13] 歐洲或是北美洲沿岸可在十天內抵達，而雪梨、上海或是南美洲大部分地方，就至少需要四十天才到得了。今日全球任何一個主要城市，搭機都可以在三十六小時內抵達，也有高速網際網路相互連結。我們會在本書中不斷看到，人與地在實際上與數位上的連結，已加速了健康、教育、文化、科技和許多方面的變革。

初版由高爾頓發表在皇家地理學會的會議紀錄中，1881 年。

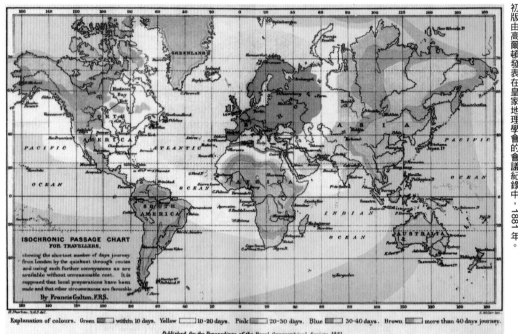

慢船：1881 年，從倫敦到世界各地需要多久時間
法蘭西斯・高爾頓第一份聞名的等時線圖由皇家地理學會在 1881 年出版，上面標示了從倫敦到世界各地需要的旅行天數。這份地圖的假設是旅途情況良好，事先安排好旅程，並且旅客有足夠的資金。從地圖上可以看到，歐洲各地可在十天內抵達，但雪梨、東京或北京就需要四十天。

　　最近這階段的全球化跟過去的迭代有何區別？與規模絕對有關，不過就像之前說過的，部分問題在於全球化的定義仍有爭議，更不用說是從何時開始了。[14] 有些學者主張全球化是從智人數千年前離開非洲的時候開始的，有些則宣稱直到中國

和歐亞大陸在西元前一世紀擴大奢侈品交易時才開始，一般稱之為絲路。七世紀到十五世紀間的宗教及貿易（尤其是香料）傳播是另一個可能的開始時期，還有十五到十九世紀間的「發現」美洲跟科學創新激增。不可否認，我們對全球化不夠了解，也不會在本書中解決所有的問題。

我們可以說全球化並非進展平順，航海羅盤、燈泡、燃燒發動機、網際網路和現代光纖等技術創新，推動了特定的急速發展。政策的改變也是，機構及當地偏好交替加速了全球化，但也有可能讓全球化倒轉。例如十五世紀，中國皇帝明仁宗禁止海外探險[15]，使得中國的海上貿易霸權很快就拱手讓給歐洲，加上文藝復興和所謂的地理大發現，替歐洲帶來了馬鈴薯、蕃茄、咖啡和巧克力，同時也摧毀了前哥倫布時期文明的生活，造成數百萬非洲人淪為野蠻奴隸貿易的受害者。[16]

第一波現代全球化始於十九世紀末[17]，在此之前，全球經濟產出不到 10% 是來自貿易。[18]著名的經濟學家約翰‧梅納德‧凱因斯（John Maynard Keynes）將十九世紀後半到第一次世界大戰稱為是現代世界經濟的誕生。[19]在這段期間，金融市場的整合伴隨著鐵路及航運的進步，加上採用蒸汽引擎，還有電報傳輸的發展，歐洲殖民體系變得更加活躍。[20]不同於目前的全球化階段，當時的移民率相對於人口規模來說處於史上最高，近三分之一的愛爾蘭、義大利和斯堪地那維亞人口移民，每年還有百萬多人橫越大西洋，這一時期被稱為大規模遷徙時代（Age of Mass Migration）。

以前的全球化很短暫，並且往往急轉之下，造成災難。24頁的圖描繪出 1500 年至今的全球「貿易開放指數」佔國內生產毛額的比例，顯示 1800 年代後半葉大約是 30%，接著就因為第一次世界大戰而驟降。戰爭接連著經濟大蕭條，使這波全球化崩盤，這段期間對於全球化的排拒加上歐洲興起的國家主義，種下了第二次世界大戰的禍根。二十一世紀的保守國家主

義及保護主義，再度增加了對全球化的威脅，而且不只是像全球流行病這樣的生存威脅，排山倒海而來的金融危機和氣候變遷，也有可能阻擋全球化的發展。

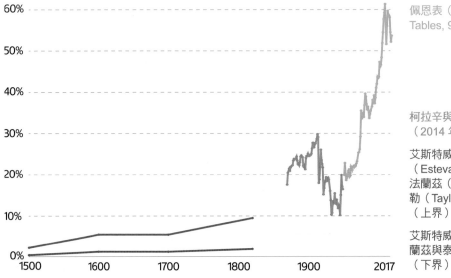

佩恩表（Penn World Tables, 9.1）

柯拉辛與米力奧尼（2014 年）

艾斯特威得歐多（Estevadeordal）、法蘭茲（Frantz）與泰勒（Taylor），2003 年（上界）

艾斯特威得歐多、法蘭茲與泰勒，2003 年（下界）

數據世界（OWID），麻梨子・柯拉辛（Klasing, Mariko J.）與米力奧尼（Milionis, P.），2014

五個世紀的全球化更迭
本圖提供了一種思考全球化的方法，即過去五百年各國對貿易的開放程度。這裡標示的「貿易開放指數」定義是全球進出口總額除以全球國內生產毛額。不同顏色的線條代表了特定的資訊來源。

　　第二波全球化的浪潮在第二次世界大戰後開始，這股動力一直持續到 2008 年金融危機，當時貿易佔全球國內生產毛額的 62%。2019 年時貿易佔全球國內生產毛額的 59%，儘管比不上金融危機之前的高峰，以歷史標準來說仍然算高。新冠肺炎危機在 2020 年造成急速倒轉，貿易量至少降低了三分之一。如此劇減只是暫時挫敗，還是更長期的貿易重整？是否即將進入趨緩的軌道，開始結束當前這波全球化？這個問題值 80 兆美元。答案取決於是否能解決新冠肺炎，疫苗及控制措施又能發揮到何種程度，好能重啟旅行和貿易。同時也要看先進國

家的保護主義政策擴張是否會持續，造成進一步的貿易緊繃、失算和危機。

科技發展也是決定全球化能否前進的關鍵，能源及運輸費用下降，體制更為劃一，使得製造商能夠把生產外包到不同國家的多個地點。即使在新冠肺炎之前，供應鏈的碎片化也早已到了極限，3D 列印和機器人技術讓人方便把製造和服務遷回本土，這些原本都得益於低成本地點的專門生產設備。同時，消費者偏好也趨向個人化、在地生產的品項，能夠快速送達，還有不容易取代的私人服務。這些潮流在新冠肺炎的世界中很可能會加速。

說到底，二十一世紀全球化的規模和步調取決於幾個要素。最近這階段主要得益於大幅降低的交通運輸成本，如下一頁的圖表顯示，海運費率隨著貨櫃發展暴跌，大幅降低了海運的成本，使得大量產品能夠直接從工廠運到批發商或大量採購買主的手上。同樣地，交通聯繫和空運費用顯著降低，使得商業和觀光旅遊從 1990 年的四億三千萬人次，到 2019 年成長至超過十五億人次。[22] 這些行業都在新冠肺炎爆發後跌到谷底。

最近這階段全球化的貿易快速擴張，可以從 27 頁全球出口值的數字中看出來。數字說明了 1980 年代後出口大幅攀升，僅在 2001 年美國 911 恐怖攻擊事件之後短暫中斷。但在 2008 年金融危機前到達高峰之後，一切開始停滯，到了 2020 年則因為新冠肺炎而崩垮。1944 年七月，同盟國在布列敦森林（Bretton Woods）會議中制定國際規則，在第二次世界大戰後促進金融及貿易約定，這個協議直到最近都還算運作良好。我們會在地緣政治那章中講到，世界貿易組織（WTO）、國際貨幣基金組織和世界銀行，對於維持貿易順暢運作很重要，但隨著眾多強國不再遵守多邊主義的承諾，制度無法隨著新興勢力調整，現有制度架構的效力也就越來越令人質疑。

最近這階段的全球化突出之處在於經濟整合的速度。在第

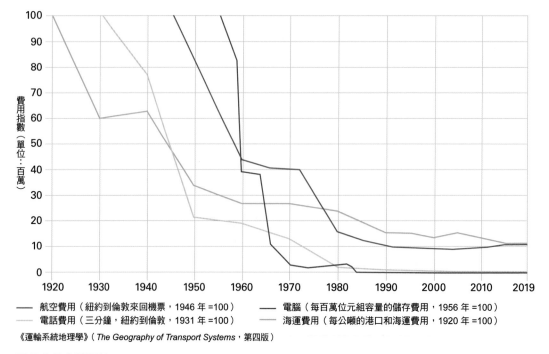

更便宜的交通運輸

交通運輸成本在過去百年大幅降低，縱軸代表從 0 到 100 的費用指數。

29 頁的地圖上，每一點代表價值 1,000 萬美元的實體或有形產品，像金融或資訊流通等無形服務則不算在內。比較 1990 年和 2018 年可以發現，歐洲、北美洲和亞洲境內的貿易有顯著成長。1970 年時，全球大約有四分之一的經濟活動或國內生產毛額來自貿易，低於一世紀前估計的 30%。今日的比例大概是一個世紀前的兩倍。[23] 過去幾十年來，進出口的結構也有了顯著的改變，服務所佔的比例越來越高。亞洲貿易影響力的興起反映出一項事實，亞洲是全球化的主要受益者。1970 年時，中國只佔全球貿易的不到 0.6%，如今卻是最大的組成份子，將近有 13%。[24] 中國經濟也比從前更加開放，貿易佔了中國經濟活動的 38%，相較於美國則是 26%。[25]

　　全球化的步調從 1980 年代晚期開始加速，激起加速的關

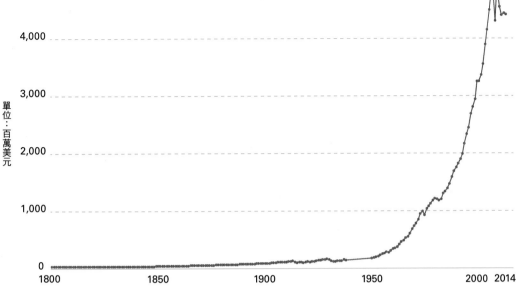

單位：百萬美元

1800　1850　1900　1950　2000 2014

資料來源：Federico and Antonio Tena-Junguito (2016)

興起而後停滯的貿易

從數字可以明顯看出大幅成長而後停滯的貿易。本圖描繪了通貨膨脹後按不變價格計算的全球出口值，1913 年時的設定值為 1 億。千禧年初期，出口達到高峰，較百年前多了五〇八倍，但之後就停滯不前。

鍵發展包括柏林圍牆倒塌、蘇聯解體。同樣關鍵的還有 1993 年創建的單一市場，由十二個歐洲盟國家投入進程，打造自由流動的商品、資本、服務和人員，稱為歐盟的四大自由。1994 年，北美自由貿易協議（North American Free Trade Agreement, NAFTA）開始生效，在墨西哥、加拿大與美國之間創造了世上最大的自由貿易區。這個協議從根本上重塑了北美的經濟關係，促進了前所未有的整合，把加拿大跟美國的已發展經濟，和墨西哥的低度開發經濟連在一起。在北美自由貿易協議下（目前重新命名為美墨加協議，USMICA），美國與鄰國的貿易增加了兩倍多，遠比與世上其他國家的貿易成長快速，每年替美國經濟增加數十億美元的成長。[26]

　　這些以及其他的重大結構轉移和貿易協定，發生的時機與

科技躍進有關，正是 1989 年全球資訊網發明之際。超文本標記語言（HTML）、全球資源定址器（URL）、超文件傳輸協定（HTTP）系統的發展，讓電腦可以彼此溝通，網際網路對人人開通，不只侷限於科學社群。[27]再加上運算能力越來越快和成本降低，促使思想的傳播更加快速，包括自由和民主。在地緣政治那一章會說明，1989 年時獨裁政體比民主多，二十年後則已逆轉，民主政體和獨裁政體的比例大約是 2:1。[28]但這不代表所有民主體制的國家都好，有些地區的人民不滿程度達歷史新高。[29]

這些政治和科技上的重大轉變，觸及了我們生活中的每個層面。像你正在讀的這本書，要是少了網際網路就不可能出現，這本書代表了合作，由在里約的羅伯特、在牛津的伊恩，還有在匹茲堡的機器人科技教育實驗室共同攜手。所利用的資訊來自國際機構，像是聯合國和世界銀行；使用精密的調查方法和衛星成像，由美國、日本等地的團隊共同收集。我們在過去幾十年中，能到遙遠的地方旅行，是拜低價空運還有大規模的交通運輸基礎建設所賜。

世界連結的方式有跡可循，可以從我們彼此交流想法、產品和服務的方式中推斷出來。下頁這份地圖改編自物流公司 DHL，呈現出一百六十九個國家

1990 年及 2017 年的貿易
貿易壁壘的降低，以及 1990 年代中國及其他亞洲國家的貿易開放，都可以從右圖各國之間「連接線」的密度與幅寬看出來。這些連接線由點構成，每一點代表 1,000 萬美元的貿易製成品。礦產、石油和服務（例如資金流）的交易不包含在內。

1990

2017

各種製成品
聯合國商品貿易統計資料庫，2018
● 每一點代表 1,000 萬美元

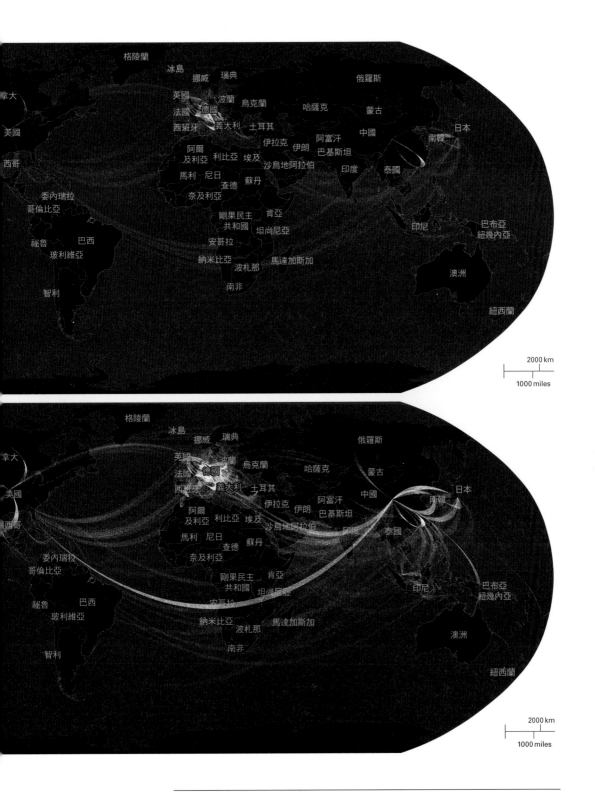

格陵蘭
冰島
挪威　瑞典
俄羅斯
英國　波蘭　烏克蘭
法國　德國　哈薩克　蒙古
拿大
西班牙　義大利　土耳其　中國　日本
美國　伊拉克　伊朗　阿富汗　南韓
墨哥　阿爾　利比亞　埃及　巴基斯坦
及利亞　沙烏地阿拉伯　印度　泰國
馬利　尼日　查德　蘇丹
委內瑞拉　奈及利亞
哥倫比亞　印尼　巴布亞
剛果民主　肯亞　紐幾內亞
祕魯　共和國　坦尚尼亞
玻利維亞　巴西　安哥拉
智利　納米比亞　馬達加斯加　澳洲
波札那
南非　紐西蘭

2000 km
1000 miles

格陵蘭
冰島
挪威　瑞典
俄羅斯
英國　烏克蘭
法國　德國　哈薩克　蒙古
拿大　西班牙　義大利　土耳其　中國　日本
美國　伊拉克　伊朗　阿富汗　南韓
墨哥　阿爾　利比亞　埃及　巴基斯坦
及利亞　沙烏地阿拉伯　泰國
馬利　尼日　查德　蘇丹
委內瑞拉　奈及利亞
哥倫比亞　印尼　巴布亞
剛果民主　肯亞　紐幾內亞
祕魯　共和國　坦尚尼亞
玻利維亞　巴西　安哥拉
智利　納米比亞　馬達加斯加　澳洲
波札那
南非　紐西蘭

2000 km
1000 miles

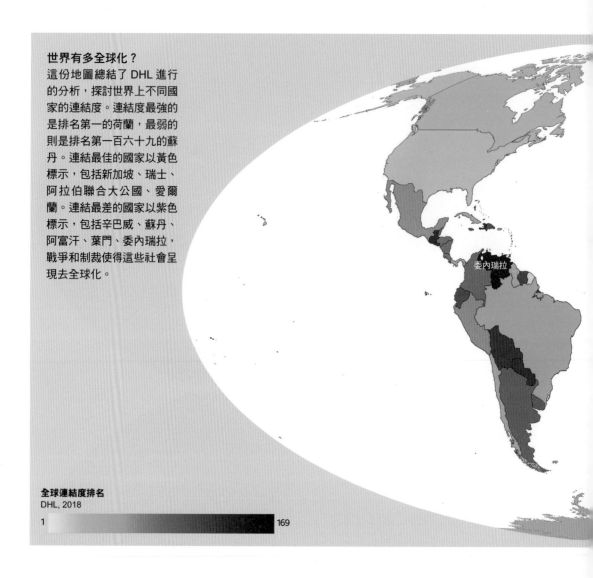

世界有多全球化？

這份地圖總結了 DHL 進行的分析，探討世界上不同國家的連結度。連結度最強的是排名第一的荷蘭，最弱的則是排名第一百六十九的蘇丹。連結最佳的國家以黃色標示，包括新加坡、瑞士、阿拉伯聯合大公國、愛爾蘭。連結最差的國家以紫色標示，包括辛巴威、蘇丹、阿富汗、葉門、委內瑞拉，戰爭和制裁使得這些社會呈現去全球化。

委內瑞拉

全球連結度排名
DHL, 2018

1   169

內的公司所從事的跨境活動，包括產品、資金和資訊。[30] 這份地圖表現出連結的「深度」，概括的範圍包括了國家人口、貿易、金融和資訊流通，範圍遍及國際，不只國內。地圖上也結合了連結深度的分析，連結的國家越多，得分越高，表示這些國家不只在地區上，而且有全球上的整合。

連結程度最深的前十個國家是：荷蘭、新加坡、瑞士、比利時、阿拉伯聯合大公國、愛爾蘭、盧森堡、丹麥、英國、德

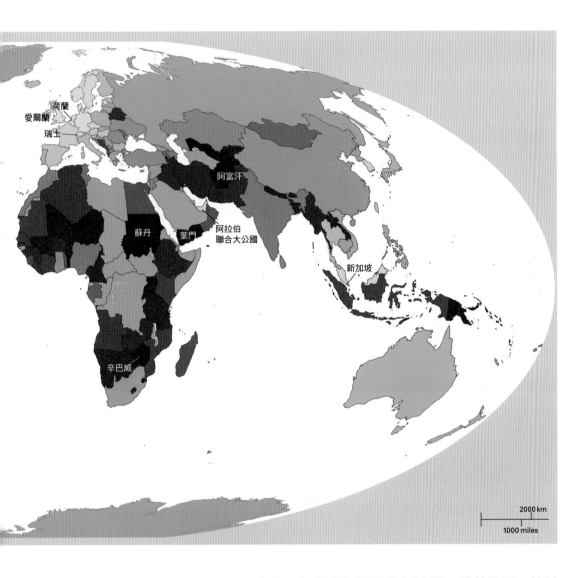

荷蘭
愛爾蘭
瑞士
阿富汗
蘇丹 葉門 阿拉伯
聯合大公國
新加坡
辛巴威

2000 km
1000 miles

國。盤踞前五名的是相對小但開放的經濟體,蓬勃發展,針對
各式各樣的全球消費者發展出各種產品和服務。歐洲似乎是全
球連結度最高的地區,前十名中佔了八個,相較之下美國則比
較孤立。[31] 歐洲多國彼此之間與世界他國的整合程度,反映出
單一市場、貿易、資本市場及其他有關全球化的改革,在多大
程度上改變了歐洲經濟。

金融全球化

自古以來，跨國界的金融流量主要反映的是支付進口商品或服務的金錢，還有出口所得收入。投資流量則主要是用於礦業、石油業和其他形式生產上的資金，並透過出口得到報酬。儘管國內投資（國民投資自己的國家）持續佔投資流量75% 以上，國外投資、貸款和援助對許多經濟體來說越來越重要。[32] 不過依賴國外資金也有缺點，1997 年的金融危機讓發展中國家得到教訓，當時印尼、南韓、泰國的經濟崩潰，還有2008 年的金融危機，都顯示越依賴國外金流，要付出的代價就越高，而且得不成比例地由比較窮的人民去負擔。[33] 這是因為資金流往往比貿易脆弱，容易受到投機買賣和情緒波動影響，所以比較不穩定。[34]

過去二十年來，跨境資金流動大幅增加，同時資本管制自由化，信用衍生性商品等金融工具的管制也鬆綁，這些工具既有風險管理功能，也能投機買賣。然而，未能將新的運算能力與跨境貿易能力妥善結合，是造成 2008 年金融危機的主要原因之一。[35] 過去，資金流大致上與經濟活動同步成長，但近幾十年來，這樣的關係已經中斷。資本流動一直以更快的速度增加中，由已開發國家往開發中國家的流動迅速上升，從右圖就能看出來，在 1980 年代晚期之前幾乎是平的，之後就明顯飆升，雖然容易有比較大的波動。

2008 年的金融危機導致股市崩盤，因為投資人紛紛拋售持股，美國有十五家主要銀行倒閉，包括 1850 年成立的雷曼兄弟（Lehman Brothers），其他則是仰賴聯邦政府續命。國際貨幣基金組織領導人警告，全球金融體系搖搖欲墜，「瀕臨金融災難」。[36] 這種時候，投資人往往慌了手腳，認為事情只會越來越糟，結果就是拋售出史上最多的股票，幾天之內道瓊平均指數（Dow Jones stock average）前所未有跌了 18%，標準普爾

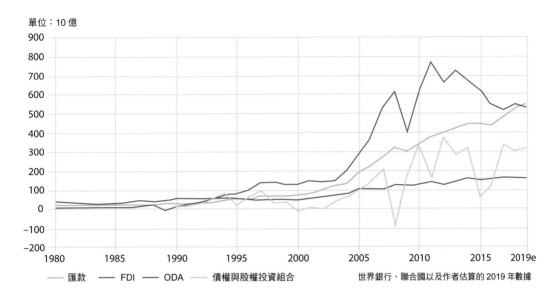

單位：10 億

進入發展中國家的資金流：**1980 年到 2019 年**（單位：美元）

資金流增加是全球化很重要的層面，在冷戰結束後顯著上升。國外直接投資（FDI）最重要，但受惠的國家群和領域相對較小，主要是礦業和石油業。移工寄回家鄉的匯款近來已經超過國外投資。債權和股權的流動，以及政府開發援助（ODA）停滯，這些是最不重要的資金流，不過都很明顯。

市場指數（S&P stock market index）下跌超過 20%，國際上也出現類似的破紀錄崩盤。[37]

大部分資金流崩盤之時，移民寄回家鄉的匯款仍保持穩定。匯款持續增加，2019 年時達到史上新高點 7070 億美元，其中寄往中低收入國家的佔 5510 億美元。[38] 匯款收受前幾名分別是印度（820 億）、中國（700 億）、墨西哥（390 億）、菲律賓（350 億）、埃及（260 億）。[39] 匯款在逆境中提供極其重要的命脈，例如太平洋島國東加（Tonga），2019 年時匯款佔國家收入的 39%。在海地佔國內生產毛額的 34%，在尼泊爾佔 30%，在薩爾瓦多和其他某些中美洲國家大約佔 21%。[40]

事實上，2018 年時匯款首次超越國外投資，成為開發中國家最大的資金流。匯款主要對象是私人個體，國外投資主要對象是私人公司，兩者對經濟都很重要。國外投資流量有長時

間週期，危機會造成延遲影響，因為需求成長趨緩，降低對投資的吸引力。所以國外投資在 2015 年、危機發生七年後達到高峰，全球投資總流量 2 兆美元，而後在 2018 年減為 1.2 兆美元。進入發展中經濟體的國外投資在 2015 年達到高峰，大約有 7000 億美元，但是在 2018 年減少為 6730 億美元，其中有 4780 億在亞洲，只有 380 億在非洲。[41]

近幾十年來的金融變化轉移了不同金融市場的相對份量，在彼此之間及基礎經濟上都是。例如就在新冠疫情發生前，歐元流量超過歐洲經濟體規模的六倍，但在二十年前剛採用歐元不久之時，其規模比會員國經濟體總和大不了多少。[42] 英鎊百餘年來主宰國外交易，最近則被歐元超越，日圓交易也被中國的人民幣趕上。這股趨勢預料會持續下去，因為脫歐加速了英國的衰退。[43] 此外，光是靠債權的規模，美國就能持續主宰全球流動。[44]

讓外國人購買債權或債券，以至於某些國家可以不必量入為出。美國是世上負債最多的國家，2019 年時政府負債超過 23 兆美元，大約是美國經濟規模的 80%。隨著公共開支上升，減稅降低歲收，預料赤字會更進一步膨脹，甚至可能在幾年內超過經濟的規模。[45] 美國越來越依賴國外放款人，表示美元將持續主宰外匯。就在新冠肺炎疫情爆發之前，大約 30% 的美國債權人是外國人。[46] 如右圖所示，中國持有將近 1.1 兆美元，超過美國債權的 16%，儘管最近有貿易戰，這仍然突顯了兩國相互依存的程度。[47] 日本在 2019 年持有超過 1.1 兆的美國債券，成為美國最大的債權人。[48]

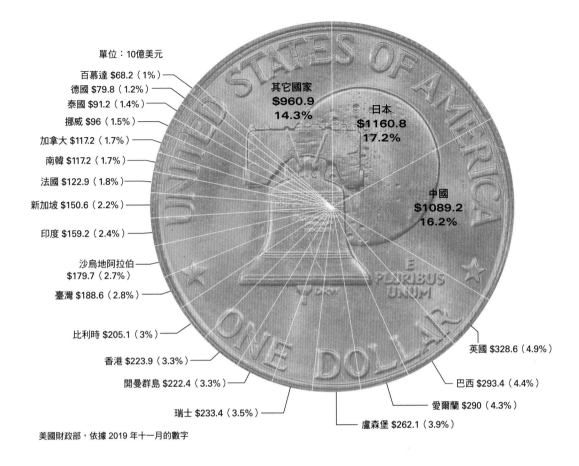

單位：10億美元

百慕達 $68.2（1%）
德國 $79.8（1.2%）
泰國 $91.2（1.4%）
挪威 $96（1.5%）
加拿大 $117.2（1.7%）
南韓 $117.2（1.7%）
法國 $122.9（1.8%）
新加坡 $150.6（2.2%）
印度 $159.2（2.4%）
沙烏地阿拉伯 $179.7（2.7%）
臺灣 $188.6（2.8%）
比利時 $205.1（3%）
香港 $223.9（3.3%）
開曼群島 $222.4（3.3%）
瑞士 $233.4（3.5%）

其它國家 $960.9 14.3%
日本 $1160.8 17.2%
中國 $1089.2 16.2%

英國 $328.6（4.9%）
巴西 $293.4（4.4%）
愛爾蘭 $290（4.3%）
盧森堡 $262.1（3.9%）

美國財政部，依據 2019 年十一月的數字

誰欠誰？美國的國外債權人（2019 年十一月）
美國向世界各國借了 23 兆多美元，如圓餅圖所示，最大的債權人是日本，負債金額超過 1.1 兆美元，緊接在後的是中國。中國有超過一半的外匯存底是美金，因此不太有破壞美國經濟穩定的動機，也沒有讓美元下跌的誘因。

施予

　　相較之下，國外援助包括多種資金流，從政府及國際機構提供的補助金及優惠貸款，到非政府組織或慈善家提供的協助都算。藥物、抽水機和技術輔導等實物捐贈，也算實物支援，是政府開發援助（official development assistance, ODA）的一部分。[49] 援助的總量、目的和來源，在近幾十年有顯著的

改變。直到 1990 年代以前，主要是由地緣政治、軍事和殖民關係所主宰。1990 年代初期，隨著冷戰結束，從有條件援助轉變成比較有目標的體系支援計畫，所有者是接受援助的國家及社群。[50] 到了最近，大部分援助則是分散、零星的，1990 年代開始改進協調援助流，到了 2000 年在千禧年發展目標（Millennium Development Goals）中明文列出，而後在 2015 年的永續發展目標（Sustainable Development Goals）中也有。[51]

　　下列圖表描繪出政府開發援助的好消息與壞消息，追蹤者是由全球最富裕的國家所組成的經濟合作暨發展組織（OECD）。1970 年十月聯合國決議，要富國允諾到 1975 年時，至少撥出國家收入的 0.7% 用於國外援助，結果只有荷蘭跟瑞典做到。[52] 決議過了五十年後，只有四個國家始終如一達到目標：丹麥、盧森堡、挪威、英國。事實上，富國收入用於政府開發援助的比例降低了，從 1970 年平均 0.5%，降為 2019 年時大約 0.3%。[53]

吝嗇的富裕世界：進入發展中國家的援助流
儘管平均來說，富國比從前更富有，發展中國家的治理也更完善，但富國人民收入用於援助發展中國家的比例已經五十年沒有增加。這一點可從由經濟合作暨發展組織的開發援助委員會（OECD Development Assistance Committee）召集的三十個國家的政府開發援助（ODA）佔國民所得毛額（GNI）的比例而得知。以 10 億美元為單位來看，隨著各國越來越富有，政府開發援助的總額成長卻是緩慢又不穩定，近來更是停滯不前。

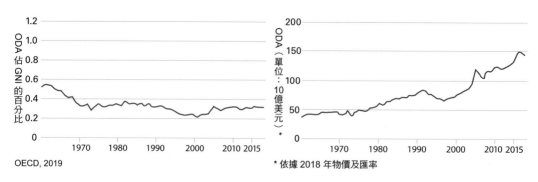

OECD, 2019

＊依據 2018 年物價及匯率

由於傳統捐助經濟的整體規模以絕對值來說成長了，整體援助從 1960 年的 360 億美元，增加為 2018 年的 1430 億美元。[54] 歐盟最多，不過美國是最大的單一捐助國，在 2018 年提供了 330 億美元，佔國家收入的 0.16%。相較之下，瑞典提供了 58 億美元，超過國家收入的 1%。39 頁上圖說明了政府開發援助的流動，淺色那端表示援助移轉的來源國家，綠色那端表示目的國家。很顯然大部分都來自西歐、北美和日本，流向非洲國家。另外，有限的援助也從歐洲和美國流向中東，或是從美國流向中美洲和加勒比群島。地圖上顯示出別具意義但仍屬小規模的中國援助計劃，主要集中在撒哈拉沙漠以南的非洲。還有土耳其和沙烏地阿拉伯提供給附近國家的援助，澳洲提供給巴布亞紐幾內亞的援助，這些都有特殊意義。

　　被經濟合作暨發展組織稱為「非傳統」捐助國的興起，反映出這些國家成長中的經濟和政治影響力。在地緣政治那一章會說明，由中國所領導的一帶一路，是這種新援助關係崛起的顯著表現，相關投資主要集中在道路、鐵路和海運基礎設施，橫越亞洲、非洲、歐洲，甚至是拉丁美洲。[55] 其他的新興捐助國包括印度、卡達、南韓、巴西及土耳其，都越來越活躍。例如 2015 年時，由約旦、黎巴嫩還有特別是土耳其提供給敘利亞難民的協助，許多都是透過人道援助，非常重要。許多先前擔心可能損害經濟合作暨發展組織國家的援助效用的疑慮，都在非經濟合作暨發展組織國家中再次浮現，包括援助可能造成的依賴、捐助國與收受國之間權力不等的關係，以及技術輔導是否恰當，外國標準是否合宜，或者是根本缺乏標準。[56]

　　為了對整體規模更有概念，我們可以透過地圖將援助流的分佈視覺化。39 頁這份地圖收集了最新資料，呈現出 2018 年的政府開發援助。地圖上顯示，飽受戰火的敘利亞是目前最大的收受國，援助金額超過百億美元，相當於每名敘利亞人有 567 美元。其中非傳統捐助國土耳其提供了 67 多億，緊接在

後的是德國，貢獻了 769 萬，不過要注意的是當中包括支援重新定居在德國城市的敘利亞難民。[57] 敘利亞內戰提醒了世人，戰爭不只會消耗援助資金——尤其是以人道援助的形式用掉——暴力也會讓發展開倒車。在 2011 年野戰爆發之前，敘利亞是中東最先進的國家之一，幾乎不需要任何援助。

好的、壞的、醜惡的全球化

目前的全球化浪潮影響越來越不均衡，不可否認，這股前所未有的力量產生了更多的益處，能夠更快速地帶給更多人。改變的趨勢從二次世界大戰後開始，人類在營養、識字、壽命和其他關鍵幸福指標上，有了史無前例的進步。從 1990 年起，有二十多億人口脫離赤貧，大部分都在東南亞。

我們會在健康那一章中看到，從 1990 年起，全球預期壽命在單一世代中增加超過十五歲。在同一時期，有超過三十億人學會讀寫。[58] 種種正面結果受到廣泛的探討，重要作家如已故的醫師漢斯·羅斯林（Hans Rosling）、心理學家史蒂芬·平克（Steven Pinker）等人，都曾加以著墨。

1970 及 1980 年代期間，是中國、印度、巴西及其他許多發展中國家對全球

從富國往窮國的援助流
這份地圖說明了來自捐助國的援助，每一點代表 100 萬美元。地圖上以白點標示來自捐助國的援助，綠點標示收受國。地圖上顯示捐助國大筆援助少數幾個國家，援助來源都集中在歐洲、美國、日本和波灣各國。收受國則主要在中東和北非，少部分則是美國援助的加勒比群島，還有澳洲援助的巴布亞紐幾內亞。

2018 年的 ODA
OECD, 2019
● 每一點代表 100 萬美元

援助去向何方？
紅點標示 2018 年的援助目標，明顯集中在非洲和中東。人道援助的增加與戰爭密不可分，包括提供給逃往鄰國難民的支援。地圖上最大的點是敘利亞，得到 107 億美元的援助，其他引人注目的收受國包括葉門得到 76 億、伊拉克 22 億、土耳其 11 億。最小的點是赤道幾內亞，得到 527 萬美元。

海地

2018 年的援助目標
OECD, 2019
● 紅點大小代表出收受的援助量

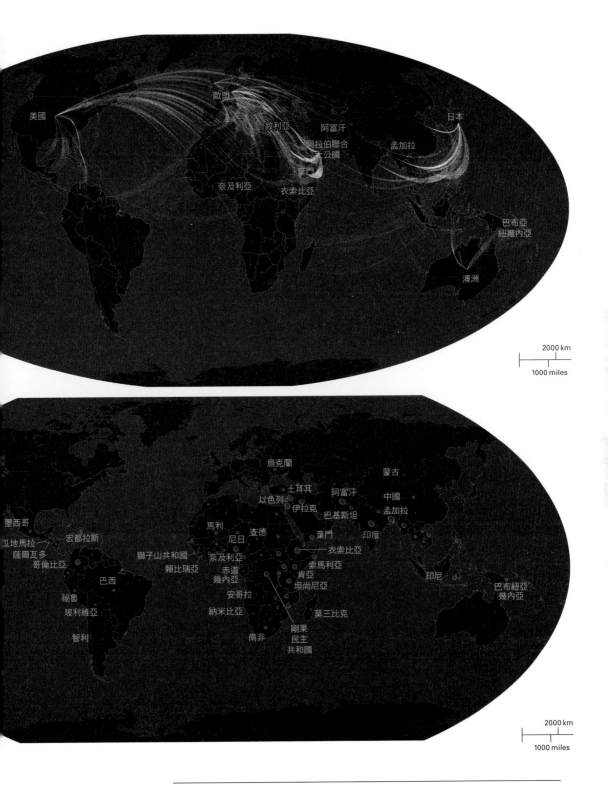

美國

歐盟

敘利亞　阿富汗

日本

阿拉伯聯合
大公國

孟加拉

葉門

奈及利亞　衣索比亞

巴布亞
紐幾內亞

澳洲

2000 km
1000 miles

烏克蘭

蒙古

土耳其

阿富汗

中國

以色列　伊拉克　巴基斯坦

孟加拉

墨西哥

馬利

查德

葉門

印度

瓜地馬拉
薩爾瓦多
哥倫比亞

宏都拉斯

尼日

衣索比亞

獅子山共和國

奈及利亞

索馬利亞

印尼

賴比瑞亞

赤道
幾內亞

肯亞

巴西

坦尚尼亞

巴布紐亞
幾內亞

祕魯

安哥拉

玻利維亞

納米比亞

莫三比克

智利

南非

剛果
民主
共和國

2000 km
1000 miles

到處是塑膠

全球化眾多可怕的連帶影響之一，就是塑膠使用量的增加，還有棄置塑膠的方式，導致今日海洋廢棄物暴增，每年謀殺數以百萬計的魚類和海鳥。東亞岸邊及三角洲的廢棄物聚集格外引人注目，這些是人口居住最密集的沿岸地區。從這張圖上可以明顯看出歐洲及美國在污染減量上相對成功，尤其是對照中東和北非地中海沿岸。

集水區處置不當的塑膠廢棄物
Lebreton, L., van der Zwet, J., Damsteeg,
J., et al., 2017

每年從河川排放入海的塑膠廢料公噸數

5.7　3.6　1.5

美國
墨西哥
古巴　多明尼加共和國
宏都拉斯
波多黎各
尼加拉瓜
哥斯大黎加　蓋亞那
巴拿馬　委內瑞拉
哥倫比亞
厄瓜多
巴西
祕魯
智利　烏拉圭
阿根廷

化表現出高度懷疑，然而現在卻是富國裡的「落後者」極力拒絕全球化，呼籲「回歸」更好的年代。對現階段全球化感到最失望的人，大部分都在北美和西歐的富國，這並不令人意外，富國的收入在過去三十年中勉強翻倍，但世界上其他國家的平均收入增加了六倍，中國則增加了將近三十倍（從 310 美元增加到 8827 美元）。[59]

　　重點在於，最近這波全球化加速也加劇了風險，合法的

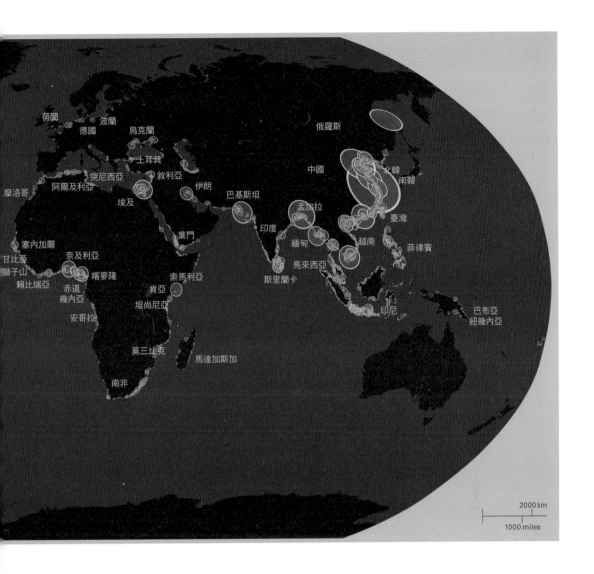

荷蘭
德國　波蘭
　　　烏克蘭　　　　俄羅斯
土耳其
突尼西亞　　敘利亞　　　中國　　　　　北韓
阿爾及利亞　　　　伊朗　　　　　　　　南韓
摩洛哥　　　埃及　　巴基斯坦　　臺灣
　　　　　　　　孟加拉
塞內加爾　　　　葉門　　印度　　　　　　越南
甘比亞　　　　　　　　　緬甸　　　菲律賓
獅子山　　奈及利亞　　　　　　　馬來西亞
賴比瑞亞　喀麥隆　索馬利亞
赤道　　　　　　　肯亞　　斯里蘭卡
幾內亞　坦尚尼亞
安哥拉　　　　　　　　　　印尼
　　　　　　　　　　　　　　　　巴布亞
　　　　　　　　　　　　　　　　紐幾內亞
莫三比克
　　　　馬達加斯加
南非

2000 km
1000 miles

跨境流動增加，但非法的也增加了。在暴力那一章會看到，
洗錢、逃稅及其他非法轉讓隨著全球化而激增。[60] 同樣地，網
際網路不只散播創意想法、鼓勵創新，也成為假新聞、身份
盜竊、勒索軟體、激進主義、極端主義散播的管道。暗網蔓
延——比表面上的網路世界大上好幾倍——也鼓勵了各種形式
的非法活動，從販運毒品、網路犯罪到戀童癖都有。助長戰爭
及犯罪的小型軍火彈藥交易、人口販運、違禁品及瀕危野生動

物的交易，據估計至少佔總貿易的 10%。[61]

現代全球化另一個出乎意料的結果，就是個人活動確實會造成全球性的後果，在華爾街做的決定可能會毀了全球勞工和退休人士的生活。沖刷上岸或在海中浮沉的塑膠，會是橫跨好幾個世代的重大全球問題。從地圖上可明顯看出中國海岸線的塑膠廢棄物規模，這就是為何曾經是世界垃圾傾倒區的中國，已經禁止生產及銷售拋棄式塑膠，也不再進口回收塑膠。儘管有越來越多的國家禁用塑膠，這類廢棄物在西非、地中海等地岸邊的累積量仍相當可觀。

負責和包容的全球化伴隨著義務，我們需要更了解、更關心自身的習慣和行動，對本地到全球的社群會造成什麼影響。那些能夠滿足個人需求的——消耗更多化石燃料能源、吃掉更多肉類和鮪魚，或是使用拋棄式塑膠產品——基本上並不理性，從確保社群和更廣大世界的健康及穩定的角度來看都是如此。全球化讓我們靠得更近，但全球化也讓我們離得更遠了。為了生存，我們必須找到合作的方法，這表示要去思考行動的後果，不只是對我們自己，也要去思考對彼此、對社群和對全球的影響。

最終，人類未來的福祉與毫無節制的個人主義或是保守的國家主義是無法相容的。要想茁壯興盛，我們就必須妥善應對全球化所造成的種種複雜情況。我們必須要求領導人更理解、更寬容。2008 年金融危機代表著全球化管理災難性的大失敗，導致我們對領導人的信任嚴重惡化，不相信他們能夠應付快速變遷。驅使人們轉而支持民粹主義和獨裁政權左右兩派的信念，是認為傳統政權（以及支持這類權威的菁英份子）令人失望，且漸漸脫離日常現實。反動派的目標仍然是要推翻習以為常的政治，我們支持全球失望的抗議人士，即使有些人的手段和政策方針我們並不同意。舊時的保護確實讓他們失望了，不平等正在增加，人工智慧的興起和科技快速改變的確威脅到工

作機會。我們對全球化的應對確實不佳，增加了各種風險，包括氣候變遷、疫情全球大流行，還有其他嚴重的威脅。此外各國競相降低稅賦、法規和安全網，使得政府更無資源可用，導致削減了必不可少的福利供給。

　　隨著世界走出新冠肺炎的陰影，我們有機會重整全球化。競爭不在資本主義和社會主義之間，我們必須優先考慮從根本上重新塑造資本主義，以人民福祉為優先——尤其是最脆弱的那些人——還有我們的地球，而不是考慮股東的利益。面對地球的最大挑戰，我們必須更合作而不是不合作，這世界必須對各種想法更開放而不是不接納。為了持續改善人類的處境，我們需要更多的資金、疫苗，還有其他的商品和服務，來幫助窮國並惠及貧窮人口。要想成功，全球化的力量必須讓迄今遭到排除在外的人也能獲益，是沉或浮，就看我們個人和集體的行動，我們必須培育新的全球化，如果無法茁壯成長，人類終將枯萎。

氣候

融化中的冰河和海冰

氣溫異常

森林火災及廢氣燃除

森林砍伐及劣化

海平面上升及城市下沉

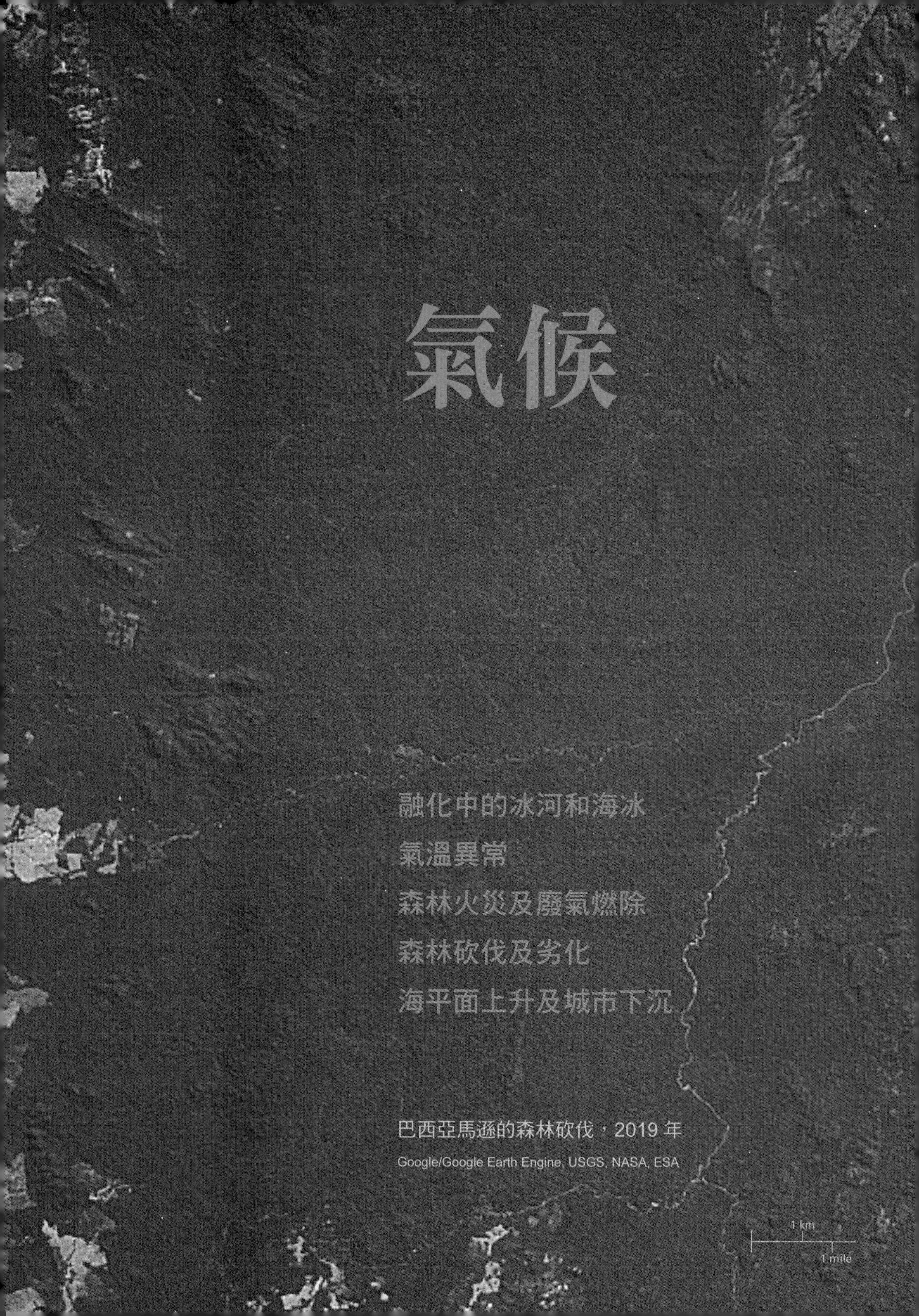

巴西亞馬遜的森林砍伐，2019 年
Google/Google Earth Engine, USGS, NASA, ESA

1 km

1 mile

藍色彈珠，1972 年
NASA 阿波羅十七號太空人

前言

維持地球生命的脆弱生態系統開始瓦解了。智人用不到兩個世紀的時間，就災難式地改變了擁有四十三億年歷史的地球氣候。[1]如今爭辯是否為人類的錯已無意義，當前迫切的問題是，我們可以多快地改變方向？接下來發生的事情，光是規模就複雜到令人難以想像，許多科學家認為，我們可能已越過不可逆的臨界點。末世預言式的媒體標題證實了我們最大的恐懼：龐然流冰、北極熊受困，大量動物與昆蟲滅絕，過熱的污染城市，猛烈的暴風雨和暴火，海洋酸化、珊瑚礁死去。新聞太可怕，讓人很容易宣告失敗，拒絕再看，但這麼做卻恰好是錯誤的。我們的確面臨嚴峻的挑戰，但有機會減輕接下來的損害。釐清頭緒比以往更加重要，也要投入能夠快速擴大規模的解決方案。這就是地圖能派上用場的地方，幫助我們看清全局，以嶄新且意料之外的方式，呈現出模式與關係。

數百年來，地圖幫助文明世界詮釋未知，在未知中確定方向。地圖讓人知道自己置身何處，又要往哪裡去。有些地圖從根本上改變了我們理解世界的方式。本章中收錄的許多地圖，都可以追溯到一張照片，那是在 1972 年十二月七日，北美東部時間上午五點三十九分所拍攝的，攝影者是阿波羅十七號任務的太空人，後來這張照片被稱為「藍色彈珠」（The Blue Marble）。照片從約 29,000 公里之外拍下，捕捉了太陽系中唯一宜居的星球之美。對於世上許多人來說，這是他們首次看到地球的彩色影像。這張照片成為現代環保運動的象徵，也是史上流傳最廣的照片之一，提醒了世人，照片和地圖能以何種方式開拓心智，讓人看到眼花撩亂的見解和未來的種種可能。照片和地圖可能會阻止我們前進，但也能驅使我們採取行動。

在本章中，我們將造訪地球上幾個最重要的生態系統，這些地方的命運會決定我們共同的未來。第一站是喜馬拉雅山

區，地球的「第三極」，也是亞洲億萬人生存的關鍵。接著再往格陵蘭和南北極，看看壯觀的冰層以前所未有的速度迅速融化。這些改變由於失控的溫室效應氣體排放而加速，而溫室效應又因空前的森林火災和太空可見的工業污染而加劇。接著檢視全球暖化對海洋的衝擊。海洋佔地球總面積 70% 以上，儲存了地球 97% 的水量，隨著海平面上升，幾座連結強度最高的城市——四十億人的家園、全球的資本及金融中心——很快就會沉在水中，除非我們立刻採取行動阻止這一切發生。

　　新冠肺炎危機讓全世界在對抗氣候變遷的關鍵時刻分心了，延遲了重要的國際會議，讓投機取巧的人加速砍伐森林，剝削各種資源。但全球疾病大流行也產生了一些氣候紅利，全球旅行和貿易顯著減緩，也減少了二氧化碳及二氧化氮的排放，本世代首次有機會在印度某些城市裡看到喜馬拉雅山的山峰，北京的居民也能呼吸到新鮮的空氣。要明確知道人們對流行病的反應如何影響氣候變遷還言之過早，不過初期跡象顯示有某些積極效應。

融化中的的喜馬拉雅冰河，1984 年（左圖）及 2019 年（右圖）

喜馬拉雅山：亞洲水塔縮小中

　　我們決定登上喜馬拉雅山，徹底了解氣候緊急狀況的嚴重性。眼前的首要任務自然是不要死在半路上，從 1950 年代初期以來，有超過兩萬五千人嘗試登上「八千公尺高山」（eight-thousanders），也就是十四座海拔 8000 公尺以上的山峰。[2] 數以千計的登山家都失敗了，其中至少有九百人死於攀登時，大多是因為雪崩、摔倒，長時間暴露在寒冷中所致。明白這些冷酷的數據後，我們決定繞行（而不是攀登）高聳的安那普納峰（Annapurna）及馬納斯盧峰（Manaslu）。即使在大約海拔 4,000 公尺的高度，夜裡也能感受到酷寒，白天則是溫暖到令人不安。我們避開了上方嶙峋山峰可能會有的意外，但卻在下方山谷中看到可怕的事實。

　　喜馬拉雅冰河正在融化，美國太空總署在 1984 和 2019 年拍攝的影像顯示，壯觀的冰河已大幅度縮小。我們穿越曾經覆蓋在積雪下的崎嶇冰磧石，雪巴人嚮導指出凹陷的印痕，是近

50 km
25 miles
Google / Google Earth Engine, USGS, NASA, ESA

埃佛勒斯峰
8,848 公尺

洛子峰
8,501 公尺

洛子西峰冰河

洛子峰冰河

洛子东峰冰河

伊姆扎湖

伊姆扎冰河

多布拉查冰河

N

1 km

0.5 miles

Google Earth

來逐漸後退的冰山所留下的，他們說冰河後退得越來越快了，氣候科學家也以確鑿的經驗數據證實雪巴人的故事。[3] 在比對了可追述至 1975 年的詳盡田野調查後，研究發現世上第三大的冰雪沉積層正在消失。[4]

這些冰河的變化與住在千萬里之外的我們有什麼關係？答案是很多。正如 48 和 49 頁上的地圖顯示，喜馬拉雅山脈很廣大，2,414 公里的山區橫跨中國、印度、巴基斯坦、尼泊爾、不丹等五個國家，這幾個國家合起來人口超過全世界的 40%，佔全球經濟至少 20%。凍結在喜馬拉雅山脈上的冰是僅次於北極和南極的最大單一淡水表層堆積物，匯入世界上好幾條大河，包括印度河、黃河、恆河、布拉馬普得拉河、伊洛瓦底江、薩爾溫江、湄公河、長江和數十條支流。簡而言之，喜馬拉雅山脈提供了實際上和精神上的糧食給數十億人，從阿拉伯海延伸到孟加拉灣。

喜馬拉雅山脈被稱為「第三極」，因為這裡是世界僅次於北極和南極的最大積冰。衛星地圖上看到的零星白色結霜，代表著至少一萬五千座冰河，含水量相當於 11,914 平方公里的淡水。其中幾處最壯觀的冰原——干哥垂（Gangotri）[5]、坤布（Khumbu）[6]、洛子峰（Lhotse）[7]、雅木諾托里（Yamunotri）[8]、芝慕（Zemu）[9]——正在全面消退。從 1970 年代之後，喜馬拉雅山區的總冰面縮小了將近五分之一，出現裸露的岩面、礫石平原和大片冰蝕湖，埃佛勒斯峰旁邊的洛子峰就是個好例子，還有下方以驚人速度擴張中的伊姆扎湖（Lake Imja）。

洛子峰是野獸，即使以喜馬拉雅的標準來說也是，在地圖上可以看到，洛子峰位於埃佛勒斯峰南側，東邊和東南邊毗連伊姆扎湖及安布拉查冰河，從大約 3,962 公尺高的山峰往下延伸，一路上坑坑洞洞，有數百個溶坑、池塘、濕沉積物及高山灌木。[10] 過去三十年來，洛子峰每年後退約 31 公尺，冰河一融化就變得不穩定，2016 年洛子峰冰河失控，在不到一小時內

消失中的洛子峰冰河及擴張中的伊姆扎湖，攝於 2010 年十月四日（衛星影像）

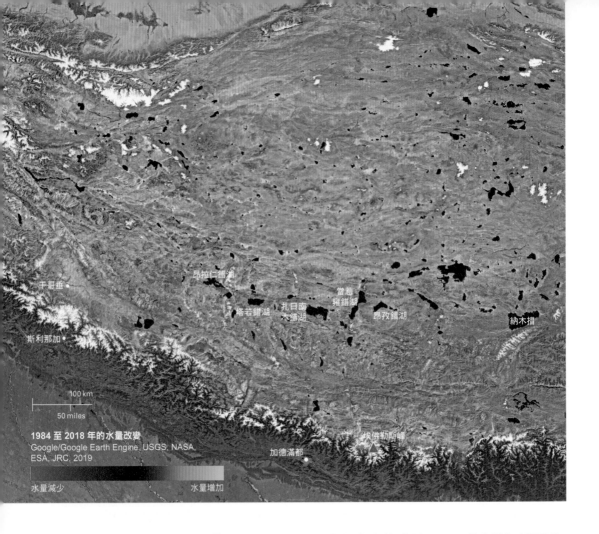

昂拉仁错湖

于阗垂

塔若错湖　扎日南
　　　　　木错湖

當惹
雍错湖

昂孜错湖

納木措

斯利那加

100 km
50 miles

1984 至 2018 年的水量改變
Google/Google Earth Engine, USGS, NASA,
ESA, JRC, 2019

水量減少　　　　　　　　水量增加

埃佛勒斯峰

加德滿都

釋放出 200 萬公噸的水量[11]，融化的冰河製造出龐大的水池，膨脹到瀕臨潰決，急流夾帶著泥巴和碎片，猛烈衝向下游人口密集的村莊。

西藏高原上冰河融化
形成的高海拔湖泊

　光是在尼泊爾地區，就有超過一千個冰河融冰形成的高海拔新湖泊，平均而言，這些湖泊在過去十年間擴張了 70%。[12] 在地圖上可以看到，綠色表示該地水位是過去三十年間，在喜馬拉雅高原上所累積的，很多都是因為冰河融化所致。例如尼泊爾的伊姆扎湖，從 1980 年代之後規模增為三倍，如今湖深將近 153 公尺，蓄水量超過 7,360 萬公噸，相當於三萬座奧運規模的游泳池。在這個以地震聞名的地方，即使是輕微震動也

會引發災難。缺錢的尼泊爾政府在得到聯合國和世界銀行全球環境基金的數百萬美元補助之後，開始在盆地進行排水。[13] 然而，工兵部隊很快就發現這是一場艱鉅的任務，因為高海拔且地形崎嶇，再加上該地區無法預料的地震活動。

喜馬拉雅冰河為何融化得這麼快？溫室效應氣體是主要問題，尤其是含有硝酸鹽、硫酸鹽和碳粒子的氣體。「黑碳」又稱煤灰[14]，是僅次於二氧化碳和甲烷的氣候變遷主因。[15] 喜馬拉雅山脈幾乎到處可見黑碳的證據，包括我們呼吸的空氣，在空氣中混合了其他工業污染物，形成從太空也能看到的難聞褐雲。[16] 當地大部分的煤灰來自燃煤發電廠、車輛、田野焚燒、烹飪爐火，遍佈中國和印度。黑碳不只造成大氣暖化，留住熱氣，還會落在白色表面上，導致「反照效應」[17]，也就是黑碳雪會比白雪吸收更多的陽光，讓地球變熱。這些反饋迴路對地球的健康有害。

喜馬拉雅山脈——還有靠山吃飯的人——前景黯淡。[18] 就算全球碳排放量減少，未來二十年內的暖化也控制在攝氏 1.5 度之內，科學家預測有超過三分之一的冰河會在本世紀末消失。[19] 如果排放量不減少，溫度上升超過攝氏 2 度，至少有三分之二的冰河在劫難逃。這對居住在橫跨喜馬拉雅山脈到興都庫什山脈，超過兩億四千萬人的山區高原居民來說是一場災難，同時也會危及將近二十億人口的生計，這些人直接或間接仰賴十個大型冰河挹注河流下方的河谷資源。還有另外三十億人仰賴同樣河川流域中所生產的食物。[20]

冰河融化的衝擊不會一次讓人全部感受到，會一波波降臨。一開始累積的水量會讓河水暴漲，引發水災，不久之後，河水流量就會銳減，糧食產量變得越來越少，水力發電廠也會無以為繼。儘管亞洲億萬多人都有危險，冰河大量消融對最貧困、最脆弱的人影響最大，尤其是在孟加拉和尼泊爾這些人口快速增加的地方。不只如此，河流乾枯會嚴重減少自給農業

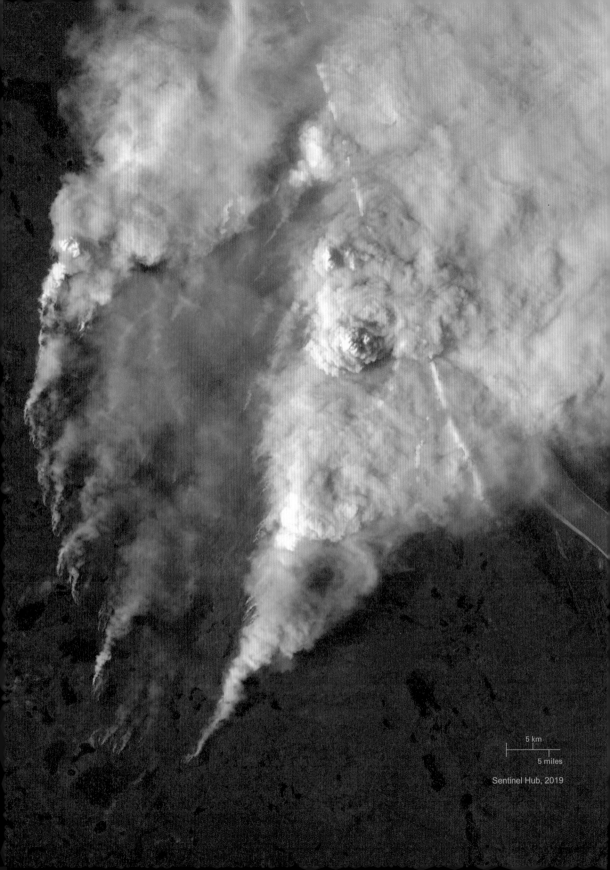

5 km

5 miles

Sentinel Hub, 2019

的耕作生產力，很可能會引發大規模遷徙和社會動盪 [21]，這個主題會在本書中其他地方詳細探討。地緣政治上的敵人像是中國、印度及巴基斯坦，彼此之間醞釀的緊張形勢可能會爆發開戰，因為可用水資源蒸發消失了。

格陵蘭年融冰噸數相當於五百億頭大象

地球上每個地方的冰都在消失，不只喜馬拉雅山脈的冰河消融，北極和南極的海冰變薄了，加拿大和俄羅斯北方地帶的永凍層也正在後退，恐怕會釋放出大量的碳和甲烷。[22] 更糟的是，北極苔原正在燒燃。2019 年，西伯利亞部分地區發生大火，排放出來的煤灰和灰燼雲團，比歐盟全體成員國的面積

左圖：**燃燒中的北極之火**
位置在加拿大的西北地方，馬肯吉河（Mackenzie River）南邊，由哨兵二號 L1C 攝於 2019 年七月二十七日的衛星影像。
Sentinel Hub, 2019

右圖：**2019 年的格陵蘭**

格陵蘭

雅科布港冰川

康克魯斯瓦格冰河

黑爾海姆冰河

康克魯斯瓦格

康克魯斯瓦格峽灣

丹麥海峽

200 km
100 miles

Google / Google Earth Engine, USGS, NASA, ESA

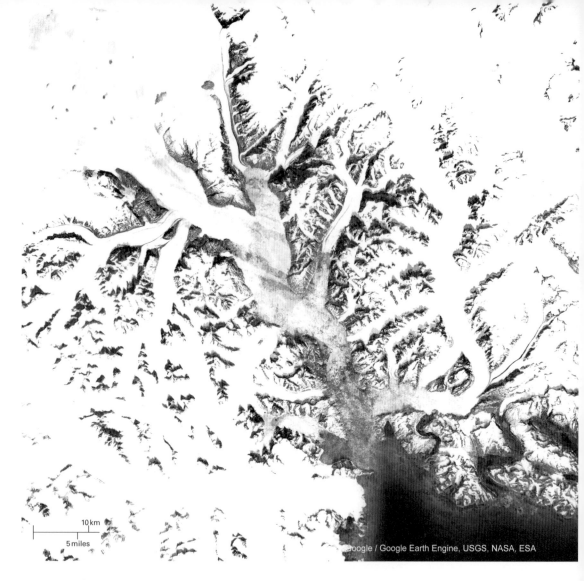

康克魯斯瓦格冰層融
化，**1984** 年（左圖）
及 **2019** 年（右圖）

Google / Google Earth Engine, USGS, NASA, ESA

還大。研究人員預測，由於夏季氣溫升高，到了 2100 年，覆
蓋全球大約三分之一地表的北方森林和北極苔原上的火災發生
量，可能會增加四倍。永凍層溶解，濕地燃燒，其他生態系統
仰賴的植被正在瓦解。這些火災明顯增加了釋放到大氣中的碳
量，即使再怎麼努力想控制排放量也會失敗。

全球冰河後退是一項警訊，在阿拉斯加，亨特山（Mount
Hunter）[23]、曼登霍冰河（Mendenhall）[24]、哥倫比亞冰河
（Columbia）[25] 是世界上後退最快的幾處冰原，從 1980 年代起

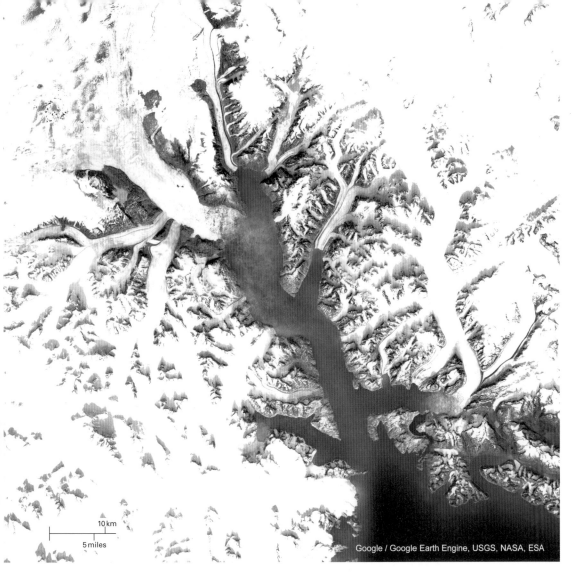

10 km
5 miles

Google / Google Earth Engine, USGS, NASA, ESA

已經失去了將近 19 公里。我們二十年前攀登非洲最高峰吉力馬札羅山時，92 公尺高的地方也有冰原，然而今日，古老山峰上 80% 的赤道冰層已全部消失。另一個冰川學家為氣候變遷把脈的地方是午夜太陽國，也就是北極圈內的歐洲國家。周圍環繞大型冰層的康克魯斯瓦格（Kangerlussuaq）位於格陵蘭，也許是你從沒聽說過的最重要冰域。從太空中看，環繞康克魯斯瓦格（格陵蘭語中「大峽灣」之意）的白色冰雪變成了灰色和藍色。

從地圖上可以看到，格陵蘭沒有絲毫綠意（譯註：原文 Greenland 字面意思是綠地），傳說愛開玩笑的古代斯堪地那維亞人在西元 981 年移居此地，把世上最大島的命名當成行銷策略，希望藉此吸引不疑有他的貿易商和觀光客前來。一直以來，島上都覆蓋著雪和冰原，綿延 2,414 多公里長、724 公里寬，平均深度大約 2 公里。這些古代冰層佔全球淡水供應將近十分之一，如果全部一次融化，全球海平面將會上升超過 6 公尺。[26] 康克魯斯瓦格的衛星影像顯示，自從 1930 年代開始記錄觀察以來，冰河後退的程度從未如此嚴重。

關於格陵蘭的最新科學研究發現令人不寒而慄。數千年來，島上的融冰季節首次變長又加劇[27]，期刊《自然》（Nature）上有篇研究發現，冰層正以工業革命之前兩倍的速度融化著[28]，下雨也變得比較頻繁，加速了格陵蘭融冰。[29] 冰河融化時會有大塊冰崩或冰裂，產生的冰山有可能高達 915 公尺[30]，但這只是問題的一部分。永凍層解凍時，底下儲藏的有機物質會釋放出甲烷[31]，這很令人擔心，因為甲烷比二氧化碳更毒三十倍[32]，而且更糟糕的還在後頭，融冰時，水會流入海裡，擾亂洋流和海平面，這簡直是場噩夢。

格陵蘭的冰層融化只是冰山一角，即使是相對小規模的融冰也會造成深遠的影響。正如 57 頁的地圖所示，康克魯斯瓦格冰河上的白色冰層解凍後，會露出下方的藍色海水，原本會反射回太空的陽光，反而被水給吸收了。這使得海洋變熱，加速融冰，陷入惡性循環。在康克魯斯瓦格峽灣南方的冰帽，大部分很可能在本世紀末就會化為水。[33] 不到二十年的光景，格陵蘭的冰層就已經以每年消融 2,690 億噸的速度縮小，相當於五百億頭大象。

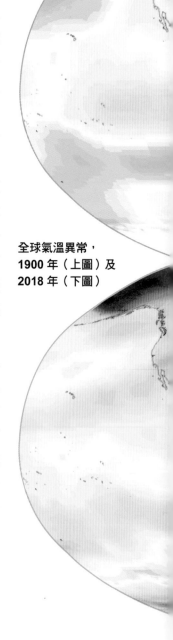

全球氣溫異常，1900 年（上圖）及 2018 年（下圖）

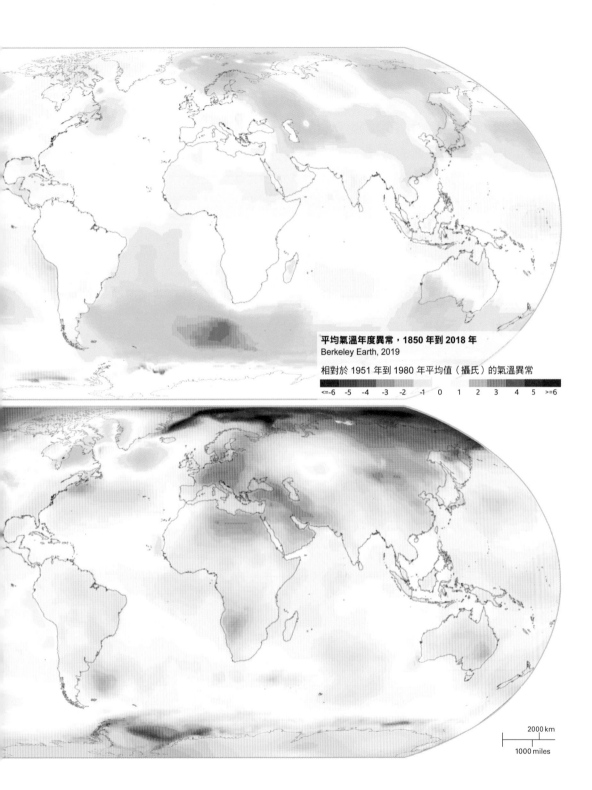

平均氣溫年度異常，1850 年到 2018 年
Berkeley Earth, 2019

相對於 1951 年到 1980 年平均值（攝氏）的氣溫異常

<=-6　-5　-4　-3　-2　-1　0　1　2　3　4　5　>=6

2000 km

1000 miles

全球氣溫上升：十億年來最熱

　　全球氣溫不斷上升，從喜馬拉雅山到格陵蘭的冰都在後退。儘管因新冠疫情，外出限制遍及全世界，溫度上升的趨勢在 2020 年依然持續。新的遙感探測技術讓我們能夠在地圖上標示出全球地面溫度的異常現象，涵蓋過去這個世紀的紀錄。59 頁地圖標示出全球的熱點，根據美國國家海洋暨大氣總署（National Oceanic and Atmospheric Administration, NOAA）一百三十九年來的登錄，過去十年是史上最熱的時候 [34]，幾乎各地都有史上最高溫的紀錄——從東亞、南亞、中東、北非和撒哈拉沙漠以南，一直到西歐、東歐、澳洲、紐西蘭和周圍的海洋，這導致了某些有史以來最長、最嚴酷的熱浪。高溫會引起熱衰竭、中暑，最後造成器官衰竭。

　　雖然地球的溫度數十億年來起起伏伏，但今日的不同之處可分為四方面：溫度史上最熱，氣溫變化加速，變化持續更久，而這一切都該怪人類。世界上大約有三分之一的人口，每年已經有二十天或以上的時間暴露在致命的熱度中。人口最多的印度，2019 年時有 65% 的人暴露在熱浪中。根據《自然氣候變化》（Nature Climate Change）期刊中的研究指出，如果溫室效應氣體排放沒有明顯減少，極端熱浪（定義是連續兩天異常高溫）到 2100 年時，可能會危及全球四分之三的人口。說白一點，就是極端熱度造成的死亡人數會在本世紀內上升超過 2,000%。變熱對老年人尤其危險，對患有潛在疾病、不容易讓自己涼爽的人也是。這就是為什麼不是只有高溫令人擔心，而是偏離一般認為正常氣溫的程度就讓人著急。

　　全球暖化加速是因為溫室效應氣體排放急遽上升，在過去三十年間，有更多的二氧化碳、甲烷、氮氧化物和其他有毒氣體排放出來，超過了之前的一百五十年。[35] 這是因為我們為了能源而燃燒更多的化石燃料，為了食物砍伐更多的森林，增加

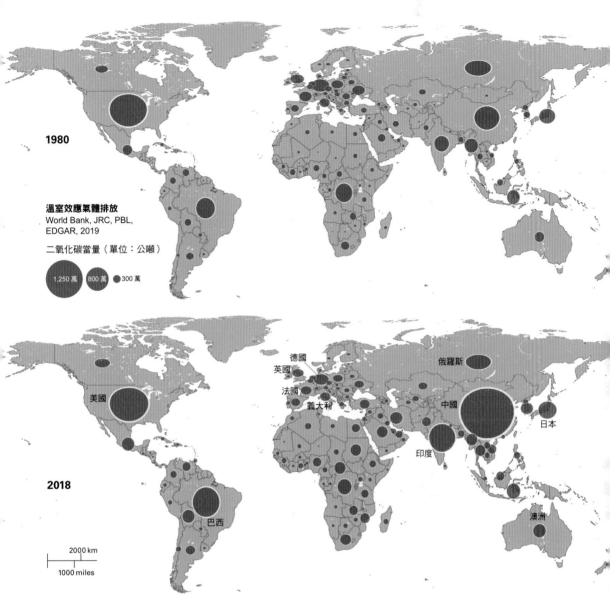

1980

溫室效應氣體排放
World Bank, JRC, PBL,
EDGAR, 2019

二氧化碳當量（單位：公噸）

1,250 萬　800 萬　●300 萬

德國
英國
法國
義大利
俄羅斯
美國
中國
日本
印度
2018
巴西
澳洲

2000 km
1000 miles

各國溫室效應氣體排放量[39]

肉食，也比從前使用更多肥料和氟化氣體。59 頁的地圖可看出，全球暖化不只是陸地變熱，海洋也變熱了。最新的科學證據顯示，海洋明顯變暖，導致缺乏氧氣，威脅到海洋生態系統及依賴海洋的沿海社群。我們親眼目睹了溫度上升加速珊瑚白化和海洋生態毀滅，從夏威夷到科租美島（Cozumel）、馬爾地夫、大堡礁，有半數珊瑚已經死亡。[36] 過度燃燒化石燃料也導致極端氣候，包括前所未有的降雨量和過長的枯水期[37]，這些

都將大幅增加。[38]

　　燃燒煤、石油和瓦斯等化石燃料佔了大部分的排放量，因為我們需索無度，要能源、運輸、食物和水泥。[40]但事實是，有少數幾個國家和公司要負起大部分的排放責任。如 61 頁的地圖所示，美國和歐洲是最大的罪魁禍首，每年釋放上千億噸的二氧化碳。[41]經過數十年驚人的經濟成長後，今日中國排放的溫室效應氣體超過美國、西歐和俄羅斯的排放量總和。高污染國家還有印度、日本、南韓、伊朗、沙烏地阿拉伯、加拿大、印尼、墨西哥、巴西、南非、土耳其、澳洲。那麼是誰開發取得這些化石燃料呢？事實上光是一百家公司就產生了全球超過 70% 的排放量。[42]在 1988 到 2016 年之間，這些超級排放者共同產出了 6350 億噸的碳排放——相當於一百八十萬棟帝國大廈。不意外地，這些公司很少願意透露更多關於碳足跡範圍的資訊。[43]

　　儘管因為新冠肺炎疫情，二氧化碳與二氧化氮高度暫時降低，全球控制工業排放的努力還是太慢了。從 2000 年開始，只有二十個國家成功降低碳足跡，包括丹麥、法國、愛爾蘭、英國、烏克蘭和美國。雖然超高，中國的排放量似乎趨於穩定，因為政府當局制定全國排放交易體系，限制燃煤量並開始轉型到再生能源。[44]美國在 2015 年退出巴黎氣候協定之後，中國躍升為全球領導者，呼籲大家減緩及適應。但中國的「綠色領導力」可能很短暫，因為排放量又開始上升了。[45]儘管大型基金管理人如貝萊德（BlackRock，資產總額約 7 兆美元）宣布將於 2030 年前撤資化石燃料，投資潔淨能源和綠色供應鏈的公司還是太少了。真相是我們離翻轉局勢還很遠，新冠肺炎疫情爆發之前，全球碳排放量邁增到史上新高點，背後的原因是中國、印度和歐洲對化石燃料的需求。[46]如果想翻轉這個危急的情勢，我們需要加快步伐，更快做出有系統的改變。

　　呼籲要有更環保的標準、要降低排放量最不遺餘力的，不

是外交官或公司執行長，而是進步的政治家和公民社運人士。多年以來，太平洋島國如吉里巴斯（Kiribati）、索羅門群島（Solomon Islands）、萬那杜（Vanuatu）的領導人會向主要污染者施壓，要他們減少排放。現在更揚言要對化石燃料公司提起訴訟，要這些公司負擔費用，協助他們對抗每日上升的海平面。[47] 在美國，有些州對如埃克森美孚（Exxon）這樣的大公司採取法律行動，指控石油巨頭明知故犯，模糊了他們對於氣候變遷的衝擊。[48] 大城市如紐約[49] 和舊金山[50]，同樣也向石油和天然氣公司尋求賠償，要這些公司為氣候變遷造成的損害付出代價。學生團體也在指標性判決中，對美國聯邦政府提出控訴，要求政府停止所有生產化石燃料的新租約。另一項驚人的突破是 2015 年時，數百名荷蘭公民贏得對中央政府的訴訟，迫使政府必須在 2021 年前，降低至少 25% 的溫室效應氣體排放（與 1990 年相比）。

　　要說有任何好消息的話，那就是民意已達臨界點，巴黎協定及 2016 年永續發展目標（尤其是那些著重在氣候行動、海洋生態、陸域生態的目標）是關鍵里程碑。氣候科學家也強硬起來，由聯合國跨政府氣候變遷專家小組（Intergovernmental Panel on Climate Change, IPCC）所發佈的報告越來越急迫——打造這個平台是為了讓決策者能得到氣候變遷的定期科學評估。不過最有效加速改變的來源卻是誰都沒想過的——小孩，最令人印象深刻的例子就是由瑞典青少年氣候社運人士格蕾塔·童貝里（Greta Thunberg）所發起的「週五護未來」（Fridays for Future）抗議活動，鼓勵上百萬年輕人走上街頭遊行，要求改變。反抗滅絕（Extinction Rebellion，縮寫 XR）是另一項政治運動，在六十多國進行並且持續有人加入，這個運動發揮公民不服從及非暴力抵抗，敦促政府承認「氣候緊急狀態」，採取行動避免生態崩潰。千禧世代和 Z 世代的投入來得正好。[51]

法國大火
（2018 年八月）

營溪大火
（2018 年十一月）

門多西諾複合大火
（2018 年八月）

卡森市

沙加緬度

內華達州

斯托克頓

南福克大火
（2018 年八月）

舊金山

加州

伍爾西及希爾大火
（2018 年十一月）

洛杉磯

100 km

50 miles

NASA-FIRMS, 2018

康考

天堂鎮

帕克希爾

大本德

標特谷

2 km
1 mile

Landsat 8, NASA Earth Observatory, 2018

上圖：營溪大火，
2018 年十一月
加州史上最致命、最具
破壞力的野火，也是美
國史上第六大野火。

左圖：加州的火災
2018 年加州發生的所
有火災

燃燒的世界：舊金山成為世上最受污染的城市

　　溫室效應氣體不止來自工業排放，也來自燃燒的森林和草
原。2018 年，森林火災釋放出 320 億噸的二氧化碳，全球化石
燃料公司同年的總排放量則是 370 億噸。2019 年及 2020 年，
森林火災造成的碳排放量將會更高。自古以來，森林火災大都
是自然發生，是生態系統的重要特徵，因為火災可以清除死亡
的植被，降低植物群密度，替新的動物群清出空間。通常雨雪
可以緩和火災，所以當草地和灌木越乾燥就越容易起火。到沙
赫爾地區（Sahel）旅行時，我們在馬利、尼日、奈及利亞看到
氣溫暖化十分明顯，不只讓植被乾枯、降低森林覆蓋，大面積
的刀耕火種農業也加劇農民和牧人間的暴力衝突。在那裡和其
他熱點，適合耕作的土地逐漸減少，旱季變長，雨季變短。

如今，人類是全球大規模野火的主要起因，許多火災都能從太空看到，出現在美國太空總署的大地衛星所拍攝的衛星影像上。森林大火已是迫切的議題，對大城市來說也是如此，我們可以從地圖上看到，美國每年遭遇十萬多次的森林火災。從1990年代以來，美國一百五十萬次森林火災中，約有80%是人類引起的。[52]2018年時，約365萬公頃地化為灰燼[53]，加州是受影響最大的州之一。2018年總計有九千場不同的野火，燒了77萬公頃地，危險的煙霧籠罩城鎮，其中規模最大的幾次都能從太空中看見——包括門多西諾複合大火、營溪大火、伍爾西及希爾大火，佔地共約20萬公頃。[54]這些火災在兩天之內造成的空氣污染，比全美國車輛一整年排放的還要多。[55]2018年時有幾週的時間，舊金山、斯托克頓（Stockton）、沙加緬度（Sacramento）三城，成為地球上污染最嚴重的大城市。[56]

右圖：美國北達科他州的巴肯頁岩（Bakken Formation） 水力裂解或壓裂產生的廢氣燃除

下圖：北達科他州的廢氣燃除，2019年

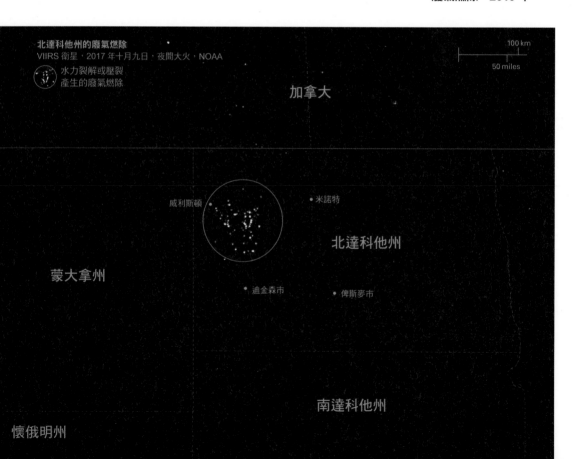

北達科他州的廢氣燃除
VIIRS 衛星，2017 年十月九日，夜間大火，NOAA
水力裂解或壓裂產生的廢氣燃除

加拿大

威利斯頓　　　　　　•米諾特

北達科他州

蒙大拿州

　　　　•迪金森市　　　•傅斯麥市

100 km
50 miles

南達科他州

懷俄明州

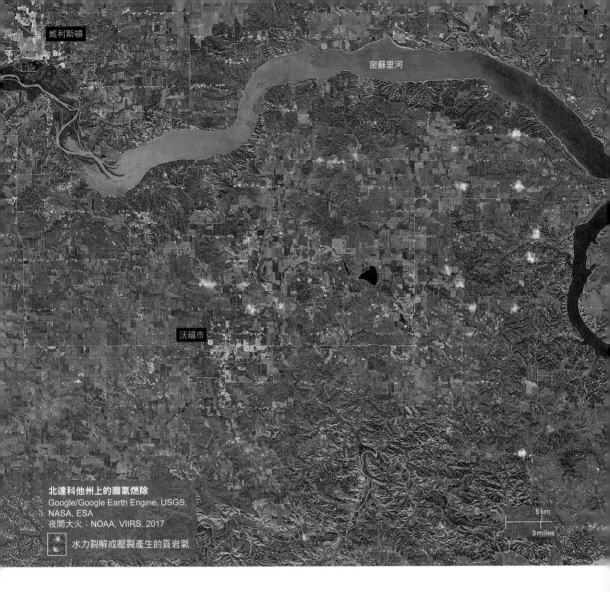

威利斯頓

密蘇里河

沃福市

北達科他州上的廢氣燃除
Google/Google Earth Engine, USGS,
NASA, ESA
夜間大火：NOAA, VIIRS, 2017

水力裂解或壓裂產生的頁岩氣

5 km
3 miles

廢氣燃除

　　就像森林火災一樣，燃煤發電廠的煙霧[57]，還有用於油氣
增產的水力裂解或壓裂技術所產生的燃除是可以追蹤的。地圖
顯示美國有很多廢氣燃除，比任何國家都還要多。[58] 仔細看會
發現北達科他州是壓裂的熱點：當地的石油產量在 2019 年底
時，達到每天一百五十萬桶的歷史新高。由於州際之間缺乏輸
送天然氣的管線，生產者會把多餘的石油燒掉。2019 年，當地

空氣污染及致命暴力的死亡人數比較
空氣污染害死的人數，比戰爭、恐怖主義、謀殺和自殺加起來還多好幾倍。

蓄意謀殺及空氣污染的死亡率（室內及戶外）
IHME, 2016

以下圓圈代表每十萬人之中的死亡人數

自我傷害和人際暴力

245　157　61

空氣污染

245　157　61

的石油公司每天會處理約 7,080 公噸的燃除，創下史上新高。[59]
這些浪費掉的天然氣原本能夠供應南北達科他州全部的能源需求。廢氣燃除不只浪費（代表一年平白損失十億多美金），也排放了五百多萬公噸的二氧化碳到大氣中，相當於路上多了一百萬輛車子[60]，或是提供四百二十五萬戶人家暖氣一整年。

　　車輛煙霧、廢氣燃除、森林火災，這些不只對氣候有害，也不利於公共衛生。煙霧的細小微粒會深入肺部，造成發炎、氣喘、呼吸道疾病和癌症。[61] 源自燃燒化石燃料的污染，在 2018 年導致七百多萬人過早死亡，是世界首要死因之一。[62] 從

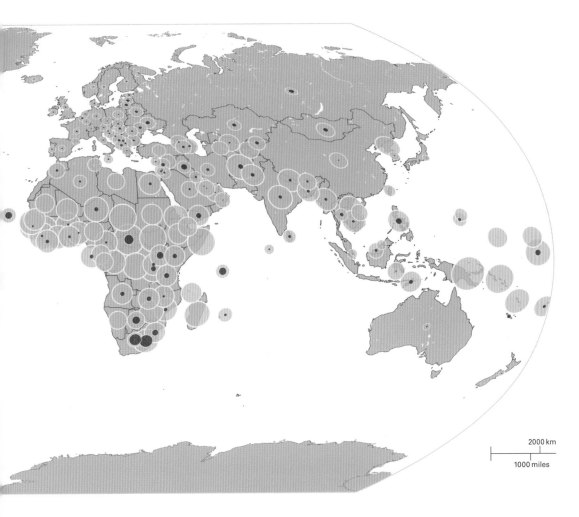

2000 km
1000 miles

地圖上可以清楚看到，因空氣污染死亡的人數，比戰爭、恐怖主義、謀殺和自殺加起來都還要多，對六十五歲以上的人尤其危險，暴露在煙霧、霾、灰塵當中會明顯增加心血管導致的死亡。[63] 全世界的政府、企業和國民必須從根本上重新思考，關於土地使用和房屋規範，要採用更明智的林業慣例。[64] 如果不這麼做，我們真的會被「燒毀」。

　　森林火災由來已久，千萬年來，農民和牧人會焚燒田裡的殘餘物，除去草地和灌木，讓養分回歸土地。不論是非洲的稀樹草原、亞洲的農村或是南美洲的森林和平原，大家都會燃燒

森林製造木炭，在缺乏電力或其他燃料的地方，這是烹飪和取暖必不可少的。從地圖上可以看到成千上萬的小火災，覆蓋濃密熱帶雨林和草原的地區都在燃燒。[65] 從上空俯瞰可知，非洲的刀耕火種佔了全球最大的燃燒區域，亞洲也差不多。山火、

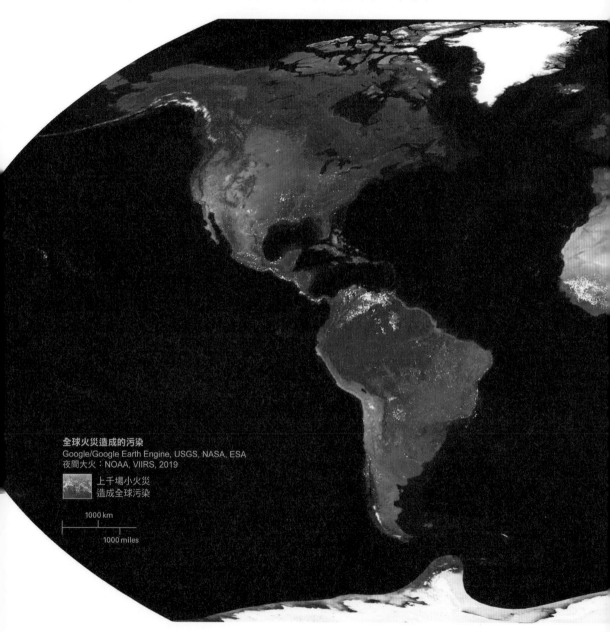

全球火災造成的污染
Google/Google Earth Engine, USGS, NASA, ESA
夜間大火：NOAA, VIIRS, 2019

上千場小火災
造成全球污染

1000 km

1000 miles

烹飪爐火和廢棄物悶燒釋放出來的煙霧，不只會產生二氧化碳和其他有毒煙霧，也會產生抑制降雨量的黑碳。[66]

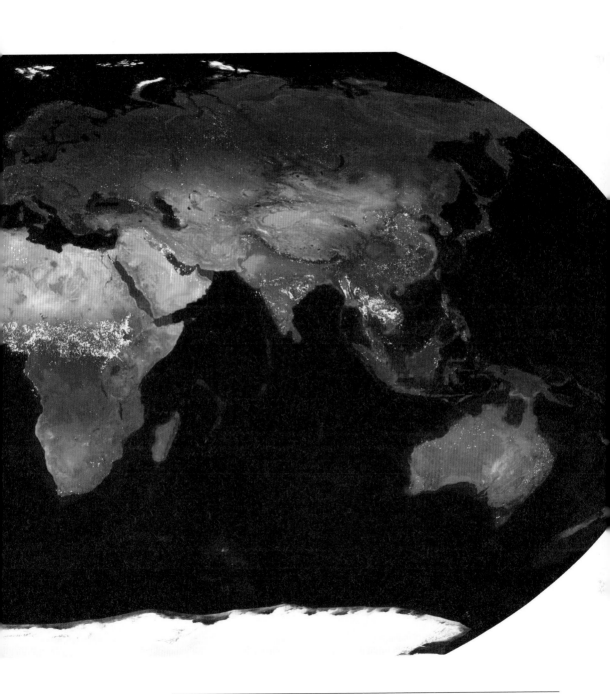

亞馬遜的飛行河

在討論全球暖化的成因和解決辦法時，亞馬遜盆地是矚目的焦點，這裡被稱作「地球之肺」不是沒有原因的。亞馬遜盆地約 700 平方公里，佔世上熱帶森林總量 40% 以上，能調節降雨、雲量和洋流。在過去上億年間，這裡把上兆噸的天然排放二氧化碳轉換成氧氣。但是亞馬遜盆地正從碳匯變成碳的來源[67]，因為近年來森林遭受的威脅越來越多，包括火災、不斷的砍伐和劣化。許多火災都是牧人或農民刻意製造的，從 1980 年代開始，成千上萬平方公里的森林被清空讓位給牧場、黃豆、糖、林木和礦產。[68] 森林砍伐的面積比法國還大，轉化成億萬噸的二氧化碳。[69] 既然亞馬遜的河流也會排放碳到大氣

亞馬遜河流域上瀰漫的煙霧，2019 年
由哨兵二號 L1C 攝於 2019 年八月十日的衛星影像

10 km
5 miles

Sentinel Hub, 2019

中，表示世上最大森林的空氣淨化能力正在降低。[70]

　　由於刀耕火種農業，以及巴西、玻利維亞、哥倫比亞、祕魯等地森林和農田的乾旱，火災持續增加。衛星影像於 2019 年間開始標示出巴西境內八萬多處森林火災，燒掉的森林越多，能透過光合作用消除的碳就越少。隨著乾旱加劇，提供保護的樹冠層也越發稀薄，能保留的水分也更少了。森林越乾燥就越容易起火，火災也因此傳播得更遠、更快。更糟糕的是，大西洋和太平洋的暖化讓枯水期更加惡化。[71] 科學家擔心，亞馬遜正瀕臨轉折點，環境又熱又乾，當地物種恐怕無法再生。如果有 20 ～ 25% 的樹木植遭到砍伐，亞馬遜盆地吸收二氧化碳的能力可能會瓦解，甚至引發枯梢病，導致世界上最大的熱帶森林變成最大片的灌木叢林。枯梢病不僅造成生物多樣性迅

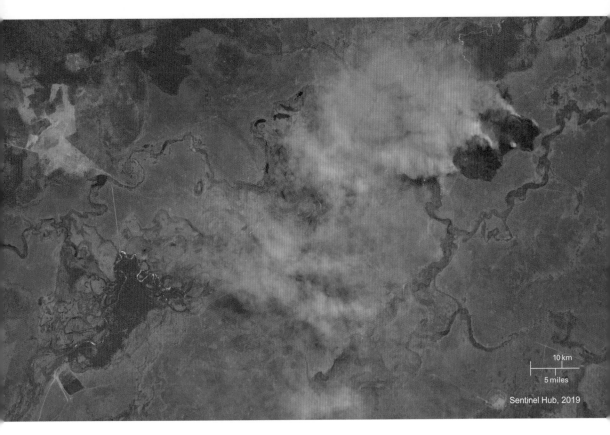

10 km

5 miles

Sentinel Hub, 2019

速喪失，也會徹底打亂蒸散過程，破壞全球雲量和洋流循環。

巴西的宏多尼亞州（Rondônia）位於亞馬遜盆地上游，是地球上最密集砍伐森林的地方之一。該地廣闊，有瑞士的五倍大[72]，從地圖可知，1985 到 2019 年之間，大約有三分之一的土地變成放牧地和耕地。[73] 地圖顯示，森林砍伐通常沿著道路開始，接著以扇形發展，呈現魚骨的形狀。過去三十年來，大

宏多尼亞州的森林砍伐與劣化，1985 年（左圖）及 2019 年（右圖）

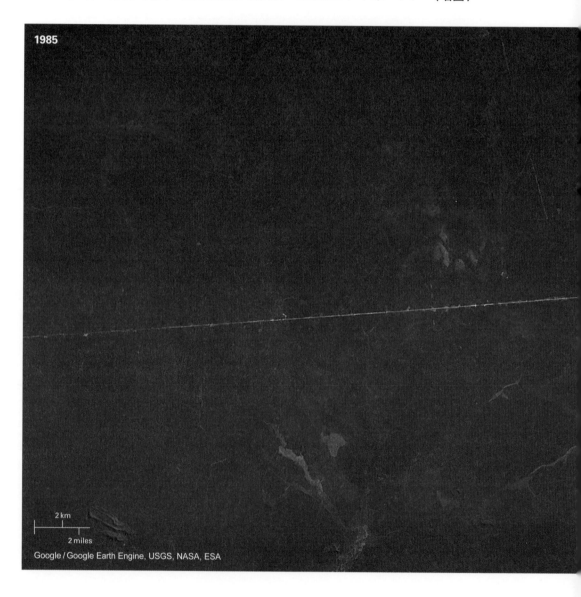

1985

2 km
2 miles
Google / Google Earth Engine, USGS, NASA, ESA

片原始熱帶森林被密集耕種，並因黃金和鈳鉭鐵礦等貴金屬的開採而受到化學物質的毒害。肥料和畜牧廢水留下的汞和氮沉積物也減少了生物多樣性，污染河川，滲透進食物鏈。[74] 今日的巴西，每一分鐘就失去相當於兩座足球場大小的森林。[75] 森林砍伐在新冠肺炎疫情爆發後更顯著，衛星影像顯示，亞馬遜、非洲和東南亞部分地區也許「變綠了」[76]，但那是因為單

2019

2 km

2 miles

Google / Google Earth Engine, USGS, NASA, ESA

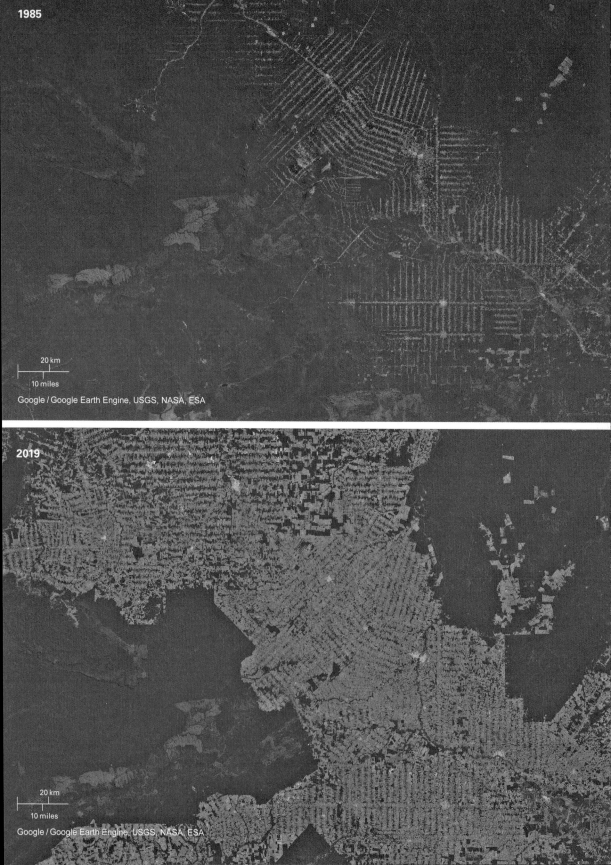

1985

20 km
10 miles

Google / Google Earth Engine, USGS, NASA, ESA

2019

20 km
10 miles

Google / Google Earth Engine, USGS, NASA, ESA

一作物擴張，持續取代雨林。

森林砍伐少有人注意的衝擊之一，就是降雨量減少。把森林想成是泉水，從地面吸水後釋放水蒸氣到大氣中，單一棵樹每天可以蒸騰上百公升的水。億萬棵樹木釋放出水分子，合起來就會打造出龐大的空中「河流」。飛行河最後匯聚形成雲朵，形成降雨，落在數百甚至數千公里之外。[77] 樹木耗竭不僅造成降水減少，也會導致地表升溫。研究人員檢測亞馬遜某些地區後發現，有樹林的地方和周遭缺乏樹木的牧場之間，溫度差異可高達攝氏 3 度。[78] 蒸散減少的時候，缺水和乾旱更常發生[79]，過去十年來，將近九百個巴西城鎮面臨嚴重缺水——這個國家可是佔了全球 20% 的淡水供應量。[80]

海平面上升及城市下沉

氣候變遷的後果並非遙不可及，而是早已發生，尤其是在沿海的城市。[81] 就算全球氣溫真的有辦法在 2050 年時不飆高超過攝氏 2 度，至少也會有六百個[82] 人口合計超過八億人[83]的城市，遭到上升海面和風暴的摧殘[84]，水質鹽化，經濟負擔難以估算。[84] 然而世界上成長最快速的幾個沿海城市，面對海平面上升無絲毫準備，儘管眼前的危機明確，北美和西歐許多脆弱的沿海城市卻仍無任何必要的減緩及適應措施。除了少數幾個拉丁美洲、非洲和亞洲的城市以外，大家幾乎都沒有規劃基本方案，沒有為氣候變遷的影響做準備。

散亂延伸的巨型城市如拉哥斯（Lagos）、上海、邁阿密、孟買，都面臨高於全球平均的海平面上升。[87] 因為許多沿海城市建立在沼澤或是易淹水地帶，海水滲入的同時，城市也在下沉。不只因為城市很重（確實很沉），還因為居民抽取大量地下水，有時候甚至是非法的。例如印尼當前首都雅加達現有將近千萬居民，某些街區在過去十年已下沉近 2.5 公尺。[88] 全球

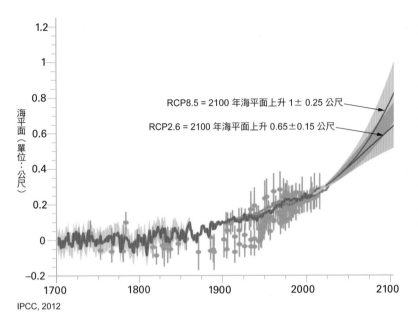

過去和預計中的海平面上升

代表濃度途徑（RCP）是聯合國跨政府氣候變遷專家小組（IPCC）所採用的溫室效應氣體濃度軌跡。途徑描述了不同的未來氣候，每一種都有可能發生，視接下來幾年的溫室效應氣體排放量而定。代表濃度途徑有四種：2.6、4.5、6及8.5。[86]

RCP8.5 = 2100 年海平面上升 1 ± 0.25 公尺

RCP2.6 = 2100 年海平面上升 0.65±0.15 公尺

海平面（單位：公尺）

IPCC, 2012

氣溫上升攝氏 1.5 度以上的話，整個雅加達都有可能被吞沒。

雅加達是地理上的受害者，北方有爪哇海（Java Sea）包圍，立足於濕軟的地面，十幾條河流在此交錯，其中有許多遭到重度污染。儘管地表水豐富，當地政府卻連城市裡 40% 的

雅加達海平面的預測上升幅度

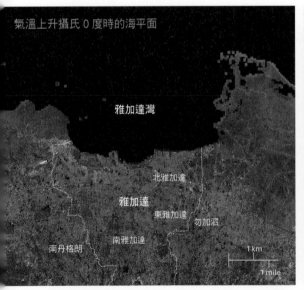

氣溫上升攝氏 0 度時的海平面

雅加達灣

北雅加達

雅加達

東雅加達

勿加泗

南雅加達

南丹格朗

1 km
1 mile

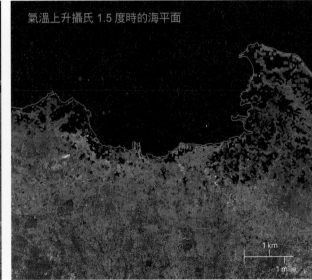

氣溫上升攝氏 1.5 度時的海平面

1 km
1 mile

數據：氣候中心　底圖：Google/Google Earth Engine, USGS, NASA, ESA

用水需求也無法滿足。政府無法執行法規阻止抽取地下水，使得當地攤販和居民非法開發用水失控。儘管不斷發生洪災，豪華公寓依然一棟棟落成 [89]，但想靠房地產致富的人很快就會破產，因為到了 2050 年，這座城市預計有 95% 會沉到水裡。政府祭出最後一搏想挽救城市，宣布將在荷蘭和南韓的幫助下，興建造價 400 億美元的海堤。[90] 不過印尼政府似乎打算放棄了，四十多萬人已遷移他處，遠離氾濫的河岸和水庫 [91]，印尼首都也將於 2024 年遷移到婆羅洲島上。

雅加達並非唯一面臨滅絕的亞洲城市，預計到了 2060 年，亞洲居住在危險洪水平原上的人口會翻倍。事實上，到了 2050 年時，受到海平面上升影響的人當中，有五分之四會在亞洲 [92]，三角洲城市將首當其衝，沒入水中。[93] 今日有數十億人口居住在五十個三角洲城市中或附近，例如達卡、廣州、胡志明市、香港、馬尼拉、東京。這些城市曾經是理想的定居地點，因為近海又有肥沃的耕地，這也是為什麼布拉馬普得拉河、恆河、印度河、尼羅河和長江，曾是世上許多偉大文明的搖籃。但是這些古早的優點如今卻是現代的累贅，生活在沿海

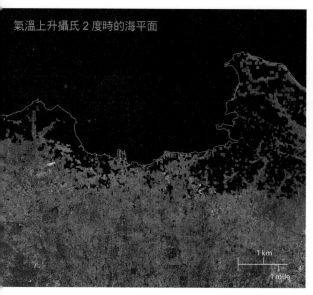

氣溫上升攝氏 2 度時的海平面

1 km
1 mile

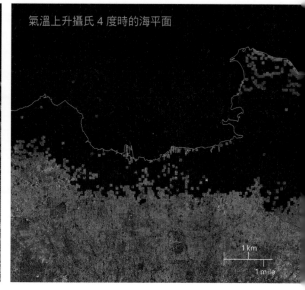

氣溫上升攝氏 4 度時的海平面

1 km
1 mile

越來越危險：海平面上升的代價到了 2100 年將會增加到好幾十兆美元。[94] 不意外地，保險公司的保費價格早已包含更頻繁的「新常態」和更極端的事件。[95]

　　美洲各地的城市，尤其是北美東部沿海和墨西哥灣沿岸的城市，正位於海平面上升的前線。這些城市的威脅主要來自格陵蘭的融冰，還有大西洋的洋流減弱。在美國有超過 90% 的沿海城市遭受長期水患——這個數字到 2030 年會翻倍。[96] 由於位置與人口規模，紐約是最危險的城市之一。[97] 在接下來的幾十年內，二十五個最容易遭受沿海水患的美國城市中，有二十二個在佛羅里達州。面臨世紀末海平面將上升 3～9 公尺，邁阿密是瀕危城市的典型代表，當初設計時並未考慮到海平面

邁阿密海平面的預測上升幅度

數據：氣候中心　　底圖：Google/Google Earth Engine, USGS, NASA, ESA

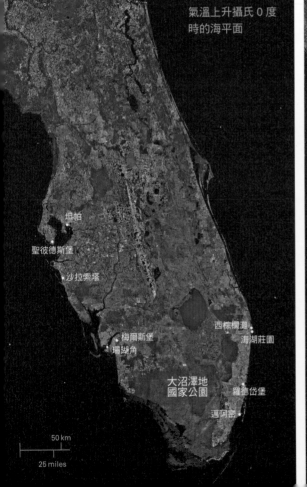

氣溫上升攝氏 0 度時的海平面

坦帕
聖彼德斯堡
沙拉索塔
梅爾斯堡
珊瑚角
西棕櫚灘
海湖莊園
大沼澤地國家公園
羅德岱堡
邁阿密

50 km
25 miles

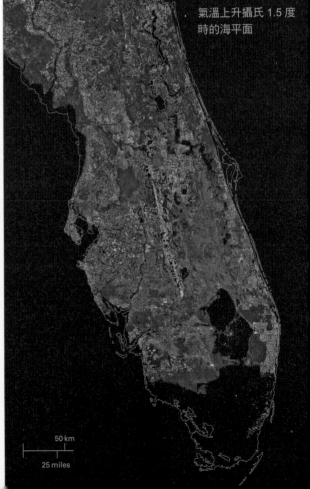

氣溫上升攝氏 1.5 度時的海平面

50 km
25 miles

上升的可能，因此建築和道路基礎建設全都毫無遮蔽。更糟的是，佛羅里達州南方的地下地質就像一塊瑞士起司，由壓縮的礁脈和石灰石所組成，因此更有可能遭遇嚴重洪患。[98] 除此之外，颶風和極端氣候事件越來越常發生，也越發猛烈，這表示降雨量和風暴都會遽增。

面對浮動的未來，邁阿密政府忙著進行補救工程，例如設置海堤、污水處理廠和抽水機，讓水流回海灣。他們也試圖透過修改建築法規、提高道路、復育濕地和發行市府綠色債券來支應減緩措施的費用，讓城市更能適應氣候壓力。和雅加達一樣，某些街區讓位給升高的海水，空出來的房屋改造成親水公園和蓄水槽以吸收溢流。[99] 全球的政府、企業和公民團體都必須在設計城市時認真考慮氣候變遷。大約有四分之三歐洲城市

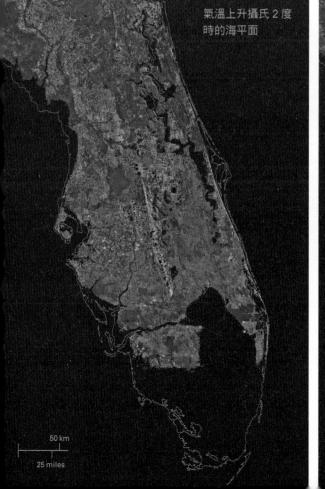

氣溫上升攝氏 2 度時的海平面

50 km
25 miles

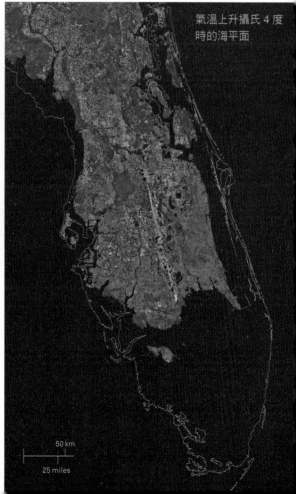

氣溫上升攝氏 4 度時的海平面

50 km
25 miles

中心會受到海平面上升的嚴重影響，尤其是荷蘭、西班牙和義大利的城市。[100] 非洲及亞洲那些快速都市化的擁擠沿海城市也會陷入困境，尤其是當中最弱勢的居民，這些人往往擠在低收入的臨時住所中，就位於水邊。[101]

面臨毀滅的前景，有越來越多的市議會、企業及公民團體忙著想讓自己的城市耐受氣候。[102] 例如美國退出 2015 年巴黎氣候協定的幾天之內，有一千多個城市簽署了《市長氣候保護協議》（Mayors Climate Protection Agreement），以便符合，甚至超越全球目標。[103] 即使是位於產油的德州境內，奧斯丁、達拉斯、沃思堡等城市也致力在下個十年內達到碳中和。[104] 歐洲的城市早已遙遙領先美國，仍然積極採取減緩及適應措施[105]，例如丹麥的哥本哈根計劃在 2025 年達到碳中和[106]，歐洲最環保的城市奧斯陸也要趕在 2030 年之前，把碳排放量減低 95%，目前進展順利。此外，強大的全球城市結盟也出手相助，例如 C40 城市聯盟（C40 Cities）和碳中和城市聯盟（Carbon Neutral Cities Alliance），準備幫助大家在 2050 年之前戒除化石燃料。[107] 如地圖所示，《全球氣候和能源市長盟約》（Global Covenant of Mayors for Climate and Energy, GCMCE）已經集結了一萬多個城市，共九億多居民，為此目標一起努力。[108]

打先鋒的是荷蘭的沿海城市，他們推出大量解決辦法來應付海平面上升。他們有充分的理由主動出擊，因為這個國家已經有將近三分之一在海平面以下（最低處大約是海平面下約 7 公尺）。為了促進地方出力，中央政府將管理水資源的許多權力下放，授權各城市管理。例如防洪是地方水利委員會的責任，而非中央政府，但中央政府會提供防禦工程修建資金，包括綿延 3,700 公里的堤防大霸和海堤，還有為了保護地勢 90% 在海平面以下的鹿特丹免於翻湧海水和洪水而興建的馬仕朗防潮閘（Maeslant Barrier），大小相當於兩座艾菲爾鐵塔橫放。[110]

像鹿特丹這樣的城市提供了啟發人心的榜樣，讓其他人看

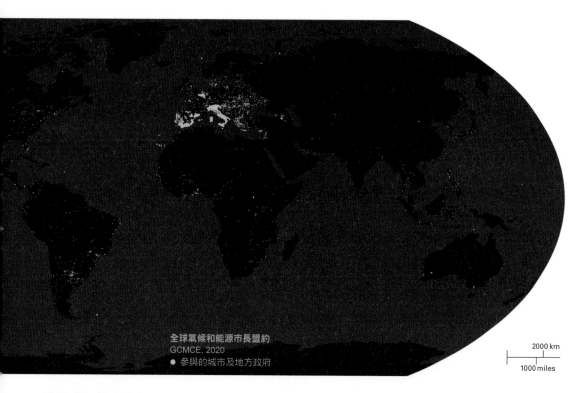

全球氣候和能源市長盟約
GCMCE, 2020
● 參與的城市及地方政府

2000 km
1000 miles

**簽訂《全球氣候和能
源市長盟約》的城市**
截至 2020 年為止，有
超過一萬個城市、來自
一百三十八個國家的
地方政府簽訂了《全
球氣候和能源市長盟
約》。[109]

到該如何應付海平面上升。這裡是世界上最安全的三角洲城市
之一，因為這城市學會了如何與水共存。這種思維可以追溯到
十三世紀，當地商人和政府官員豎立起約 400 公尺長的堤防，
讓漲潮時水不會滲進來，也利於排水。新運河興建於 1850 年
代，目的是為了改善水質，降低霍亂的爆發。馬仕朗防潮閘興
建於 1997 年，就在 1950 年代初期、傷亡慘重的洪水造成一千
八百多人死亡後。今日這座巨大的閘門保護城中一百五十萬人
免於洪患，也不會妨礙海上交通。

　　不過鹿特丹之所以成功的關鍵不在工程，而是態度。鹿特
丹市長艾哈邁德・阿布塔勒（Ahmed Aboutaleb）宣稱，當地
居民「並不把氣候變遷視為威脅，而是當作機會，讓這個城市
更能適應、更有魅力，在經濟上變得更強大。」在他看來，適
應氣候是升級基礎建設的機會，可以增加生物多樣性，讓市民
參與更有意義的日常城市生活。為了達到這個目的，當地政府

氣溫上升攝氏 0 度時的海平面

25 km
25 miles

馬仕朗防潮閘
鹿特丹

海牙
德夫特
夫拉丁根
鹿特丹港
布里勒
斯派克尼瑟
多德雷赫

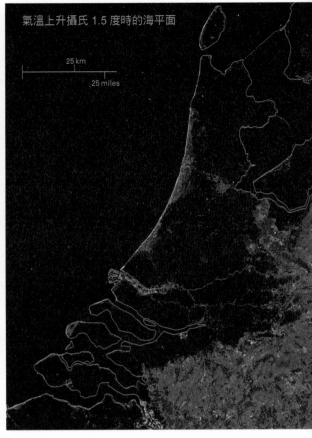

氣溫上升攝氏 1.5 度時的海平面

25 km
25 miles

數據：氣候中心　底圖：Google/Google Earth Engine, USGS, NASA, ESA

**鹿特丹海平面的預測
上升幅度**

採取了適應氣候變遷的策略，要在 2025 年前打造出「耐氣候
性」的城市。[111] 從那之後，鹿特丹就開始進行改造，把池塘、
車庫、公園和廣場轉變成備用水庫，市府也與社區團體合作，
讓街區恢復活力，減少不平等，培養對未來衝擊的適應力。

　　沒有多少地方的風險比島嶼國家更大了，像是吉里巴斯、
馬紹爾群島、吐瓦魯、馬爾地夫，氣候變遷會吞噬這些國家。
遭到海水上升圍攻的吉里巴斯，正在向鄰近的斐濟交涉購買
2,023 公頃的土地，準備必要時讓十一萬三千個國民移居。[112]
政府坦承國家可能無法存續[113]，成為第一個因氣候變遷而不復
存在的民族國家。[114] 馬紹爾群島的居民也面臨類似的抉擇：離
開這裡或是爬到更高的地方。政府當局迫切找尋方法，想收復

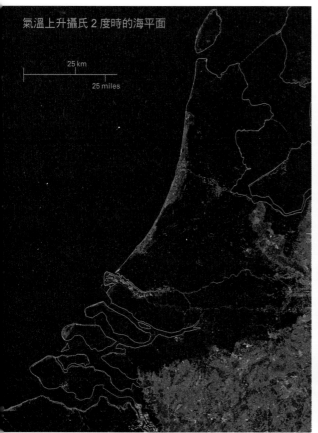

氣溫上升攝氏 2 度時的海平面

25 km
25 miles

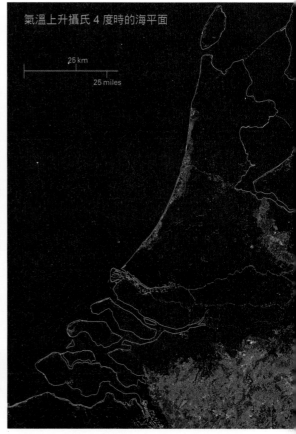

氣溫上升攝氏 4 度時的海平面

25 km
25 miles

土地，建造夠高的島嶼，足以承受海面上升。[115] 馬爾地夫也在努力收復土地，加強並建造新的島嶼，並且在必要時遷居。[116]
這些國家是礦坑裡的金絲雀，警示大家即將來臨的危險。

標示氣候行動的未來

氣候變遷已經逼近，森林火災、廢氣燃除和工業污染造成了不斷攀升的死亡率和發病率。每天有兩百個物種消失，如果氣溫持續升高，還會有上百萬種瀕危。全世界每一秒就有 0.8 公頃的熱帶森林被摧毀，或遭受無法挽回的危害[117]，這導致乾旱及水災，進而使糧食價格上升、糧食不安全、移民，甚至

在世界上某些最脆弱的環境中引發群體暴力[118]和武裝衝突。[119,120] 種種跡象顯示事情將會變得更糟，但還不到消沉與放棄的時候。

　　如今需要徹底減緩，甚至堅決轉變成零碳的世界。要達到目的，只能急速擺脫化石燃料，轉向再生能源，就這麼簡單。正如下方的地圖所示，世界上主要的污染者在過去數十年中已經採取措施，讓能源環境多元化，從使用煤和天然氣，改成核能、風力和太陽能。到了 2050 年之時，美國五十個州百分之百使用再生能源絕對有可能。[121] 真正的挑戰不在於該不該這麼做，而是能不能激起政治力量，及時加速達成這樣的轉變。美國提出打造「綠色新政」（green new deal）只是重大轉變的第一步——全面立法解決氣候變遷和貧富差距。補助電動車是另一

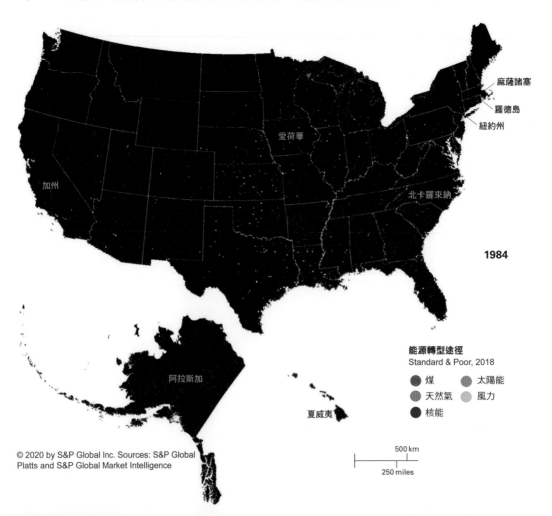

1984

能源轉型途徑
Standard & Poor, 2018
● 煤　　　● 太陽能
● 天然氣　● 風力
● 核能

麻薩諸塞
羅德島
紐約州
愛荷華
加州
北卡羅來納
阿拉斯加
夏威夷

500 km
250 miles

步，全球轉換使用再生能源是集體存亡的關鍵。

　　為了減少碳足跡，所有主要的供應鏈必須從線性經濟轉型為循環經濟。循環經濟讓經濟活動與有限資源的消費脫鉤，設計在體制內不要有浪費。這麼做需要大幅改變消費習慣，包括確保消費中有更多可以再利用、修補並回收的比例，能夠轉換變回原料。加拿大、丹麥、德國和日本等國轉型成循環經濟的速度較快，已經開始鼓勵公司行號並誘導國民做出改變。就連中國也在 2008 年實施《循環經濟促進法》，要求從水泥到鋁製品等各類大型工廠，必須把廢料減少到趨近於零。

　　減緩及適應氣候變遷需要從根本上改變心態，這表示要重新思考廢棄的觀念，從產品生命週期開始到結束想過一遍。辦法之一是產業共生，這是一種跨公司的協作過程，能夠加速循

美國能源轉型成潔淨能源，1984 年（左圖）及 2016 年（右圖）

2016

500 km

250 miles

環經濟解決方案，這通常需要把公司聚在一起，找出實際可行的方式，將某家公司的廢料轉換成另一家公司的原料。例如在丹麥，政府和企業合作嘗試新方法，展開試驗計劃，資助新創公司，從藻類生產設備到生物燃料產生都有。[122] 在中國有數百個生態工業園區實踐產業共生，裡面的肥料工廠使用附近釀酒廠生產的糖類副產品，紙廠和紙漿廠則將剩餘的木料換成建築用的綠泥、水泥工廠用的白污泥、水產養殖用的熱水。[123]

我們必須結合獎勵與懲罰，才有希望達成巴黎協定的承諾。首要任務一定是逐步取消全球兩千四百二十五座燃煤火力發電廠的補助和減稅。[125] 碳排放稅、碳補償計畫、減量排放目標和發展節能洗滌技術，都是解決方案的一部分。還有針對本章最後列出的百大「超級污染者」執行必要的強制措施。在美國，不到一百個場所（只佔全部工業污染源的 0.5%）就產生了全國三分之一以上的有毒空氣污染，佔全部溫室效應氣體排放的五分之一。[126] 我們也要少吃肉類和乳製品，這是減少碳足跡的主要方法之一。[127] 到了 2050 年，光是在阿根廷、巴西、加拿大、中國、歐盟和美國的三十五家肉類生產商，所產生的排放量就會比所有大型化石燃料公司加起來都還要多。[128] 所以，我們需要更有意識地消費，包括購買肉的替代品。拯救地球的飲食法就是以植物為主的飲食。

好消息是我們知道該做什麼，史上最大規模的氣候變遷報告指出，要讓全球氣溫上升不超過攝氏 1.5 度的唯一辦法，就是在 2030 年前將溫室效應氣體排放量較 2010 年減少 45%。[129] 這是個嚴苛的要求，現實是雖然巴黎協定承諾所有國家會努力不讓氣溫上升超過攝氏 2 度，排放量依然持續增加中。世界經濟論壇（World Economic Forum）在 2020 年調查企業領導者，氣候變遷首度名列他們關心事項的第一位，但是這些想法能否轉為行動？再拖下去只會讓嚴重的問題更加惡化。這就是為何現在比任何時刻都更重要，我們選出來的政治領導人跟支持

的企業集團，必須是了解情況嚴重性的人，他們必須準備好針對我們所面臨的緊急情況採取行動。如果不在氣候領域採取行動，新冠肺炎疫情只不過是將來這類混亂情況的暖身。

如何減緩與適應氣候變化必須成為主流議題，不能只存在邊緣，應該成為各級學校核心教育課程的一部分，還有企業和行政機關也是。媒體必須終結「否認氣候變遷」和「氣候科學」之間的錯誤對等，至少政客、企業領導人和社運人士必須專注在解決辦法上，而不是針對無可辯駁的証據吹毛求疵。某些企業決定撤資化石燃料是方向正確的一步，但該如何繼續進行，確實仍有許多分歧，然而如果我們要有效地減緩及適應，國家、企業和國民就必須發展出新方法來分擔氣候變遷的重擔。這需要創新的財務模式和大膽合作，更重要的是要有新的思維模式，準備好面對高溫世界。新冠肺炎造成的傷害其實可能有助於打造基礎，走向更具適應力的未來。

地球的存亡有賴妥協與合作。今日最富裕的國家是靠化石燃料來驅動工業和進步，但如今造成氣候變遷的溫室效應氣體量，他們就佔四分之三，因此必須立刻轉型成再生能源。同時，也要協助較貧窮的國家從化石燃料過渡到更多的可再生解決方案，提供國民迫切需要的能源，尤其是還有數十億無電可用的人。光靠科技救不了我們，就算有最強大的碳封存技術，也無法以足夠的規模及速度從大氣中移除排放物。為了減緩氣候變遷，我們必須阻止碳進入大氣，支持政府和企業積極追求零碳解決方案 [130] 和環保政策 [131]。在這場挑戰中，我們有很大的機會，集體存亡就靠現在做出正確的決定。

全球百大污染者：1988年至2015年的累積排放量[124]

製造者	地點
中煤能源	北京，中國
沙烏地阿拉伯石油公司（Aramco）	札赫蘭，沙烏地阿拉伯
俄羅斯天然氣公司（Gazprom OAO）	莫斯科，俄羅斯
伊朗國家石油公司	德黑蘭，伊朗
埃克森美孚公司（ExxonMobil Corp）	歐文（Irving），德州，美國
印度煤炭公司	加爾各答，印度
墨西哥石油公司（Pemex）	墨西哥市，墨西哥
俄羅斯煤炭	莫斯科，俄羅斯
荷蘭皇家殼牌石油公司（Royal Dutch Shell PLC）	海牙，荷蘭
中國石油天然氣集團（CNPC）	北京，中國
英國石油公司（BP PLC）	倫敦，英國
雪佛龍公司（Chevron Corp）	聖拉蒙，加州，美國
委內瑞拉石油公司（PDVSA）	卡拉卡斯，委內瑞拉
阿布達比國家石油公司	阿布達比，阿拉伯聯合大公國
波蘭煤炭公司	波蘭
皮博迪能源集團（Peabody Energy Corp）	聖路易斯市，密蘇里州，美國
阿爾及利亞國家石油公司（Sonatrach SPA）	海德拉，阿爾及利亞
科威特石油公司	科威特市，科威特
道達爾石油公司（Total SA）	古貝弗瓦，法國
必和必拓礦業公司（BHP Billiton Ltd）	墨爾本，澳洲
康菲公司（ConocoPhillips）	休士頓，德州
巴西石油公司（Petrobras）	里約熱內盧州，巴西
盧克石油（Lukoil OAO）	莫斯科，俄羅斯
力拓集團（Rio Tinto）	倫敦，英國
奈及利亞國家石油公司（NNPC）	阿布加，奈及利亞
馬來西亞國家石油公司（Petronas）	馬來西亞
俄羅斯石油公司（Rosneft OAO）	莫斯科，俄羅斯
阿契煤業公司（Arch Coal）	聖路易斯市，密蘇里州，美國
伊拉克國家石油公司	巴格達，伊拉克

全球工業溫室氣體累積排放量（來自範疇一與範疇三），單位為%
這些排放量的來源是燃燒天然氣、煤（範疇一），還有運作中的排放如拋棄式產品、通氣、燃除、
甲烷逸散排氣（範疇三）。

%	
14.3	
4.5	
3.9	
2.3	
2	
1.9	
1.9	
1.9	
1.7	
1.6	
1.5	
1.3	
1.2	
1.2	
1.2	
1.2	
1	
1	
0.9	
0.9	
0.9	
0.8	
0.8	
0.7	
0.7	
0.7	
0.7	
0.6	
0.6	

碳揭露專案（CDP），2017 年碳巨頭報告
作者：保羅・葛里芬博士（Dr. Paul Griffin）

全球百大污染者：1988年至2015年的累積排放量[124]

製造者	地點
埃尼集團（Eni SPA）	羅馬，義大利
英美資源集團（Anglo American）	倫敦，英國
蘇古特石油天然氣公司（Surgutneftegas OAO）	蘇古特，俄羅斯
阿爾法自然資源公司（Alpha Natural Resources Inc）	京斯波特，田納西州，美國
卡達石油公司	杜哈，卡達
印尼國營石油公司	雅加達中區，印尼
哈薩克煤碳	哈薩克
挪威國家石油公司（Statoil ASA）	斯塔凡格，挪威
利比亞國家石油公司	的黎波里，利比亞
康壽能源公司（Consol Energy Inc）	坎農斯堡，賓州，美國
烏克蘭煤炭	烏克蘭
萊茵集團（RWE AG）	埃森，德國
印度石油天然公司	瓦沙特昆吉，德里，印度
嘉能可公司（Glencore PLC）	巴爾，瑞士
土庫曼天然氣公司（TurkmenGaz）	阿什哈巴特，土庫曼
薩索爾公司（Sasol Ltd）	約翰尼斯堡，南非
西班牙國家石油公司（Repsol SA）	馬德里，西班牙
阿納達科石油公司（Anadarko Petroleum Corp）	伍德蘭市，德州，美國
埃及石油公司（Egyptian General Petroleum Corp）	開羅，埃及
阿曼石油開發公司（Petroleum Development Oman LLC）	馬斯喀特，阿曼
捷克煤炭	捷克共和國
樣本中其餘五十個製造者	

全球工業溫室氣體累積排放量（來自範疇一與範疇三），單位為%
這些排放量的來源是燃燒天然氣、煤（範疇一），還有運作中的排放如拋棄式產品、通氣、燃除、
甲烷逸散排氣（範疇三）。

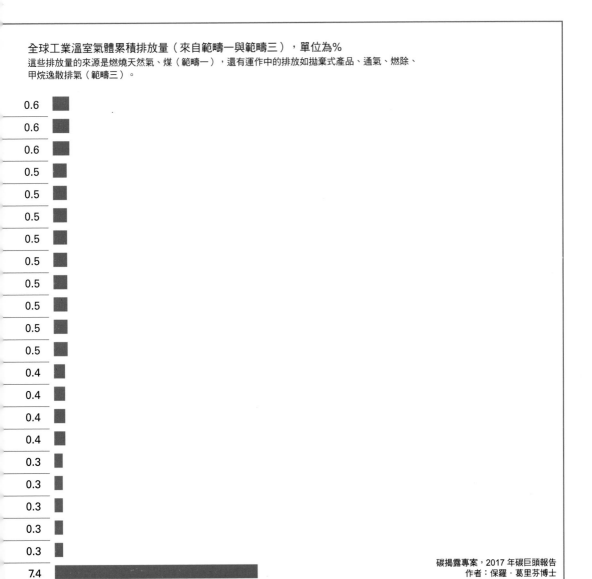

0.6	■
0.6	■
0.6	■
0.5	■
0.5	■
0.5	■
0.5	■
0.5	■
0.5	■
0.5	■
0.5	■
0.5	■
0.4	■
0.4	■
0.4	■
0.4	■
0.3	■
0.3	■
0.3	■
0.3	■
0.3	■
7.4	■

碳揭露專案，2017 年碳巨頭報告
作者：保羅‧葛里芬博士

這張地圖利用二十五年期間累積的夜間燈光，
顯示中國沿海巨型城市的地點。

NOAA, Google, 2018

都市化

世界正以空前的速度都市化
未來的都市化大多會在非洲及亞洲
巨型城市及大城市帶動全球經濟
城市越來越脆弱,尤其在非洲及亞洲
城市網絡針對氣候及移民問題採取行動

都市化的世界 [1]

世界正經歷空前的都市化時期，預計未來 90% 以上的都市化會發生在非洲及亞洲，全球城市人口到了 2050 年時將增加二十五億人。如地圖所示，城市只佔地球表面積的 3%，卻容納了全球 55% 以上的人口。

人口超過三十萬的城市
聯合國經濟及社會事務部人口司，2018

● 每一點代表一個人口超過
　三十萬的城市

前言

　　城市是文明之錨，數千年來，密集的人類聚落匯聚了權力、資本和創意構想。這讓人很容易忘記民族國家不過初來乍到，只在過去數百年間統治全球事務。

　　民族國家從第七世紀時興起，曾經舉足輕重的城市，如今已衰落破敗。不過時代變了，世界正經歷空前的都市化時期，

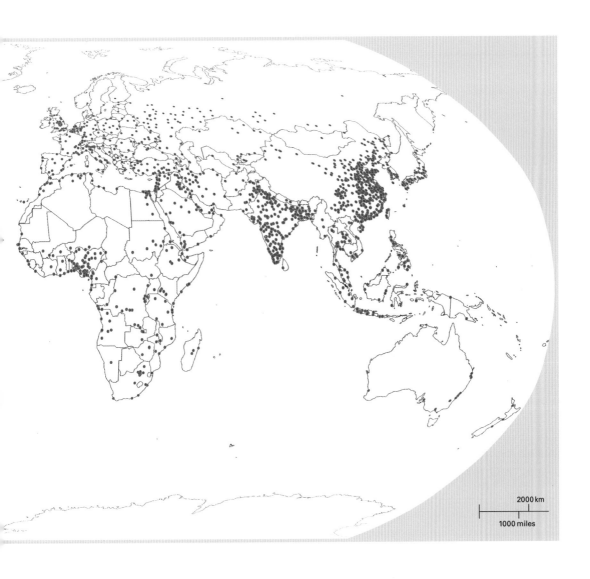

2000 km

1000 miles

強大的全球城市崛起，今日住在城市地區的人比住在鄉間的還多。過去數十年來，幾乎全部的都市化都出現在非洲及亞洲。再過十年，將有二十多個以上的新城市會跨過五百萬人口的門檻，到了 2050 年，至少還會有二十五億人搬到城市——這是前所未有的人口轉型。[2] 在可預見的將來，民族國家會繼續維持主宰地位，但在接下來的幾年裡，強大的城市將會在斡旋全球事務上扮演關鍵角色。

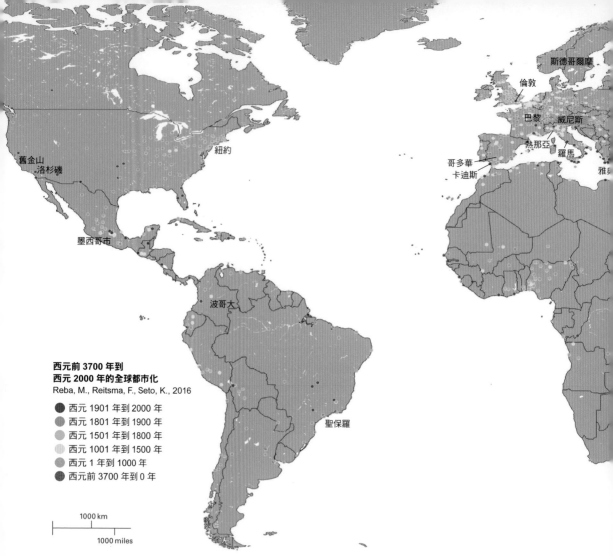

**西元前 3700 年到
西元 2000 年的全球都市化**
Reba, M., Reitsma, F., Seto, K., 2016

- 西元 1901 年到 2000 年
- 西元 1801 年到 1900 年
- 西元 1501 年到 1800 年
- 西元 1001 年到 1500 年
- 西元 1 年到 1000 年
- 西元前 3700 年到 0 年

1000 km

1000 miles

斯德哥爾摩
倫敦
巴黎　威尼斯
熱那亞　　羅馬
哥多華
卡迪斯　　　　　雅

紐約
舊金山
洛杉磯
墨西哥市
波哥大
聖保羅

**各時代的都市化：西
元前 3700 年到西元
2000 年** [4]
城市存在的時間遠比民
族國家長久，然而自人
類出現後，大多數時間
都過著遊牧生活，而不
在城市聚落。第一個永
久聚落約在一萬到一萬
兩千年前出現。本圖利
用最早紀錄的資訊，追
溯了自西元前 3700 年
以來城市的演變。

　　城市能捲土重來是有原因的，其中之一在於城市通常能為
居住在那的人帶來好處。所有的城市都會面臨不平等、交通擁
擠和污染等問題，但整體而言，城市人比鄉下人健康、富有，
壽命也比較長。有這麼多人搬到城市裡（每週約三百萬人），
正是因為城市能夠提供這麼多優勢。但城市生活也製造了一些
問題：生活水準和價值觀的差距，激起了城市人與鄉村居民之
間的緊張與不滿。在許多城市裡，貧富之間的分歧也正在加
劇。新冠肺炎疫情暴露出潛在的隱憂和不平等，將全球的城市

諾夫哥羅

伊斯坦堡

北京

西安

瓦拉納西
帕特納

常州

維查耶
納加爾

吳哥

新加坡

阿勒波

艾比爾

朱拜勒
貝魯特

大馬士革
耶利哥

亞歷山卓

耶路撒冷

烏魯克
埃里都

烏爾

開羅

雪梨

分出層級，並更突顯了老年人、移民和比較不富裕的人的脆弱性。結果就是少數幾個大城市蓬勃發展，其他許多二、三級城市則遠遠落後，沒有那麼繁榮、連通和有組織。還有數以千計快速發展的城市正經歷脆弱，就連最基本的服務也得勉強才能提供，社會契約瀕臨瓦解。[3]

本章探討都市化利弊互現的特性，首先考量城市的起源與散播，接著追溯二十及二十一世紀時迅速擴大發展的城市聚集，包括巨型城市及大城市帶的興起。許多人著迷於舊金山、

斯德哥爾摩和新加坡這類大城市，卻對無數其他城市正在發生的事情一無所知，它們可能停滯不前甚至落後。為了解某些城市失敗的原因，我們仔細查核了這些城市脆弱的因果——尤其是那些正在經歷極速都市化的地方。越了解今日城市的適應力從何而來，就更有可能幫助未來的城市領導者做好準備。

城市遠比民族國家悠久

城市存在的時間比民族國家長久多了。由於對生活造成了整體影響——在政治、商業和文化上——我們很容易就會忘記民族國家才是新人。現代國際國家體系的誕生可以追溯到十七世紀中葉，或是更精確地說，是 1648 年的《西發里亞和約》（Treaty of Westphalia）。民族國家從戰爭中而生，尤其是三十年戰爭（Thirty Years War）。因迫切想結束歐洲大陸上許多的血腥武裝衝突，貴族和外交官在德國奧斯納布呂克（Osnabrück）和明斯特（Münster）聚集，商量達成協議。在這些千年老城裡，他們打造了國際關係的基本原則，包括「國家主權」和「不干涉」他國內政等觀念。後來的幾個世紀裡，是由民族國家而非城市來主宰全球事務。

城市是人類最成功的社會工程實驗之一，雖然比國家悠久，但仍算是一種相對新形式的社會組織。智人歷史大部分的時間都是遊牧，據信第一個大型人類聚落出現在一萬到一萬兩千年前，聚落的興起與農業生產擴大息息相關。[5] 一旦自給自足的農民學會如何儲藏糧食、馴養動物，就比較能夠定居下來，專精在自己的勞務上，並且與鄰人進行交易。世界上最古老的城市是哪一個人們尚無共識，大約九千年前形成的埃里都（Eridu）、烏魯克（Uruk）和烏爾（Ur），都有可能是最古老的城市。其他古城如阿勒波（Aleppo）、大馬士革（Damascus）、耶利哥（Jericho），六千多年來都有人居住。[6] 隨著人潮、貿易

及知識的傳播，貝魯特（Beirut）、朱拜勒（Byblos）、艾比爾（Erbil）、耶路撒冷（Jerusalem）主宰了中東。

　　城市是產業和創新的動力[7]，塑造了文明的經濟及文化演進，在中國、印度河流域、地中海、美索不達米亞都有，也遍及中部美洲和安地斯山脈。過往帝國的首都至今依然屹立不搖，包括亞力山卓（Alexandria）、吳哥、雅典、卡迪斯（Cadiz）、常州、哥多華（Cordoba）、帕特納（Patna）、瓦拉納西（Varanasi）、西安、伊斯坦堡。這些城市當中有許多都是比較早期全球化的推手，勢力及影響力無遠弗屆。例如羅馬可能是西元前一世紀末第一個達到百萬居民的城市，掌管了橫跨歐洲及波斯的可觀貿易體系。令人難以置信的是，將近兩千年後，才有另一個城市達到相同的人口規模，即大約 1810 年的倫敦與 1875 年的紐約。

　　世上最令人敬畏的古城之一是吳哥窟，前高棉帝國的首

吳哥窟：亞洲古代的強大城市組織[8]
衛星影像及遙感探測技術有助於研究人員更了解古代城市。2012 年到 2015 年間，透過雷射航空測量發現，柬埔寨的吳哥窟曾是世上最大古城之一，綿延 39 平方公里。

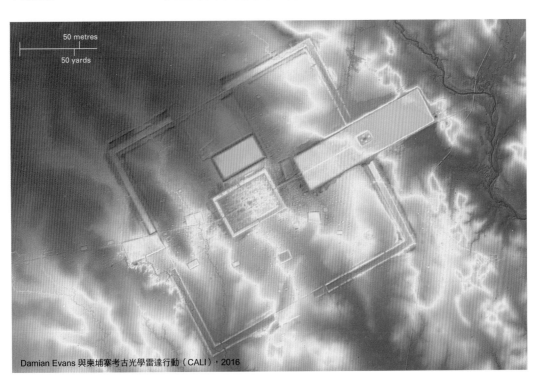

Damian Evans 與柬埔寨考古光學雷達行動（CALI），2016

都，如今是柬埔寨。但是直到最近為止，世人大多不清楚吳哥窟真正的範圍和規模。數百年來，國外的考古學家致力於發掘並修復聖殿和神龕，渾然不知有個曾經盛極一時的城市供養著這些宗教住客。直到美國太空總署在 2012 年到 2015 年間進行雷射航空測量，我們才得以一睹寬廣的街道及運河，範圍比今天的巴黎、雪梨或洛杉磯都還大。[9]十二世紀全盛之時，吳哥住了將近七十五萬人——當時倫敦的人口大約是一萬八千人。這個城市人口密集的核心地帶大約佔地 39 平方公里，另外還有寬廣的農業—城市腹地，是現在我們熟悉的郊區蔓延的早期雛形。[10]吳哥窟從十四世紀後開始沒落的確切原因尚無人知曉，可能是因為吳哥快速擴張，無意間毀壞了附近的分水嶺，導致慘重的水災和當地供水系統瓦解。

在十二世紀到十六世紀之間，有少數城市累積了強大的力量。從東南亞到歐洲和美洲，城市與周遭區域聯手合併成長，進而有能力資助陸海兵力。儘管不斷遭受瘟疫、世仇衝突和全面戰爭，義大利的城邦如威尼斯和熱那亞（Genoa），仍透過香料、絲綢、布料和奴隸貿易，累積了可觀的財富。某些城市以數量取勝，第一個跨城市網絡漢薩聯盟（Hanseatic League）有一百多個成員，橫越倫敦到諾夫哥羅（Novgorod），這個聯盟發展出自己的法律體制、租稅法典和警力。[11]儘管有如君士坦丁堡、北京和維查耶納加爾（Vijayanagar）等人口超過五十萬的龐然大城，不過城市通常都不

極速都市化的年代：1950 年與 2050 年 [14]
此地圖描繪出以鄉村為主過渡到以城市為主的社會。1950 年時，大多數人住在市區外，只有北美洲、大部分歐洲國家、少數波灣國家、澳洲、阿根廷、日本、紐西蘭和委內瑞拉以城市居多。到了 2050 年時，幾乎世上每個國家大部分區域皆都市化了，除了非洲及亞洲。這是歷史上最顯著的城市轉型。

1950

2050

鄉村國家與城市國家
聯合國經濟及社會事務部人口司，2018 年

■ 大多是鄉村
■ 大多是城市

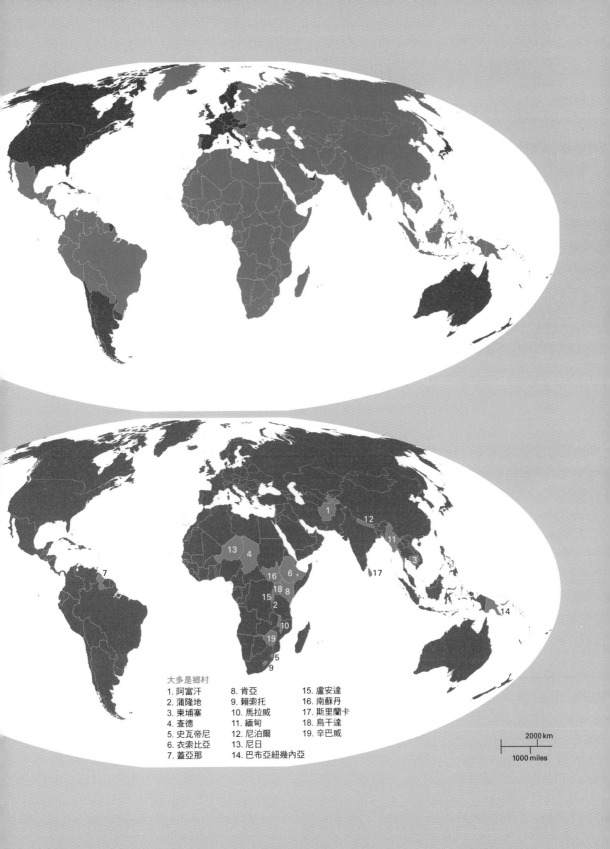

大多是鄉村

1. 阿富汗
2. 蒲隆地
3. 柬埔寨
4. 查德
5. 史瓦帝尼
6. 衣索比亞
7. 蓋亞那

8. 肯亞
9. 賴索托
10. 馬拉威
11. 緬甸
12. 尼泊爾
13. 尼日
14. 巴布亞紐幾內亞

15. 盧安達
16. 南蘇丹
17. 斯里蘭卡
18. 烏干達
19. 辛巴威

2000 km

1000 miles

大。自有人類以來，城市生活是相對稀有的事。十六世紀時，有將近二十幾座城市的人口超過十萬人 [12]，今日則至少有四千個城市超過這個門檻。[13]

都市化從十九世紀末葉之後開始加速，工業革命、鐵路誕生，製造業中心的出現，更加鼓勵了大量歐洲人和殖民地的居民移居城市。[15] 例如在美國，1800 年時只有不到 2% 的人口住在城市，到了 1920 年時，全國有半數以上的居民搬到城市裡了。[16] 大量移民進入歐洲及北美洲的城市雖然能夠帶來工作機會、促進經濟成長，但也有不利的一面，包括貧窮和疾病急遽增加，還有其他種種社會考驗。中南美洲的國家都市化比美國或歐洲更快速——城市居民的比例在 1950 到 2000 年之間增為兩倍，這些國家的城市也有著世上最高的犯罪率和不平等，我們在暴力那一章會講到。[17] 亞洲的都市化比較慢，不過大約在半個世紀前也開始有所改變。像中國大躍進（1958 到 1961 年）那樣控制並且強制的都市化後果慘重，造成將近四千五百萬人死亡。[18] 不過中國 1970 年代的改革以及 1990 年代之後持續的經濟繁榮，改變了局面。1980 年時，每五個中國人民中只有一個住在城市，到了 2017 年，變成每兩人中就有一人住在城市裡。[19]

城市也許是集體存亡的關鍵

今日的城市是經濟巨人，負責全球 80% 以上的國內生產毛額 [20]，同時也是知識經濟的中樞，是 90% 以上專利權的來源。但是城市之所以如此重要，是因為城市大概是人類最務實的希望之一，能夠更新民主，反轉不平等，為傳染病做好準備加以回應，去減緩及適應氣候變遷，包括轉型成零碳的世界。城市不必誰許可就已經採取行動，忙著制定降低溫室效應氣體排放目標，測試新的治理模式和經濟思想，這與民族國家形成

1960

2018

居住在城市地區的總人口比例：**1960 年及 2018 年** [21]

有史以來第一次，住在城市的人口比住在鄉村的還多。地圖顯示，幾乎每個國家在 1960 年到 2018 年間，城市人口的比例都明顯增加。下一波大規模城市潮將出現在非洲和亞洲，光是中國、印度和奈及利亞三個國家，就佔 2020 年到 2050 年間城市人口成長的 40%。

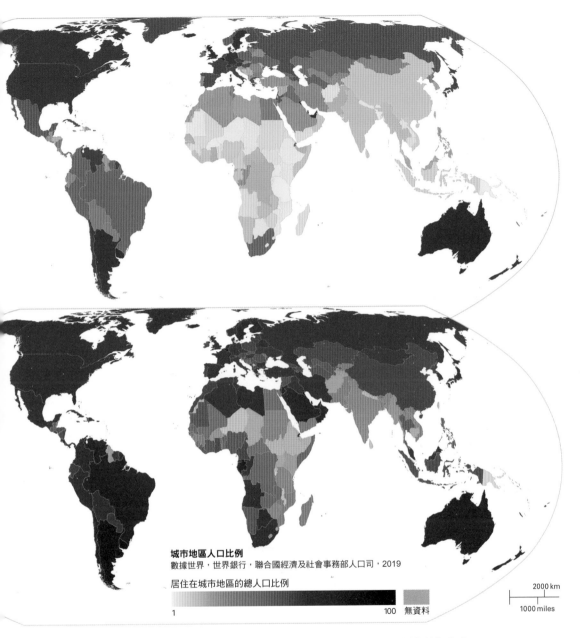

城市地區人口比例
數據世界，世界銀行，聯合國經濟及社會事務部人口司，2019

居住在城市地區的總人口比例

1   100 無資料

2000 km

1000 miles

強烈的對比，許多國家早已停滯，變得極端分化。

　　世界快速改變，但全球事務的基本單位卻還冥頑不變。由於種種原因，許多人執著於一百九十三個民族國家的國際體制。政府處理全球事務的方式，包括防禦、移民、貿易和援助

等議題，仍然是以國家主權和不干涉的原則來決定。這是因為全球多邊體制，包括聯合國和布列敦森林體系，是為了滿足國家的需求和利益而制定的。即使民族國家成功增加必要的公共財，但事實證明國家還是不夠靈活，無法處理人類面臨的某些迫切生存威脅，像是大規模流行病、氣候變遷及人工智慧的興起。我們需要新的心智地圖，包括那些以城市為中心的地圖，這麼做很合理，用經濟學家愛德華・格雷瑟（Edward Glaeser）的話來說，我們是「城市物種」（urban species）。[22]

住在城市的人口，比我們以為的還多二十億？

　　城市建設是街談巷議的話題，市政當局、企業、服務供應商及學者正努力打造更快樂、更有創意、更時髦的城市，以城市宜居性、對企業的開放度，還有數位準備度、穩定及安全作為成效指標。然而，雖然從學者到投資人，大家都忙著研究社會學家莎士奇亞・薩森（Saskia Sassen）所謂的「全球城市」（global cities），但對世上多數人口實際居住的大部分城市裡所發生的事情，卻知之甚少。[23] 讓事情更複雜的是，關於什麼是都市化，以及該如何定義它，也有基本上的分歧。難以置信的是，我們仍然不知道世界上有多少城市。[24] 依據不同定義，可能有五萬到一百萬個城市。

　　缺乏通用定義，就很難去區分城市核心[25]和延伸的周遭區域[26]——兩者往往通稱為都會區。[27] 其實城市並不只是一群密集的人和建築物，而是行政區上充斥著繁複的實體和數位基礎建設。[28] 城市是政治、社會和經濟社群，個人在其中居住、交流及工作[29]，但城市跟大城鎮之類的地方，有何不同？[30] 事實上，尺寸並不（一定）重要，例如在英國，一切都取決於女王怎麼想，她可以把任何有人居住的地方劃定為城市，今日英國有六十六個城市，其中一個只有一千八百個居民。[31]

儘管有這些語意上的分歧，沒人質疑都市化正在加速，城市聚集的數量正在大幅增加。[32] 聯合國的《全球都市化展望報告》（*World Urbanization Prospects*）可說是都市化趨勢最權威的消息來源。[33] 2018 年時，報告中指出全世界有 55% 的人，即四十二多億人住在城市地區，從 1950 年時只有七億五千一百萬人增加至此。報告中宣稱，有 80% 的北美洲人和拉丁美洲人，以及 74% 的歐洲人住在城市地區，亞洲及非洲則大約是一半。報告中還預測，到了 2050 年時，全世界住在城市地區的人口比例將會增加到 68%，約六十七億多人，其中將近 90% 的成長會在亞洲及非洲。[34] 同時有些地區的整體人口，包括城市地區的人口，則會縮減。最明顯的減少出現在日本、南韓、波蘭、俄羅斯和烏克蘭，主要原因是人口老化、家庭規模變小，某些地方則是因為產業衰退。[35]

修訂後的都市化比例
城市生活的新估算法 [36]

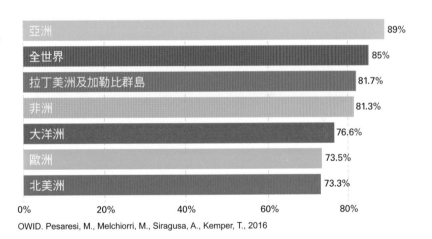

OWID. Pesaresi, M., Melchiorri, M., Siragusa, A., Kemper, T., 2016

　　不過，新的研究發現卻推翻目前公認的都市化趨勢。2018 年時，一群來自歐盟執行委員會（European Commission）的地理學家想出了衡量都市化的全新方法。[37] 他們利用高解析度的衛星影像和一套新方法，把已開發的地區重新分類為「城市中心」（urban centre，五萬人或以上，每平方公里人口密度至少

一千五百人）和「城市群集」（urban cluster，五千人或以上，每平方公里人口密度至少三百人）。[38] 運用這個方法，他們找出全世界有 52% 的人住在城市中心，32% 住在城市群集，只有 15% 的人住在鄉村地區（不到五千人）。照這樣看來，全球城市人口已經有 85%。107 頁的圖表顯示，亞洲——而非拉丁美洲——可能是世界上最都市化的，歐洲和北美洲則是最不都市化的。根據歐盟執行委員會估計，目前已經有六十四億人住在「城市地區」，與聯合國的估計差了至少二十億人。[39] 這些估算遭到嚴重批評，尤其是來自聯合國的批評[40]，但如果估計正確，這可是件大事，畢竟人類住在哪裡關係到一切，包括從徵稅、經費分配到城市計畫和提供服務。不出所料，聯合國召集專家團體，試圖釐清事情。[41]

　　儘管聯合國和歐盟執行委員會盡力定義都市化，各政府仍然以不同的方式分類城市等級。[42]「城市」的門檻從冰島的兩百人、葡萄牙的一萬人，到日本的三萬人都有。[43] 例如在澳洲和加拿大，有一千人或以上居住的地區，就可以劃定為城市。[44] 在中國，每平方公里至少要有一千五百人，才能劃定為城市。西歐的規劃師也會區別「城市地區」和「通勤帶」[45]，若套用這種簡約分類體系的話，只有 40% 的歐洲人住在城市中心，20% 住在通勤帶，而不是像聯合國所描述的四分之三，或是歐盟執行委員會所認定的 85% 以上。在本章裡，我們不會解決這些分類難題。[46] 比較沒有重大爭議的是控制都市化、經濟成長和改善生活水準之間的關係，在世上大部分地方，城市地區往往比鄉村地區更容易獲益於更好的服務——包括電力、飲水和衛生。[47]

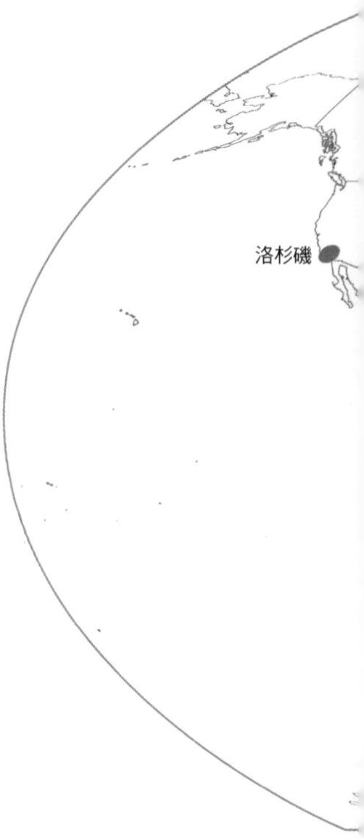

洛杉磯

2000 km
1000 miles

巨型城市的興起：2018 年 [48]

藍圓圈的尺寸代表居住在全球三十四個巨型城市的人口數，每個城市人口都超過一千萬人。

巨型城市降臨：2030 年，每五個城市居民中就有一個會是中國人

今日城市的規模與範圍前所未見。[49]1900 年時，有十三個城市的居民在一百萬人或以上，到了 1950 年時，有八十三個城市居民達一百萬人，另外有三個巨型城市，即紐約、巴黎和東京，居民多達一千萬人。如今有五百多個城市的人口超過一百萬人，其中包括至少三十四個巨型城市，東京—橫濱有三千八百萬人，緊接著是德里，人口兩千八百多萬，再來是上海，人口兩千四百萬。其他巨大的城市包括聖保羅、墨西哥市、拉哥斯、武漢。[50] 這些城市是國際金融網絡和全球供應鏈的中心節點，當中最成功的已經從依賴製造業轉型到服務及高科技領域。就像 1800 年代的工業革命驅動了歐洲及北美洲的都市化，1970 年代以來增強的全球化也觸發了亞洲及非洲的都市化

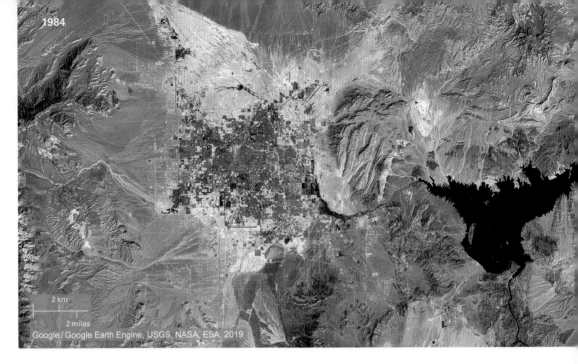

2 km

2 miles

Google / Google Earth Engine, USGS, NASA, ESA, 2019

迅速發展。[51] 但這些下個世代的城市準備好參與競爭了嗎？

　　有些巨型城市比較稠密，例如馬尼拉市中心是全世界最密集的城市，至少有一百六十萬人居住在此[52]，每平方公里擠了四萬六千人。[53] 不過要是把馬尼拉大都會區全部算進去，密度就會降低到每平方公里「只有」一萬三千六百人。兩者相比，巴黎市中心有兩百多萬居民[54]，每平方公里兩萬一千人。紐約市有八百六十多萬居民，密度全美國最高，每平方公里一萬人。相較之下，像雪梨這樣的城市有四百四十萬人，算是人口密度較低的地方，每平方公里只有一千九百人。[55] 世界上人口密度最低的城市之一是亞特蘭大，每平方公里不到六百人。[56]

　　北美主宰了低密度城市，如地圖所示，拉斯維加斯是典型的低密度城市，每平方公里只有一千八百七十五人。儘管沙漠極度高溫、供水有限，拉斯維加斯仍是美國成長最快速的大都會地區之一，從 1984 年的五十四萬居民擴張到 2018 年的兩百二十萬人。低密度生活轉化為城市擴張[58]，城市會發展正是因為分區無法維持，並且過度依賴汽車通勤。人口快速成長、

擴張的拉斯維加斯：1984 年及 2018 年[57]
拉斯維加斯是世界上人口密度最低的城市之一，在三十年間，居民從五十四萬人成長到兩百二十萬人。

汽車是拉斯維加斯的王道：2012 年到 2016 年
拉斯維加斯之所以如此快速地擴張，是因為過度依賴汽車，並且缺乏公共運輸基礎建設。黃色區域大部分的人都靠汽車代步，只有不到 5% 的人利用大眾運輸或其他交通方式去上班、上學或玩樂。

2018

桑默林

北拉斯維加斯

拉斯維加斯

南桑默林

文契斯特

天堂鎮

惠特尼

米德湖

恩特普來士

亨德森

波德市

2 km

2 miles

Google / Google Earth Engine, USGS, NASA, ESA, 2019

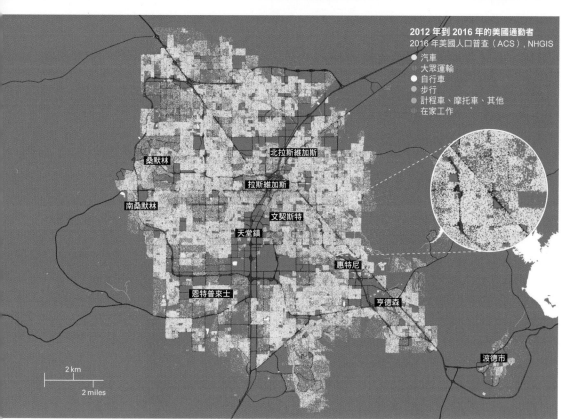

2012 年到 2016 年的美國通勤者
2016 年美國人口普查（ACS），NHGIS

- 汽車
  大眾運輸
- 自行車
- 步行
- 計程車、摩托車、其他
- 在家工作

桑默林

北拉斯維加斯

南桑默林

拉斯維加斯

文契斯特

天堂鎮

惠特尼

恩特普來士

亨德森

波德市

2 km

2 miles

持續的居住需求再加上氣候變遷，導致水資源短缺。[59] 米德湖（Lake Mead）是美國最大的人工水庫，水位低到危險[60]，在過去二十年儲水量少了一半。拉斯維加斯提醒了世人，有辦法的人可以暫時逃離氣候變遷，住在有空調的環境中，但其他的沙漠城市──包括波灣地區的杜拜和杜哈，靠化石燃料抽水給居民供涼──既是氣候危機的兇手也是受害者。

極速都市化的原爆點是亞洲和非洲，到 2050 年時，大約會有兩億九千兩百萬的中國人、四億四百萬的印度人、兩億一千兩百萬的奈及利亞人湧向城市。這三個國家總共會佔未來全球城市成長的 40%。中國的城市軌跡規模十分驚人，相較於 1980 年時只有 18%，今日中國已經有 58% 以上的人口住在城市。正式的中國城市有六百六十二個，其中至少有一百六十個城市的人口在一百萬或以上。[61] 相較之下，美國只有十個城市的居民超過一百萬人，英國只有兩個（就看你如何計算）。[62] 從 1980 年代以來，中國一直致力於打造特殊城市發展群集，或稱為經濟區──汕頭、深圳、廈門、珠海是著名的例子。由於大城市與更高的生產力、更快速的發展息息相關，所以中國當局忙著發展十九個巨大城市群集，將龐大的城市融合在一起。如右側地圖所示，其中三處的大城市之間相當相近，包括香港附近的珠江三角洲、上海周圍的長江三角洲，還有環繞北京的京津冀城市群。

都市化在世界各地進行的方式和速度都不同[64]，在中國，城市成長通常由中央規劃，嚴格控制人民居住的地方，規定誰能享有公共服務。儘管有嚴格的規定控管，中國政府一直無法避免城市雜亂延伸、碳排放量飆升和不平等增加。[65] 印度現在是全球人口最多的國家，都市化過程也缺乏秩序。[66] 根據政治學家魯本·亞伯拉罕（Reuben Abraham），大部分的印度城市「擴張程度遠超過行政限度 …… 發展不受管理、沒有規劃，加上道路狹窄破壞 …… 開放空間有限、土地隨意劃分。」[67] 儘

長春

瀋陽

北京

天津

濟南

青島

首爾

南韓

釜山

中國

西安

鄭州

南京

上海

日本

成都

武漢

重慶

長沙

昆明

台北

臺灣

越南

香港

澳門

河內

海南

二十五年來的夜間燈光
NOAA, Google, 2018

減少　　　　　　　　增加

200 km
100 miles

中國的城市潮 [63]
我們可以透過投射到太空中的光發射，製成地圖來了解都市化。這份地圖標示出
聚集的光發射，為期二十五年，分布在中國、臺灣、南韓、日本及越南部分地
區。紅色或黃色的區域表示光發射有淨增加量，綠色表示持平，藍色表示減少。

管印度的城市激增才剛起步 [68]，卻已經有兩千五百個城市，其中四十個人口超過一百萬。[69] 世界上成長最快速的城市中（以人口計），至少有八個在印度 [70]；二十個最受污染的城市中，則有十八個在印度。[71] 印度當局認為至少需要 1.2 兆美元，才能安置未來二十年內即將移居城市的數億印度人。[72] 就像中國一樣，印度官員也提出要從零開始興建數十個高科技城市。[73] 2015 年時，印度聯邦政府宣布一項數十億美元的計畫，要在 2020 年之前興建一百座「智慧城」，但實際進度比宣傳的緩慢許多。[74]

在非洲人口最稠密的國家奈及利亞，都市化比在中國或印度更雜亂無章。[75] 奈及利亞的一億五千萬居民中，已經有半數以上住在城市裡，1990 年時則只有三分之一。[76] 這個國家有兩

赫赫有名的拉哥斯擴張帶：**1984 年及 2019 年** [81]

以人口來說，世界上成長最快的城市是奈及利亞的拉哥斯。如地圖所示，城市覆蓋區從 1984 年至今顯著擴張，1984 年時的城市人口約三百三十萬人，如今約兩千萬人。從現在到 2030 年間，平均每小時會有七十七個人移居拉哥斯。

1984

拉哥斯

拉哥斯潟湖

拉哥斯島

蛇島

4 km
4 miles

Google / Google Earth Engine, USGS, NASA, ESA

百四十八個城市，其中七個城市的人口至少有一百萬人。[77] 例如拉哥斯（Lagos）這個城市，1960 年時居民只有二十萬人，如今據估計有兩千萬人（雖然沒人知道確切的規模）[78]，如果拉哥斯的人口持續依照現在的速度擴張，人口統計學家預測將會在 2100 年達到一億。[79] 我們很難充分體會拉哥斯都市化的步調和規模，從現在開始到 2030 年，這個城市大約每小時會有將近七十七個新入住者。

世界上最大的城市比大部分的民族國家都更能發揮經濟影響力，2016 年，麥肯錫公司（McKinsey）列出六百個最具勢力的大都會地區（C600），掌管了 60% 的全球經濟。[82] 這些城市佔全球人口五分之一以上，經濟生產力驚人。例如東京和紐約都會區的名目國內生產毛額，分別相當於南韓及俄羅斯的國內

編按：圖上原文為拉哥斯各區地名。

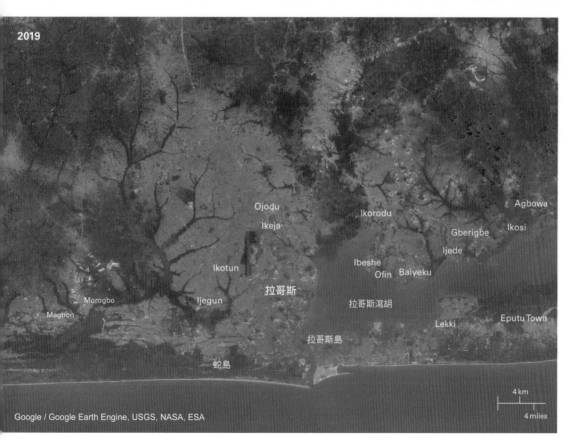

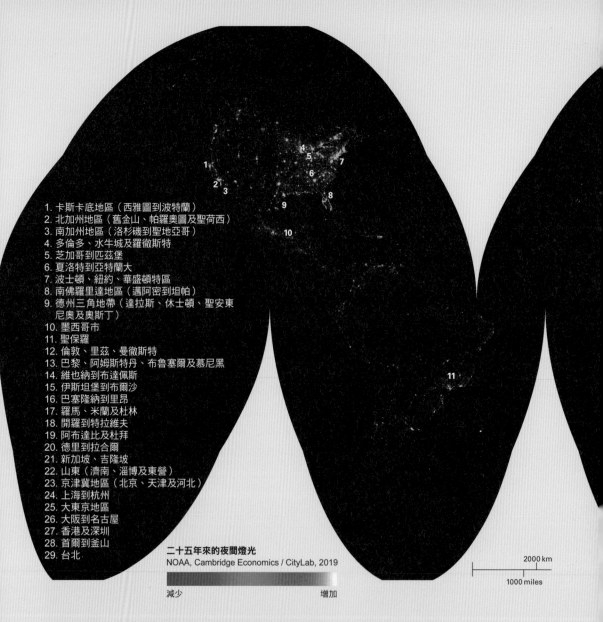

1. 卡斯卡底地區（西雅圖到波特蘭）
2. 北加州地區（舊金山、帕羅奧圖及聖荷西）
3. 南加州地區（洛杉磯到聖地亞哥）
4. 多倫多、水牛城及羅徹斯特
5. 芝加哥到匹茲堡
6. 夏洛特到亞特蘭大
7. 波士頓、紐約、華盛頓特區
8. 南佛羅里達地區（邁阿密到坦帕）
9. 德州三角地帶（達拉斯、休士頓、聖安東尼奧及奧斯丁）
10. 墨西哥市
11. 聖保羅
12. 倫敦、里茲、曼徹斯特
13. 巴黎、阿姆斯特丹、布魯塞爾及慕尼黑
14. 維也納到布達佩斯
15. 伊斯坦堡到布爾沙
16. 巴塞隆納到里昂
17. 羅馬、米蘭及杜林
18. 開羅到特拉維夫
19. 阿布達比及杜拜
20. 德里到拉合爾
21. 新加坡、吉隆坡
22. 山東（濟南、淄博及東營）
23. 京津冀地區（北京、天津及河北）
24. 上海到杭州
25. 大東京地區
26. 大阪到名古屋
27. 香港及深圳
28. 首爾到釜山
29. 台北

二十五年來的夜間燈光
NOAA, Cambridge Economics / CityLab, 2019

減少　　　　　　　　增加

2000 km
1000 miles

生產毛額。[83] 洛杉磯的國內生產毛額多過澳洲，巴黎的經濟體大過南非，還有倫敦、莫斯科、上海和德里，勝過荷蘭、奧地利、挪威和以色列。[84] 今日大部分的 C600 城市僅限於富裕的已開發國家，但是到了 2025 年，這份名單將會加上一百三十六個新城市，大部分在東南亞和南美洲。隨著大城市的經濟力成長，有些城市也開始要求更多的政治和自治權利。[85]

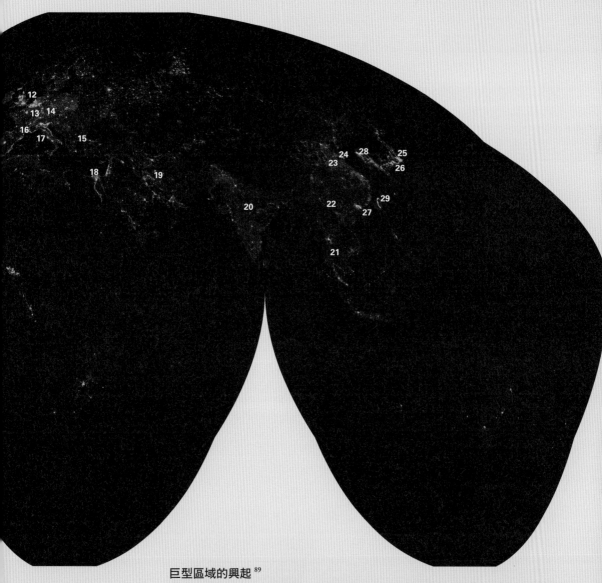

巨型區域的興起[89]
想得到關於都市化的新觀點,可以檢視太空中反映出來的光發射。這份地圖標示出巨型區域的擴張與光發射的聚集,為期二十五年。紅色或黃色的區域表示光發射有淨增加量,綠色表示持平,藍色表示減少。

　　城市是活生生的實驗室,全球各地的智慧、數位、感官城市,正利用大量豐富的數據來增進能源效率,改善交通流量,提供更好的基礎服務。[86]察覺到機會的科技廠商及管理顧問公司,忙著銷售「解決方案」給市政當局[87],在科技那一章會

詳述 5G 基礎建設的散播和物聯網。這些科技讓「網絡城市」（networked urbanism）興起，無論好壞，都改變了城市的地貌，不只加速了數位經濟和服務數位化，也產生勒索軟體等重大漏洞與其他的網路威脅，因為從核電廠到家用安全設施，一切都以數位連結。[88]

二十九個城市群集佔 60% 以上的全球經濟

二十一世紀帶來了全新類別的城市風格，世界首度見證了「超級城市」的出現，居民超過四千萬人。這是「超城市」（hyper-cities）的分支，即居民超過兩千萬人的大都會地區，還有「巨型城市」（megacities）的分支，即居民至少一千萬人。城市發展的驚人速度前所未見。[90] 例如巴基斯坦的最大城市喀拉蚩（Karachi），從 1950 年大約一百萬人擴張到今日的兩千萬人。[91] 像喀拉蚩這樣快速發展的大城吸納了周遭的自治市，比較像是城市向人走去，而不是人走進城市。這些大型擴張的都會城市很少是中央控制或刻意籌劃的結果，不過光憑規模，這些城市在全球經濟中就具有競爭力。

世上某些發展最快速的都會地區龐大無比，延伸達數百公里。[93] 早在 1960 年代，地理學家讓·戈特曼（Jean Gottmann）就預知了此事會發生——他簡稱為「大都會帶」（megalopolises）。[94] 今日大都會帶又稱為「大城市群」（megapolises）或「大都會圈」（conurbations）[95]，到處可見，從中國跨越長江三角洲的城市，到美國波士頓、紐約至華盛頓特區地帶都有。最驚人的例子是「京津冀城市群」，這個著實龐大的巨型地區連結三座龐然巨城——北京、天津以及河北省數個大城，城市群區域內總共有一億三千萬人[96]，京津冀管轄權內的地區佔中國經濟的十分之一，每年產值大約 1.2 兆美元，與墨西哥相當。[97]

中國的奇特巨型城市「京津冀城市群」，二十五年來的夜間燈光[92]
匯集數個大型城市，包括北京、天津、保定、石家莊、唐山、滄州、廊坊、張家口、秦皇島、東營及承德，居民共一億三千萬人。

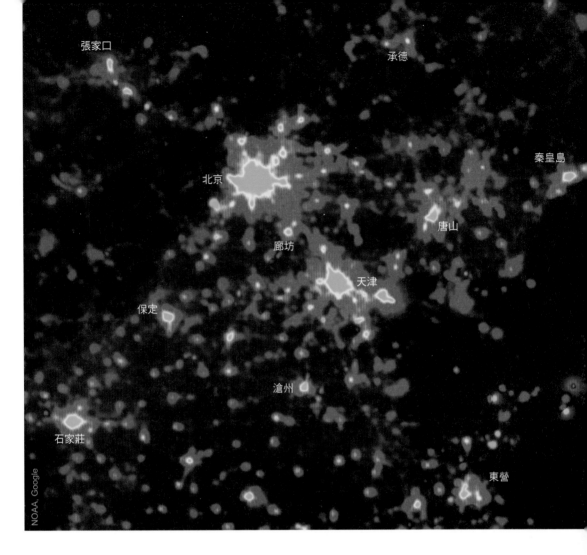

張家口
承德
秦皇島
北京
唐山
廊坊
天津
保定
滄州
石家莊
東營

NOAA, Google

　　中國的規劃人員把京津冀視為國內外未來城市及鄉村發展的可能範本 [98]，如地圖所示，光是這個大城市帶的範圍及規模就令人難測。為了「整合」這三座巨型城市，當局建造了一千多條主要城際高速公路、公車道和鐵路計畫，也正在專門建造數千個公共及商業辦公室、大學及醫院建築，座落在中國於 2017 年建立的「未來城市」雄安新區南方約 97 公里處。還有一千兩百個製造業及物流公司在北京關門大吉，為了降低污染而匆忙轉移陣地到其他城市。警覺到其他中國城市發展所造成的環境後果，新巨型區域當局敦促民營部門種植百萬棵樹木，

並結合其他努力來降低空氣污染及水污染。據報導,自 2013 年以來,PM2.5 已成功減少一半。[99]

衛星地圖有助於展現這些巨型區域的相互連結線路。[100] 根據城市專家理查・佛羅里達(Richard Florida)、夏洛特・梅蘭德(Charlotta Mellander)及提姆・古爾登(Tim Gulden),巨型區域至少由兩個鄰近的大都會區所組成,都會區的人口要超過一百萬人,經濟產出合併起來至少 3,000 億美元。至少有二十九個巨型區域符合這項定義,亞洲十一個、北美洲十個、歐洲六個,拉丁美洲及非洲各一個。[101] 其中最富裕的波士頓、紐約、華盛頓特區地帶,或稱波華地區(BoWash),人口總共四千七百六十萬人,經濟產出 3.6 兆多美元,是地球上第五大國內生產毛額,僅次於美國、中國、日本、德國。歐洲最大的巨型區域由巴黎、阿姆斯特丹、布魯塞爾及慕尼黑所組成,稱為巴阿慕地區,經濟產出總共 2.5 兆美元。其他例子還有首爾釜山地區、德州三角地帶(達拉斯、休士頓、聖安東尼奧及奧斯丁)以及倫里徹斯特地區,包括倫敦、里茲和曼徹斯特。[102] 巨型區域雖能帶來繁榮,透過加強連結來降低環境壓力,卻並非所有城市都能獲益。許多發展最快速的城市,因人口急遽增長而難以管理,甚至成為弱點。

2030 年時,貧民區的人口總數將會增為二十億

財富、人才與機會都集中在少數幾個全球城市裡,於此同時,南亞與東南亞、北非與撒哈拉沙漠以南、中美洲及南美洲有上千個快速發展的城市,正在落後。高科技的未來城市——像是重慶、甘地納加(Gandhinagar)及松島——轉移了我們的目光,讓人忽略了中低收入國家裡的城市,而大部分的未來人口成長都會出現在那些地方。[103] 這些城市有許多你可能連名字都沒聽過,正在奮力吸引投資、應對赤貧,對抗犯罪等等,

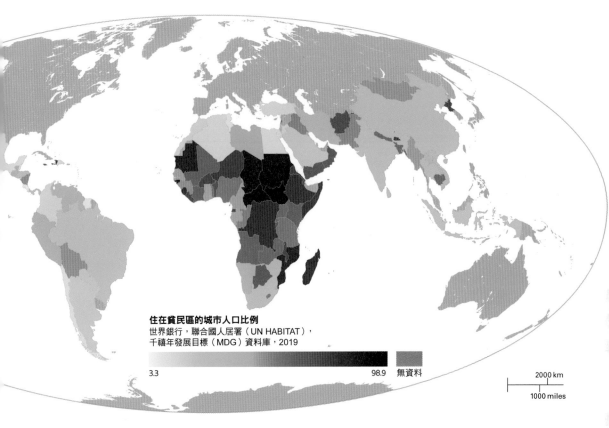

住在貧民區的城市人口比例
世界銀行，聯合國人居署（UN HABITAT），
千禧年發展目標（MDG）資料庫，2019

3.3 ——————————————————— 98.9　無資料

2000 km
1000 miles

南半球的貧民區：2014 年貧民區人口佔城市人口的比例 [107]
全世界的貧民區人口將會從 2014 年的十億人增加到 2030 年的二十億人。這張地圖突顯了貧民區人口特別集中在非洲撒哈拉沙漠以南、中美洲和南美洲，還有南亞及東南亞部分地區。貧民區居民總數增加，但整體比例下降，是由於整體人口成長的緣故。

正如歷史學家麥克・戴維斯（Mike Davis）在《貧民窟星球》（*Planet of Slums*）一書中所述。[104] 不像北美洲及歐洲，非洲和亞洲的城市在工業化之前就先都市化了，儘管有潛力超越舊系統並充分利用新科技，但許多地方卻產生了大量的貧民區和簡陋房屋。

貧民區在亞洲、非洲和美洲仍然普遍，例如在印度和巴西，有三分之一的城市居民住在貧民區，在某些非洲城市，住在貧民區的人口比例甚至高達 90％。[105] 今日約十億人住在貧

奧蘭吉鎮，喀拉蚩，2019 年
Google / Google Earth Engine, USGS, NASA, ESA

圖中標示：新喀拉蚩鎮、北喀拉蚩鎮、奧蘭吉鎮、北納齊馬巴德鎮、信德工業貿易園區、納齊馬巴德、喀拉蚩

奧蘭吉鎮、內薩與達拉維的衛星影像，2019 年

民區，但到了 2030 年人數會加倍。[106]

　　簡陋的城鎮如達拉維（Dharavi，孟買）、卡雅利沙（開普敦）、奧蘭吉鎮（Orangi Town，喀拉蚩）、內薩（Neza，墨西哥）確實擁有城市的條件，居民百萬人。人口密集的貧民區如佩塔雷（委內瑞拉）、羅西尼亞（里約）、基貝拉（奈洛比）[108]，也確實從太空就能看到。儘管有著不同的歷史和空間形式，這些城市有幾個共同點，包括許多非正式的房屋、不可靠品質又差的電力及社會服務、成堆的垃圾和廢棄物、容易接觸傳染病。[110] 即使如此，面對這些挑戰，貧民區住戶還是找到了巧妙的解決辦法，許多人替自己爭取土地和使用權、平價住宅、改善的基礎建設及更好的服務。住戶創業獲利，使用創新的交通方式，選擇電力自主。許多明日重大的城市挑戰的答案，也許就在世上的低收入非正式聚落中。[111]

　　整體的貧民區人口或許增加了，但是大部分國家貧民區

內薩，墨西哥，2019 年
Google / Google Earth Engine, USGS, NASA, ESA

特斯科科
奇馬爾瓦坎
墨西哥市
內薩
（內薩瓦爾科約特爾城）
拉巴斯

4 km
2 miles

達拉維，孟買，2019 年
Google / Google Earth Engine, USGS, NASA, ESA

孟買
班德拉
達拉維
密斯河
馬希姆灣
安托普山
馬塔蓋

2 km
1 mile

的家戶人口比例卻是下降的，例如在中國，歸類為貧民區的家戶比例在 1990 年到 2014 年間，從 44% 直落到 25%。同時期在印度的比例由 55% 降到 24%，在奈及利亞從 77% 降到 50%。[112] 不過因為城市人口依然持續快速擴張中，城市無法容納新居民，貧民區的居民絕對值仍會持續增加。[113] 某些研究人員認為，貧民區是經濟發展下令人遺憾但不可避免的結果，是中低收入城市中一種「平價住宅」的形式。其他人則主張，貧民區是基礎公共財投資低迷所導致的可避免症狀，是自我強化的貧困陷阱。[114] 不論觀點為何，經濟成長最快速的國家，住在貧民區的城市居民比例也大幅降低了。[115]

城市脆弱性加深：90% 以上的非洲城市很脆弱

顯然並非所有快速發展的城市都往同樣的方向移動，不論較富或較貧的國家，某些城市已進入後工業時期，某些城市則仍以重工業和其他夕陽產業為主。民主國家會有掙扎中的城市，極權國家也會有興盛的城市。[116] 像印度的蘇拉特及中國的遵義就有兩位數的經濟成長[117]，伊拉克的摩蘇爾和索馬利亞的首都摩加迪沙（Mogadishu）則岌岌可危。在那些遭受政治動亂和經濟不穩定的城市中，凝聚政府當局與城市居民的社會契約也一併瓦解了。

是什麼原因讓某些城市比較脆弱呢？古城如科林斯或龐貝毫無希望——這些城市因為重大巨

城市脆弱性在全球的驚人散播：2000 年到 2015 年 [121]

某些城市比其他城市脆弱。這份地圖標示出城市脆弱性的演變，在兩千一百多個人口到達二十五萬或以上的城市，時間介於 2000 年到 2015 年。城市脆弱性發生在多重風險聚集之處，包括貧富極度不平等、失業、犯罪及承受天災。證據顯示世上大部分地方的脆弱度都在上升，尤其是在非洲、中東、南亞和東南亞部分地區。

2000

2015

城市脆弱性比數
伊加拉佩智庫（Igarapé Institute），2015 年

較不脆弱　　　　　　　較脆弱

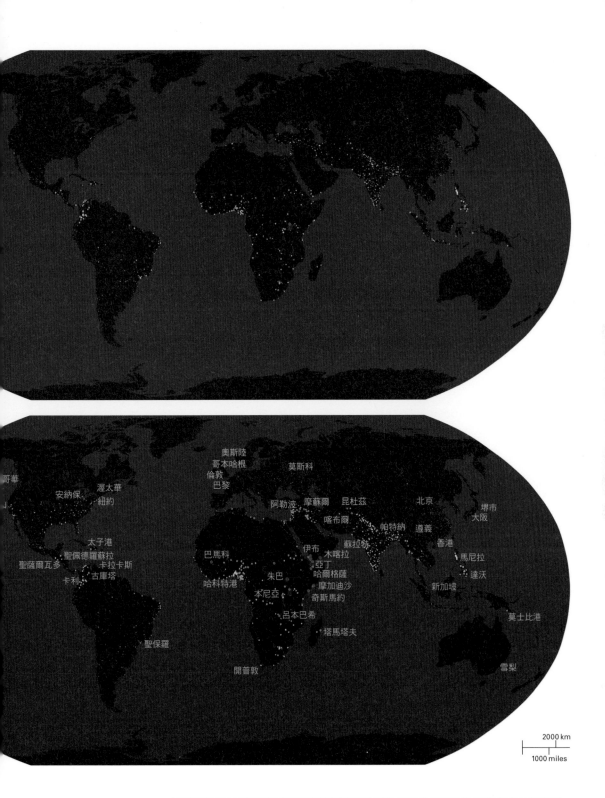

奧斯陸
哥本哈根
倫敦
巴黎
莫斯科

阿勒波　摩蘇爾　昆杜茲　　北京　　堺市
喀布爾　帕特納　　　　　　大阪
蘇拉特　　　　遵義　　香港

哥華

安納保　渥太華
紐約

太子港
聖佩德羅蘇拉
卡拉卡斯
聖薩爾瓦多　古庫塔
卡利

巴馬科

哈科特港
朱巴
本尼亞

伊布
木喀拉
亞丁
哈爾格薩
摩加迪沙
奇斯馬約

馬尼拉
達沃

新加坡

聖保羅

呂本巴希
塔馬塔夫

莫士比港

開普敦

雪梨

2000 km
1000 miles

脆弱性比數
伊加拉佩智庫，2015 年

較不脆弱　　　　　　　　　　　　較脆弱

1000 km
500 miles

2000

變而徹底毀滅，像是戰爭、地震和火山爆發。其他人口密度低的城市如阿奴拉達普勒（Anuradhapura）和提卡爾（Tikal）則由於規劃不當、運氣不佳的緣故資源耗盡。[119] 城市的脆弱性無法簡化成單一因素，是多項壓力累積影響的結果，例如高度不平等、貧窮、失控的人口成長、失業率飆升、交通擁擠和污染、暴力犯罪以及承受天災。[120] 城市脆弱性也非固定的狀態，而是會隨著時間起伏不定，不過某些風險因素特別突出，例如一年內人口成長 3% 或以上、表現出嚴重的所得不均、警政及刑事司法不足，這些城市往往更脆弱。[122] 風險最高的城市出現在比較貧窮的國家裡，例如索馬利亞和南蘇丹，也會出現在飽

城市脆弱性集中在非洲、中東和亞洲：2000 年及 2015 年 [124]
在 2000 年到 2015 年之間，非洲和亞洲城市脆弱性的增長令人擔憂。這些地圖顯示出位於撒哈拉沙漠以南、中東、中亞和南亞的城市風險特別高。

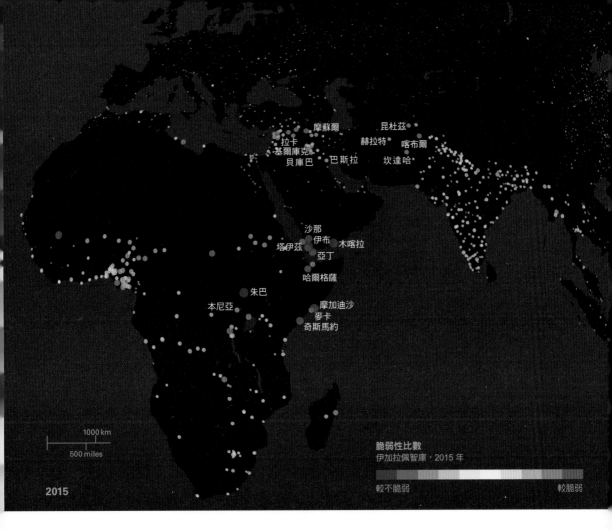

摩蘇爾
昆杜茲
拉卡
赫拉特 喀布爾
基爾庫克
貝庫巴 巴斯拉 坎達哈

沙那
伊布 木喀拉
塔伊茲
亞丁

哈爾格薩

朱巴
本尼亞 摩加迪沙
麥卡
奇斯馬約

1000 km
500 miles

脆弱性比數
伊加拉佩智庫，2015 年

較不脆弱 較脆弱

2015

經戰亂的中收入國家裡，例如敘利亞和菲律賓。

　　城市脆弱性正在散播，這些地圖上有兩千一百多個城市的人口在二十五萬或以上，圓點越大越紅，就表示越脆弱；越小越藍，就表示適應力越好。總共有十分之一的城市在「高度」脆弱的範疇，有三分之二處於「中度」脆弱。令人訝異的是，只有不到五分之一的城市處於「低度脆弱」，全部的非洲城市中，大約有 90% 落在高度及中度脆弱的範疇。[123] 最脆弱的城市是摩加迪沙、奇斯馬約（Kismayo）、麥卡（Merca），緊接著是最近遭受戰爭摧殘的亞丁（Aden）、大馬士革、喀布爾、朱巴（Juba）和摩蘇爾。相較之下，最具適應力的城市是安納保

（Ann Arbor）、坎培拉、奧斯陸、渥太華和堺市。

展望未來，最重大的城市安全及發展挑戰在非洲，這個大陸擁有全世界最年輕、發展最快速的人口，比地球上任何地方都市化的速度都快。非洲人口約十一億人，在 2050 年可能會變成兩倍，其中增加的 80% 會在城市還有城裡的貧民區。[125] 極速都市化和年輕人口激增（大部分年輕人缺乏有意義的工作前景）是顆定時炸彈。已經有 70% 的非洲人口在三十歲以下，非洲城市面臨的重大挑戰之一，就是該如何把青年人口膨脹轉換成紅利。

非洲的城市也面臨重大的基礎建設差距，用在基礎建設上的國家年度公共經費，以國際標準來說非常低：2009 年到 2015 年間，平均只有國內生產毛額的 2%[126]，相較之下，印度是 5.2%，中國則是 8.8%。[127] 城市基礎建設不足令人害怕，非洲人每年至少需要花 1,300 億美元在基礎建設上，才能滿足這塊大陸上的基本城市需求。[128] 然而整個非洲已面臨每年 680 億美元的財政缺口[129]，2050 年前所需要的城市基礎建設投資，大約有三分之二尚未到位。[130]

雪上加霜的是，非洲城市擴張是在氣候壓力增加的時候，非洲的城市地區很可能會遭受氣候變遷特別重大的影響，因為這塊大陸整體而言已經比全球平均暖化快了一點五倍。[131] 在非洲一百個主要沿海城市中，有八十五個以上都還沒有發展出基本的氣候減緩及適應策略。正如開普敦的缺水危機所顯示的那樣，基本服務和天然資源的壓力，未來只會增加。2017 年，開普敦差點面臨零日（Day Zero）的到來——也就是主要供應城市用水的水壩水位降到 13.5% 以下，但這個命運之日只不過是延後，並沒有避掉，如果非洲人無法打造更永續、更宜居的城市，就會面臨更加脆弱的未來。[132]

洛杉磯

**2035 年的國內生產
總額百大城市**
牛津經濟研究院（Oxford Economics），2018

- 中國（34）
- 北美洲（28）
- 亞洲其他地方（15）
- 歐洲（12）
- 澳洲（4）
- 中東（4）
- 印度（3）
- 拉丁美洲（3）
- 非洲（1）

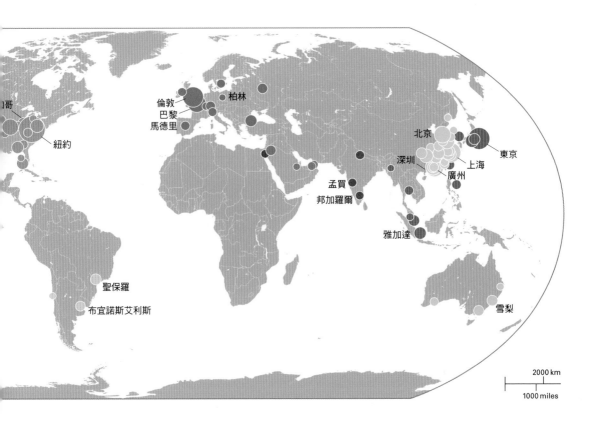

在地圖上標示的城市名稱：
哥、紐約、倫敦、巴黎、馬德里、柏林、北京、深圳、廣州、上海、東京、孟買、邦加羅爾、雅加達、聖保羅、布宜諾斯艾利斯、雪梨

2000 km
1000 miles

2035 年全球國內生產毛額百大城市 [133]

到了 2035 年，世界上的最大城市（以名目國內生產毛額來衡量）會集中在東亞及南亞。北美和歐洲的大城市仍然保持競爭力，不過成長最快速的城市會出現在其他地方。值得注意的是，非洲和拉丁美洲總共只有四個城市名列前百大。

未來每週有百萬人湧進亞洲城市

在亞洲那些精力充沛的城市裡，未來看起來似乎比較光明。世界上成長最快速的十個城市經濟體都在印度，科技中心像是亞格拉（Agra）、海得拉巴德（Hyderabad）和清奈（Chennai），每年成長 8%，中國城市如北京、廣州、杭州、泉州和蘇州也相距不遠。如果這種極快的成長速度持續下去——有鑒於新冠肺炎疫情對經濟造成的重大影響，這一點實在不確定——那麼亞洲最大城市的國內生產毛額，將會比全北美洲和歐洲的城市加起來還多。然而，大部分的亞洲城市不會轉變成巨型城市，相反地，最大巨型城市的人口趨於穩定，某些地方的人口甚至開始減少。鄉村到城市的移民增加了，但大多是移往中型及大型城市，而不是到最大的城市。[134]

亞洲令人驚嘆的城市成長是過去數十年來的成功故事之一，聯合國估計，亞洲四十五億人口中，有一半以上到了 2026年會住在城市裡，全球三分之二的巨型城市將會在這塊大陸上。[135] 亞洲大城正在鞏固其作為世界新經濟重鎮的地位，大部分亞洲城市居民的整體生活品質都有改善，尤其是中國和日本已累積足夠的財富和能力，能應付加速的都市化。儘管水準不同，這些國家都有像樣的基礎建設、住宅、公用設施和服務，亞洲城市對於新冠肺炎疫情的快速反應證明了這一點。

蘇拉特，世上成長最快速的經濟體：1984 年及 2019 年 [139]
蘇拉特是世界上成長最快速的經濟體之一，城市國內生產毛額每年增加約 9%，而且在接下來四分之一個世紀都會維持這樣的速度。這個城市是新興的二十一世紀科技中心，同時也是擁有千年歷史的古都。

1984

Google / Google Earth Engine, USGS, NASA, ESA

2 km
1 mile

當然亞洲城市並非一切都好。中國城市就快達到巔峰規模 [136]，大部分日本城市的人口處於低谷或穩定下降中。[137] 雖然相對而言比從前好，這些國家的城市人口仍面臨嚴峻挑戰，源自空氣污染、缺水、極端甚至致命的熱浪、服務提供不穩、社會經濟隔離。這些徵兆預示某些大城市中心增加的挫折和分歧。與此同時，印度、印尼、菲律賓、泰國和越南的二級城市正忙碌運轉中，南亞和東南亞這兩個人口年輕的地區將掀起世界下一波成長。儘管忙著投資基礎建設和新科技，但面對即將到來的無限投資，這些地方的社會和環境風險正在增長。[138]

　　蘇拉特是個能夠讓人窺見都市化未來的地方，這個印度港口城市是全球鑽石貿易中心：全球販售的鑽石中有 80％在此

切割打磨。這裡同時也經歷了復興，贏得種種獎項，從智慧科技到整潔都有。這個城市在印度之外沒什麼人聽說過，但在新冠肺炎來襲前，這裡的經濟活動非常熱絡，過去幾年的國內生產毛額成長高達 9.1%，舉世第一。根據牛津經濟研究院的預測，這裡的經濟會持續快速成長到 2035 年。[140]

蘇拉特有趣的地方在於這個城市已經存在好幾個世紀了，千年之前，這個城市是黃金及紡織品的興盛之地。在十五及十六世紀時，這裡也是世界上最大的「友好城市」之一，宗教團體會為新來者以及牛隻、馬匹，甚至是昆蟲，提供免費醫療服務。蘇拉特開始走下坡，是因為孟買在十八世紀興起，直到印度鐵路啟用後，蘇拉特開始復甦，於十九世紀再度成長。2019年，蘇拉特是全印度第十大富裕城市，名目國內生產毛額約570 億美元，大約相當於哥斯大黎加或黎巴嫩的國內生產毛額。

跨城市外交如何改變局面

相較於民族國家，城市和市長正積極採取行動，面對二十一世紀的全球挑戰。地方政府是新冠肺炎疫情中最有效率的第一線反應人員。越來越多的城市領導人採取行動降低碳足跡，容納並保護移民，並減少不平等。在此過程中，城市忙著重新定義國際治國本領的規範，追求更加企業化的城市外交形式。從中國、印度到奈及利亞、巴西，各城市紛紛設立貿易及投資推廣辦事處，以商業創投吸引資金、人潮及構想。同時也制定市政外交政策，強化雙邊夥伴關係，創立各種城市網絡，從文化、科學交流到接納難民，提供海外人道援助。

城市本來就會有外交，長久以來，市長總會派遣外交使者到世界各地，加強從觀光到貿易的各種機會。在這過程中，城市往往會發現彼此之間的共通點，更勝過與自己國家之間的相似處。其中一個有徹底共識的領域是氣候減緩及適應，本書付

印之時，有一萬多個城市、代表來自各大洲九億多人，承諾遵守氣候及能源的全球協定。[141] 在相同價值觀及迫切感之下，目標是加速行動，達成並超越巴黎氣候協定的目標。

許多城市也力抗保守的國家主義，協助振興民主政治。例如 2017 年一月美國總統簽署了一項行政命令，刪減所謂「庇護城市」（sanctuary cities）的資金，不再提供保護給無證移民，有數百個州、郡和自治市拒絕執行這項法律。之後白宮決定抵制協商，不參與 2017 年十二月一項新的管理移民全球協議，但美國各大城仍照樣進行。不只美國城市起身抵抗國家當局及政策，倫敦市長薩迪克・汗（Sadiq Khan）在任期內再三批評歐洲的保守政客[142]，巴塞隆納和馬德里等城市也公開反對西班牙的限制庇護所政策。[143] 某些義大利城市也賦予新移民和尋求庇護者「當地公民身份」，即使國家當局拒絕這麼做。[144]

有越來越多的城市開始要求國際組織正視城市議題，在這些跨城市網絡中，規模最大的應該是成立於 1913 年的城市與地方政府聯盟（UCLG）。比較新的聯盟是全球市長議會（Global Parliament of Mayors），這項城市權利運動從 2016 年起，就要求城市要在多邊協議中佔有一席之地。城市領導人也直接參與聯合國組織，例如國際移民組織（IOM）和聯合國難民署（UNHCR），特別是針對保護及照顧移民和難民相關的議題。經過密集遊說之後，城市影響了永續發展目標的制定，這份為期十五年的目標在 2015 年宣布，是首次有國際協議明確保證城市及其對等單位的利益。受到這些成功的鼓勵，城市支持者籲請二十國集團及七大工業國組織等，為促進城市權力制定新的城市議程。

在此多邊主義及國際合作惡化之時，城市能運用新的外交及交流形式。今日有三百多個跨城市聯盟——城市網絡多於民族國家的，透過打造協議及脫碳標準、友善難民、反對激進主義和極端主義，城市正在都市化的世界中展現權力和影響力。

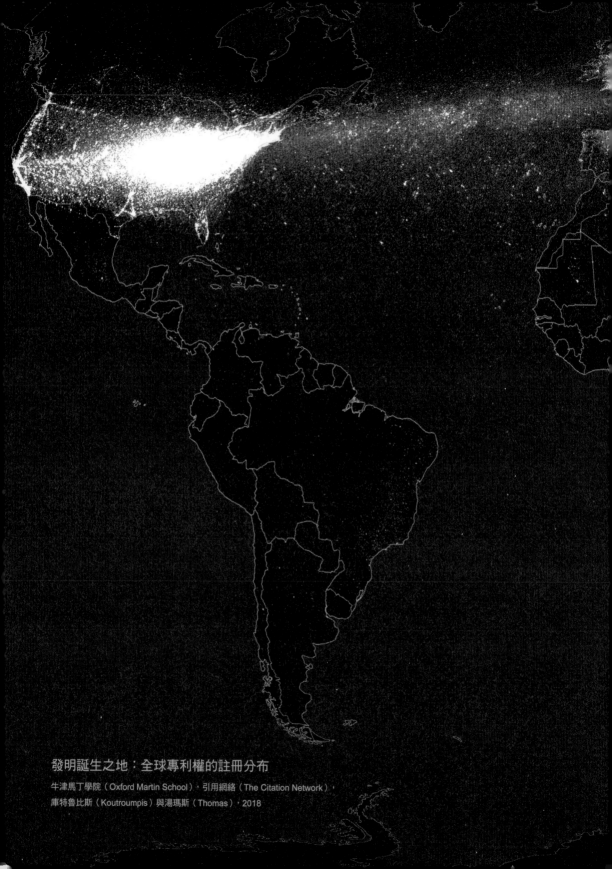

發明誕生之地：全球專利權的註冊分布

牛津馬丁學院（Oxford Martin School），引用網絡（The Citation Network），
庫特魯比斯（Koutroumpis）與湯瑪斯（Thomas），2018

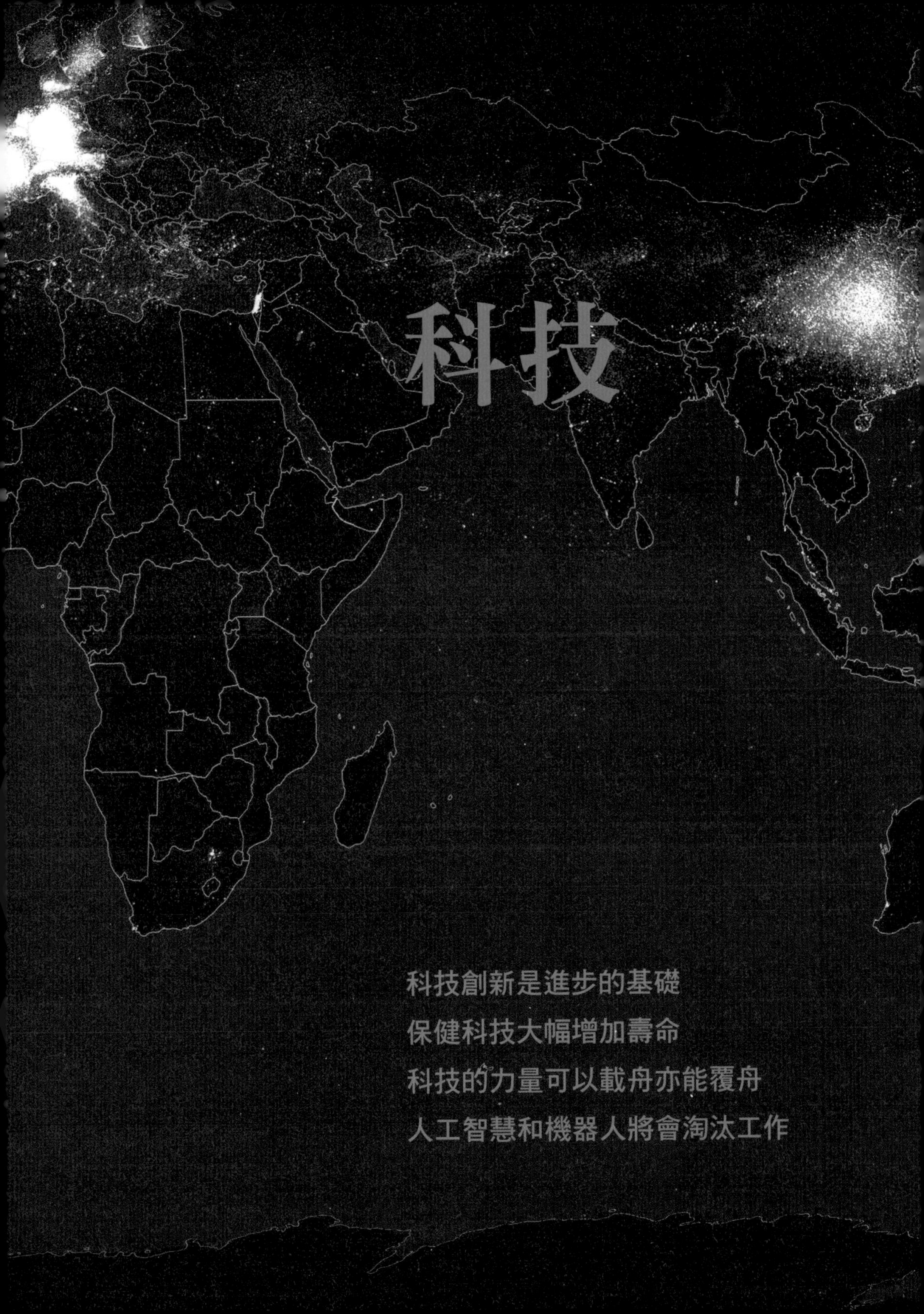

科技

科技創新是進步的基礎

保健科技大幅增加壽命

科技的力量可以載舟亦能覆舟

人工智慧和機器人將會淘汰工作

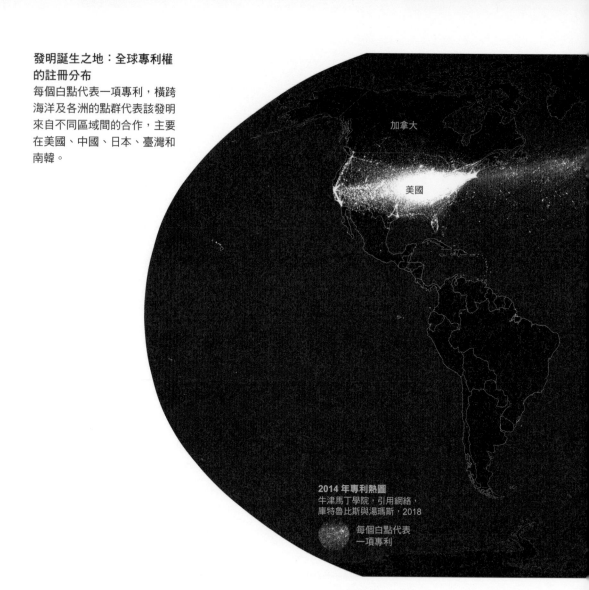

發明誕生之地：全球專利權的註冊分布
每個白點代表一項專利，橫跨海洋及各洲的點群代表該發明來自不同區域間的合作，主要在美國、中國、日本、臺灣和南韓。

加拿大

美國

2014 年專利熱圖
牛津馬丁學院，引用網絡，
庫特魯比斯與湯瑪斯，2018

每個白點代表
一項專利

前言

　　人類之所以出類拔萃，是因為我們能以巧妙的方式合作。這份全球專利地圖展現出發明家彼此合作的程度，每個點代表一項專利，當專利登記的住址不只一個的時候，我們就把點放在住址的中間。大西洋上方的白點表示美國與歐洲發明家之間的合作，中亞上方的白點則代表中國與歐洲發明家之間的

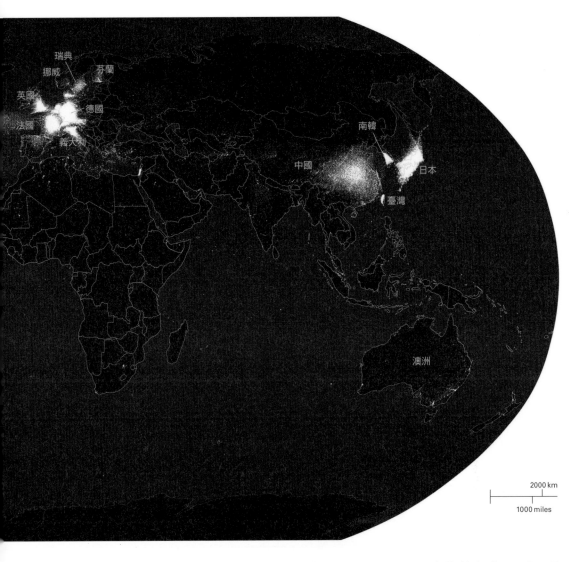

瑞典
挪威
芬蘭
英國
德國
法國
義大利
南韓
中國
日本
臺灣
澳洲

2000 km
1000 miles

合作。中國、臺灣、日本和美國之間共同合作的程度，可以明顯從橫跨亞洲和地中海的點群陣流看出來。在美國境內，東北走廊及矽谷之間的合作程度反映在橫跨美國、密實匯聚的白點上，在西歐和中國境內也可以看到類似模式，顯示位於各個國家研究中心的發明者之間的合作。

　　科技改變的加速，不僅僅是因為更多不同背景的人投入創新，也因為他們獲得更多來自數位連通性和強大的超級電腦

的協助。就像是世上所有的主廚突然之間齊聚在同一個巨型廚房裡，隨時有新的食材、新的烹飪方法和烘培設備送達。本章探究科技如何改變了我們的生活，討論改變的速度究竟是加快還是變慢，檢視科技究竟是擴大還是降低了不平等，各種創新又能如何解決我們今日面臨的關鍵問題，走向未來。當然科技有利也有弊，能造成傷害也能加速進步，某些最急迫的生存問題，關係到科技如何侵犯隱私，還有科技搶走了人類的工作。

科技是什麼？

科技不著痕跡地融入我們的日常生活，讓人習以為常，只有在科技失靈的時候，例如網路掛了或是疫苗生產延遲時，我們才會想起自己有多麼依賴科技。科學作家布萊恩・亞瑟（Brian Arthur）描述科技是「達到目的之手段」，是協助找出問題解決方法的工具。[1] 想到科技，許多人會想到電腦和其他數位小玩意兒：智慧型手機、智慧型手錶、自動駕駛車輛，但其實幾乎我們日常生活中使用的每件東西，都是科技進步下的產品，包括你正在讀的這本書，我們用來撰寫本章的電腦，筆、紙、衣服、自來水和馬桶等，科技可說是滲透了生活中的各個層面。

發展精密工具的能力，包括今日讓人驚艷的最新科技，使得人類這個物種擁有優勢，為人類各種成就提供了基礎。對人類福祉最重大的影響來自於技術上的突破，從兩百六十萬年前的石器工具開始[2]，以及至少一百萬年前開始使用火。[3] 要到很久之後，我們的祖先才開始馴養動物，開發作物，這些事情距今才一萬年。正如健康那一章會談到的，最近在人口健康上的進步，包括透過淨水、公共衛生和疫苗接種來控制疾病，改善了人類生活的品質及壽命。

人類同時也是最具破壞力的物種——從箭到彈藥等武

器——傷害或殺死了數百萬人，我們會在暴力那一章中說明，武器如何導致大規模毀滅，重創生靈。除了用來加劇恐懼和傷害的武器之外，出於和平意圖研發的科技也造成許多未曾預料到的有害後果。我們後知後覺地發現，化石燃料、噴霧劑、塑膠、肥料除草劑、石棉，還有許多創新發明都會摧毀人類的健康、對生物多樣性和維持地球生命的生態體系有害。

　　直到十七世紀末及十八世紀初期，幾乎每個人每年的生活費相當於現值 400 到 1,000 美元，勉強在維生水準之上。[4]1760年左右，工業革命在英格蘭展開，提供了顯著改善的契機。像煤這樣的化石燃料讓推進能源、供暖系統和電氣化有所進展，一直要到兩個半世紀之後，我們才終於發現這種能源對全球氣候造成的傷害，危及將來存亡。還好我們有其他形式的能源可用，提供了能源革命的基礎，加上目前進行中的基因組學和人工智慧革命，有望帶來比先前的技術變革時期更深刻的改變。

　　隨著科技的潛力增長，我們需要了解及管理它。人工智慧有可能結合社群媒體，破壞民主並創造出控制人類行為和思想的新方法。某些種類的發明——所謂的「通用技術」——確實徹底改變了一切，能引進新方法製造各種產品，促成許多前所未知的機會，讓人應用或創新。這類例子包括了印刷機、蒸汽機、內燃機，還有比較晚近的電腦及資訊科技。[5]

　　電腦發展可說是二次世界大戰後最重大的科技發展，1965年時，高登·摩爾（Gordon Moore）預測，電腦積體電路可容納的電晶體數目每一年都會加倍，後來他修正為每兩年加倍。這項觀察稱作摩爾定律（Moore's Law），界定了維持五十年之久的歷史趨勢。電腦計算能力呈指數進步的影響無所不在，比起五十年前引導阿波羅十一號登月的電腦，如今智慧型手機的處理能力是十萬倍，記憶體則是七百萬倍。[6]這種處理能力在二十年內會增加十萬到百萬倍，估計上的差異就看在摩爾定律是否還具有效力這項以持續數十年的爭論上，你是樂觀主義者

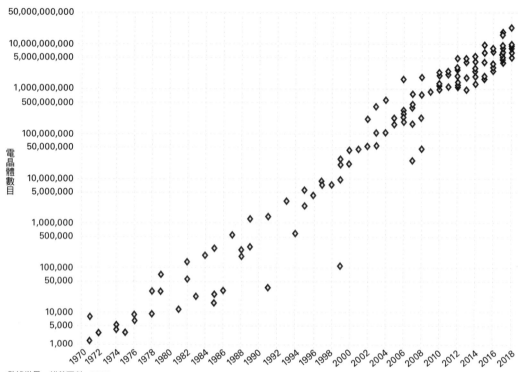

電
晶
體
數
目

50,000,000,000
10,000,000,000
5,000,000,000
1,000,000,000
500,000,000
100,000,000
50,000,000
10,000,000
5,000,000
1,000,000
500,000
100,000
50,000
10,000
5,000
1,000

1970 1972 1974 1976 1978 1980 1982 1984 1986 1988 1990 1992 1994 1996 1998 2000 2002 2004 2006 2008 2010 2012 2014 2016 2018

數據世界，維基百科，2020

還是悲觀主義者。[7]

　　計算能力的進步是當前科技改革的動力，我們首度能夠觀察形形色色的物體，小至次原子粒子，大至宇宙。全新的專業領域和方法出現了，像是生物技術、基因組學和量子計算，都替未來的科學進展提供了新的跳板。例如在醫學方面，這些技術有望在許多領域能取得重大突破，包括癌症治療，並透過DNA（去氧核糖核酸）定序及相關方法，解決許多造成殘疾的遺傳性疾病。在外科手術上，機器人技術增強讓治療更精確，復原的時間更快。

極速的科技變化

　　計算能力提供了加速改變的硬體，教育和連通性則提供了

指數力量：增長的處理速度，1970 年到 2018 年
積體電路晶片上的電晶體數目，從 1965 年大約一千個，增加到今日超過五百億個，顯示處理能力隨著時間成指數成長。

軟體。科技變化加速是因為腦力的相互連結增加，產生了新的想法。1990 年，全世界人口大約五十三億，其中有將近四十億人識字。[8] 如今全球七十七億人口當中，大約有六十七億人識字[9]，不只多了二十七億人能讀會寫，人與人之間的連結度也增加了，渴望發現新構想並且分享自己的主意，這在半個世紀之前是完全想像不到的事情。時不時的進步不僅來自於個人才華，也歸功於人與人相互激發出想法和各種團隊合作，這也解釋了為何密集的城市是創意和生產力的中心。

新構想和新事物的快速交流因網際網路而明顯增加，大部分得以免費、公開並且持續交流。但我們也注意到，審查制度經常破壞了交流，假新聞和不良觀念也會透過網際網路散播。但在最好的情況下，思想交流和在雲端儲存大量資料的能力，顯著增強了位於不同地區的個人、公司、實驗室或新創公司遠距交流的能力，建立全球合作，跨越時區大量產出構想。一般來說，在國籍、性別、種族和年紀上越多元化的團隊，就越能有創新的產量。[10] 移民往往特別容易有高成就，他們大量出現在專利引證、諾貝爾獎和奧斯卡獎上，並非巧合。[11] 愛因斯坦的名字與發明劃上等號，他曾是難民；Google 的共同創辦人謝爾蓋・布林（Sergey Brin）和蘋果創辦人賈伯斯的父親也是。

不僅更多的構想和科技產生，它們被採用的速度也更勝以往。這是因為溝通迅速、有全球化的供應鏈，包括數位的在內，也因為新科技的成本更低，所以比從前更容易採用。印尼在輪船發明一百六十年之後，才有第一艘輪船[12]，肯亞等了六十年才有電力。[13] 桌上型電腦在美國發明十五年後，才在越南普及[14]；最新型的 iPhone 一週內就在一百多個國家上市，並且在牛津或里約能買到之前，中國就已經有了[15]；此外盧安達率先有無人機運送血袋和救命疫苗，比其他地方都早了許多。[16] 事實上，今日的科技專家在世界上許多最具挑戰性的環境下所設計出的解決辦法，很可能就此改變局面。這是因為迫切的需

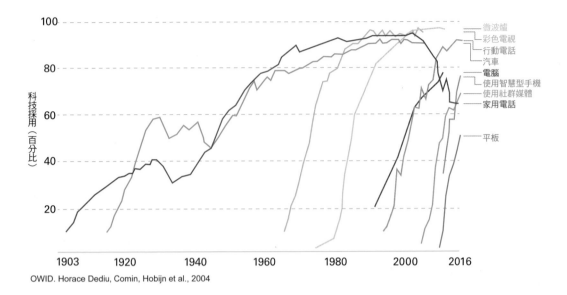

OWID. Horace Dediu, Comin, Hobijn et al., 2004

求加上有最新科技可用，為徹底創新和快速升級創造出更好的
條件。[17]

　　採用速度加快的部分原因是這些技術的成本相對於收入的
增加來說是降低的，也因為資訊及通訊科技（information and
communication technologies, ICT）上的許多突破，讓需要的投資
及服務規模不像鐵路或電力這類基礎建設剛推出時那樣龐大。

**1903 年起，美國家
戶中的科技採用比例
越來越高**
在過去一百二十年間，
新科技的接納及採用率
大幅躍進。相較於美國
家用電話使用比例的逐
年緩慢上升，行動電話
的使用率從 1990 年代
之後幾乎是垂直增加。

躍升

　　科技福音派人士認為，非洲、亞洲和拉丁美洲部分的低收
入國家，能利用科技跳脫原本教育、健康、能源和其他領域現
有的缺失，將原本應該用於加強基礎建設的資金，轉而投資在
較低成本的數位管道上。[18] 最起碼新科技能幫助某些社會克服
昂貴舊有系統的限制，例如數位健康、行動銀行和遠距教育，
已經帶給低收入國家中數百萬窮人機會，能以大幅降低的成本
使用這些服務。著名的資訊及通訊科技躍升例子是肯亞，有
80% 的成人使用手機銀行服務，相較之下，英國只有 40% 的

人使用行動銀行，美國則接近 30%。[19] 2007 年，M-Pesa 在肯亞推出（M 代表 mobile 行動，pesa 則是斯瓦希里語「錢」的意思），迅速成為最廣泛使用的支付和轉帳系統，在這個人口五千萬的窮國中，有三千三百多萬個用戶。[20] M-Pesa 的成功催生了其他平台，包括 M-Tiba 和 M-Health，能讓用戶儲值作為健康照護使用。M-Tiba 的儲值可用在健康中心的服務和醫療，專業的母嬰照護產品尤其受到歡迎，在基貝拉簡陋小鎮的當地診所，超音波掃描只需要一點費用，也比公家醫院更容易得到服務。[21]

行動銀行在肯亞能成功，是因為行動電話普及率高，加上現有銀行體制相對而言發展不彰，使得新來者能夠打入市場，銀行和監管體系根深蒂固的英國和歐洲就做不到這一點。[22] 到目前為止，世界有半數以上的行動銀行帳號在非洲，不過中國是目前最大的行動銀行市場，每年有上百億筆的交易，透過支付寶、微信和其他平台進行。[23] 行動銀行的發展便利了數百萬人，其中有許多人原本沒有銀行戶頭，無法以安全、有效率又低成本的方式使用信用貸款和轉帳。

行動電話和家用電話在英國及甘比亞的用戶普及率

圖表顯示，平均每人所得 716 美元的甘比亞[24]與平均每人所得 42,962 美元的英國[25]，行動電話普及率相近。甘比亞行動電話的普及率甚至大幅超越家用電話。

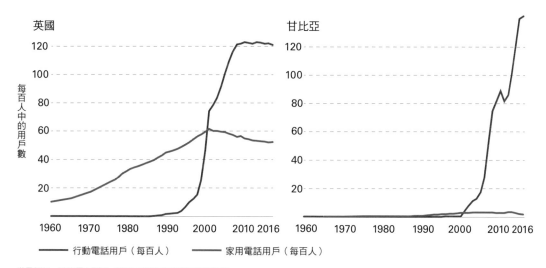

行動電話用戶（每百人）　　家用電話用戶（每百人）

世界銀行，國際電信聯盟／資訊及通訊科技報告及資料庫

科技「躍升」讓一些新來者能夠受惠，不再受限於先前缺乏主要投資，因此也不會有相關的惰性。認為後來的國家能夠迎頭趕上甚至超越，是個很吸引人的想法，但實際上只有相對少數的技術能夠如此，可以獨立於體制、教育或經濟環境之外引進使用。

從不潔能源到潔淨能源

新科技提供了潛力，讓人類有機會克服某些重大挑戰，例如減低我們對化石燃料的致命依賴。就像在氣候那章所說的，2016 年許多國家在巴黎簽訂了全球協定，目的是要避免全球氣溫上升超過攝氏 2 度。這表示化石燃料必須在 2050 年前逐步淘汰，社會要轉換成再生能源及其他非化石燃料的能源。

風力及太陽能成本急速降低，因為這些技術持續改進。146 ～ 147 頁的地圖顯示，2010 年到 2018 年之間，太陽能和風力等再生能源在許多國家都以百萬度顯著成長，紫色代表風力發電量，紅色代表太陽能發電量。到了 2018 年，中國的再生能源發電量超過其他國家，風力（211 百萬度）更勝太陽能（175 百萬度）。[26] 在歐盟，紫色標示的風力（178 百萬度）同樣也比太陽能（115 百萬度）提供更多的發電量，在英國也是，風力發電量 21 百萬度，太陽能 13 百萬度。[27] 在美國的風力發電（89 百萬度）也超過太陽能（62 百萬度），日本的太陽能發電位居第四（55 百萬度），風力發電則名列第十九（4 百萬度），所以

行動電話普及：連通性快速上升   **2000**
2000 年時，行動電話大多僅限於富裕國家的少數人持有。到了 2018 年時，幾乎人人都有行動電話，只有最貧窮的國家尚未普及，以淺綠色標示。北韓和厄利垂亞（Eritrea）則是禁止上網，以黃色標示。

2018

行動電話用戶數（每百人）
世界銀行，國際電信聯盟／資訊及通訊科技報告及資料庫

0　　　　　　　　　　　　100　無資料

北韓

厄利垂亞

北韓

厄利垂亞

2000 km
1000 miles

大風大熱：再生能源電力成長

2010 年到 2018 年之間，許多國家的再生
能源（如太陽能和風力）成長十分顯著。
右圖中的紫色代表風力發電量，紅色代表
太陽能發電量。到了 2018 年，中國的再
生能源發電量超過其他國家，緊接在後的
是所有歐盟國家的發電量總和。

各國風力及太陽能發電量
國際再生能源總署（IRENA），2020

⬤ 風力（百萬度）
⬤ 太陽能（百萬度）

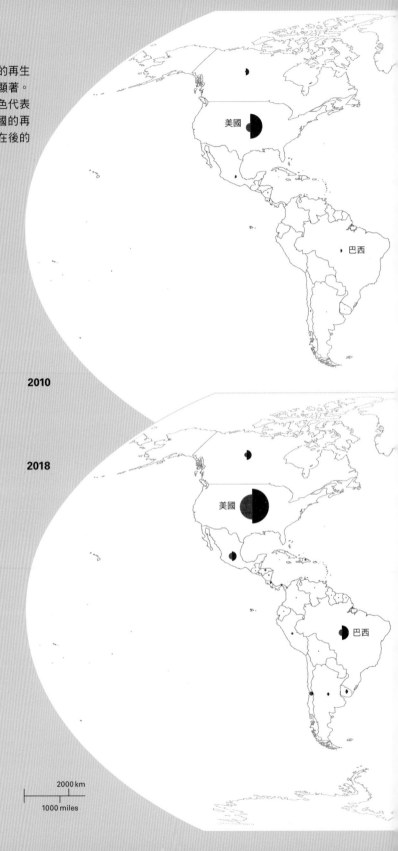

2010

2018

2000 km

1000 miles

紅圈比紫圈大多了。[28]

　　全美國的太陽能裝置分布如下圖，光伏發電集中在加州並不令人意外，這裡陽光普照、再生能源友善。內華達州與亞利桑那州之間的差異很顯著，還有佛羅里達州相對來說缺少光電，大多集中在東北部，某方面來說這反映了人口密度。太陽能裝置的差異也反映出法規和稅收制度環境鼓勵或不鼓勵太陽能的程度，法規的重要性能從細看美國東北部而得知，我們可以清楚看到羅德島州並未鼓勵太陽能，採用率遠低於東北走廊其他州，像是鄰近的康乃狄克州或麻薩諸塞州。

　　雖然速度不夠快，但世界正轉向到更多的可再生能源方案。能源轉型必須要快，但也得靠電動車的採用普及才行。儘管主要車輛製造商紛紛大力投資，但以目前的採用速度來看，2025 年全球路上車輛中，電動車的比率不太可能超過 10% 以

1. 麻薩諸塞
2. 康乃狄克

羅德島

內華達

加州

亞利桑那

佛羅里達

美國的太陽能
美國國家再生能源實驗室（NREL），2019
美國太陽能光伏發電採用率

較少　　　　　　較多

250 km
125 miles

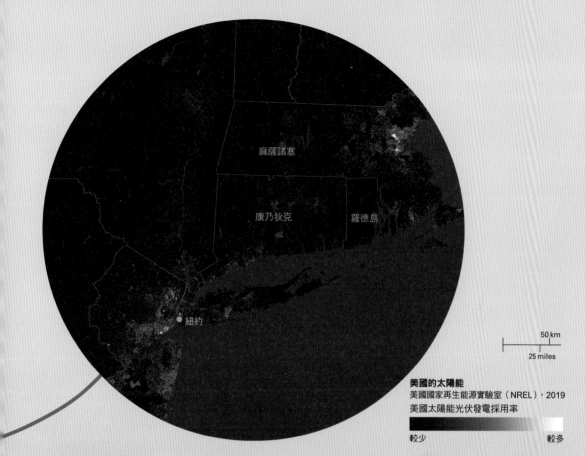

麻薩諸塞

康乃狄克　　羅德島

● 紐約

50 km
25 miles

美國的太陽能
美國國家再生能源實驗室（NREL），2019
美國太陽能光伏發電採用率

較少　　　　　　　較多

美國太陽能發電的成長速度受法規影響
以白色標示出來的太陽能分布差異，反映出法規和稅收制度是否鼓勵太陽能投資。細看美國東北部，可以發現羅德島的太陽能採用率遠低於其他州，這是因為缺乏鼓勵發展太陽能科技的誘因。

上。[29] 不過在中國很可能會遠遠超過這個數字，因為中國政府大力支持，包括提供電動車補助，以法規限制市中心的內燃引擎車輛使用，還有高調支持電動車製造商，尤其是上海特斯拉（Tesla）超級工廠（Gigafactory）的設立。挪威的轉型尤其先進，現在有將近半數售出的新車都是電動車。[30] 法規改變和補助能夠加速全球轉型成電動車——就像在斯堪地那維亞各國一樣——提升電池壽命和充電設施的提供也會有影響。由於擔心污染增加，中國的電動車銷售激增，全球電動車銷售的地圖顯示，2019 年售出的一百二十幾萬輛電動車中，中國佔了將近一半。儘管這只佔中國 2019 年售出的兩千六百多萬輛車子中的一小部分，但中國的電動車市場成長速度是美國的兩倍，現在全球賣出的電動車中，每兩輛中就有一輛是中國人買的。[31]

全球數位神經系統

網際網路是世界的神經系統，意思是不上網的人會發現越來越不容易看到、聽到正在發生的事情，更不用說要利用公共、私人等驅動數位經濟的服務了。隨著上網的人越來越多，假消息的風險也提高了。連通性在 2018 年之前的十年間快速改善，只要比較 153 頁兩張網際網路接取的地圖就立刻能夠明白。

在富國中，如今有超過 85% 的人口能夠使用網際網路，以紫色標示；在發展中國家，能使用網路的人口平均為 43%，在非洲只有 35%。上網連通人口不到 10% 的國家以黃色標示。在拉丁美洲和亞洲，情況到了 2018 年時有顯著的改善，此時中國國內有 50～60% 的覆蓋率，以粉紅色標示，但這仍然遠低於歐洲和澳洲的高度連通性。幾乎全境連通的加拿大、挪威和英國部分地區，以深紫色標示。在中收入的國家裡，拉丁美洲的智利連通良好，特別突出，還有東南亞的馬來西亞也是。

如果網際網路是神經系統，那麼伺服器就是確保一切順暢運作的肌肉了。第 154 頁的地圖是 2012 年一次大型殭屍網路攻擊之後所公開的一份絕無僅有的分析，顯示全世界所有網際網路伺服器的分布狀況。[32] 標示點的密集程度反映出伺服器的數量，儘管從製圖之後，伺服器數量已經有顯著

2014

加拿大

美國

電動車銷售在中國快速成長

2019 年，全球賣出一百二十幾萬輛電動車，其中中國市場佔了將近一半。

2018

加拿大

美國

2000 km

1000 miles

2014 年及 2018 年新電動車銷售
國際能源總署（IEA），2020

>100 萬　　50 萬　　10 萬

的增加，但全球分布大致上仍然與這份地圖一樣。非洲的人口比美洲和歐洲加起來都還要多，但網際網路連通性卻明顯低很多。數位落差削弱了非洲的成長潛力，減損了讓大量非正式年輕勞動力受惠於線上教育的能力，也減少了就業的機會。

　　從 1990 年代初期開始，下載和上傳速度每五年就增加十倍[33]，比較年長的讀者應該還記得，數據機要花一整晚才能下載大型文件或一整首歌。2000 年時，美國只有 4% 的家戶有寬頻，大約 40% 的人使用撥接數據機，速度是 1Mbps，每年費用大約是 250 美元。[34] 到了 2010 年時，美國平均網速是 10Mbps，2019 年時下載速度增加到 34Mbps 左右，平均上傳速度維持在 10Mbps 不變，這使得美國的全球下載排名為第十位，上傳則是不理想的第九十四位，相當於安哥拉或波蘭。[35] 全球下載速度平均每年加快 15%[36]，照這種改變的速度，後來使用網路的人往往比早期採用者的網速更快，因為新的光纖電纜要比舊的銅線好多了。目前固網下載速度最快的是新加坡，速度有 175Mbps，美國是 34Mbps，中國是 30Mbps。[37] 有越來越多的設備透過物聯網 (IoT) 連結，越來越多的數據資料存在雲端，事業營運流程和效率都需要快速的網際網路，落後的國家和公司行號會發現自己完全沒有競爭力和採用新科技。延遲（latency）是指接收或傳送訊息

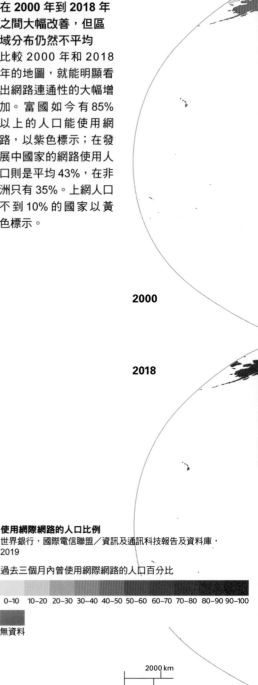

全球的網際網路連通在 2000 年到 2018 年之間大幅改善，但區域分布仍然不平均
比較 2000 年和 2018 年的地圖，就能明顯看出網路連通性的大幅增加。富國如今有 85% 以上的人口能使用網路，以紫色標示；在發展中國家的網路使用人口則是平均 43%，在非洲只有 35%。上網人口不到 10% 的國家以黃色標示。

2000

2018

使用網際網路的人口比例
世界銀行，國際電信聯盟／資訊及通訊科技報告及資料庫，2019

過去三個月內曾使用網際網路的人口百分比

0–10　10–20　20–30　30–40　40–50　50–60　60–70　70–80　80–90　90–100

無資料

2000 km

1000 miles

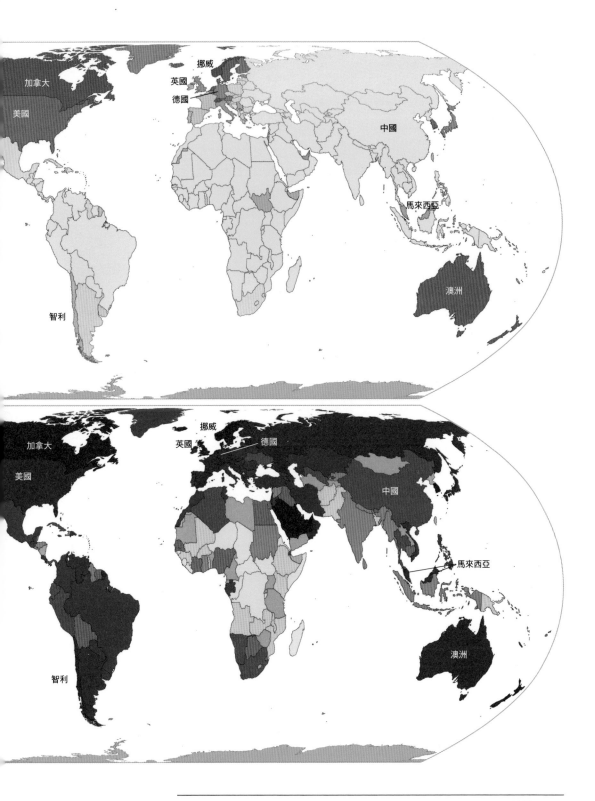

全球網際網路伺服器的地點
Internet Census 2012, Carnbot project
● 網際網路及設備連通性

2000 km

1000 miles

之間的時間差，對於雲端運算，還有自動駕駛車輛的安全運作很重要。

　　5G 網路的推出絕對會改變一切。5G 網路的平均下載速度是 1Gbps，如地圖所示，已經有九十幾個國家的行動業者採用。私人網路若想應用物聯網，連結當地網路進行關鍵溝通，這將會是業界標準。[38] 大幅提高數據資料速度的推出，能發展出快上百倍的數位系統，同時也會比現有的系統更可靠。在地緣政治那一章會提到，中國的華為主導了關鍵硬體的發展，引來對於依賴中國的疑慮。[39]

　　美國以及部分西方政府已經施加相當的壓力，禁止安裝使用華為的設備，華為有將近 60% 的 5G 合約在歐洲，政府的反應不只對該公司獲利造成威脅，恐怕也會造成全球 5G 的推出變慢。[40] 美國與中國之間的科技競爭，是地緣政治的首要議題之一。華為之爭反映出更大的焦慮，中國似乎擁有勢不可擋的能力，足以跟美國在人工智慧上競爭，尤其是因為中國可以不

全球網際網路伺服器位置
圓點反映出網際網路及設備的連通性。非洲人口比美洲和歐洲加起來還要多，但網際網路連通性卻明顯低很多。

編按：Internet Census 2012 為一次駭客攻擊事件，由四十二萬台裝置組成的一個名叫 Carna 的殭屍網路 (botnet) 所發動，用來測量網際網路的範圍。本書收錄的這張圖就來自於這次事件。

倫敦
巴黎
紐約
馬德里
舊金山
洛杉磯
北京
首爾
東京
大阪
上海

新加坡

雪梨

5G 部署狀態
Ookla 網路測速機構，2019

- 有 5G 網路，
  消費者可使用設備
- 有 5G 網路，
  僅限少數消費者可使用設備
- 有 5G 網路硬體，
  但仍在測試中

2000 km
1000 miles

全球 5G 網路的推出
地圖標示出全球 5G 網路的部署狀態，目前主要集中在中國、澳洲東岸、歐洲和波灣國家。

受約束取得大量資料集，國家也會介入本國科技巨頭的營運。[41] 俄羅斯總統普丁觀察指出：「誰能領導人工智慧，就能統治世界。」[42]

　　現代電子設備是最複雜的人類製品之一，零件以接力賽的方式在全球往返運送，數次跨越大洋和邊境，最後才成為製成品。[43] 某個國家對一間跨國公司的禁令，影響可能會擴及全世界。美國政府在 2019 年決定禁止美國的公司提供零件給華為及其七十個附屬企業，造成大供應商在僅僅三個月內就損失 140 億美元。[44] 儘管華為有自己的半導體子公司，每年仍從位於聖地亞哥的高通公司（Qualcomm）進口約 110 億美元的晶片，製造全世界約一半的寬頻處理器。因此，主要半導體製造商轉而向臺灣和南韓購買微處理器，零件和原料取自十幾個其他國家。[45] 不難看出美國的禁令也許是要刻意減緩中國的人工智慧發展，但因為供應鏈具有整合特性的緣故，所以也對各地的 5G 推行造成了寒蟬效應。

維基百科和資訊取得仍以英文為主

維基百科資訊量龐大卻非常片面。非洲人口將近歐洲的兩倍，但相關文章數只佔 15%，且全非洲加起來的維基百科編輯次數比荷蘭還少。[51] 維基百科上有三百多種語言版本，其中六十種語言的文章超過十萬篇，英文文章有六百多萬篇。[52]

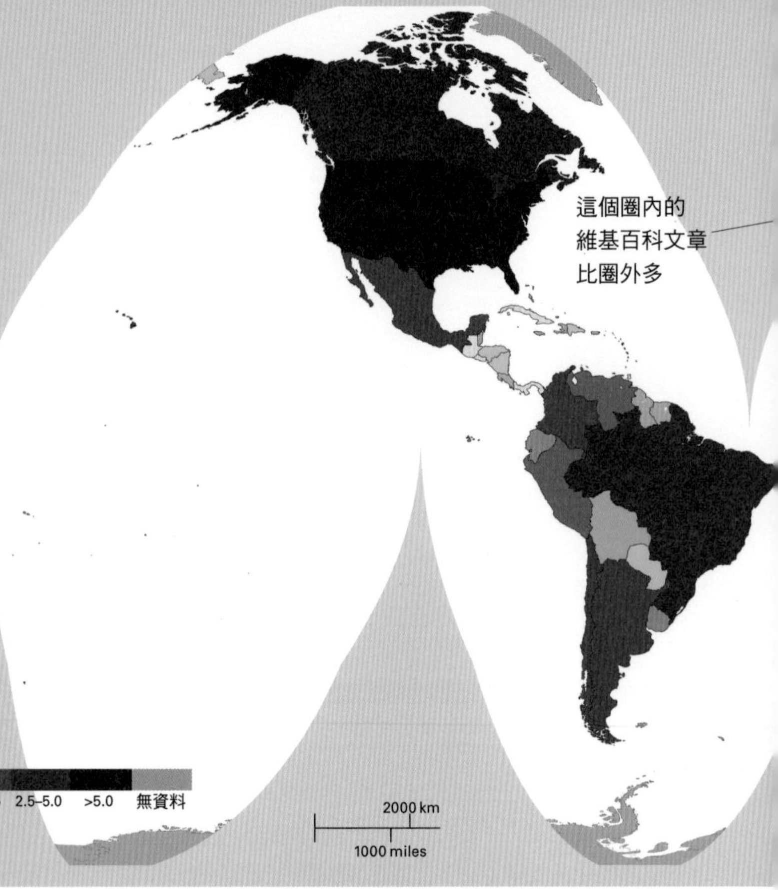

這個圈內的維基百科文章比圈外多

維基百科編輯次數
維基媒體流量分析報告，2014.

全球總數百分比（單位：%）

| 0–0.05 | 0.05–01 | 0.1–0.25 | 0.25–0.5 | 0.5–1.0 | 1.0–2.5 | 2.5–5.0 | >5.0 | 無資料 |

2000 km
1000 miles

同時，網際網路創造了提供服務的平台，改變了製造的本質。其中一個例子就是優步（Uber），本身並沒有任何車輛，卻提供全球最大的叫車服務；還有 Airbnb，並未擁有任何房地產，但其提供的短期住宿選擇數量比五大旅館公司加起來還要多。還有維基百科的興起，開放式的平台取代了《大英百科全書》（*Encyclopaedia Britannica*），這個備受推崇的知識寶庫從 1768 年到 2012 年間持續發行，曾有約一百位全職編輯。[46]事實上，《大英百科全書》一點勝算也沒有，其對手是大批志工，日日修訂擴充維基百科，內容不斷增加。無論哪一天，全體網際網路使用者有 15% 左右在使用維基百科。

比起從前，有更多人能接觸到更多的內容，但這並不表示取得的資訊就沒有偏見或差距。上圖顯示了每個月來自各國的

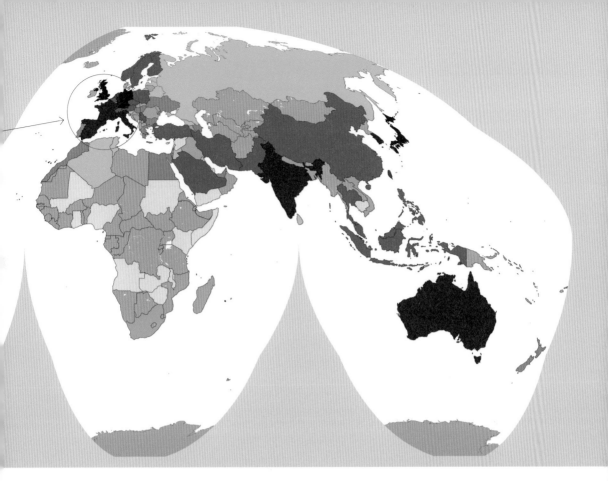

維基百科平均編輯次數，資料是最新能找到的 2014 年，全非洲加起來回報的編輯次數比荷蘭還少。[47] 維基百科上有三百多種語言版本，其中六十種的文章超過十萬篇。雖說語種多元，但主導平台的仍是英文，文章有六百多萬篇[48]，非洲人口是歐洲的將近兩倍，但相關文章數卻只佔 15%。[49] 說真的，有關南極大陸的文章比非洲大部分國家都還要多，也勝過許多拉丁美洲和亞洲的國家。[50]

物聯網是指網際網路延伸到實體設備和日常物品上，讓彼此之間能傳送並接收數據資料，預料這將會造成在接下來數十年內更加依賴網路，設備連通性呈指數增長，反映出同樣快速的感測器、Wi-Fi 及藍牙連通成本的下降。它將建立在數千億個感測器上，能提供快速增長的大量數據資料，每年的數據量

都會多過前幾年的總和。能接觸到這類資訊對於公司來說是寶庫，也提供了原料給快速成長的精密人工智慧。

物聯網預計接下來每年會成長 30%，估計到了 2025 年，將有七百五十億以上的自動化設備，幾乎連結起每個人、每個地方和每間公司。[53] 這無疑會在許多事情上產生重大紅利，從能源消耗、健康到福利都是。[54] 然而，越來越多活動相互依存，系統相互連結，產生了新的風險，大幅增加了原本對於隱私和安全的疑慮。疑慮之一是哈佛學者肖莎娜·祖博夫（Shoshana Zuboff）所說的「監控資本主義」（surveillance capitalism），她認為這種無處不在的系統有威脅性，會追蹤、操控我們的行動，對我們的行為和政治影響深遠。另一項疑慮是事物的脆弱性，從門鎖、車輛控制系統、心律調節器、銀行帳戶到辨識竊賊、駭客，還有系統突然當機。全球已有智慧城市遭到駭客攻擊，就在過去幾年內，勒索軟體中斷了都柏林的市營輕軌系統，堵塞了斯德哥爾摩的空中交通管制和鐵路售票系統，在約翰尼斯堡和海得拉巴德（Hyderabad）也發生電廠被勒索事件。[55]

加密貨幣如比特幣的發展，使電腦伺服器的需求激增，比特幣「挖礦」是由高效能電腦執行，用來解答複雜的數學問題，牽涉到驚人的六十四位數字隨機陣列正確順序，解答機率是十三兆分之一。[56] 每次解答後就會發行一個新的比特幣，獨特的解答提供證明，表示比特幣已經產生。經過驗證的比特幣成為公開紀錄的一部分，人稱「區塊鏈」，由不同的區塊組成，分別存放在不同的電腦伺服器組裡，稱為「節點」。[57] 高耗能的加密貨幣挖礦使得伺服器需求成長和伺服器農場的擴散，造成每年 2,200 多萬噸的溫室效應氣體，相當於拉斯維加斯或漢堡兩個城市的年排放量，近年來更是每年翻四倍，遠遠超過愛爾蘭每年的能源需求。[58]

人工智慧是什麼？

人工智慧一詞從 1970 年代起就有了，指的是電腦可以編制數學公式的程式（演算法），能在大量數據資料中辨識出模式。把一連串的事件編碼表示機器可以做出結論，在發現類似模式時採取行動。[59] 計算能力進步，加上連接設備產生的數據資料指數增長，使得人工智慧的能力急速增加。機器學習（Machine learning, ML）以人工智慧為基礎，利用統計機率功能來檢測模式，不斷更新，做出更好的預測。這可以涵蓋很多，從臉書放在你動態消息上的廣告種類、Netflix 推薦的電影，到你在新的三星或蘋果手機上輸入某些特定字詞的拼寫都是。

儘管對於如何平衡正面結果和風險抱持不同意見，伊隆‧馬斯克（Elon Musk，太空探索科技公司及特斯拉的創辦人）、馬雲（阿里巴巴的共同創辦人）及其他許多人，相信人工智慧會從根本上改變我們的社會。[60] 人工智慧的發展仍在初期階段，但在 2017 年時，居領導地位的人工智慧公司 DeepMind 就已經擊敗了世界圍棋錦標賽冠軍，此舉被視為是人工智慧發展的分水嶺，因為世界圍棋錦標賽可說是電腦能解的最複雜遊戲之一。[61] 人工智慧最令人興奮的應用包括打造虛擬實驗，解決至今棘手的問題，例如在醫學上，要測試數百萬種不同的分子組合，試圖找出癌症和其他疾病的可能治療方法。[62] 人工智慧的先驅，包括 DeepMind 和非營利性組織 OpenAI 在內，都致力於創造高智慧設備，希望能獨立解決問題，不需編制程式。

計算能力呈指數增加，表示機器能學會完美的記憶力，以出色的方式同時執行多項任務，變得比人類更聰明，獲得哲學家尼克‧伯斯特隆姆（Nick Bostrom）同名書籍所稱的「超智慧」（superintelligence）。[63] 機械裝置和機器人早已能比人類更有效率地執行多種任務，諸如算術、導航或焊接等工作，短時

間就能完成。但是在我們看來，機器不太可能執行各種創意和高度靈巧的功能，像是照顧嬰孩或老年人時所需要的，或是許多需要經過專門訓練的工作，至少在接下來幾十年內做不到。

全世界有兩百五十多萬個工業機器人，大約有 30% 在汽車業，25% 在電子業，其餘在各式各樣的工廠、倉庫和地點。每年增加四十幾萬個機器人，其中有四分之三在中國、日本、韓國、德國和美國等五個國家。[64] 在這些國家裡，機器人早已取代了汽車及相關產業中一半以上的工作，例如汽車保險公司和加油站工作人員。[65] 從右圖可明顯看出，各國國內與各國之間的機器人分配非常不均。在美國，機器人集中在中西部的製造業大州，反映出這些州的歷史地位是汽車生產線的中心，尤其是密西根。經濟學家卡爾·弗雷（Carl Frey）認為，對於自動化的焦慮增加，使得美國工人在 2016 年的大選中支持川普當選。[66]

大家越來越擔心人工智慧加上強大的機器人，很快就會取代人類成為主要勞動力。人工智慧確實以驚人的速度進步中，發展出原本只有人類能表現出來的能力，但這並不表示人類會失業。弗雷指出區分兩種技術很重要：一是賦能技術（enabling technology），也就是能讓技術工人增加生產力，例如使用軟體或智慧工具；一是取代技術（replacing technology），也就是取代工人去做某份工作。[67] 機器能提高生產力，但無法執行所有工作。能被人工智慧取代的工作都是有規律且重複性的，不需要太多靈活度與同理心。

受到自動化威脅的不只是製造業的工作。服務業如今佔許多已開發經濟體 80% 以上的就業人口，但比起有經驗的接線生，自動化客服中心已經獲得更高的客戶滿意度評價。[68] 電腦化系統早已取代了大部分的文書作業，先前在金融、法律、會計和零售業後勤辦公室常見的情況已不復見。人工智慧改良意味著譯者、講師、店員、櫃檯人員甚至是記者、演員和音樂

每萬名勞工中的機器人數目
國際機器人科學聯合會，2018

機器人數量／勞動力（每萬名勞工）

0–1　1–5　5–25　25–50　>50　　無資料

機器人正在搶工作
從地圖可知各國國內與各國之間的機器人分配非常不均。在美國，機器人集中在中西部的製造業大州，反映出這些州長久以來是汽車生產線的中心，尤其是密西根州和印第安納州。

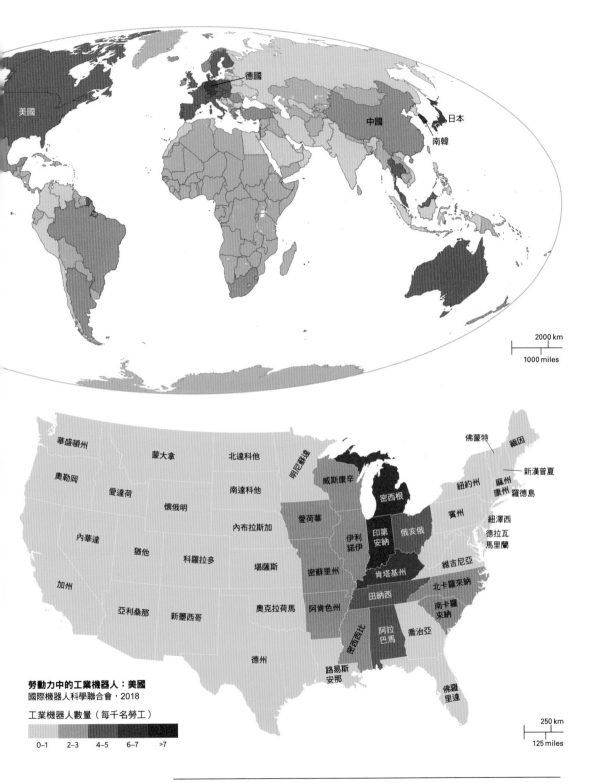

德國

美國

中國

日本

南韓

2000 km

1000 miles

華盛頓州

蒙大拿

北達科他

明尼蘇達

佛蒙特

緬因

奧勒岡

威斯康辛

紐約州

新漢普夏

麻州

愛達荷

南達科他

康州

羅德島

懷俄明

內布拉斯加

愛荷華

密西根

賓州

紐澤西

德拉瓦

馬里蘭

內華達

伊利諾伊

印第安納

俄亥俄

猶他

科羅拉多

堪薩斯

密蘇里州

肯塔基州

維吉尼亞

加州

北卡羅來納

亞利桑那

新墨西哥

奧克拉荷馬

阿肯色州

田納西

南卡羅來納

喬治亞

德州

密西西比

阿拉巴馬

路易斯安那

佛羅里達

勞動力中的工業機器人：美國
國際機器人科學聯合會，2018

工業機器人數量（每千名勞工）

0–1　2–3　4–5　6–7　>7

250 km

125 miles

家，都是下一波可能會被取代的勞動力。我們將會在不平等那一章談到，問題不只是還有什麼工作，還包括這些新工作的地點在哪裡。這是一個重要的問題，因為許多國家正在經歷新二元經濟的興起，部分被迫離開家鄉的勞工似乎無法在有著前所未有的高就業率和收入水準、充滿活力的城市中找到工作。

關於最新一波科技變化對於就業的影響的看法很多，卡爾・弗雷及麥可・歐斯朋（Michael Osborne）研究發現，藉由人工智慧輔助，全美國有 47% 的工作可以在未來數十年內自動化。[69] 根據這項研究，世界銀行估計發展中國家有三分之二的工作很快就會岌岌可危。[70] 經濟合作暨發展組織比較樂觀，預測在經濟合作暨發展組織的成員國裡，只有 14% 的工作可能受到威脅。[71] 管理顧問公司麥肯錫更樂觀，預測只有不到 10% 的工作有危險。[72] 在一定程度上，不同的預測反映出假設的範圍，不只關乎技術上的可能性，也與政府採取的政治和法規回應有關。這些研究都無法清楚說明新的工作是什麼，又或者現有工作被取代的人，能不能找到新工作。

科技不只影響了工作的數量和地點，也影響了工作的性質，讓就業從持續的契約保證，變成了純粹的交易互動，就業安全、培訓、工作條件和忠誠度，都不再被認定是待遇的一部分。儘管工作外包和削弱勞工談判力一直是資本主義的特徵，但將工作分解成獨立的任務，再由機器結合人力來處理，在人工智慧增強的自動化系統中達到了新的境界。

正如經濟學家李察・鮑德溫（Richard Baldwin）在其著作《全球化機器人劇變》（*The Globotics Upheaval*）中所討論的，這個外包的新階段包括了專業服務，可以輕鬆以超低成本完成律師、建築師、會計師等等的工作。像 Upwork 和 TaskRabbit 這樣的平台，讓國外的接案者可以取代當地員工，全球遠距工作。

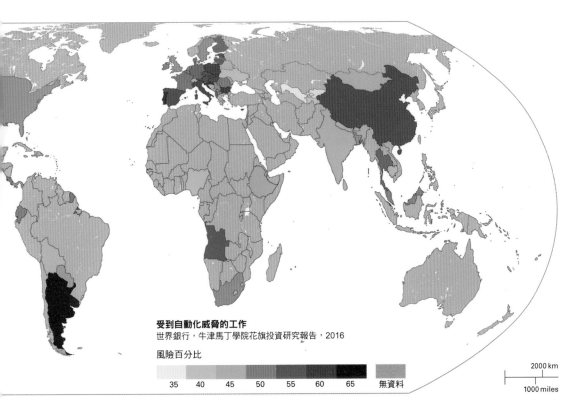

受到自動化威脅的工作
世界銀行，牛津馬丁學院花旗投資研究報告，2016

風險百分比

| 35 | 40 | 45 | 50 | 55 | 60 | 65 | 無資料 |

2000 km
1000 miles

自動化造成全球失業風險上升

在未來數十年內，全球有三分之一到三分之二的工作會受到自動化影響。工資較低和較慢採用技術的發展中國家，會比較晚受到衝擊，但是在未來，比較有可能是機器而非人類從事量產製造和重複服務的工作。[73]

人工智慧威脅到窮國的工作

　　發展中國家有的是低成本、半技術而非熟練的工人，他們有能力運用這一點，從低收入轉型成中收入而後高收入的地位，提供基礎，脫離貧窮，例如崛起的著名東亞小龍，先有南韓、新加坡、香港和臺灣，後有中國、泰國和越南。大家擔憂的是，原本許多低技術重複工作提供了中間的階梯，讓這些國家可以沿著發展的階梯往上爬，如今卻被自動化流程取代了。[74] 我們在人口狀況那一章會講到，估計未來十年內非洲會有一億個年輕人進入就業市場，人工智慧加上機器人科學和 3D 列印，還有其他的新技術，可能會讓非洲的年輕人更找不到像樣的工作。[75]

　　自動化及流程機器人需要熟練的技工來安裝、維護，負責

其他的任務，但許多低收入國家缺少有技術的勞動力。在比較貧窮的國家裡，進口精密機器往往比較昂貴，相較於富裕的國家，窮國很難以有利的條件融資。自動化工廠比較有可能位於富裕的消費者市場附近，那裡的融資比較便宜，也比較容易取得維修機器所需要的技術和零件，也有可靠的電力供應。

自動化和新的工業技術如 3D 列印，讓消費者可以個別訂購客製化的衣服、鞋子、處方藥和其他產品，在幾天甚至幾個小時內就能送到家。原本在偏遠地點設置製造廠的成本優勢是便宜的勞動力，如今少了這項優勢，加上地點靠近本國的客服優勢興起，將製造外包到發展中國家的時代很快就要結束了。保護主義政治會加速這一切，要求將製造業調回先進國家的聲浪前所未有的高，儘管回來的不是工作，而是自動化和人工智慧輔助的流程機器人。[76] 美國盛行「美國優先」的政策，國家主義在中國、歐洲和英國興起，加上技術潛力能讓製造業更靠近客戶，以更低的成本快速服務客戶需求，這意味著我們很可能已經到達全球供應鏈零散的最高點。新冠肺炎不只曝露出體制的漏洞，也加速了供應鏈脫鉤，二十世紀的技術改變促進了全球化和供應鏈零散，二十一世紀的技術改變則讓當地製造更有利潤。考量到產品中附加的碳足跡會進一步強化本地化，就更讓人質疑發展中國家以出口為導向的工作未來。

科技加深了不平等

自動化會導致薪資在短期內下降，因此雖然自動化對成長有利，卻對平等不利。[77] 這是因為自動化會對某些領域的薪資造成向下壓力，例如工廠例行工作和服務性質的工作，包括祕書、客服中心和資料處理。[78] 同時，自動化也會增加技術平台和機器擁有者的獲利，助長不平等。受過高等教育的勞工尤其會發現收入增加了，因為他們的技能可以用在技術密集、以知

識為基礎的領域裡，這個過程經濟學家稱為「技能偏向的技術改變」（skill-biased technical change）。這些全都會持續改善受教育所帶來的利潤，並且持續減少半技術和非技術勞工的實際薪資。[79]

數年前，白宮經濟顧問委員會指出，在美國受到自動化最嚴重打擊的將會是低薪資勞工。委員會預估，時薪在 20 美元以下的工作，有 83% 將會在 2035 年前這段期間受到負面影響，能保住工作的人，大概也會發現他們的實際薪資（經通貨膨脹調整後）至少減低了四分之一。[80] 以中期來說，這些勞工所佔的國民所得預計在幾十年內，會從現在的大約三分之一降低到 20% 以下。[81] 同時期技術勞工的薪資則預計至少會增加 56%。[82]

科技增加了性別偏見

科技變革的性別影響往往沒有獲得充分的理解，例如世上最強大的技術之一——避孕——帶給女性控制小孩數量的方法，讓她們能夠自己做決定，在人口狀況那一章會講到，這導致全球生育率大幅降低。或者想想過去一個世紀醫療上的革新和實踐，如何將生產時的死亡風險減少了百倍，這項主題在健康那一章會探討。就連冰箱、吸塵器等先進家用電器的興起，都改變了家務的本質。此外更容易接觸與傳遞資訊，有助於提升女性權利與性別平等的意識。歷史上首見個人單獨行動也能鼓舞全球群眾，像是「我也是」（#MeToo）運動和年輕女性馬拉拉·優薩福扎伊（Malala Yousafzai）與格蕾塔·童貝里的行動，都能清楚看到這一點。

儘管有實質進步，世界銀行發現好幾項頑強的障礙，讓資訊科技無法發揮潛能，克服性別歧視。在許多國家，數位基礎建設不足和政治控制是主要的障礙，例如在中低收入的國家

中，女性擁有手機的可能性，平均比男性少了 14%。[83] 在埃及和印度，有 12% 的女性表示自己無法使用網際網路的原因，通常是「社會壓力」。[84] 全球女性從事科技領域工作的比例偏低，是因為相對而言，女性較少參與科學、科技、工程和數學等理工科教育（STEM），這個主題會在教育那一章中討論。[85] 因為比較少女性能接觸到技術工作，在大部分發展中的國家（但不是全部都這樣），女性更容易受到自動化的影響，並且大多從事低薪、低技術的工作。[86]

科技需要更好的管理

如果科技改變加速如此之快，為何我們看不到在經濟產出或效率上更高層次的影響？生產力呈現出每人每小時所創造的產量，如果機器取代或是擴增勞工工作，應該可以預期會有更高的生產力，但是卻沒有。相反地，從千禧年以來全球生產力爆跌[87]，這個謎題令經濟學家感到棘手。美國經濟學家勞勃‧梭羅（Robert Solow）曾說：「電腦無所不在，唯獨在生產力上看不到。」這段名言發表三十年後情況依舊，技術進步仍然沒有改善生產力。[88]

目前關於科技改變加速與生產力爆跌之間的脫節，沒有一個令人滿意的說法。最常見的說法是誤量（mismeasurement），認為新數位經濟反映出來的是一種「去物質化經濟」（dematerialising economy）。[89] 生產力數據追蹤的是售出的實體產量和服務，忽略了免費的數位服務。這會越來越低估經濟活動的真正規模，例如我們的手機早已完全打亂各種產品，包括相機、全球定位系統、音樂、電話總機等，儘管這些都能讓我們過得更好，這些效率卻反映在產量緊縮。[90] 由於數位經濟只佔整體經濟活動的一小部分，儘管某些現在更便宜、但能帶來更大客戶滿意度的產品無疑地存在重大誤量，但這並不足以解

釋生產力大規模減退的原因。[91]

技術轉型的生產力獲益不如預期，最合理的解釋之一與改變的速度有關，因為技術改變發生得太快，我們必須更快適應，否則我們的系統很快就會過時。[92] 我們需要投資更多在更新系統和基礎建設上，然而許多國家的投資速度趨緩，政治僵局表示我們的條例和法規架構越來越過時。工作架構快速改變，表示我們得移居他處去工作，但是住宅及運輸的成本加上遷徙的限制，使得各國國內與各國之間的流動性都降低了。生產力不祥地降低，我們必須齊心改革，政府及公司協力投資，才能跟上科技變化的步調。然而，未能設定展望未來的議程以及高齡化的人口抗拒體制改變，使得我們越來越落後，導致成長更緩慢，生活水準降低。

第二次復興

世界經濟論壇的創辦人克勞斯・施瓦布（Klaus Schwab）提倡的觀念是，我們正在經歷第四次工業革命（4IR），他認為先前的工業革命解放了人類，讓人類不再依賴畜力，使得量產成為可能，並且帶給數十億人資訊科技，但目前這一波的科技變化，在規模和影響上有根本的差異。[93] 無所不在的行動超級運算出現（具有機器學習能力、智慧機器人和區塊鏈），自動駕駛車輛、基因組編輯與神經科技增強，這些都是最近發展出來的非凡成就，許多都以越來越快的速度成長。這些從根本上改變了我們生活、工作和理解彼此的方式。[94] 新冠肺炎促成了空前的數位賦能全球合作，科學家彼此分享病毒基因組定序，協力找出治療方法和疫苗，成果遠超過任何一個國家獨力所能達成的。

當前改變的步調和規模，人類從來不曾經歷過。之前的工業革命擴散相對緩慢，地球上還有些地方的人仍然用牛犁田，

絲毫不受第一次工業革命及後續革命的影響。第一次工業革命大約在兩百六十年前開始，帶來了蒸汽機和機械動力。二十世紀初期的第二次工業革命開啟了現代世界，帶來了和燃燒發動機、飛機和包括肥料在內的新化學產品相關的量產技術和科學突破。從 1950 年代開始的第三次工業革命，帶來了半導體、大型電腦主機，1990 年代之後還有網際網路和數位革命。這些都有助於生產及貿易的國際化，正如我們在全球化那章中討論的。

將當前這個時代視為第四次工業革命未免有些樂觀，這像在暗示我們可以像先前幾次革命一樣，期待會有更多、更好的工作，會有更清潔、安全的技術來取代繁重乏味和危險。但是對於身歷其境的人來說，第一次工業革命並非快樂時光，因為那個時代的特色是劇變、失業、動盪及戰爭。[95] 雖然帶來新的生產方法，但也引起了激烈的反撲，包括馬克思和共產主義、法國大革命和美國南北戰爭。當然從長遠來看，我們都能過得更好，但就像凱因斯說的，從長遠來看，我們也都死了。[96]

在《發現時代：駕馭 21 世紀的機遇與風險，實現成就非凡的第二次文藝復興》（*Age of Discovery: Navigating the Storms of Our Second Renaissance*）一書中，作者伊恩與克里斯·庫塔納（Chris Kutarna）認為，目前的技術革命比起工業革命，與五百年前的文藝復興有更多共通之處。[97] 文藝復興造成觀點上的根本改變，也帶來了第一個全球商務的時代。那些落後的人越來越焦慮，在印刷機的推波助瀾之下散播挑戰改變的想法，例如道明會修士薩佛納羅拉（Savonarola）就推翻了梅迪奇家族（Medicis），並且點燃虛榮之火焚書（編按：焚燒藝術品與非宗教類書籍）。暴虐而極度腐敗的天主教會成立宗教裁判所，實施恐怖統治，宗教寬容和科學專家都是不合法的。

文藝復興展現出資訊革命的力量，能促進快速的科技變化，帶來科學上和藝術上的進步。不過文藝復興的教訓也讓人

看到，這會挑戰權威，深深動搖社會。今日就像從前一樣，一旦改變快速發生，大家落後的速度就更快，因此導致民粹主義反撲，造成社會情勢緊張。在加速改變期間，重要的是必須確保能夠打造包容、寬宏的社會。正如我們在相關章節中所討論的，不平等的增加不是快速科技變化必然的結果，但是要有積極的政策，確保改變能讓社會整體受惠。科技也許不是敵人，但卻是個變幻莫測的朋友。

紐約的光
NASA Earth Observatory, 2016

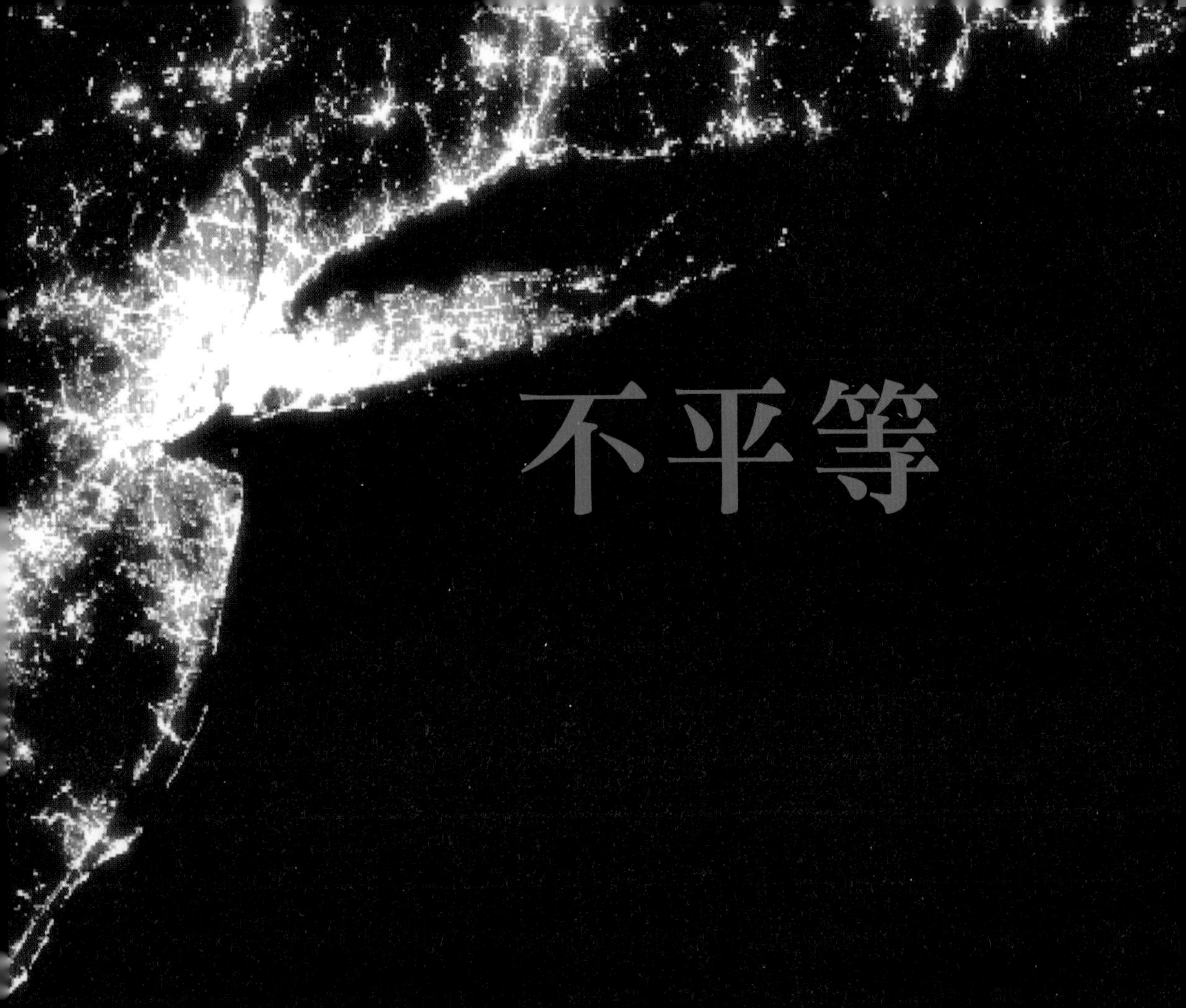

不平等

各國國內的不平等增加中
各國之間的不平等減少中
居住地界定了人的前景
極端不平等正在興起，由最富者獲益

光與暗

夜間燈光的縮時攝影赤裸裸地突顯出不平等的關鍵特點，即是否享有能源和燈光。相較於亞洲、歐洲和北美洲，非洲和拉丁美洲幾乎完全處於黑暗之中，只有聖保羅、約翰尼斯堡、拉哥斯及其他巨型城市上空有些許燈光。

洛杉磯

紐約

墨西哥市

聖保羅

2000 km
1000 miles

夜間燈光，2016 年
NASA Earth Observatory

前言

　　不平等是人類持續存在的挑戰之一，在經濟、政治和社會上都是，同時也是最常受到誤解的議題，大部分的討論都著重在偏斜的收入分配。另一個把不平等視覺化的方法是研究夜間燈光，如地圖所示，南美洲和非洲大多處於黑暗，與北美和西歐的繁華城市，還有印度、中國和東南亞的白熾城市地區形成強烈的對比。這幅影像明白提醒了大家，電力的使用極度不平

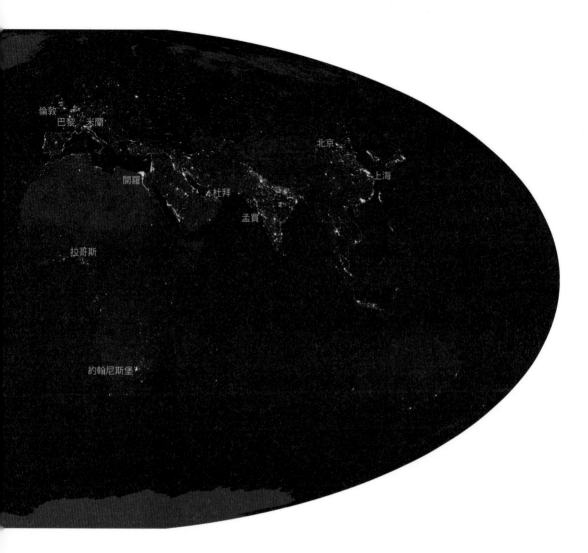

等。電力和燈光是生存所必要，對於家戶、企業和城市來說都是如此，這是很簡單的算術：沒能源，沒發展。

傳統研究不平等的方法，是去看收入和財富在社會中的分配，今日世界上的菁英，那些所謂的「前百分之一」正受到仔細審查，而且理由很充分。前百分之一——大約四千兩百萬人的淨資產超過 1,000 萬美元——掌控將近 48% 的全球財富[1]，而且情況似乎越來越糟。[2]但是不平等有關係嗎？我們為何要在乎亞馬遜的創辦人傑夫・貝佐斯（Jeff Bezos）擁有的金錢比

五十個非洲和加勒比群島國家加起來都還要多？[3]我們每天都會聽到不平等增加了，但不平等是什麼？不平等需要為民粹主義興起的怒火負責，正如許多評論者宣稱的那樣？我們講的不平等，究竟是指什麼？

本章將探討不平等的問題與其重要性。我們先簡短敘述不平等歷史，接著檢視各國之間與各國國內不平等的狀況。在過程中，我們觸及了不平等的幾個層面，還有關於收入、財富、健康、教育、種族、性別等等。有好消息也有壞消息，一方面來說，國與國之間的不平等縮小不少，但各國國內的不平等卻增加了。我們會利用一系列的地圖來檢視不平等的時空特性，幫助思考具體的解決辦法。

黑暗中的不平等

定義不平等有很多種方法，許多經濟學家會使用吉尼係數（Gini coefficient）。在完美的平等世界中，人人收入相同，吉尼係數為「0」。要是某人擁有全部的收入，那就是「1」（或100%）。[4]吉尼係數的測量很容易理解，但事實上，沒有兩個人的不平等經驗會一模一樣，不平等也無法輕易簡化為金錢。有些人經歷騷擾、威脅、權力不平等，有些人經歷法律不平等，或是由於性別、性傾向、年齡、教育、出身、國籍、方言、宗教、職業、失能、身高、外貌等其他因素遭受不平等，其他人可能依據這些來定義我們，影響我們的生活機遇。

從太空把光發射視覺化，有助於解釋不平等的地理分布。這裡放的兩張影像突顯了驚人的能源不平等，人口不到兩千萬的紐約州，以及人口兩千多萬的奈及利亞最大城拉哥斯，兩地所佔的地理範圍類似。[5]儘管奈及利亞是世上最大石油輸出國之一，但管理不良加上長期經營失當，兩億人民每天平均只靠不到5百萬瓩（GW）過日子，紐約州的兩千萬居民則要用掉

拉哥斯及紐約的光，2016 年
拉哥斯及紐約州的人口數相近，但衛星影像顯示，紐約人擁有的能源和燈光多很多，紐約州消耗的能源甚至比整個撒哈拉沙漠以南的非洲都還要多。

拉哥斯的光，2016 年

伊巴丹

新港

柯托努

拉哥斯

貝南市

洛梅

阿克拉

50 km

25 miles

NASA Earth Observatory

紐約的光，2016 年

紐約

費城

巴爾的摩

華盛頓

50 km

25 miles

NASA Earth Observatory

392 百萬瓩。[6]

毫無意外地，當地人很愛嘲笑奈及利亞國營電力當局（NEPA PLC），說電廠的縮寫意思是「別指望一直有電，請點蠟燭」（Never Expect Power Always Please Light Candles）。結果就是許多奈及利亞人都靠發電機，但是發電機運作起來很花錢，所以許多小企業都抱怨「發電機來了，利潤飛了」。[7]在奈及利亞，擁有一台小發電機，可以使用電視、冰箱或幫手機充電，是身為中產階級的象徵。最窮的人負擔不起電力，得靠煤油或蠟燭，這表示他們比較沒辦法烹煮和清潔，能讀書的機會比較少，可說是真正處在黑暗中。能源不平等強化了其他形式的不平等，最終導致貧窮。

能源不平等是可以解決的問題，本書作者伊恩任職於南部非洲開發銀行（Development Bank of Southern Africa）時，該銀行每年提供資金給五百多個城鎮和一百萬戶家庭的電氣化，光是益處涵蓋的範圍就相當驚人，路燈不只改善了流動性，也能降低財產犯罪和性暴力。家中照明讓人可以長時間讀書，改善了教育成果。電力讓人有冰箱可用，可以把水煮沸，改善了營養和衛生，降低水傳染的疾病。理髮師、肉販、麵包師傅和數千種其他專業人員和零售商的電氣化，讓各種事業得以在家中或零售店蓬勃發展。不出所料，收入和就業率都大幅上升。光很重要。

不平等簡史

要想徹底了解不平等的分布和重要性，就需要回到過去。早期的人類生活不易，人人都要非常努力工作，為家庭和社群的生存做出貢獻。在城市那一章會提到，農業的出現讓食物有了盈餘，進而讓社會可以專精分工，發展出越來越精細的社會、宗教、政治和經濟層級。不平等並非近來才有的現象，

根據考古遺址至少可以追溯到七千年前。古代的聚落和城市遺址，證明當時有繼承土地和財富的機制，遺骸殘骨也顯示出新石器時代社群之間與社群內的飲食和健康存在顯著差異。[8]

不平等開始隨著財富過度累積而增加，像是古代的埃及法老、馬雅統治者、中國及羅馬的帝王。君王、沙皇、教宗、帝國貿易商擁有城堡、貴重的珠寶與奴隸，反映出一小群掌權的人如何變得極其富裕，其他大部分人卻處於極度貧窮的境地。工業革命加速了財富集中，首先發生在英國，接著出現在西歐國家和美國，伴隨著蒸汽動力和機械化技術而來。[9]工業革命讓中產階級受惠，卻並未普及城市或鄉村的窮人，這些人在收入和預期壽命的改善相對有限。[10]

到了 1789 年法國大革命時，全世界前五分之一的人口所擁有的收入，大概是後五分之一的三倍。[11]從英國開始的技術發展，改善了發展前景和收入，採用新技術的國家紛紛受惠。例如 1800 年美國人的平均購買力（指的是消費者有能力購買的當地產品和服務），大約是中國人的兩倍，但到了 1975 年，美國的購買力是中國的三十倍。[12]差距顯著拉大，是因為採用新科技的浪潮讓美國人受惠，而中國人還繼續仰賴傳統匠人的手工方法，維持工業革命之前的狀態。

從十九世紀後半葉到第一次世界大戰期間，快速成長的貿易和移民使得歐洲和北美洲生活水準趨於一致。這段期間，有五千多萬的歐洲人移民到「新世界」，雖然歐洲人以前的收入比北美州的社群高，但移民帶來的制度、技術和資本，加速了加拿大和美國的發展。結果就是歐洲人與資源豐富的美洲聚落住民，兩者之間的薪資差距從 100% 降到 25%。[13]

從十九世紀中葉以來，許多國家之間（但並非全部）的不平等都降低了，部分是因為大量移民。然而正如本章簡介所示，各國國內的不平等一直在增加，因為國際貿易和工業化的好處，大多是由最富裕的家戶得到。[14]不過事情並非總是如

此，各國國內逐漸滋長的不平等，在 1930 年代到 1970 年代之間顯著降低，因為當時各國政府開始採用比較高的富人稅率。政府歲收增加也促進了社會福利強化，還有在公共衛生和教育上的投資。簡單來說，公共政策大幅降低了不平等，成就了空前蓬勃的人類福利。[15]

但是，這些不平等的減少很短暫。從 1980 年代開始，局面又轉變成反對累進稅制與國家介入。1979 年到 1990 年的英國首相瑪格里特‧柴契爾（Margaret Thatcher）和 1981 年到 1989 年的美國總統羅納德‧雷根（Ronald Reagan），領導國家倒退，破壞工會的力量，賦稅開始不斷探底，持續至今。[16] 結果就是英國與美國國內不平等擴張，其他採取「新自由」模式的國家也是如此，這個主題將會在地緣政治那一章討論。同時，全球化加速也提供了空前的機會給許多發展中國家，尤其是亞洲的國家，幫助降低國家之間的收入差異。[17]

今日的全貌

右頁圖表顯示 1800 年到 2019 年間全球人口的收入分布的變化。1800 年時，大部分人生活在赤貧中，即使是在相對富裕的歐洲（以綠色標示），也只有非常有錢的人才能負擔得起像樣的住宅與均衡的飲食。赤貧線左側標示的是極度貧窮。然而到了 1975 年，收入顯著改善，尤其是富國人民，平均收入是窮國人民的十倍。[18] 最後，1975 年與 2019 年之間的分布差異很值得注意，表現出不平等在僅僅四十年內降低的程度，大部分是由於亞洲的進步所致。

各國國內的不平等增加了，但右頁的圖表顯示各國之間的差距正在縮小，這是因為發展中國家的成長速度比富國快，讓大量窮國得以趕上以前只有比較富裕的國家才有的收入。[19] 在富國內，因為低稅率加上重分配變少，不平等擴大了，各國相

**1800 年、1975 年和
2019 年的全球收入
分布**

水平軸數字從每天收
入 20 美分升至 200
美元，在 1.9 美元
（2011 年的固定價格）
左邊是世界銀行定義的
赤貧。亞洲是紅色，歐
洲是綠色，非洲是藍
色，美洲是黃色，高
度代表人數。1800 年
時，有 87% 的人處於
赤貧，生活在亞洲和歐
洲。到了 2019 年，全
世界僅約 10% 的人處
於赤貧，大部分在非
洲。

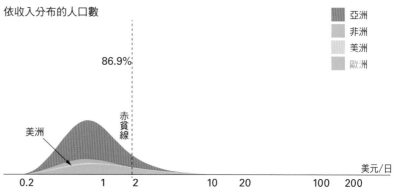

1800
依收入分布的人口數

亞洲
非洲
美洲
歐洲

86.9%

美洲

赤貧線

美元/日

0.2　　1　2　　　10　20　　　100　200

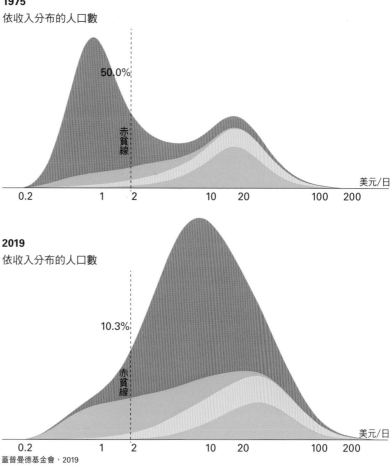

1975
依收入分布的人口數

50.0%

赤貧線

美元/日

0.2　　　1　2　　　10　20　　　100　200

2019
依收入分布的人口數

10.3%

赤貧線

美元/日

0.2　　　1　2　　　10　20　　　100　200

蓋普曼德基金會，2019

繼效法雷根和柴契爾的措施，壓縮福利國家，削弱勞工組織的力量。貿易壁壘的降低和貨櫃化的發展，加上中國及東亞經濟融入全球供應鏈，這些都對勞工造成下行壓力，尤其是那些執行常規的、半技術的工人。同時，企業主、股東和有技術的專業人士，尤其是在科技領域的，則會獲益於更低的稅賦和更有利潤的全球商務。正如法國經濟學家托馬斯・菲利蓬（Thomas Philippon）所說，這也與遊說增加有關，遊說更進一步鞏固現有的特權並減少重分配，尤其是在美國。[20]

事實證明，少數國家對全球不平等有特別大的影響。中國、印度、印尼佔三十億以上的人口，這些國家肩負起全球大部分降低赤貧的成就，而且中國比史上任何一個國家的成效都好。[21] 儘管中國的成長在 2020 年降到歷史低點，但過去四十年來，大多時候都是每年成長 10%。[22] 這帶來了每十年就翻倍的平均收入，讓八億多人脫離極度貧窮。[23]1988 年時，東亞佔二十億赤貧人口中大約一半，今日全球八億多赤貧人口中，只有不到 9% 住在東亞。[24]

儘管有這些驚人的成就，大部分人的財力依舊匱乏。1988年時，全世界大約有三分之一的人生活在赤貧中，主要在印度和中國。[25] 之後雖然世界人口增加了二十五億人左右，但大約有十二億人脫離了赤貧。到了 2019 年，全世界只有約 10% 的人口仍處於赤貧中，赤貧的標準是世界銀行武斷定義的每天收入不到 1.9 美元。[26] 但是有四億多非洲人依然非常貧困，這個洲佔了全球一半最貧窮的人口，2020 年的新冠肺炎疫情加深了這個問題。[27] 在其他地區，戰爭與衝突和赤貧息息相關，包括葉門、阿富汗、緬甸。南亞、拉丁美洲和加勒比群島也大多處於極度貧窮中，尤其海地是世上最貧困的國家之一。隨著其他地區的貧窮快速減少，預計到了 2030 年時，每十個最貧窮的人當中，就有九個會在非洲。[28]

不平等的過去與現在

　　179 頁的圖表由蓋普曼德基金會所製作，他們想盡力克服長期可比數據（comparable data）的缺乏，呈現出全體人類收入的全球分配。水平軸數字表示每天的收入，單位是美元，從 20美分起跳一直到 200 美元。不同的顏色代表不同洲：亞洲是紅色，歐洲是綠色，非洲是藍色，美洲是黃色。突出的高度代表人數，赤貧線是 1.9 美元（2011 年的固定價格），以垂直線標示。1800 年時，近 87% 的人極度貧窮，大部分住在亞洲和歐洲。到了 1975 年時，分布圖像駱駝的雙峰，全球大約有一半人口生活在赤貧中，大部分集中在亞洲，還有越來越高的比例在非洲，但是歐洲已經沒有了。2019 年的進步很顯著，全球只有 10% 的人處於赤貧，主要集中在非洲。

　　降低貧窮的前進之路並非順暢，尤其是在新冠肺炎疫情發生之後，原因之一是窮人依舊集中，有 80% 以上在鄉村地區。平衡都市化及教育、健康上的投資，應該能夠持續消除極端貧窮，但要解決仍然有七億多人處於赤貧的狀況，就需要處理貪腐、戰爭和犯罪等問題，這些議題會在暴力那一章詳細討論。[29] 戰爭拖慢甚至推翻了發展，讓整個社會陷入赤貧，而這種貧困在飽經戰亂的地區不斷增加，例如敘利亞、葉門、索馬利亞和南蘇丹。[30] 貪腐比較不容易看見，但不去控制的話會有重大危害，就像癌症一樣在社會中蔓延，嚴重削弱政府，扭曲民營部門，增加一般民眾的成本，必須付出更大的代價才能讓各種服務持續運行。

　　經濟學家法坤多・阿瓦列多（Facundo Alvaredo）與共同作者群重建了數據，顯示出全球不同收入群在 1980 年到 2016 年之間的收入成長差異。[31] 圖表上有三個特色：曲線頂點涵蓋世上最貧困的一群，主要是住在發展中國家的人；曲線凹部是已開發國家中的勞工和中產階級，還有發展中國家的上層階級；

上揚的象鼻則是全球的菁英。他們發現世上最富有的 1% 所佔的收入成長，是最貧窮 50% 人口的兩倍多。最初描述這個現象的克里斯・朗克納（Chris Lackner）和布蘭科・米蘭諾維奇（Branko Milanovic）稱之為「大象曲線」（elephant curve），象鼻代表了百分位頂端獲益的程度。如今前 1% 的成長讓這個曲線變形成比較像是尼斯湖水怪的樣子。

全球的中低階級經歷了顯著的改善，尤其是中國，可以明顯從尼斯湖水怪拱起的背看出來。最底部 10% 的赤貧人口沒有成長多少，陷在貧窮和暴力的循環中，呈現出水怪下垂的尾巴。[32] 2008 年金融危機導致失業和薪資停滯，儘管如今就業率高了一些，但工人階級仍未恢復。同時，例行工作越來越自動化，還有平台讓兼差更容易，這些都造成生活水準難以預料，讓人越來越沒有安全感。這些因素有助於解釋窮人與中產階級共同面對的幻滅與挫折。[33]

墨西哥

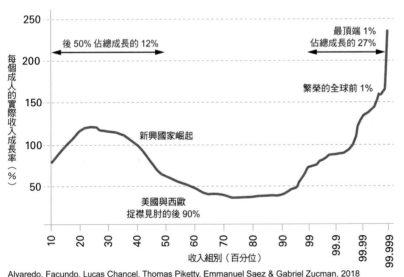

全球不平等的尼斯湖水怪
圖表顯示收入在 1980 年到 2016 年之間的變化。水怪的長脖子代表最頂端 1% 的人口，佔全部收入成長的 27% 以上，後半部的人口則僅佔 12%。

後 50% 佔總成長的 12%

最頂端 1%
佔總成長的 27%

繁榮的全球前 1%

新興國家崛起

美國與西歐
捉襟見肘的後 90%

每個成人的實際收入成長率（%）

收入組別（百分位）

Alvaredo, Facundo, Lucas Chancel, Thomas Piketty, Emmanuel Saez & Gabriel Zucman, 2018

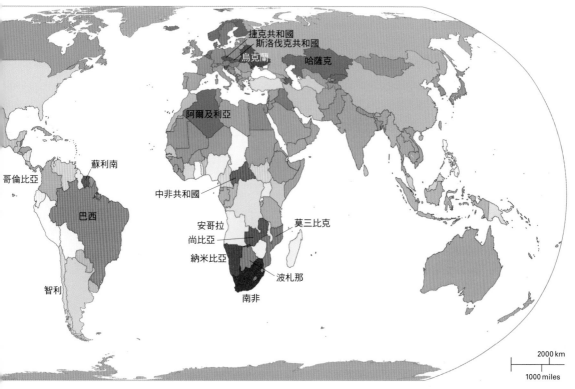

捷克共和國
斯洛伐克共和國
烏克蘭
哈薩克
阿爾及利亞
蘇利南
哥倫比亞
中非共和國
巴西
安哥拉
莫三比克
尚比亞
納米比亞
波札那
智利
南非

2000 km
1000 miles

吉尼係數

紅色表示高度不平等，藍色表示低度。南非最嚴重，接著是幾個南非的鄰國跟巴西。亞洲是最平等的發展中國家，歐洲則是全球最平等的地方。

吉尼不平等係數
世界銀行，發展研究組，2018

21
最平等

66
最不平等

無資料

問題出在國內

　　上圖使用吉尼係數突顯了各國國內所得不均的程度。經濟上最不平等的國家以紅色標示，最平等的以藍色標示。最新的數據資料顯示，南非是世界上最不平等的國家，這個國家幾個世紀以來的種族主義和系統性的隔離，讓白人這個類別的特權根深蒂固，但白人只佔人口的 10%。被界定為黑人的另外90%，被限制在僅僅 10% 的土地上，被排除在專門職業和大學之外，也不能居住在「白人」的城市裡。1994 年，曼德拉總統成為第一個自由選出的領導人，儘管他誓言要打造一個沒有種

族歧視的民主國家，仍然無法克服種族隔離所遺留下來的可怕經濟狀況。[34]

　　鄰近的波札那和納米比亞（Namibia），源自於鑽石礦的驚人財富集中，說明了該地的高度不平等。附近的安哥拉和中非共和國，菁英階級極度腐敗，積累大量財富，犧牲了大量國民所需要的健康、教育等基礎建設上的投資。巴西同樣也是世上最不平等的國家之一，有一千五百多萬人生活在赤貧中，哥倫比亞、墨西哥甚至是智利，都因為無法克服不平等而在 2019 年時紛紛發生抗議事件。相較之下，斯堪地那維亞各國和幾個

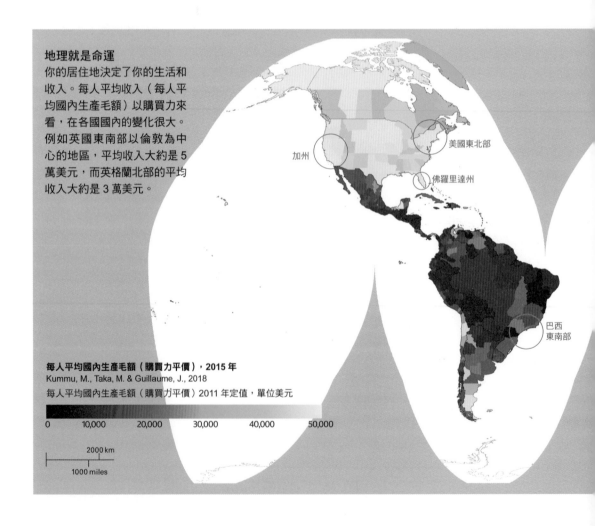

地理就是命運
你的居住地決定了你的生活和收入。每人平均收入（每人平均國內生產毛額）以購買力來看，在各國國內的變化很大。例如英國東南部以倫敦為中心的地區，平均收入大約是 5 萬美元，而英格蘭北部的平均收入大約是 3 萬美元。

加州

美國東北部

佛羅里達州

巴西東南部

每人平均國內生產毛額（購買力平價），2015 年
Kummu, M., Taka, M. & Guillaume, J., 2018
每人平均國內生產毛額（購買力平價）2011 年定值，單位美元

| 0 | 10,000 | 20,000 | 30,000 | 40,000 | 50,000 |

2000 km
1000 miles

先前奉行社會主義的國家，尤其是烏克蘭、哈薩克、捷克與斯洛伐克共和國、阿爾及利亞，不平等程度較低。

　　不平等深受地理影響，你所居住的街區能用來預測你的健康、教育、收入和職涯前景。人們的居住地總是對他們的命運造成強大的影響。在各國國內，從窮困的村莊搬到充滿活力的城市能提供工作和機會，自古以來一直是通往更好生活的途徑。但現在變得更困難了，住宅價格飛漲，根本住不起某些城市，越來越擁擠，加上交通運輸昂貴，削弱了長途通勤的好處。結果就是國內城市之間的地理分歧越來越嚴重，不平等是

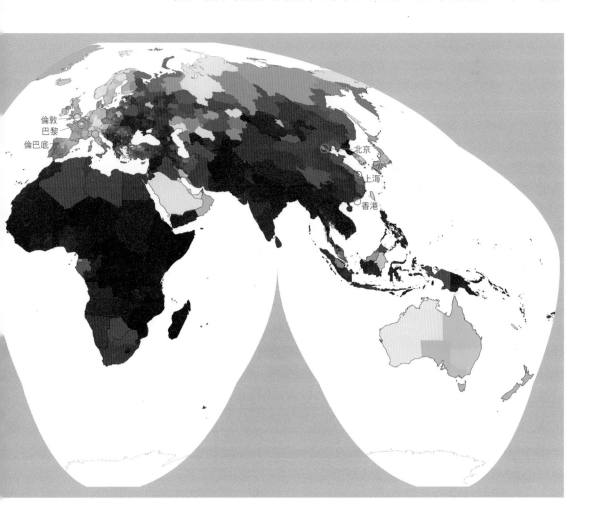

由人們的居住地來定義。[35]184~185 頁的地圖考量到收入的空間分配，從全國和地方規模來看 2015 年的每人收入，並依據不同的生活成本和通貨膨脹進行了調整，製作出 2011 年的定值。可以明顯看出，中國和澳洲的財富集中在東部沿海，巴西的東南部比西北部和東北部富裕，義大利的財富集中在北部。

超級有錢

前 1% 賺錢的人在全球化之下表現得很不錯，極少數個人取得了大筆不成比例的利益。[36] 最懸殊的情況是在新冠肺炎疫情之前，光是貝佐斯、比爾‧蓋茲和巴菲特三個人所擁有的財富，就相當於美國一億六千萬人所有。[37] 此外前 1% 的人——在美國專指年收入 75 萬美元以上——在過去五年內，佔全國收入的比例變成兩倍。[38] 這些人的收入增加速度，比後 20% 的人快了七倍。前 1% 的收入平均比後 90% 多了四十倍。[39] 超富有的前 0.1% 年收入在 300 萬美元以上，比後 90% 多賺了一百八十八倍。[40] 右頁圖表由經濟學家托瑪‧皮凱提與同事所製作，顯示出美國收入成長集中在一小部分人口身上。[41]

同樣的趨勢在其他富裕國家中也很明顯，包括在英國，只要五個富裕家庭就勝過最貧窮的一千三百萬人，相當於 20% 的人口。[42] 大約五千人左右的英國居民（其中有 90% 是男性）佔全國總財富的前 0.01%，每人平均年收入是 220 萬英鎊（270 萬美元）。這些人靠財產和其他投資生活反映在「不勞而獲」的利潤上，投資獲益佔他們收入的 40%，而非就業領薪水。[43] 近幾十年來，英國工人的收入停滯，2008 年金融危機之後更加惡化，反觀極少數菁英（每一萬個英國公民中有一人）的收入卻在過去二十年間增加了 277%。

全球五百位最富有的人，財產在 2019 年成長了 25%。[44] 據估計，最富有的兩千一百五十三人所持有的財富，比全球人

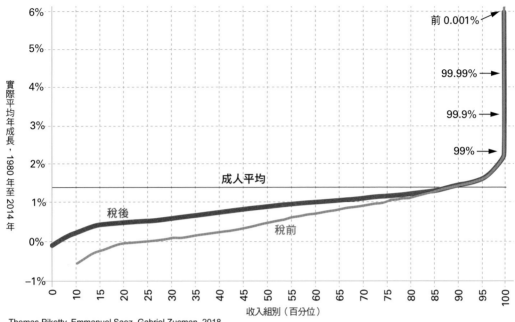

實際平均年成長，1980 年至 2014 年

收入組別（百分位）

成人平均

稅後

稅前

前 0.001%

99.99%

99.9%

99%

Thomas Piketty, Emmanuel Saez, Gabriel Zucman, 2018

不平等驟升：美國的實際平均年收入成長百分位，1980 年至 2014 年

少部分菁英的收入暴增，前 0.001%（每十萬人中有一人）的收入每年增加 6%，後 20% 的人稅前收入在通貨膨脹調整後則是縮水了。

口後 60% 的四十六億人還要多。[45]2019 年，這些億萬富翁的財富加起來有 8.7 兆美元，相當於最貧窮一百五十個國家的總收入。[46] 此外，最富有的二十二個男人所擁有的財富比全非洲的女人都還要多。2020 年四月，新冠肺炎危及全球半數以上勞工的生計，兩億六千萬多人面臨飢餓，但十個億萬富翁的總財產卻增加了 1,260 億美元。[47]

　　188 頁這張圖反映出經濟成長無法轉換成更高的薪資，儘管經濟持續成長，美國過去五十年來的實際薪資卻停滯不前。顯然經濟成長讓富人獲益，卻沒有提供迫切需要的改善動力，提高一般受薪者的收入。另外在英國，前 0.01％的收入在 1995 年到 2015 年這二十年間，幾乎翻了三倍[48]，這些人大部分集中在倫敦。[49] 這也說明了為何英美兩國許多中低階級的民眾對於他們眼中「脫節的」菁英如此失望。因此不意外地，許多人要求終止現狀，把票投給承諾將確實做到這一點的民粹主義領導人。

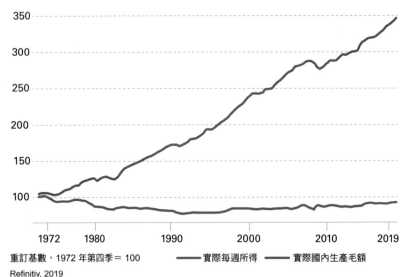

重訂基數，1972 年第四季＝ 100　　——實際每週所得　——實際國內生產毛額
Refinitiv, 2019

停滯的薪資：美國的薪資仍然低於 1970 年的水準

1970 年以來，美國人的實際薪資在通貨膨脹調整後一直處於停滯，水準仍然低於五十年前。即便經濟成長了 350%，但實際上的成長獲益都在少部分菁英的手裡，而非一般受薪者。

根深蒂固的財富

　　許多不平等既棘手又根深蒂固，因此很難克服。出乎意料的是，收入和財富最大的預測因子與我們個人決定的關係不大，而是幾乎完全取決於父母的地位，還有我們成長的街區。[50] 189 頁這份圖表以費茲傑羅（F. Scott Fitzgerald）的著名小說來命名，書中「了不起的」傑・蓋茨比（Jay 'The Great' Gatsby）是個私酒販，他脫離低下階級的出身，成為上流社會成功的一員。[51] 圖表描繪出與父母留在相同社會階級的可能性，十分明顯地呈現出不同程度範圍的不平等，以及獲得社會流動性的不同潛力。採用的不平等測量工具是吉尼係數，不流動性則是看跨世代薪資彈性（Intergenerational Earnings Elasticity），這個經濟象徵是指父母與子女之間的收入持續性，表現出世代之間所得的關係，顯示同家族內的幾代人是否有能力隨著時間向上或向下流動。

丹麥有低度不平等，相對容易享有向上流動。相較之下巴西、智利、中國和美國則是高度不平等，很難有能力擺脫個人背景。以低度不平等和向上移動的潛力來說，最佳出生地點是澳洲、加拿大和歐洲。

圖表顯示美國不只承受高吉尼係數的不平等，其實對個人來說，相對也很難發揮向上的社會流動性。寓言故事總說只要肯努力，人人都有機會成功，在許多國家可能是這樣，但是在美國卻未必如此。如圖表所示，丹麥不只格外平等，比起其他地方，在這裡人們也更容易克服出身的劣勢。斯堪地那維亞的國家在克服不平等上做的比巴西或智利還要好，在巴西和智利，大部分人的命運都取決於父母的地位和郵遞區號。

了不起的擺脫：不平等與社會流動性之間的蓋茨比關係圖
丹麥的不平等程度較低，相對容易享有向上流動。巴西、智利、中國和美國則是高度不平等，很難擺脫個人原生背景。以低度不平等和向上移動的潛力來說，最佳出生地點是澳洲、加拿大和歐洲。

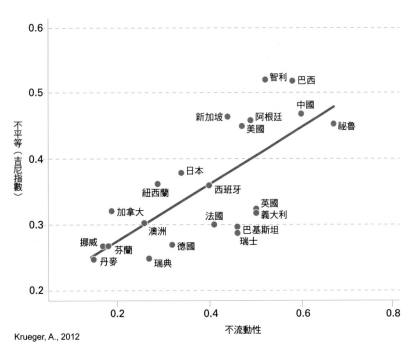

Krueger, A., 2012

打擊不平等

為了克服不平等，我們必須決定哪些不平等有關係，理由是什麼。人皆獨一無二，我們都有能力可以從事不同的事情，有些人擅長運動或戲劇，有些人擅長數學或音樂。在這些潛在能力之外，幾乎所有的生活機遇都受到我們的出身影響，父母的收入和教育、我們所受的學校教育和其他因素，都遠遠超出我們的掌握。減低機會不平等，像是確保住在貧困街區的少數族裔年輕男性能就讀合宜的學校，著眼於提供每個人平等的成功機會，是很重要的。但要想擊敗不平等，關注結果也很重要，因為歧視根深蒂固，由於種族、性別、宗教或其他種種因素，即使個人能得到相同的機會，也仍會發現自己無法像享有特權的人那樣取得成功，最終結果也大不相同。

為了持續降低不平等，人人應該擁有相同的機會，但就算確保每個人都有相同的起點還是不夠。[52] 不平等研究的著名學者東尼・阿特金森（Tony Atkinson）明白表示，人生的競賽是不公平的，有的人是單手綁在背後往前跑，一路上還可能被放置的障礙物給絆倒，有的人則是毫無阻礙，一路向前衝刺。贏家全拿（包括獎賞和競爭的機會），輸家全無，不平等就是如此根深蒂固。[53] 隨著財富的差異開始擴大，下一代的機會變得越來越侷限，成功父母的孩子擁有更好的準備、培訓和營養，強化並延續了不平等的循環。

教育是克服不平等的有力工具，但學校教育的水準在各國之間和各國國內的差異很大。比起貧窮父母的小孩，富裕父母的小孩能接受學前教育的機會多了五倍[54]，初等教育的不平等會延續到將來。在英國，劍橋與牛津大學有 80% 的學生來自於社會前兩大階級[55]，機會的不平等更顯著。在英國的成人人口中，牛津或劍橋的畢業生不到 1%，但在全國一百多所大學中，來自這兩所學校的畢業生就佔了一半以上的首相、資深法

官和高階文官。[56]

　　創造能公平競爭各種機會的環境不只比較公道，也很重要，可以讓個人充分發揮才能，有蓬勃發展的可能。這不只能讓特定個人獲益，對整體社會也有益。不這麼做的風險也很明顯，有好幾項研究都指出，不平等擴張與許多社會和經濟難題有關聯，包括經濟成長停滯、犯罪增加、健康惡化和蕭條。[57]不平等增加也與民粹主義興起，還有經濟上的保護主義高度相關。[58]

　　減少不平等也有強烈的道德理由。經濟學家阿馬蒂亞・森（Amartya Sen）與東尼・阿特金森都援引先驅哲學家約翰・羅爾斯（John Rawls）的《正義論》（*A Theory of Justice*），指出基於公平和正義，必須關注不平等。[59]對森來說，不平等首先是關於能力上的不平等[60]，他注重的是人是否有機會能夠實現生活，強調教育、性別和人權在打造平等時的核心地位。在《發展即自由》（*Development as Freedom*）一書中，森強調為何必須克服不平等，好讓每個人都能實現生活，這不只滿足個人，也能維護大眾利益。森的作品引導出「人類發展」這個重要想法的產生，超越狹隘衡量收入和經濟成長，致力於人類全方位的茁壯發展。[61]

　　性別不平等和權力關係不平等會阻礙人類發展，如果社會上大部分人沒能得到平等的對待，國家就無法發揮潛力。[62]儘管婦女和女孩的權利有顯著的進步，目前仍然沒有任何一個國家已經徹底排除了性別歧視。各地的女性依然在同樣的工作上拿到比較低的薪資，擔任有力職位的女性也不夠多。女性所受到的不平等待遇程度各有不同，在大部分比較貧窮的國家裡，女性有酬工作的機會僅限於家務和自給農業，她們通常沒有土地所有權。即使在最富裕的國家，包括好幾個產石油的富國，女性也只能在家工作，或是被迫在非正式經濟體中工作，收入偏低，工作條件也差。全球的女性通常承受著三重負擔：就業

性別歧視是全球問題

右圖是世界經濟論壇 2020 年
的性別指數，依據性別不平等
的各個層面排序一百五十三個
國家。表現最好的是冰島、挪
威、芬蘭、瑞典，緊接著是尼
加拉瓜、紐西蘭、愛爾蘭、西
班牙、盧安達，以綠色標示。
表現最差的以紅色標示，包括
巴基斯坦、伊拉克、敘利亞、
剛果民主共和國、伊朗、沙烏
地阿拉伯、摩洛哥。

尼加拉瓜

全球性別差距指數
世界經濟論壇，2020

不平等　　　　　　　　　　　平等　無資料

薪資相對較差、家務無給薪（包括烹飪和打掃），還有生養小
孩（也是無報酬）。[63]

　　世界經濟論壇 2020 年的全球性別差距報告中，指出克服
性別歧視的挑戰程度，以指數來顯示性別平等在四個層面的進
展：經濟參與及機會、教育程度、健康、政治賦權。標示綠色
的國家排名較高，但並不表示這些國家就完全沒有不平等，即
使在這些表現名列前茅的國家中，世界經濟論壇預測不平等在
接下來五十年內仍會持續存在，而在表現最糟糕的國家中，預

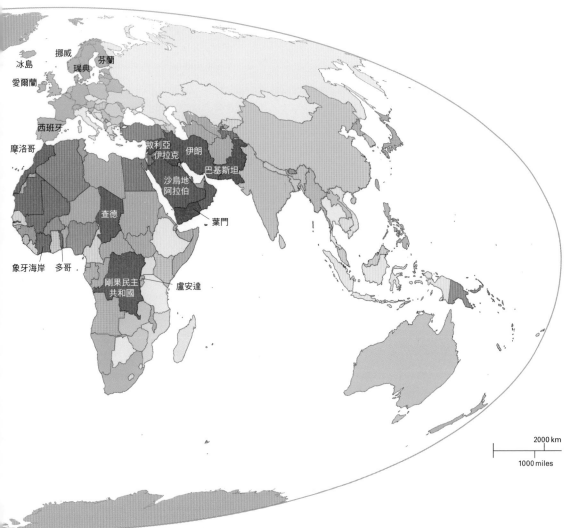

挪威
冰島
瑞典 芬蘭
愛爾蘭
西班牙
摩洛哥
敘利亞 伊朗
伊拉克
沙烏地 巴基斯坦
阿拉伯
查德 葉門
象牙海岸 多哥
剛果民主 盧安達
共和國

2000 km
1000 miles

計將會持續超過一百年。

　　幾乎在每個有可用數據資料的國家中，從事相同工作的女性收入都比男性少了四分之一。[64]1960 年代時，女性收入大約是男性的 60%，到了 2000 年提高為大約 75%。[65] 但從那之後某些國家的薪資差距再次擴大，包括像義大利這樣的富國。[66]體制上對女性的歧視如今開始有人注意，儘管還是不夠。其他的不平等仍然不易察覺，包括年長和殘疾人士日常中經歷的種種不便，依據性傾向和非二元性別對他人歧視，依據種族、階

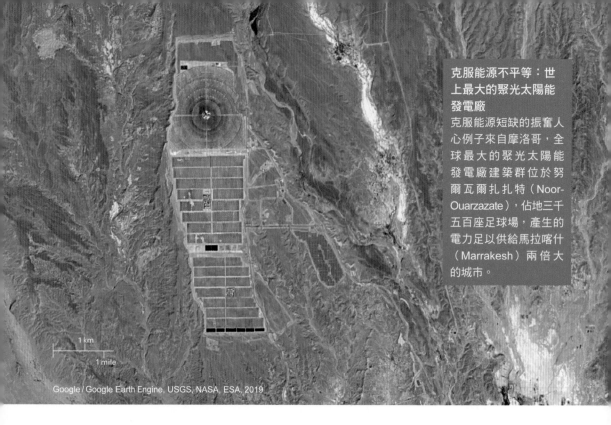

克服能源不平等：世上最大的聚光太陽能發電廠

克服能源短缺的振奮人心例子來自摩洛哥，全球最大的聚光太陽能發電廠建築群位於努爾瓦爾扎扎特（Noor-Ouarzazate），佔地三千五百座足球場，產生的電力足以供給馬拉喀什（Marrakesh）兩倍大的城市。

級、宗教和許多其他領域的歧視。移民和難民所經歷的歧視，還有由於科技接觸不平等所引起的歧視，將在其他章節中分別說明。

克服不平等

調查夜間燈光提醒了我們，要達到全面平等還有很長的路要走，紐約州消耗的能源，比整個撒哈拉沙漠以南的非洲都還要多。但是我們有理由抱持希望，非洲對化石燃料的依賴有限，加上太陽能技術成本降低，該洲又擁有充足的陽光，讓非洲有機會躍升成為更先進的經濟體。克服目前的電氣化赤字需要全球支持，大量投資再生能源的基礎建設。

政府在克服不平等上位居核心角色，減少不平等不只是提高薪資和增加經濟成長，雖然這些仍是關鍵。確保大家能平

等享有教育、健康、能源、網際網路和其他服務，保障最低標準，這些也同樣重要。不同國家的不平等程度各異，有些國家的不平等減少了，有些國家的不平等卻增加了，主要都是因為政府政策。這顯示出不平等不是必定會發生，有智慧的政策可以創造重大的差異。

下方兩欄圖表顯示 1900 年以來國家政策的刻意改變，如何影響收入最高的前 1% 族群的總收入比例。英語系國家像是英國和美國，與歐洲大陸和日本之間呈現出明顯的對比，後者的不平等在第二次世界大戰之後就沒有增加。在此期間，英語系國家的不平等顯著增加，主要是因為政府的政策回應不同，歐洲國家和日本堅決採取高稅收與高開支，藉此降低不平等。

稅收以及各種形式的補助，包括社會安全、住宅、孩童及殘障等其他福利，對於克服不平等都有明顯的助益。在法國，稅前不平等的程度幾乎跟在英國一樣高，吉尼係數大約是 0.45 或 45%，在愛爾蘭更高（吉尼係數 50%，表示如果沒有重分配，愛爾蘭的收入分配會是三十四個最富裕國家中最不平等

政策能創造改變：1900 年以來收入最高前 1% 的收入比例
圖表顯示 1900 年以來國家政策的刻意改變，如何影響了收入最高前 1% 族群的總收入比例。左邊是英語系國家如英國和美國，不平等顯著增加；右邊是歐洲大陸的國家和日本，不平等的增加獲得控制。

英語系國家的不平等演變呈現 U 型

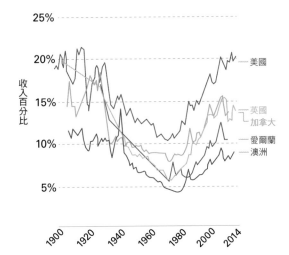

歐洲大陸國家和日本的不平等演變呈現 L 型

數據世界／世界財富及收入資料庫，2018

的）。[67] 不過在愛爾蘭和法國，稅收制度和重分配把不平等指數降到 30%，在英國則是 35%。在美國，政府比較不願意利用稅收制度和開支來克服不平等，因此美國是富裕國家中最不平等的。[68]

羅伯特居住的巴西嚴重不平等，伊恩的家鄉南非更糟，過去巴西政府齊心努力，成功減少了一部分的不平等，即使近來年又悄悄地故態復萌。「家庭補助金計劃」（Bolsa Família）每個月提供父母現金（大約 35 美元），要他們送孩子去上學並定期健康檢查。[69] 做母親的如果拿到現金，通常會用來購買食物、學校用品和衣服，這個創新的「附帶條件現金補助」措施，全盛時期惠及五千多萬低收入的巴西人，佔全國人口的四分之一，赤貧減半都歸功於此。[70]

「家庭補助金計劃」的顯著成就在於能接觸到真正有需要的人，這些人先前可能沒有受惠於社會福利。在這項計畫的全盛時期，據估計有 94% 的資金投入到人口中最貧窮的40% 身上。[71]「家庭補助金計劃」及住宅補助，還有最低工資增加，一起促成了巴西不平等顯著降低。最初是 1996 年在巴西、1997 年在墨西哥（名稱叫「進步」，Progresa）、2002 年在智利進行試驗，這些計畫和類似的附帶條件現金補助模式很成功，被二十幾個國家採用，包括印尼、南非、土耳其和摩洛哥。[72] 甚至紐約也採用了這個概念，推出「紐約市機會」（Opportunity NYC）計畫。這些實驗在此時格外切題，因為這個世界要適應新冠肺炎的影響。

即使如此，好的政策需要好的政府持續執行。在巴西，政府更替後，撙節措施加上社會政策驟然推翻，嚴重削弱了降低不平等的努力。有效的政策也得益於一點好運氣，像是 2000年代的商品熱潮驅動了巴西的經濟，但是近期政策的疏忽加上經濟蕭條，導致四百多萬人掉回貧窮線以下。雪上加霜的是，吉尼係數也回升到 53%，名列世上最糟糕的幾個國家。[73] 南非

的吉尼係數則是驚人的 63%。[74]

好消息是，巴西與法國、丹麥、玻利維亞、泰國、柬埔寨、南韓等各國的成就，證明了不平等是可以克服的。[75] 降低不平等很重要的原因有很多，2015 年時，當時的國際貨幣基金組織總裁克里斯蒂娜‧拉加德（Christine Lagarde）表示，「減少過度不平等不只合乎道德或政治正確，對經濟也有利。」[76] 潛在的理由很簡單：如果只有少數人獲益，為了私利扭曲規矩，遊說、貪腐，逃稅，經濟潛力就會受損，瓦解社會凝聚力。[77] 與不平等增加普遍有關的，是對都會菁英和政府當局與日俱增的憤怒。[78]

民粹主義和民族主義的興起是最明顯的提醒之一，讓人看到不平等如何破壞了社會的結構。[79] 醞釀的不平等也與英國脫歐投票有強烈的關聯，還有美國川普的當選，以及歐洲各地民粹主義分子和保守黨派的興起。[80] 這也有助於說明朱瑪總統（Zuma，2009 年到 2018 年擔任南非總統）為何當選，還有波索納洛（Bolsonaro，2018 年十月當選巴西總統）的勝出。悲劇在於，這些民粹主義領導人所實施的政策，往往只會讓少數人而非大眾受惠，因而又更加深了原有的不平等。稍微給人帶來希望的消息是，除了某些例外，這些民粹主義者大都無能，所以他們的任期可能很短暫。

減少不平等不能靠口號達到目標，所謂的美國夢承諾只要工作夠努力，不論多窮困都能成功，只是樂觀的幻想。比起智力、教育或埋頭苦幹的意願，父母的財富更能預測一個人未來是能否成功。[81] 我們都喜歡讚揚那些出色的故事，誇獎那些克服萬難的人，但其實這些真的只是特例。要克服不平等，就必須克服根本的原因，而不是靠窮人和弱勢群體打敗那些荒唐不利的局面。新冠肺炎使得貧窮和不平等劇增[82]，不平等並非遙遠或抽象的威脅，而是真實的危機。若要以人民和地球福祉為優先，我們就必須減少不平等。

水下光纖電纜、鐵軌網絡和各種管線，讓這個世界比從前
任何時候都更加相連。

帕拉格‧康納與傑夫‧布拉瑟，哈佛世界地圖，2017

地緣政治

為期七十五年的自由秩序瓦解中
我們正從單極體系轉移成多極體系
升溫的中美緊張情勢是主要觸發點
民粹主義及國家主義削弱了民主
全球合作的重要性更勝以往

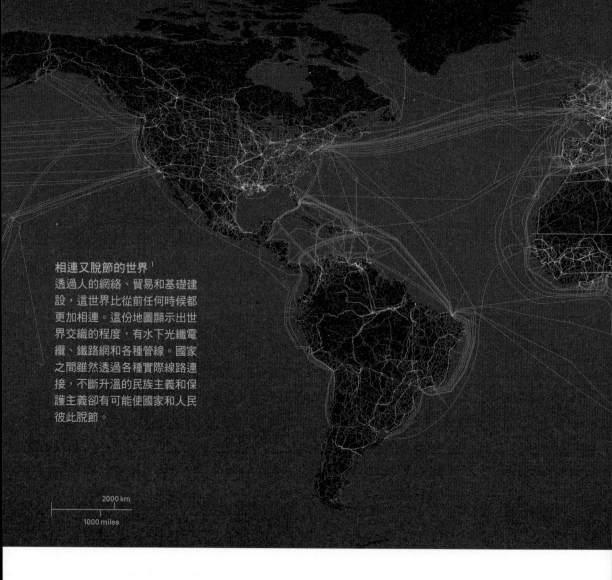

相連又脫節的世界 [1]
透過人的網絡、貿易和基礎建
設，這世界比從前任何時候都
更加相連。這份地圖顯示出世
界交織的程度，有水下光纖電
纜、鐵路網和各種管線。國家
之間雖然透過各種實際線路連
接，不斷升溫的民族主義和保
護主義卻有可能使國家和人民
彼此脫節。

2000 km

1000 miles

前言

　　早在 2020 年初新冠肺炎疫情發生之前，世界就已經陷入
動盪的地緣政治衰退期，疫情爆發讓早已展開的趨勢加速惡
化。二次世界大戰之後建立的國際制度讓位給新體制，許多在
過去七十五年來支撐全球秩序的聯盟和制度，迅速遭受挫敗。
國際關係從美國領頭的單極秩序轉型到多極秩序。[2] 要怎麼解
釋這些令人難受的轉變？主要因素是主宰世界的超級強權美

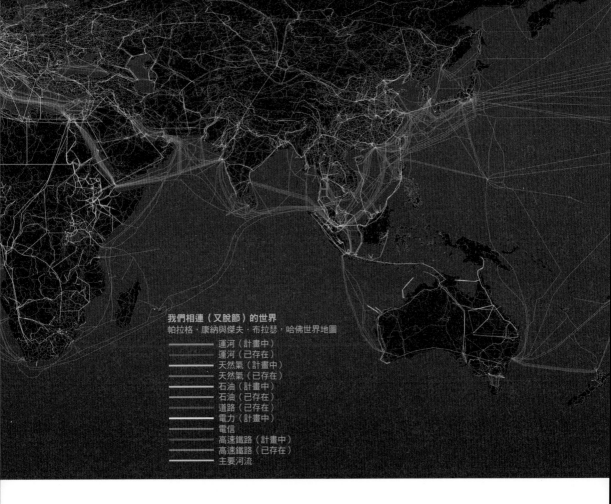

我們相連（又脫節）的世界
帕拉格・康納與傑夫・布拉瑟，哈佛世界地圖

——————— 運河（計畫中）
——————— 運河（已存在）
——————— 天然氣（計畫中）
——————— 天然氣（已存在）
——————— 石油（計畫中）
——————— 石油（已存在）
——————— 道路（已存在）
——————— 電力（計畫中）
——————— 電信
——————— 高速鐵路（計畫中）
——————— 高速鐵路（已存在）
——————— 主要河流

國，面臨了中國這個新的有力對手，另外就是依然有力的西歐
國家，正在經歷內部混亂。此外像是德國、印度、印尼、伊
朗、俄羅斯、沙烏地阿拉伯、土耳其等國，都在展現實力。從
應對新冠肺炎危機時各國冷淡的反應，可以充分看出國際合作
不彰，沒人知道興起的新秩序（單一或多個）會讓世界更穩定
還是有更大的波動。關於這些變化的驅動力是什麼，也有相當
大的分歧，充斥著各種說法，從全球經濟「東方化」、軍事過
度擴張、薪資停滯、不平等加深到令人疲憊的政治極端對立。

2020 年的全球疾病大流行引發了巨大的經濟衝擊，參與集體行動的意願和能力，將會受到七十五年來前所未見的考驗。

烏雲沉積在西半球，許多所謂全球自由秩序的核心支柱——共同安全協議、公開市場、持續承諾致力民主——都受到攻擊，威脅的來源包括民主的主要締造者，美國。[3] 從前認為沒有爭議的秩序原則——自由公平的選舉、保護人權、共享主權、自由獨立的媒體——如今卻受到成熟民主國家領導人的質疑。[4] 自 1980 年代以來無法管理金融市場與社會安全網瓦解等狀況也要負起部分責任。還有財富過度集中，也助長了民粹主義、反動國家主義、保護主義抬頭，以及危險的貿易戰。[5] 我們並不確定當前的秩序是否能撐過多極體系時代[6]，如果挽回不了，會由什麼來取代？這個問題的答案也許無法在西方找到，而是在東方。

至少在新冠肺炎爆發之前，東半球的天空大致晴朗，這是因為大部分的亞洲人向前看，不回頭，他們也有充分的理由保持樂觀。至少有一種說法是，亞洲的世紀來臨了，儘管新冠肺炎可能已經掃了興。[7] 這個地區的經濟大多欣欣向榮，早已擺脫 1997 年的金融危機，並安然渡過 2008 年幾乎毀掉全球經濟的崩盤。[8] 目前全球中產階級有一半居住在亞洲，經濟產出佔全世界的 50%。[9] 除了印度和菲律賓，南亞和東南亞的國家會是接下來十年內成長最快速的國家[10]，這些區域的政治家抵擋了橫掃歐洲和美洲的致命民粹主義壓力。[11] 原因之一是亞洲的領導人有後進者優勢，願意盡力避免西方所犯過的錯誤。[12] 早在最近這波傳染病在中國爆發之前，亞洲的政府就已經開始恢復在歐洲殖民主義和美國霸權插手之前所盛行的貿易和文化交流模式。[13] 當中領先的是復興的中國，他們打造了可觀的海陸貿易路線，世界前所未見。

二十一世紀的地緣政治幾乎從各個角度看都不穩定，儘管各國如加拿大、德國、法國都盡力試圖維持，1990 年代和

2000 年代特有的自由多邊主義信仰仍然逐漸消失。舊時的確切和穩定的聯盟所依據的原則和價值，如今受到仔細審查。這世界正目睹強權競爭再現，削弱了後冷戰時代的合作基礎。因此，最成功的國家、公司和組織，將會是那些在未來趨勢上做出明智押注的，會捨棄過時的假設，根據共同利益，找到方法採取彈性策略合作。本章將利用地圖顯示全球權力平衡的改變，經濟重心又是如何偏向東方，從根本上改變了國際關係。隨著地緣政治混亂，全球經濟嚴重受損，未來更加難以預料。

地緣政治大地震或小震盪

我們活在不確定的年代，世界的連結更勝以往，卻也受到分歧的破壞。為何在全球前所未有相互依賴之際，國際合作卻如此令人擔憂？幾乎每個全球領導人都承認，流行病和氣候變遷會造成生存威脅，卻仍然難以達成集體行動。一大問題在於短期效益主義，主導了許多當選領導人的算計。另一個挑戰是有權力的既得利益者忙於維持現狀，結果就是對於多邊主義紅利的譏笑嘲諷增長。記者喬治‧蒙比爾特（George Monbiot）認為，我們缺乏共同的故事或敘事，無法激勵共同合作。[14] 更糟的是，有越來越多人憎惡傳統菁英，尤其是政治階級，2008年金融危機加劇了對公權力和專家的信任喪失，新冠肺炎疫情很可能會進一步加深這股反感。想當然爾，進步的政治家們發現越來越難提高國內支持度，無法強化多邊關係。

多邊合作為何越來越困難，可以從結構上來解釋。具體來說，許多原本設計來促成合作的國際規範、法則和決策組織，在快速改變的世界中調適得太慢了。[15] 二十世紀的組織像是聯合國、世界貿易組織，全都不堪負荷、資金不足，而且越來越不受重視。這在意料之中，畢竟自然界的重大改變和地緣政治權力的分配，必然需要更新的全球機構。具代表性的例子是聯

合國安全理事會只有五個常任理事國——美國、中國、俄羅斯、法國和英國——卻排除了主力國家像是德國、印度、巴西和日本，也缺少來自非洲的代表。因此安全理事會徹底癱瘓，成員在新冠疫情爆發後一百多天才開會討論，而且即使到了這時候，也無法對聯合聲明取得共識。比較能指望的是二十國集團（G20）——集結世界上強國的國家領導人、外交部長和中央銀行總裁。二十國集團於 1999 年創立（在 1997 年亞洲金融危機發生之後），目的是促進全球金融穩定，有其影響力——十九個成員國與歐盟佔世界生產總值（GWP）的 90%。這不僅有助於把 2008 年金融危機的不良影響減到最低[16]，也能號召平息當前的全球緊張情勢。[17]

想當然爾，比較新形式的多邊主義出現了，反映出越來越多極的世界。除了傳統西方聯盟像是七大工業國組織（G7）、北大西洋公約組織（NATO），還有巴西、俄羅斯、印度、中國和南非等金磚國家聯盟（BRICS）。其他網絡包括由中國和俄羅斯所成立的上海合作組織（Shanghai Cooperation Organization），還有集結了四十四個以上的國家和十七個國際與區域組織的中非合作論壇（Forum on China-Africa Cooperation）。與世界銀行競爭的是由中國支持、金磚國家領導的新開發銀行（New Development Bank）和應急儲備基金，還有位於北京的亞洲基礎建設投資銀行（Asian Infrastructure Investment Bank, AIIB），有超過五十七個股權國。根據某些政治學者指出，這種種網絡並非預示多邊主義的終結，而是一個新的開始，象徵著新的後西方秩序，繞著亞洲轉。有鑒於許多亞洲政府對新冠肺炎危機的反應迅速（相較於西方富裕國家），亞洲很可能會繼續欣欣向榮。

需要解決的地緣政治威脅很多，除了全球流行病、全球暖化，核戰和人工智慧也是國家之間緊張關係所在。最重要的問題之一就是中國發展迅速的經濟成長，究竟是會造成可應付的

多極、雙極和單極體系[18]

多極體系

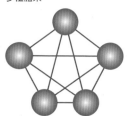

雙極體系

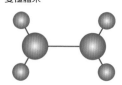

單極體系（領導權）

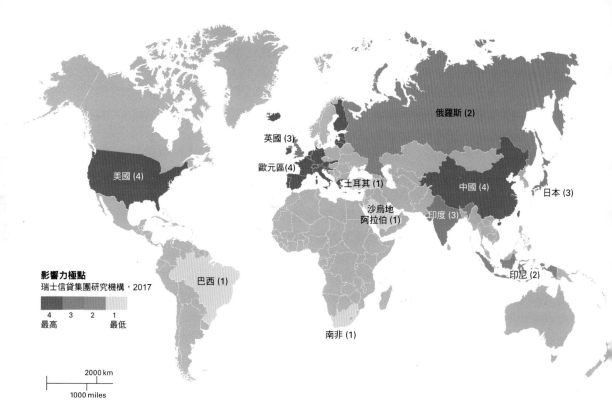

影響力極點
瑞士信貸集團研究機構，2017

4　3　2　1
最高　　　最低

2000 km
1000 miles

地圖標註：
英國 (3)
歐元區(4)
俄羅斯 (2)
美國 (4)
土耳其 (1)
中國 (4)
日本 (3)
沙烏地
阿拉伯 (1)
印度 (3)
巴西 (1)
印尼 (2)
南非 (1)

影響力極點 [19]
世界從歐美霸權轉移成比較分散的區域權力中心，包括經濟和政治層面，主導的極點是美國、歐洲，還有以中國為中心的亞洲。舊有權力如日本和英國已經失去動力，其他新興市場如巴西、印度、俄羅斯、南非則尚未發揮潛力。

小震盪還是災難式的大地震？國際關係學者已經苦思這類問題許多年了，他們往往採用理論模型來做出更準確的預測，有些人區分出單極、雙極和多極平衡權力。如圖表所示，單極體系發生在由單一國家（或是國家群）行使指揮的政治、經濟和文化影響力。如果有兩個國家（或是兩個國家群）崛起主導，那就是雙極體系。多極體系是權力或多或少平均分散在三個或以上的國家、國家群或區域。了解我們所處的特定狀態（或是即將進入的狀態），有助於說明各國詮釋的方式，從貿易糾紛到戰爭與和平的問題皆然。

　　某些全球秩序比較穩定，例如在單極世界中，輕微爭執可能過幾年就忘了，但在雙極或多極的情境中，小糾紛可能與更大的策略局勢有關，會引發政治、經濟甚至軍事應對。[20] 所以我們現在處在怎麼樣的世界裡？我們似乎正在從 1989 年以來由美國領頭的短暫單極時代，轉移到多極的世界，由美國、歐

盟和中國共同領導，還有一些爭奪影響力的區域力量。[21]205頁這份地圖依據經濟產出、表現硬實力的能力、表現軟實力的能力、治理的品質和可識別的文化特色等五個標準，描繪了幾個可以辨識的影響力極點。[22]傳統強權如美國、歐洲地區、日本和英國，比數依舊很高，不過其他主力如中國、印度、俄羅斯和一些已發展國家也迅速獲得肯定。

　　沒人知道這些新的多極情況要如何才能順利進展，可以想像的是，單一主宰國的情況不再，而是由幾股區域力量主導，某些還具有部分帝國主義的傾向。[23]政治和經濟影響力可能會擴散到區域的國家小圈子中，還有越來越堅定的非國家網絡。早在新冠肺炎危機之前，多國公司和巨型城市就已經展現出更大的全球力量。政治學者伊恩・布雷默（Ian Bremmer）將這種新興的情況稱為「零國世界」（G-Zero world），在這當中，安全理事會毫不相干，七大工業國組織過時了，二十國集團由於利益矛盾而失能。[24]包括本書作者群在內，許多人都擔心分崩離析的多邊合作，會在緊要關頭削弱全球合作。[25]其他人則是樂見後全球自由秩序的到來，認為這是現代歷史上首度出現真正的國際多極體系表現。

　　至少在理論上，多極體制能夠讓事情穩定下來，推論是這樣的，某個體制內的強國越多，就有越綿密的聯盟網能制衡武力的使用。[26]然而十九和二十世紀破壞力極強的戰爭已經顯示，多極秩序一旦崩潰，形式往往相當驚人。單極體系也能促成和平的權力均衡[27]，但問題是單極體系往往很短暫，容易流於不穩定。[28]儘管雙極體系有某些優點，像是權力平衡[29]，但若是主宰國擔心敵手崛起，就會變得不穩定。其實最不穩定的階段是這些狀態之間的過渡時期，也正是我們今日的處境。

　　關於權力轉移的最早描述，出自於希臘歷史學家及軍事將領修昔底德（Thucydides）的紀錄。[30]他講述雅典的崛起造成了伯羅奔尼撒戰爭（Peloponnesian War）爆發，因為雅典陸

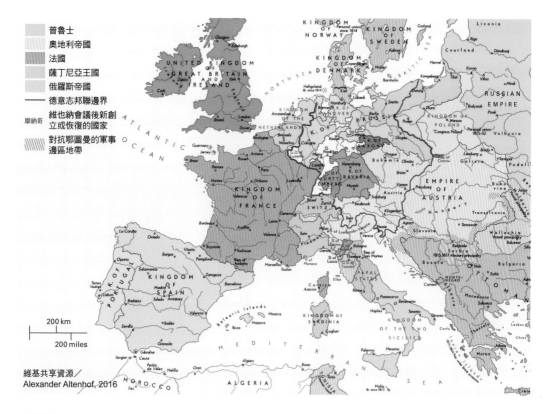

圖例：

普魯士
奧地利帝國
法國
薩丁尼亞王國
俄羅斯帝國
―― 德意志邦聯邊界
摩納哥　維也納會議後新創
立或恢復的國家
對抗鄂圖曼的軍事
邊區地帶

200 km
200 miles

**歐洲協調：1815 年到
1914 年** [34]
歐洲協調是一項解決爭
議的體系，由區域強
權籌劃，目的在維護
並鞏固他們的權威。
第一階段是 1815 年到
1840 年代，第二階段
是 1880 年代到 1914
年，普遍被視為促成了
短暫穩定的多極時代。

增的軍事和經濟能力讓強大的斯巴達人心生恐懼，於是雙方
於西元前 400 年開戰。這個基本見解通常稱為「修昔底德陷
阱」（Thucydides trap）――意思是霸權國家可能會報復新興勢
力。[31] 雖然修昔底德只有一個樣本例子，卻是很重要的發現：
哈佛大學研究人員發現，在最近十六次新興勢力威脅要取代統
治勢力的情況中，有十二次的結果都是戰爭。[32] 今日不管是中
國或美國的決策者都了解修昔底德的洞見，例如在 2017 年時，
中國新華社在《紐約時報》刊登全版廣告，力勸中美雙方領導
人要避免自己的國家陷入修昔底德陷阱，引發暴力衝突。[33]

近幾個世紀以來，這世界大部分時間都在多極和雙極體制
之間磕磕絆絆，兩種狀況跟和平與安全的相互關係都不算特別
好。[35] 就像我們在暴力那一章中會說明的，人類歷史的特徵就
是連年征戰遠多於平靜祥和。不過有些值得注意的例外，其中

包括所謂的「歐洲協調」（Concert of Europe）。這份地圖強調了史上最早有紀錄的「全球」和平時期之一（1815年到1847年），介於當時的歐洲五大強權之間，也就是奧地利、英國、法國、普魯士和俄羅斯。德國首相俾斯麥（Otto von Bismarck）協助引領走進另一段穩定時期（1871年到1914年），調停奧地利、英國、義大利、法國和俄羅斯達成協議，一直維持到第一次世界大戰爆發為止。1920年的國際聯盟（League of Nations）——第一個專門為了保障世界和平而成立的跨政府組織——是另一個平息多極體制的嘗試，不過這個聯盟無法遏制軸心國在1930年代的侵略，最終還是瓦解了。第二次世界大戰替新的國際架構提供了舞台——聯合國和布列敦森林體系（Bretton Woods system）——防止造成暴力衝突的經濟國家主義。[36]

歷史上最緊繃的時代之一出現在冷戰時，如右圖所示，1947年到1991年間，美國和蘇聯將世界分為兩個相互競爭的集團。粗淺來說，西半球的資本主義國家與美國同一陣線，共產主義和社會主義國家則與蘇聯為伍。[38] 其他許多非洲和亞洲的國家則是保持不結盟，或是在美國與蘇聯之間搖擺不定。敵對雙方發動了許多場血腥的傀儡戰爭[39]，但在恐玉石俱焚的威脅下，依然維持著微妙的權力平衡。核武嚇阻是讓冷戰免於變成熱戰的主要因素之一，儘管數度千鈞一髮，兩個超級強權還是避免了核武末日大戰。

受到經濟停滯的牽制，加上阿富汗戰爭消耗，面對來自美國日益增長的壓力，蘇聯新領導人戈巴契夫（Mikhail Gorbachev）在1980年代推出了一系列被稱為改革重建（perestroika）及開放政策（glasnost）的自由化改革。這些過程引爆了一波波的抗議和國家主義運動，並且出乎眾人意料之外地導致蘇聯垮台。

冷戰：1947年到 1991年[37]
冷戰在1947年到1991年間將世界分為兩個集團，由美國領導的資本主義國家算是同一陣線，蘇聯則有數十個共產主義和社會主義國家與之為伍，還有好幾個不結盟或是轉移陣營的國家在非洲和亞洲。

核彈頭儲備量估計：2019年[40]
全球大約有一萬四千五百個已知的核彈頭，分別為九個國家所持有。

各國核武估計存量
美國科學家聯合會，2019
● 總武器儲備量
　（不包括已除役的）

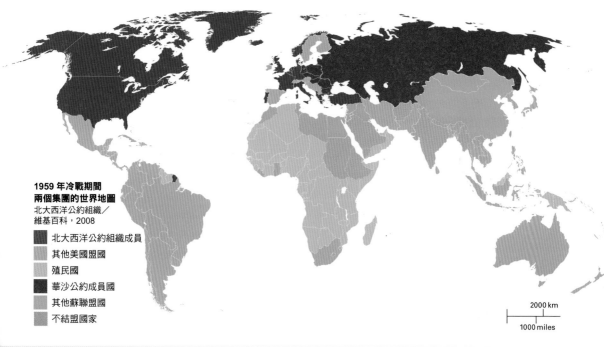

**1959 年冷戰期間
兩個集團的世界地圖**
北大西洋公約組織／
維基百科，2008

- 北大西洋公約組織成員
- 其他美國盟國
- 殖民國
- 華沙公約成員國
- 其他蘇聯盟國
- 不結盟國家

2000 km

1000 miles

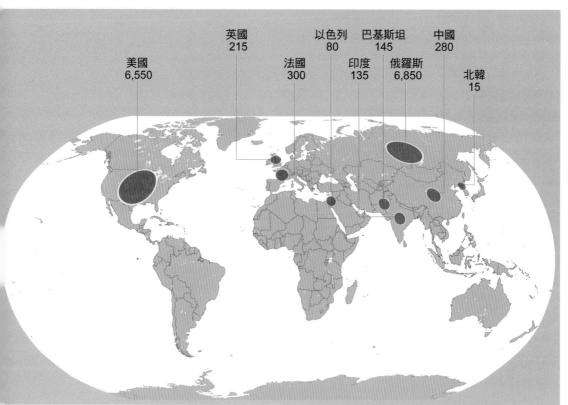

英國	以色列	巴基斯坦	中國
215	80	145	280

美國	法國	印度	俄羅斯	北韓
6,550	300	135	6,850	15

短暫的單極經歷

　　世界在 1989 年時驟變，幾乎在一夜之間，美國就成為單一超級強權，進入了單極時代。[41]1990 年代初期，分析家將美國的軍事和經濟力量，與前幾個世紀的波斯、羅馬、蒙古、西班牙帝國相比[42]，一位前法國外交部長就將美國描述為世上第一個「超級強國」（hyper-power）。美國掌管世界最大的經濟體，佔全球軍事支出的一半以上，統率史上最大的遠洋海軍，並且累積了令人畏懼的核武軍火。[43] 如 209 頁的地圖所示，世上僅存的一萬四千五百個核彈頭，幾乎都在美國和俄羅斯，還有少數儲備在中國、法國、印度、以色列、北韓、巴基斯坦和英國[44]，這數量比 1986 年估計的七萬零三百個少。[45] 美國和俄羅斯並非出於利他主義或團結而減少儲備量，而是戰略改變和大量協議的結果，加上新一代的超高音速武器出現，使得大型昂貴的武器儲備需求變得沒有必要。

　　短暫的單極體系有其好處，相較於十九世紀和二十世紀，過去三十個年頭異常平靜。少了冷戰時的敵人競爭，美國毫無阻礙地擴展了文化、經濟和軍事資產。1990 年代干涉伊拉克及前南斯拉夫之後，全世界見證了美國的軍事力量。美國廣闊的軍事部署在 2001 年九月的恐怖攻擊後大幅增加，還有隨後在阿富汗、伊拉克、利比亞和敘利亞的戰爭也有影響。如右頁地圖所示，美國支援了八百多個軍事基地，部署了二十萬現役軍隊駐紮在一百七十七個國家和領土，這種軍事展現可能在新冠肺炎疫情後的一段時間內縮減。這段前所未有的單極時期——俗稱「短暫的和平」——在 2020 年新型冠狀病毒爆發之前就已經瀕臨結束。國際關係學者都很清楚，單極體系難以維持，因為利潤減少、費用上升、權力擴散，還有想要起而與之抗衡的對手層出不窮。[46]

　　短暫和平結束的原因之一，是由於美國已經不堪負荷，

美軍海外基地
David Vine，美利堅大學
數位典藏，2020

⬤ 基地
● 浮萍基地（人員不到兩百名）
⬤ 海軍艦隊

編按：美軍已於 2021 年八月底自阿富汗撤軍。

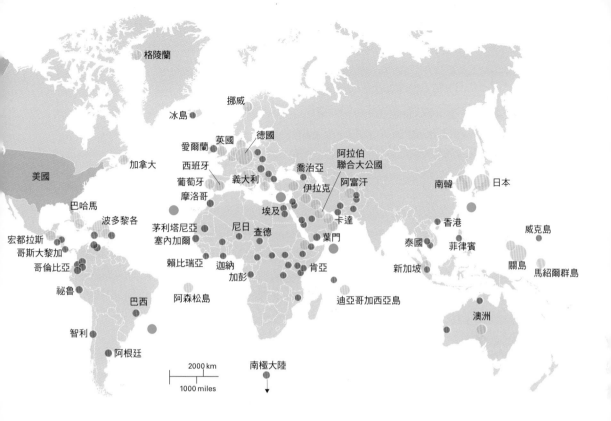

美國全球軍事部署 [47]

格陵蘭
挪威
冰島
愛爾蘭 英國 德國
加拿大 西班牙 阿拉伯
葡萄牙 義大利 喬治亞 聯合大公國
美國 摩洛哥 伊拉克 阿富汗 南韓 日本
巴哈馬 埃及 卡達 香港
波多黎各 茅利塔尼亞 尼日 葉門 威克島
宏都拉斯 塞內加爾 查德 泰國 菲律賓
哥斯大黎加 肯亞 關島
哥倫比亞 賴比瑞亞 迦納 新加坡 馬紹爾群島
祕魯 加彭
巴西 阿森松島 迪亞哥加西亞島
智利 澳洲
阿根廷 南極大陸

2000 km
1000 miles

美國全球軍事部署 [47]
美國在冷戰結束後大幅擴張全球軍事部署。截至 2015 年為止，美國支援了八百多個軍事基地，部署了二十萬現役軍隊駐紮在一百七十七個國家和領土。

所謂的反恐戰爭代價以上兆美元計 [48]，維持美國基地營運的開支，據估計每年至少要 1,000 億美元 [49]。美國在過去三十年內，大部分時間都涉入一個又一個的武裝衝突，讓許多選民感到擔憂。[50] 削弱美國主導地位的不只是參戰，2008 年金融危機也打擊了美國的影響力和正當性。此次崩盤顯示放任市場資本主義週期的結束，這個週期加劇了不平等、破壞了勞工工會，並且對收入比較高的中產階級社會造成傷害。美國對於新冠肺炎疫情的反應遲緩，以及政府沒有能力控制國家經濟上的負面影響，後果會在未來幾年內浮現。美國的主導地位衰退，對手如中國和俄羅斯樂見其成，他們對美國和西歐的權力集中不滿已久 [51]，數十年來，一直要求要有更大的多極體系，而且不只他們這麼想。在聯合國中，巴西、德國、印度和非洲，也一直要求要有更公平的貿易規則，堅持在國際機構內要有更多的代表。[52]

中國的一帶一路倡議 [57]
一帶一路倡議連結了一百多個國
家，橫跨亞洲、非洲、歐洲和南
太平洋：一帶重建了古代的絲
路，一路則包括一系列的海路。
中國在 2013 年宣布這項計畫，
據估計總花費超過 1 兆美元。

中國的一帶一路倡議
匿名來源

—— 海路
● 海港
—— 陸路帶
● 鐵路停靠站
—— 鐵路

2000 km

1000 miles

　　美國和西歐的勢弱與中國的崛起幾乎同時發生，經過三十
年驚人的經濟成長，以購買力平價來看，中國如今是世上最大
的經濟體，以名目國內生產毛額來看則是第二大。[53] 儘管面臨
來自美國的強大壓力，加上新冠肺炎造成的重大經濟緊縮，這
個國家仍然忙著重新布局全球貿易，讓自己處於有利的位置。
中國不只是一股不可抗拒的強大力量，中國的國防支出在 2005
年到 2018 年之間陡增 520%（約佔全球軍事支出的 14%，相
較之下，美國則是超過 36%）。[54] 除了是世上最大的產品出口
國、第二大的貨品進口國、成長最快速的消費者市場，中國還
與日本 [55] 競爭美方最大外國債權人的地位。[56] 中國正在放長線
釣大魚，要鞏固對週邊鄰國及以外地區的影響力，方法之一是
透過所謂的一帶一路倡議。一帶一路計畫要擴張中國貨品及服

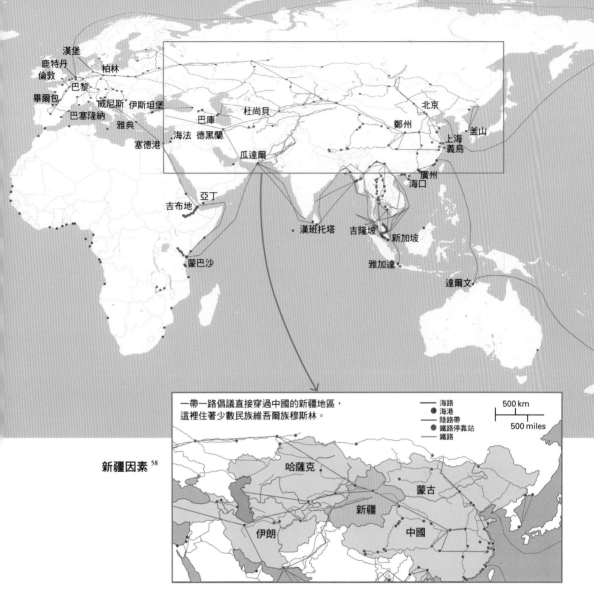

一帶一路倡議直接穿過中國的新疆地區，
這裡住著少數民族維吾爾族穆斯林。

海路
海港
陸路帶
鐵路停靠站
鐵路

500 km
500 miles

新疆因素[58]

哈薩克
蒙古
新疆
伊朗
中國

務的外國市場，同時提高政治影響力和軍事合作。

　　中國總理習近平於 2013 年宣布，一帶一路倡議連結了七十個國家，橫跨亞洲、非洲、歐洲和美洲。如地圖所示，由管線、道路、鐵路、港口甚至是新城市組成的網格，目的在鞏固與北京的經濟合作（及相互依賴）。[59] 一帶一路倡議分為六條陸路，稱為絲綢之路經濟帶，還有一條海路，稱為海上絲綢之路。這項中國倡議的總成本至少 1 兆美元[60]，可能是史上最大

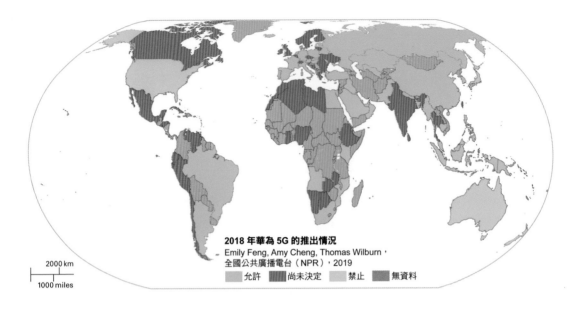

2018 年華為 5G 的推出情況
Emily Feng, Amy Cheng, Thomas Wilburn，
全國公共廣播電台（NPR），2019

2000 km / 1000 miles

允許　　尚未決定　　禁止　　無資料

型、最有野心的發展計畫。客觀來看，這項倡議的規模至少比 1948 年到 1951 年之間，由美國主導的重建戰後歐洲的馬歇爾計劃（Marshall Plan）大四倍。[61] 整體來說，這項倡議帶來了相當於全球國內生產毛額三分之一的迅速增長。[62]

儘管中國的一帶一路倡議提供了迫切需要的信貸，讓中國和海外得以興建基礎建設，卻也引發了國內的強烈反對。例如在中國國內有鐵路和管線網絡穿越新疆，這裡居住著維吾爾族的穆斯林。[63] 地圖顯示中國當局正在把新疆轉變成國家經濟發展的「核心區域」，然而我們在暴力那章中會看到，這些現代化的野心伴隨著大量監視系統的建立，還有用來「再教育」當地人的集中營。

一帶一路倡議提供了強大的促進作用，但也在國外引起擔憂。在柬埔寨，數十億美元投資迅速挹注，鞏固了中國的影響力，包括敏感的國防議題上。[64] 許多政府樂見急需的投資，但是一些亞洲及非洲的政府都抱怨過中國興建的基礎建設品質不佳，當地勞工遭到中國的勞動力取代，也缺乏環境保護。[65] 某些收受中國援助的國家擔心永遠也無法償還貸款，恐怕會落入

中國的數位觸及 [68]
中美之間進行中的全球競爭是裝設 5G 無線網絡。來自中國的華為積極在全球取得合約，有四十幾個國家已經安裝了某個版本的 5G。澳洲、日本、紐西蘭和美國已經禁用華為，宣稱華為將敏感資料提供給中國政府當局。

「債務陷阱外交」。[66] 儘管中國保證這是雙贏的合作，也有人等著要求更多的投資，卻並非人人都相信這一套。斯里蘭卡被迫同意九十九年的以股換債，讓中國營運港口。至於馬來西亞則中止了由中國資助的 230 億美元交易，指出這些交易依據是不平等的貿易協定。印度也拒絕參加一帶一路的會議[67]，擔心這項倡議會淡化印度的區域影響力。[69]

　　中國正在重塑全球秩序，確保自己更能佔有主導地位。[70] 新冠肺炎已經大幅減少了中國的成長，但是因為對其他地方的衝擊更大，中國依然有希望在 2030 年成為最大經濟體，產出全球國內生產毛額的四分之一（就看你怎麼計算）。[71] 其實還要看從新冠肺炎疫情中恢復的情況，2030 年時印度很可能會是世界第二大經濟體，美國第三。[72] 不過，中國未來是否是成長還不一定。即使在新冠肺炎爆發之前，因為中美貿易戰的緣故，2019 年中國國內生產毛額已達二十七年來的歷史新低。[73] 在新冠肺炎的重挫之下，預計 2020 年的經濟將會降到四十四年來的低點。此外，中國就像其他許多富有的國家一樣，也面臨著老化的難題：總人口將會在 2030 年達到高峰，之後開始減少。[74]

　　上述這一切都說明了為何中國政府要大幅擴張貿易鏈結，加速投資各種科技領域。中國某些較大的賭注也許會有不錯的成果，人工智慧的投資加速了，另外中國是綠能的強國，佔所有潔淨能源如太陽能和風力投資的 40%。中國的公司也迅速地提供 5G[75]，在數十個國家推出商業服務及試驗，儘管美國禁止了高知名度的中國供應商如華為。中國模式雖然有其侷限，對於許多想要躍升邁向未來的貧窮及中等收入的國家，仍然無法抗拒。中國也利用新冠肺炎疫情，讓局面轉變成對自己有利，將科技促成的積極回應手段作為範例，推銷給他國效法。

重返多極世界

　　不論我們是否願意，未來都會是多極世界。[76] 有許多讓人擔憂的理由，我們也不清楚多極體系會讓世界更穩定或更不穩定。維也納會議和歐洲協調的經驗讓人有一定的根據能保持樂觀[77]，但令人不自在的事實是，今日的世界遠比過去擁擠而複雜[78]，強權（以及某些比較小的勢力）擁有大量的核能、生物、化學和網路武器，因誤判而終結文明並非不可能發生。[79] 在各國和各公司如此多方利益矛盾的世界中，打造全球合作是相當困難的。更複雜的是，要考慮到民族國家絕不是唯一的參與者，甚至可能也不是最重要的。社會學家班傑明・巴伯（Benjamin Barber）在 1990 年代中期觀察道，比起中央政府，在決定全球事務的方向時，大公司和城市的角色更關鍵。[80] 部分原因是新科技的加速促進了溝通，交流產生了重要的效能，不過也讓治理變得更加複雜。在本書稍後會看到，科技不只促進了由政府、公司、慈善家和非政府組織所組成的跨國聯盟，也促進了有組織的犯罪團體、暴力極端分子網絡及為非作歹的黑帽駭客集團。

　　強權之間激烈較勁會產生地緣政治震盪，中國與美國的政治及貿易關係正處於低點。例如在 2018 年，美國宣布進入新的「長期戰略競爭」時代，將中國歸納為「修正主義強權」，一心想要創造「符合他們種種極權模式的世界。」2019 年，美國軍方提出警告，如果中國主導 5G 網路，將會造成勢不可擋的軍事優勢，讓城市武器化。[81] 同一年美國不只將華為列入黑名單[82]，更實施了近二十來第一次的保護關稅制度。美國從樂見中國崛起轉變成在戰略上加以遏制，這是新的態度，也充滿風險，缺乏全球同意的防護欄，醞釀中的貿易戰可能會不小心變成軍事對峙，把全世界都拖下水，也拖垮全球貿易體制。

　　另一個可能觸發地緣政治緊張情勢的是對自然資源的控

世界稀土元素礦產量及蘊藏量，單位公噸，2018 年
美國地質調查局，2020 年一月

	產量	蘊藏量
澳洲	21,000	3,300,00
巴西	1,000	22,000,000
蒲隆地	600	—
加拿大	—	830,000
中國	132,000	44,000,000
格陵蘭	—	1,500,000
印度	3,000	6,900,000
馬達加斯加	2,000	—
緬甸	22,000	—
俄羅斯	2,700	12,000,000
南非	—	790,000
坦尚尼亞	—	890,000
泰國	1,800	—
美國	26,000	1,400,000
越南	900	22,000,000

稀土元素產量及蘊藏量[83]
世界正經歷主要的能源轉型，所以對稀土元素的需求增加了。雖然其他國家擁有巨大儲量（巴西及越南）或者是中型製造商（澳洲及美國），但目前全球最大供應商是中國。深藍色的圓圈指已知的產量，淺藍色指蘊藏量。

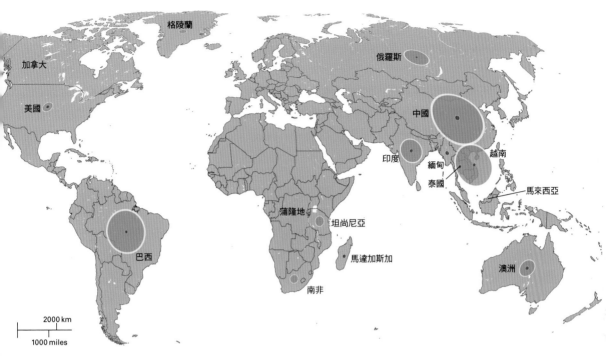

格陵蘭	俄羅斯	
加拿大		
美國	中國	越南
	印度 緬甸	馬來西亞
	泰國	
蒲隆地 坦尚尼亞		
馬達加斯加		
巴西	澳洲	
南非		

2000 km

1000 miles

玻利維亞的烏尤尼鹽沼鋰礦

今日全球 15％的鋰供應量來自玻利維亞。該國的烏尤尼鹽沼位於海拔 3,658 公尺處，面積超過 1 萬平方公里，是地球上最高也最大的鋰礦。

200 metres

200 yards

NASA Earth Observatory, 2019

制。一場爭奪重要礦床和控制全球供應鏈以主導新經濟的競爭正在進行，政府與企業不只注意到北極尚未開發的石油、天然氣與礦藏，還有稀土元素如銦、鉬、釹，這些是發展電腦晶片、電動汽車電池或手機電池時的基本所需。[84]

如地圖所示，掌控世界上最受歡迎資源的是少數幾個國家[85]，例如中國控制了大部分的全球生產[86]，世上已知的鈷礦藏量都在剛果民主共和國，還有將近 15％的鋰供應量來自玻利維亞。[87]

事實上，這個南美洲國家擁有世上第二大的鋰礦藏量，位於巨大白色鹽灘下，混合了泥土。[88] 衛星影像顯

示，世上最大的礦床之一就在烏尤尼鹽沼（Salar de Uyuni），海拔約 3,658 公尺處。

另一項威脅全球穩定的因素是所謂的全球自由秩序（global liberal order）的衰退。[89] 為期七十五年的秩序基礎組成是大量重疊的政治、經濟、軍事相關協議和聯盟。位居中心的是聯合國、國際貨幣基金組織、世界銀行（均成立於 1945 年），還有 1995 年變成世界貿易組織的關稅暨貿易總協定（General Agreement on Tariffs and Trade）、北大西洋公約組織（成立於

全球自由衰退 [93]
據自由之家（Freedom House）的報告顯示，民主已有十幾年都處於倒退狀態。不論是美國這樣長期民主的國家，或是中國和俄羅斯這樣比較極權的國家，人民的自由都在衰退中。

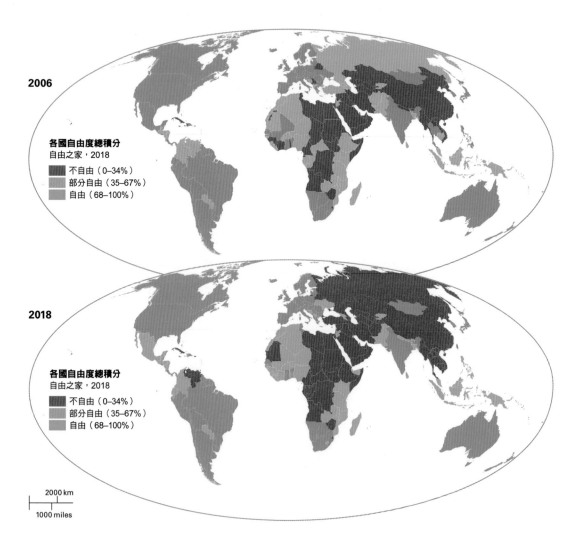

1949 年）。[90] 全球自由秩序所面臨最嚴峻的隱患之一來自其核心成員，包括美國和某些歐洲國家。

美國遲遲不願帶頭導致領導真空，這種不情願的態度在新冠肺炎疫情初期表露無遺。歐洲的當務之急是處理政治和經濟上的分歧，英國脫離歐盟之舉更顯情勢之嚴峻。儘管許多美國和歐洲的權威專家提出質疑，但中國可能很快就會成為比美國和歐洲更可靠的全球公共產品供應商。[91]

全球自由秩序的衰退早在 2016 年川普上任或英國脫歐投票之前就開始了，更何況還有對俄國人干預西方選舉或是新冠疫情大流行的擔憂。1970 年代初期，美國前總統尼克森將美元與金本位脫鉤，對布列敦森林體系造成劇烈衝擊。不久，幾個阿拉伯國家對於美國在贖罪日戰爭（Yom Kippur War）中支持以色列感到憤怒，儲備的石油及原油價格漲為四倍。糧食價格上漲，美國陷入蕭條。面臨「停滯性通膨」——結合通貨膨脹、不景氣和失業——美國提高了利率，開始廢除資本流動的法規和限制條件。到了 1980 年代，所謂的「新自由主義」正如火如荼，最狂熱的支持者要求廢除資本管制、平衡預算、限制稅收並刪減社會福利支出。這樣的慣例後來傳到低度開發和中度開發的國家，隨著對金融家和投資客的限制縮減，並實施嚴格的撙節措施，富人越來越富，收入不平等也加劇了。這樣的影響全球有感，例如在美國，今日的實際平均薪資購買力相當於四十年前。[92] 截至 2019 年為止，有 75% 的美國居民是月光族，非常驚人。

兩極分化的世界

全球自由秩序衰退的原因之一是因為國內支持降低，世界各地人民對於民主的支持度的確減弱了。[94] 不只對新興民主的支持降低，在成熟的民主國家也一樣。1995 年到 2020 年間針

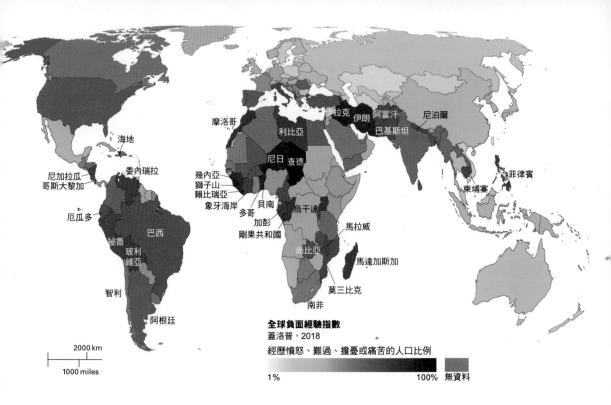

全球負面經驗指數
蓋洛普，2018
經歷憤怒、難過、擔憂或痛苦的人口比例

1%　　　　　　　　100%　無資料

對一百五十四個國家、三千五百多份調查的研究指出，全球對於民主的不滿程度在 2019 年達到歷史新高，對於當選領導人的信任程度也達到歷史新低，社會極端對立的程度高得嚇人。這種動態會加劇，是因為不平等升高，加上瀰漫的政治絕望感，許多人打從心底覺得民選政府毫無作為。[95] 抗議與動亂散播各地，從開羅、香港到巴塞隆納、拉巴斯（La Paz），這是挫折情緒上升的徵兆。國家的政策越來越容易引起激烈爭議、越來越極端，轉而又會助長極右派和民粹主義政府的興起。全球的政治論述越來越受到認同政治的影響，由種族、民族、宗教和性別等界線來定義。[96] 這種趨勢很可能會急遽加速，端看各國政府在新冠肺炎時代如何回應。

　　正如文化那一章中會談到的，社群媒體平台和以意見為主的媒體管道放大了這些分歧，花幾分鐘使用推特、臉書、YouTube 或 WhatsApp，就會知道那是什麼情況。地圖顯示與負面經驗有關的情緒，過去五年來在超過一百四十五個國家中提

全球的憤怒升高

世界上某些地方出現人們心態越來越消極的跡象。蓋洛普的負面經驗指數（Negative Experience Index）顯示出各國持續升高的焦慮、壓力和憤怒，北美、中美和南美部分地區尤其嚴重，還有撒哈拉沙漠以南、中東、南歐和南亞部分地方。

* 譯註：原文 drain the swamp 起源於瘧疾大規模傳染的時代，為控制疾病，要將容易滋生蚊蟲的沼澤抽乾，後來延伸為整頓政治生態之意。川普經常使用這個詞。

高了。[97] 在蓋洛普調查中，有將近 40% 的受訪者宣稱在過去一年中，曾經歷過相當程度的擔憂或壓力，還有很大比例的人也經歷了身體上的疼痛和憤怒。即使在 2020 年新冠肺炎疫情造成許多人的巨慟和壓力之前，每五人當中至少就有一人感到高度悲傷和憤怒。[98] 這些感受在非洲、中東、拉丁美洲和北美洲的部分地區尤其明顯。寫在新冠肺炎來襲之前，評論作家潘卡吉・米什拉（Pankaj Mishra）說我們的時代是「憤怒年代」（age of anger），由分歧而生，也助長了分歧。[99]

該用什麼來解釋全球上升的焦慮、挫折和憤怒？事情有很大一部分是社經地位降低的感受，不平等上升侵蝕了社會的凝聚力，以及人們對個人自主權和掌控的感覺。另一項因素可能是心理健康，在健康那一章中會說明，憂鬱和焦慮症從 1990 年代之後就暴增，其中也包括年輕人。還有一項因素是群體認同的強化，感覺受到威脅或脆弱時，大家往往會轉向內部，變得更偏本土或部族，這使得消除群體之間的政治、文化和經濟鴻溝更加困難了。在移民那一章中會說明，許多覺得自己落後的人，會把怒氣轉向菁英和少數族群，這給政治投機份子號召支持者提供了溫床，承諾要「抽乾沼澤」*，並在必要的時候拒絕和驅逐外來者。

越來越多政治人物意識到自己人氣下滑，無法順利溝通，並擔心遭到強烈反對，於是開始採取守勢。對於多邊合作（某些評論家稱之為「全球主義」）的支持正在減弱，因為許多支持者希望能防止幾乎不可避免的反菁英情況。當對多邊體制的承諾減弱時，某些國家可能會想徹底迴避，單方面採取行動，意思是一切合作都可能會受到影響，從流行病因應、氣候變遷到殺手機器人的法規。[100] 這也表示誤解的風險急速上升，更有可能擦槍走火。

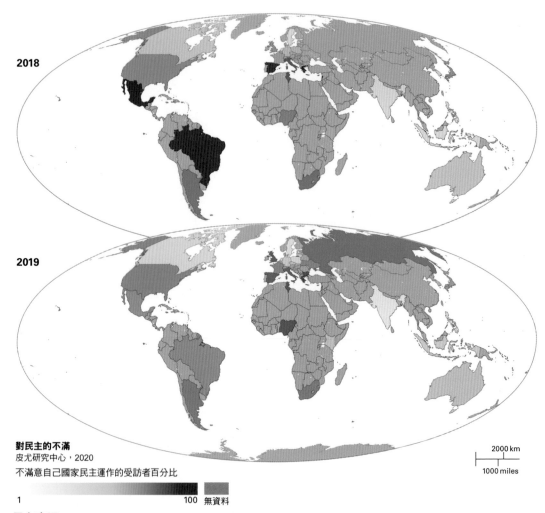

2018

2019

對民主的不滿
皮尤研究中心，2020
不滿意自己國家民主運作的受訪者百分比

1　　　　　　　　　　100　無資料

2000 km
1000 miles

民主衰退
新民主的散播是近來的成就 [110]，但民主的前景未明。地圖為 2018 年到 2019 年
之間，三十四個國家的人民對於民主的不滿程度，不滿意的明顯比滿意的人多。
收入較低或是認為經濟不景氣的人，對於民主和政治的不滿度更高。

民主的困境

　　各地民主都遭到打擊 [101]，民主悲觀主義伴隨令人沮喪的
耳語浮現，說民主「逆流」[102]、「回降」[103]、「衰退」[104]、「蕭
條」[105]，擔憂民主變得「偏袒」[106]、「低強度」[107]、「空洞」[108]

及「狹隘」[109]。選舉依然進行，但公民自由和對權力制約日益遭到藐視。看看 2003 年到 2005 年間顏色革命的垮台，發生在喬治亞、烏克蘭和吉爾吉斯，又或者是 2010 年到 2011 年間阿拉伯之春抗議後的暴力反彈，發生在埃及、利比亞、敘利亞、突尼西亞，以及中東和北非其他地方。美國公民中也有數量相當的少數族群，對他們在世界上的角色不再有共識，越來越少組織會向美國尋求協助或啟發。

國家主義、反對移民和民粹主義的政黨在世上許多地方得勢，威權主義在歐洲近來的民主轉變中悄悄形成，例如所謂的維謝格拉德集團（Visegrád Group）：捷克共和國、匈牙利、波蘭，還有最近加入的斯洛伐克。[111] 強人也開始崛起，包括土耳其的艾爾多安（Recep Tayyip Erdoğan）[112]、義大利的薩爾維尼（Matteo Salvini）、俄羅斯的普丁。[113] 巴西也選出了一位前陸軍將領波索納洛（Jair Bolsonaro），他曾公開讚揚獨裁統治，憑藉分裂茁壯並擁護極端警察暴力。[114] 另外在菲律賓，總統杜特蒂（Rodrigo Duterte）展開對犯罪的冷酷制裁，持續破壞對行政機關的制約。[115] 還有印度的莫迪（Narendra Modi）採取極權手段扼殺異議，包括定期讓網路停止運作。監督民主健康的團體感到不安，世界變得更狹隘、更不自由。[116]

大量的熱門書籍加強了民主瀕臨崩潰的看法，在《民主國家如何死亡》（*How Democracies Die*）一書中，政治學者史蒂文·李維茲基（Steven Levitsky）與丹尼爾·齊布拉特（Daniel Ziblatt）認為，民主的結束通常只是一聲嗚咽，沒有砰然巨響。[117] 蠱惑民心的政客如美國的川普或匈牙利的奧班（Orbán）雖然會破壞制約與平衡，加速崩壞，但是在他們看來，民主真正的威脅來自內部。社會學家雅斯查·蒙克（Yascha Mounk）則警告，自由民主可能會屈服於「不民主的自由主義」及「狹隘的民主」之下。[118] 前者保障基本權利，但把真正的權力委派給超國家體制如歐盟執行委員會，這是民粹

主義和極端主義政黨時常攻擊的目標，不論左派或右派。越來越多的政黨和民選領導人鼓吹限制少數族群的權利，放寬對行政權的約束。

分層面從多元主義、政治參與和尊重自由民權來看，幾個民主政體都出現了明顯的退步。[119]根據經濟學人智庫（Economist Intelligence Unit）公布的民主指數顯示，只有二十二個國家（佔全部的 13%，大部分在西歐）能稱為「完全民主」，而不是「瑕疵民主」、「混合政體」或「威權政體」。[120]指數顯示一百六十多個國家中，有八十九個有惡化跡象。大家越來越擔憂獨裁化的散播，據估計影響了目前全球三分之一的人口。[121]儘管過去七十五年來多黨選舉及法治獲得廣泛傳播，但媒體自治和言論自由面臨的壓力增加，加上全球許多地區的政治排外興起，這些概念有可能失去意義。

有個大問題是許多人似乎都對民主感到不滿[122]，前面討論過，不滿與經濟艱困以及對政治菁英的腐敗與脫節的憤怒高度相關。[123]這些觀點在年輕人當中尤其明顯。例如住在美國和西歐的人，認為「有必要」生活在民主中的比例，相較於較年長的族群，在較年輕的族群中陡降。關於保障公民權利、確保自由選舉以及更廣泛地關注民主政治的觀點也是如此。[124]1980 年代出生的澳洲、英國和美國公民中，不到三分之一的人認為民主有必要，1930 年代出生的那一輩則是四分之三。

千禧世代對民主抱持懷疑和對非自由選擇的開放態度是非常個人化的。許多年輕人對學貸、長期失業、社會流動有限感到沮喪，覺得體制受到操縱，當權者失能。他們渴望看到能確保自身經濟安全的措施，即使那必須犧牲某些民主原則。[125]在原本與政黨關係就比較疏離的環境中，代議民主比較不被支持。[126]在極端分化的社會中，某一方真的有可能會大獲全勝，選舉成為加深分歧、鞏固立場的工具。民主仍然是世界各地偏好的治理模式[127]，但並非唯一的模式。

包括薩謬爾‧杭亭頓
（Samuel Huntington）
在內的政治學者主張，
自十九世紀起有三波民
主浪潮。第一波是 1800
年代末的緩慢浪潮，第
二波發生在第二次世界
大戰之後，第三波從
1970 年代中期展開，
並在 1989 年後顯著擴
張。圖表標示出 1800
年代之後各種體制的國
家數目，包括獨裁政
體、無體制政體和民主
政體。

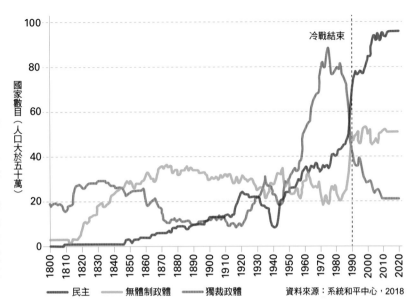

資料來源：系統和平中心，2018

民主反彈

　　儘管民主低迷，卻仍未出局。[129] 雖然不滿意民主運作的方
式，對民主理想的支持依然相對強勁，程序參與也接近歷史新
高。值得思考的是，在一百六十七個人口至少有五十萬的國家
中，有九十六個是民主國家，只有二十一個是獨裁國家（體制
為單獨一人或單一政黨行使絕對權力），四十六個國家是無體
制政體（特徵是兼具民主與獨裁）。[130] 儘管當今充滿著憤世嫉
俗與沮喪，過去五十年來民主化還是有明顯的向上趨勢，許多
生活在民主中的人依然認為代議制政府是現有最好的選擇──
即使也有越來越多人支持不自由和非民主的方式，例如應該由
專家、強人和軍隊來統治。[131]

　　事實上，個人對於民主的支持度與經濟情況高度相關，認
為自己經濟狀況不佳，或是無法改善生活水準的人，相較於認
為自己經濟狀況不錯的人來說，比較容易對民主不滿。[133] 這
也許有助於說明為何在歐洲，大部分的荷蘭人和瑞典人認為民
主適合他們，而大部分的希臘人、義大利人和西班牙人卻認為

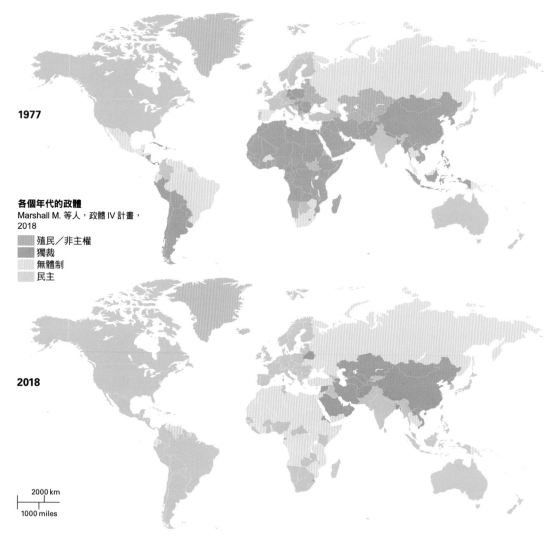

1977

各個年代的政體
Marshall M. 等人，政體 IV 計畫，
2018

- 殖民／非主權
- 獨裁
- 無體制
- 民主

2018

2000 km
1000 miles

民主不適合。另外在亞洲，比起世界上其他地方，生活在民主
政府領導下的人數最多，對民主的支持仍在增加中。另一項關
鍵因素是人民對政黨支持與否，在人民比較傾向無黨派的國家
中，大眾對代議民主的支持也會受到影響。[134] 哀悼民主之死還
言之過早，但仍不該忽略近來獨裁政體數量的增加。[135] 由於新
冠肺炎疫情對經濟造成重大的負面影響，還有人們認為獨裁政
體對於疫情散播的控制和因應能力更好，因此世界各地的民主
正面臨著有史以來最大的挑戰。

民主的前行 [132]
民主從 1970 年代之後
顯著擴張，今日的民主
國家數量多於獨裁或混
合政體。拉丁美洲、非
洲和東南亞的劇變特別
值得注意。

我們應該謹慎詮釋民調顯示出來的民主支持度降低。[136]
首先，我們很難去分辨獨裁政權國家中，人民對於民主的真
正偏好，受訪者可能無法安心透露個人看法。系統和平中心
（Center for Systemic Peace）的政體計畫（Polity Project）的研究
發現[137]，認為第三波民主化並未逐漸遠離，最終還可能會讓位
給第四波。[138] 衡量政體類型的方式固然不同，但總體而言，生
活在（不同形式）民主中的世界總人口比例將近三分之二。相
較之下，1800 年代初期僅 1% 的人生活在民主中。

工會縮水，教會參與降低

若想復興民主，就必須重新思考並重振政黨。在很多地
方，政黨都拼了命地想招募新成員並留住人，爭取選民出來
投票，並在選舉之間維持選民忠誠度。但自 1989 年以來，研
究人員發現黨員人數減少、選民參與降低、政黨穩定度搖搖欲

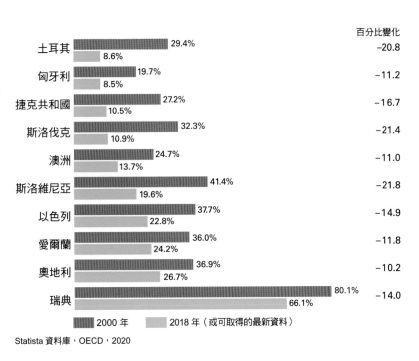

**工會成員人數趨勢：
2000 年及 2018 年**[140]
右表為工會成員人數佔
總員工人數的百分比
（取樣國家）

	2000 年	2018 年（或可取得的最新資料）	百分比變化
土耳其	29.4%	8.6%	−20.8
匈牙利	19.7%	8.5%	−11.2
捷克共和國	27.2%	10.5%	−16.7
斯洛伐克	32.3%	10.9%	−21.4
澳洲	24.7%	13.7%	−11.0
斯洛維尼亞	41.4%	19.6%	−21.8
以色列	37.7%	22.8%	−14.9
愛爾蘭	36.0%	24.2%	−11.8
奧地利	36.9%	26.7%	−10.2
瑞典	80.1%	66.1%	−14.0

Statista 資料庫，OECD，2020

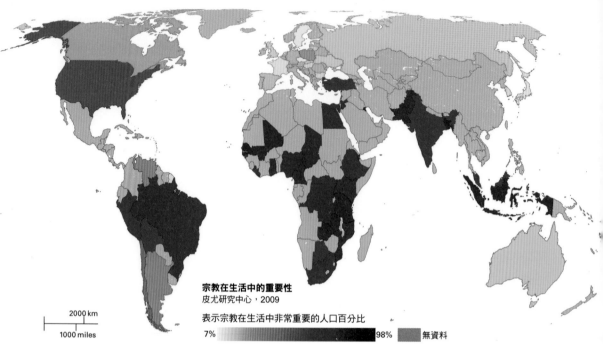

宗教在生活中的重要性
皮尤研究中心，2009

表示宗教在生活中非常重要的人口百分比

7% ▨▨▨▨▨▨▨▨▨ 98%　　□ 無資料

墜等情況。各地人民對政黨的不滿都很明顯，包括在西歐的核心地區。[139] 在瑞典，民粹及反建制的瑞典民主黨（Sweden Democrats）在 2018 年的選舉中，贏得五分之一的選票，成為瑞典第三大黨。在德國，傳統中間偏左派或中間偏右派的政黨在 2017 年的選舉中大幅縮減，因為選民轉向極右派的德國另類選擇黨（Alternative for Germany）。在巴西，社會自由黨（Social Liberal Party）在 2018 年落入極右派民粹主義者手中，並在勝選一年後拋棄政黨原有政策，從溫和中立走向極端。

　　問題之一是許多成熟民主國家中的政黨正在衰退，這些趨勢在數十年前就開始了。在歐洲，黨員人數從 1960 年代佔成年人口的 15%，下降到 2000 年代末的不到 5%[141]，與此同時，選民投票率急遽下降。過去半個世紀以來，在選舉競爭激烈國家中的立法選舉，投票率也從大約 71% 降到 65%，歐洲則從 83% 掉到 65%。一些分析家認為，這些減少部分是因為工會凋

宗教對日常生活的重要性
天主教和新教教會的人數減少，影響到中間偏右的基督教民主政黨。

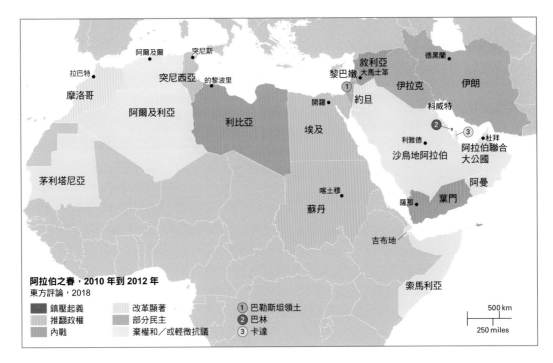

阿拉伯之春，2010 年到 2012 年
東方評論，2018

- ■ 鎮壓起義
- ▨ 推翻政權
- ■ 內戰
- ▨ 改革顯著
- ▨ 部分民主
- □ 棄權和／或輕微抗議

① 巴勒斯坦領土
② 巴林
③ 卡達

500 km
250 miles

阿拉伯之春 [145]
阿拉伯之春包括一波支持民主和反政府的抗議、起義和武裝反抗，時間在 2010 年到 2012 年之間，遍及數個北非和中東國家。

零與教會參與降低。[142] 從 1970 年代開始，去工業化和反勞動的結果嚴重減少了許多西方國家的勞工工會人數。227 頁的圖表說明了工會成員人數在各個已開發經濟體中減少的程度。對中間偏左政黨的選舉支持度也暴跌，讓我們見證了法國社會黨在 2017 年的垮台。此外，天主教和新教教會的人數減少，也影響到中間偏右的基督教民主政黨。這對於以階級和宗教作為基礎的群體認同來說，是更重大的危機。

政黨衰退與社會動亂有關，少了政黨，抗議人士難以將不滿轉換為政策提案，無法透過投票箱做出顯著的改變。例如發生在 2010 年到 2012 年之間的阿拉伯之春，大部分的抗議缺乏強大的黨員基礎組織，很快就被撲滅了。希望這些運動能終結貪腐、增進政治參與並帶來經濟包容的願望被壓制了。阿拉伯之春產生的領導人很少、可靠的行動計畫和新主意也很有限。[143] 如地圖所示，某些地方的運動導致對民主自由和公民自由更嚴厲的打擊，甚至造成全面內戰，突尼西亞是唯一一個透

過全國勞工工會達到調節作用，鞏固民主的國家。再看看 2011 年到 2012 年間遍及將近九十國的佔領華爾街運動[144]，雖然去中心化的線上及街頭抗議集結了數百萬人，卻沒有促成實在的立法勝利，而且很快就消退了。還有另一個例子是 2018 年法國的黃背心運動，散播到二十幾個國家。

長期來說，政黨勢弱對民主有害，因為政黨不振會削弱當責，更會破壞公民組織的能力，無法要求政府負起責任。正如我們在世界各地看到的那樣，民粹主義者繞過傳統的政黨，透過社群媒體和加密頻道直接呼籲選民，他們這種局外人的地位——以及缺乏經驗——給了他們這麼做的「通行證」。雖然民粹主義和極權政體往往會因為表現不彰而垮掉，但在過程中還是會造成很大的傷害。

能否恢復國際合作？

地緣政治的重大改變不容錯過。隨著中國的影響力擴張、美國淡出領導人的角色以及歐洲奮力應對分歧，整體國際體系正在重組，新冠肺炎疫情更是加速了這股趨勢，全球經濟的不同部分正以不同的方式適應全球自由秩序的終結。其他的系統性變化可能會對全球事務產生更大的影響，例如新科技已經改變能源生產的樣貌及工作的未來，氣候變遷正大幅增加資源的緊張局勢。毋庸置疑的，新冠肺炎疫情，還有政府如何因應，會影響到接下來數十年的全球事務。

走向未來的第一步就是認清這些結構上的混亂正在同步發生中，因此新興的全球秩序比較有可能是自我組織、去中心化、區域化的形式，而不是由少數幾個強國專門來調解。說句公道話，各國一直在爭論是否要合作，又該如何合作，一直有人反對可能會干涉主權事務的行動。但今日世界面臨的最大威脅，卻正是任何一個單一政府、企業財團或慈善家聯盟都無法

獨力解決的。如果新興的全球秩序無法找到合作方法，不能授權給有創意的多方利害關係人聯盟，我們可能撐不過本世紀。

所以該做些什麼呢？顯然需要大量的妥協與犧牲，至少全球的機構必須要在結構上適應大幅度的變動，在政治、經濟、健康相關和人口實際情況均是如此。例如安全理事會必須擴張以反映改變的世界，即使這在外交上看似不太可能發生。同時也需要打造新的組織架構如二十國集團，來協助國家、公司和公民社會建立起合作的最低限度規則，好讓大家能更有效率地應對步調加速的改變。區域機構包括跨政府及投資個體必須承擔更大的重要性，畢竟全球事務的日常活動是區域性的，跟權力核心的關係越來越少。但時間對我們不利，儘管更多元的世界秩序令眾人嚮往，實際的提案卻很少，更別說達成協議了。

少了全球領導力，一個臨時的、錯綜複雜的國際秩序很可能會出現。我們有可能會從以規則為基礎的秩序，變成以交易、協定為基礎的架構。市場痛恨不確定和不穩定，企業該如何應付不清不楚的法規，捍衛他們的信譽，並且在糾紛發生時加以平息呢？災難性的誤判是有可能的，打破常規的單邊主義也很危險，例如 2014 年俄羅斯併吞克里米亞，敘利亞再三使用化學武器，或是民族國家所支持的駭客發動網路攻擊。在分歧的世界中，該由誰來畫紅線？經常遭到公然藐視的時候，又會發生什麼事情？

全球各地的民族國家都在兩邊押寶，一方面維持對聯合國的支持，儘管不太牢靠，同時也出現了新的政治、經濟和安全約定，其中一些迴避掉前一個世紀所建立的舊有架構，努力保護全球貿易協定的全體一致，但風險是某些國家可能會完全退出協議。讓全球機構保持多元化十分重要，這麼做能夠監管安全、改善治理、促進更公平的貿易規則。正如地圖所示，這種機構上的演變反映出更多元的世界，重心也從西方轉移到亞洲，但是如果少了共同規範、行為準則和利益，未來還有真正

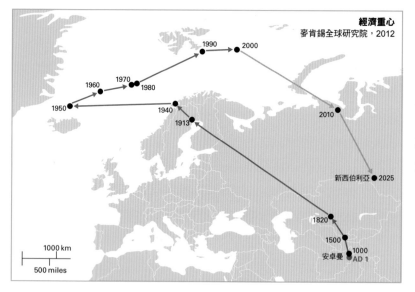

經濟重心
麥肯錫全球研究院，2012

1990　2000

1960　1970　1980

1950　1940
　　　1913

2010

新西伯利亞　2025

1820

1500

安卓曼　1000
　　　AD 1

1000 km
500 miles

經濟重心的東移 [146]
經濟重心的估算，是在三維空間中按國內生產毛額對地點進行加權，接著再投射到地表最接近的點上。左圖可以看到經濟重心在 1000 年到 1950 年之間先是往西移動，之後明顯往東，直到 2025 年。

的危險等著。價值觀相互較勁的新組織激增，很可能強化（而非減少）競爭領域的影響，一旦結合反動國家主義和經濟保護主義，很容易就會引發更廣大的地緣政治騷動。

　　很難樂觀斷言全球合作很快就會改善。阻止未來全球流行病的發生，徹底處理氣候變遷議題，可說是我們最重要的共同優先事項。儘管大家對這個世界已經到達氣候變遷的「臨界點」已有共識，但 2015 年巴黎協定的實施進度依然落後。在新冠肺炎疫情導致溫室效應氣體排放大量減少之前，碳排放量已經達到三百萬年來的最高點。[147] 我們在氣候那一章談到，人類正面臨一場恐終結文明的危機，而世界上最強大的國家卻決定退出巴黎協定，這完全說明了以交易為基礎、國家為中心的世界的致命危險。[148] 各國已奮力針對全球流行病及氣候變遷採取集體行動，不過還不清楚他們會如何應對近期出現的其他問題。他們該如何集結共同目標，去控管超高音速武器、生物技術或人工智慧呢？

民主的承諾

現在比任何時刻都更需要強而有力、包容和合乎倫理的領導力，然而因為政治極度變動，目前缺乏有能力、有操守、有效率的政治家。並不是說沒有強大的領導人，像習近平和普丁這樣的威權主義者就提出了明確的方向，並且往往會對自己的承諾堅持到底。這種趨勢有可能會加劇，特別是其餘稍具全球聲望的歐洲領導人紛紛退出全球舞台。儘管有新一批的社會進步者出現在加拿大、美國、歐洲部分地區和紐西蘭，相較之下令人信服的名人還是太少，無法清楚表達出民粹主義之外，其他有說服力的選擇。

面對所有的生存威脅，重要的是別忘記民主的承諾。儘管存在許多缺陷，民主仍然優於其他選項，讓人不必訴諸流血事件就能更換代理人。在治理良好的民主國家中，大家可以抱怨、發表、組織、抗議、罷工、揚言退出，甚至把錢移到其他地方，也不會遭到扣留、酷刑虐待或是更壞的情況，政府反而通常會回應申訴。例如全球性環保運動反抗滅絕，大前提就是透過非暴力的公民不服從，促使政府採取行動。這並不表示民主不能或不該校正改進，最成熟的自由民主是未完的工程，需要時常整飾改善。

然而要發揚光大民主，公民（尤其是年輕的一代）必須相信民主是比較好的選擇，勝過神權政體、君權神授、殖民父權或極權統治。過去幾個世紀以來，全球人民慢慢認清民主確實如此，自由民主的觀念也散播開來。儘管有其限制，民主已經證實相當有效，能約束政府比較陰險的本能。如此深遠的改變提醒了我們，爭取自由及民主的選舉非常重要，還有少數族群的權利、媒體自由及法治。近年來許多民主都面臨信心危機，但民主的勝利——持續優於其他選項——仍是抱持希望的理由。

2018 年發生於全非洲、中東及南亞的致命
及非致命暴力事件

武裝衝突地點及事件數據資料庫（ACLED），2019

暴力

世界少了暴力，多了混亂

犯罪和鎮壓比戰爭殺死更多人

武裝衝突比從前更難解決

國家鎮壓與暴力犯罪增加中

新的軍事科技難以控管

全球合作降低暴力至關重要

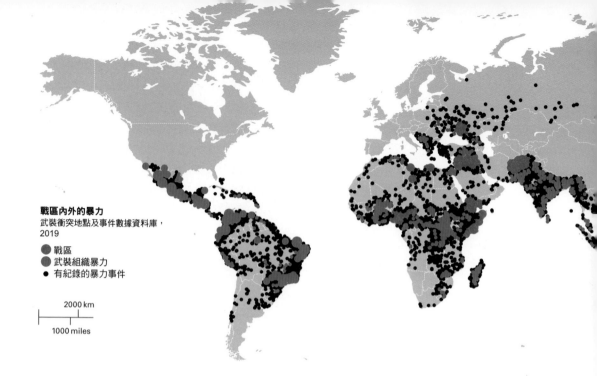

戰區內外的暴力
武裝衝突地點及事件數據資料庫，
2019

- 戰區
- 武裝組織暴力
- 有紀錄的暴力事件

2000 km

1000 miles

前言

　　人類天生就是殺手。據估計，死於戰爭的人數從數百萬到十幾億都有可能。[1]這份地圖突顯出 2019 年戰區內與戰區之外的暴力傷亡分布，飽受戰爭蹂躪的國家的傷亡以紅色標示，非常引人注目。過去十年來，阿富汗有三萬兩千多個平民遭殺害，六萬多人受傷。[2]自從 2011 年敘利亞內戰開始以來，據信有五十幾萬人死於暴力。[3]2015 年在葉門暴發武裝衝突，據報導至少有十萬個平民遭殺害。[4]這些統計數字都只是猜測，很難知道「真正的」代價，因為重要的登記系統時常垮掉，軍隊和武裝團體會「修正」數字，研究死亡人數的學者和社運人士也強烈不同意這些估計數字。儘管我們可以嘗試清點死亡人數，但真相往往是戰爭中的第一個傷亡者。

　　地圖顯示在衡量全球暴力負擔時，武裝衝突只是全貌的一部分。這也許會令人感到驚訝，不過每年在衝突區域之外遭殺害的人數，遠比在衝突區域內的還多。暴力極端主義、組織犯

2019 年發生在戰區外的暴力比戰區內更多
大部分的組織暴力發生在世界上的戰區之外。這份地圖標示出由戰爭（紅點）及其他形式的武裝組織（藍點）所導致的致命及非致命暴力事件分布，地點遍及拉丁美洲、加勒比群島、非洲、中東、東歐及中歐、南亞及東南亞，提醒世人非武裝暴力的分布範圍比我們認為的還要廣泛得多。

罪與國家鎮壓每年造成數十萬人的死亡，在巴西、哥倫比亞、墨西哥、菲律賓和南非這些國家裡，2019 年有更多人死在幫派、民兵和警察的手下，傷亡幾乎比各個戰區的總和還要多。其他形式的組織暴力紀錄太少，幾乎看不見，尤其如果目標是移民、少數族群、婦女和兒童的話。我們無法確切知道每年死於暴力的人數，據猜測在過去十年中，全球大約有一半人口曾經遭遇某種形式的暴力。

世界絕對感覺起來更危險、更動盪了，造成這種情況的原因之一是電視、電腦和手機螢幕充滿殺戮的畫面。今日大部分造成殺戮和傷殘的武器都是相對低科技的東西，尤其是手槍、步槍和地雷。明日的科技 —— 不論是超高音速滑翔飛彈、雷射、生物製劑，或是自我組織的群集無人機和奈米機器人 —— 都有可能更具破壞力。[5] 不過這個世界真的比從前更暴力嗎？雖然看似有違常理，今日整體人口中遭暴力殺害的比例是歷史新低。[6] 死於國際戰爭和內戰中的人口比率，只佔前幾個世紀的一小部分。下降的不只是與戰爭相關的死亡人數，在大部分的國家中，與恐怖主義相關的殺戮也降低了。此外，在世上幾乎每個地方，謀殺暴力也大幅降低了。

近來安全有所改善，並不表示未來就會安穩，其實新冠肺炎疫情發生後造成失業率上升、糧食不安全，明顯增加了社會動亂的風險。安全有所改善只是一種提醒，表示我們可能做對了，讓世界變得更可靠。本章最重要的教訓之一，就是許多形式的蓄意暴力，在過去半個世紀中都減少了。另一個訊息則是大部分形式的暴力都高度集中在特定的國家、城市和街區裡。我們也發現看似截然不同的暴力——不論是軍閥、盜匪或警察的犯行——往往都是同類型風險因素的作用，包括不平等及有罪卻不罰。暴力的歷史黑暗又令人不安，這些依據常識得來的觀察提供了希望，有機會進一步阻止打斷暴力。

過去絕不平靜

　　戰爭是人類最古老的「消遣」之一，彼得・布瑞克（Peter Brecke）記錄了過去六百多年中三千七百多件的武裝衝突，翻印如下。[8] 紅點表示各別記載的事件——紅點越大，估計遭殺害的人數就越多。紅線代表估計的衝突致死率——每十萬人中的罹難者人數。概括來說，大部分紀錄上的武裝衝突，每十萬人中的死亡人數大約在一到十人之間。[9] 在某些比較短暫的戰爭中，致死率攀升到每十萬人中有兩百人死亡。客觀來看這些數字——車禍及非傳染疾病的平均死亡率大約分別是每十萬人中十七人[10] 和每十萬人中五百三十六人[11]。如圖所示，歷史上的平均衝突致死率來回擺盪，但從過去一個世紀開始下降。

　　研究這類事情的考古學家很確定，有人類存在以來，大部分時間都由連續不斷的劫掠、屠殺和暴行所主宰。[12] 這些古老「原始戰爭」的致命程度很可能是現代戰事的數十倍[13]，原

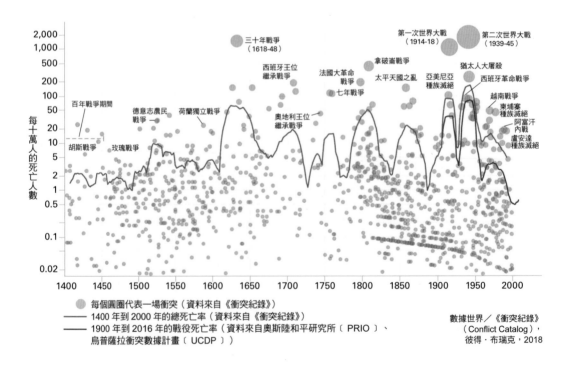

每個圓圈代表一場衝突（資料來自《衝突紀錄》）
—— 1400 年到 2000 年的總死亡率（資料來自《衝突紀錄》）
—— 1900 年到 2016 年的戰役死亡率（資料來自奧斯陸和平研究所〔PRIO〕、烏普薩拉衝突數據計畫〔UCDP〕）

數據世界／《衝突紀錄》（Conflict Catalog），彼得・布瑞克，2018

因之一就是許多前現代的社會缺乏基本道德規範，沒有限制對無辜平民的屠殺。另一個原因是缺乏醫療和抗生素來治療傷者。雖然有充分證據顯示出合作，但人類大部分的時間都在從事暴力犯行，而不是避免暴力。古老的過往並不像盧梭（Jean-Jacques Rousseau）所說的「天性和平的人」，反而比較像是霍布斯（Thomas Hobbes）說的，是「所有人對抗所有人的戰爭」。我們為何花這麼多時間彼此爭戰？動機大多可歸結為稀缺。簡單來說，日子好過的時候——幾乎沒有這種時候——大家就會放下棍棒、槍矛和箭，日子難過的時候，大家就會拿起武器。[14]

在《連年征戰：我們為何而戰》（*Constant Battles: Why We Fight*）一書中，哈佛大學考古學家史蒂芬・勒布朗（Steven LeBlanc）解釋長期短缺食物、水和土地如何引發暴力劫掠。[15]勒布朗發現的化石證據——保存下來的花粉、植物和人類遺骸——證明乾旱、水災和暴風雨導致食物匱乏和移民，多半也會造成暴力。一直要等到人類開始不再以遊牧為主，轉為偏向定居，原始戰爭的數量和強度才開始下降。遊牧民族決定定居時——他們有時候會生產並儲備更多的食物，形成複雜的治理體制——他們對世仇的容忍度也開始減弱。隨著時間過去，僱傭兵和職業軍隊的擴散、國際邊界的擴展以及貿易和共同價值觀的增長，這些都減少了零和思考——不過我們很快就會看到並非各地都是如此。[16]

智人在過去數千年的殺戮技術趨於完美。歷史上大部分時間，人類都仰賴鈍器和刀刃的組合來謀殺殘害敵人，但這一切在火藥發明後全都改變了。大約在西元 850 年時，中國的鍊金術士用硫黃和硝石做實驗，無意間發現了造成重大改變的物質。諷刺的是，他們是在試圖調製延年益壽的萬靈藥時，不小心發明了火藥[17]，對戰爭的影響十分深遠。毫無疑問，槍枝與彈藥殺死的人比任何其他武器系統都還要多，儘管遭受槍支和

炸彈致命傷害的人數在過去幾個世紀中增加了，但死亡率實際上保持相對穩定（因此死亡人數增加是由於人口穩定成長，而不是因為人類對暴力的癖好有所改變）。

　　儘管二十世紀的戰爭產生了前所未有的殺戮，以死亡率來看卻未必是最致命的。奧地利王位繼承戰爭（1740-1748）的死亡率跟越南戰爭（1955-1975）差不多，平均大約是每十萬人中有五十人遭暴力死亡。即使如此，以死亡絕對值來看，二十世紀的戰事是最兇殘的，歷史記載中最暴力的三場戰爭都發生在過去百年內，包括第二次世界大戰，死亡人數八千五百萬；第一次世界大戰，死亡人數兩千兩百萬；還有俄國內戰（1917-1922），將近九百萬人喪生。但在 1950 年代後奇怪的事發生了，各種類別的武裝衝突強度開始下降。

長期和平：和平的年歲首次多於戰爭

　　如下圖所示，大部分種類戰爭中的死亡──內戰、國與國之間的衝突、帝國征戰──從 1950 年代之後都大幅減少。1960、1970 和 1980 年代的傀儡戰爭也逐漸變得比較不暴力。

追蹤自 1946 年以來與戰爭相關的死亡人數下降[18]
士兵與平民在武裝衝突中的死亡總人數，從 1940 年代中葉起驟降。今日國家之間的衝突相對少見。

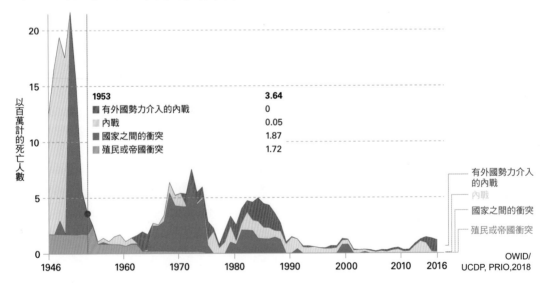

依暴力類別區分的致命事件
UCDP, 2018

● 國家暴力
◐ 非國家暴力
● 單方暴力

每一點代表一個事件
的地點

2000 km
1000 miles

各類暴力衝突致命事件分布：2018 年 [19]

這份地圖呈現出 2018 年致命事件的分布，分別由國家暴力、非國家暴力和單方暴力所引起，死亡人數集中在西非沙赫爾地區、中非及東非、中東，還有中亞、南亞及東南亞。令人感到意外的是，墨西哥、中美洲和南美洲的非國家暴力程度也很明顯。

與戰爭相關的死亡人數在 1989 年冷戰結束後持續驟降，這段時期俗稱「長期和平」，是由幫助美國和蘇聯控制競爭與核彈庫的規範和制度（還有一點好運）所促成。聯合國經常被要求派遣政治及維和代表團，避免重燃戰事。此外，比較富有的國家也提高了對貧窮和脆弱國家的發展援助，細節可見全球化那一章。這種種活動不只有助於預防並降低國家之間的戰爭發生率，也能消除某些內戰。

短暫和平終結，犯罪戰爭崛起

安穩的黃金年代出現在 1990 年到 2010 年之間，人稱「短期和平」，不幸的是短期和平非常短暫。指標之一是過去十年間全球不斷發生武裝衝突事件，今日的武裝衝突比二十年前多了兩倍——最新數據顯示大約有五十件。[20] 雖然照歷史標準來看，死亡人數相對算低，但這些衝突仍是糟糕的事件，通常是由訓練不良的軍隊發動，或是配有駭人武器兵力的現代非國家武裝團體。上圖圓圈標示出 2018 年與衝突相關的死亡人數分

布，暴力足跡最明顯的地方是哥倫比亞和墨西哥（如今被歸類為衝突區域）部分地區，橫跨撒哈拉沙漠以南的非洲，一直到中東、中亞、南亞及東南亞。儘管衝突死亡人數在地理上很分散，但全世界大多數的衝突死亡都出自少數幾個國家——尤其是阿富汗、索馬利亞、敘利亞和葉門。

今日的武裝衝突非常難中止，參戰的武裝團體數量龐大是一大主因。在飽受戰火的國家如利比亞及敘利亞，可能有數十個甚至數百個反叛軍和民兵團體爭奪主要城市、石油儲備和港口的控制權。在中非共和國[21]、剛果民主共和國[22]和馬利[23]，沒工作的年輕人很容易被招募加入僱傭兵軍隊和恐怖份子組織。[24] 戰場上的武裝團體越多，就越難協商維持和平。另一個難以停止醞釀中衝突的原因是，衝突通常都是由高價值資源所引起的，不論各團體爭奪的是哥倫比亞古柯鹼的走私路線，或是剛果民主共和國的銅鈮鐵礦，全球對商品的貪得無厭激起了控制及分配資源的暴力。

當代戰爭會讓局外觀察者感到困惑，常可見到販毒集團、黑手黨團體、罪犯幫派和極端組織，與傳統的軍隊、有組織的叛軍和私人保全公司競爭或共謀。[25] 看看阿富汗的塔利班（Taliban），既是爭取政治及領土控制權的反叛團體，也是非常成功的販毒集團，主宰全球海洛因市場（每年價值數億美元），包括通往歐洲的走私路線。[26] 嘗試將近二十年後，美國悄悄結束了作戰，不再以摧毀塔利班的毒品實驗室和消滅罌粟花田為目標，因為對當地的生產根本沒有絲毫影響。[27] 相反地，海洛因的產量和獲得途徑從 2001 年後其實還增加了。

衝突、犯罪和極端份子暴力的匯合，讓聯合國維和人員難以「維持和平」。自 1950 年代以來，聯合國至少授權了 70 個維和特派團[29]，大部分行動的資金都嚴重不足。雖然常被指責過於膽小，聯合國藍盔部隊的行動其實經常綁手綁腳，因為維和人員受限於安全理事會的保守授權，避免維和人員介入地主

國的主權。這類限制有其道理，因為維和任務僅限於監督停火、執行和平協議，在清楚界定的士兵和叛軍之間調停。當無法維持和平，又或者組織犯罪與當地菁英的利益和全球化戰爭經濟緊密相連，它們就比較無法讓人信服了。[30]

氣候衝突：溫度上升，引發暴力

溫度上升、長期乾旱、大水氾濫、土壤劣化，都會讓暴力倍增。雖然這當中的關係並不一定是線性或顯而易見，但氣候變遷正引起更頻繁的作物和家畜欠收，食物價格上漲、更嚴重的饑荒，造成社會動亂和有組織的犯罪爆發。非洲的沙赫爾地區是很典型的例子，牧人和農民越來越常爭奪逐漸縮小的宜耕地。幾個世紀以來，馬利、布吉納法索、尼日和奈及利亞北部的牧人，在旱季時會把牛羊趕到南方比較肥沃的放牧區，大多時候農民都很歡迎他們，因為牲口糞肥可以幫耗損的耕地施

沙赫爾地區查德湖盆地的極缺水及衝突[31]
氣候變遷會讓衝突倍增。這份地圖標示出查德湖盆地可利用水量的劇烈波動。這個湖是沙赫爾地區的關鍵資源，也是非洲最大的水資源之一。研究人員估計，查德湖在過去半個世紀從 25,900 平方公里縮減為 1,500 平方公里，加劇了因糧食短缺而引發的緊張局勢。這份地圖也標示出某些地區的水資源增加，有時候會導致洪水。

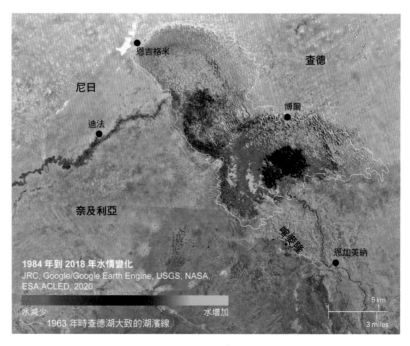

尼日　　　　　　　恩吉格米　　　　查德

迪法

博爾

奈及利亞

恩加美納

1984 年到 2018 年水情變化
JRC, Google/Google Earth Engine, USGS, NASA, ESA,ACLED, 2020

水減少　　　　　　　　　　水增加
1963 年時查德湖大致的湖濱線

5 km

3 miles

肥，即便偶有一言不和的情況發生，也會在首領協調下平息。但隨著旱季延長、雨季縮短和供水迅速減少，這一切開始發生變化。其中一個衝突的熱點是查德湖盆地（Lake Chad Basin），這是非洲最大的水庫。盆地跨越八個國家，面積約佔這塊大陸的 8%，有三千萬人賴以為生。根據某些研究人員指出（並非大家都有共識），由於氣溫上升、人口成長暴增和密集灌溉的緣故，這個湖從 1960 年代以來縮小了 90%。[32] 毫無意外的，此區域的不同群體之間暴力擴大 [33]，是目前地球上極缺水和最不穩定的地方之一。[34]

情況將會更糟，到了 2050 年，沙赫爾地區的國家溫度可能會上升攝氏 3~5 度，而此地的月均溫早已極度酷熱。[35] 沙赫爾地區潛在的農地中約有 80% 已受到嚴重危害，因為溫度上升太快，遠超過全球平均。[36] 極端天氣事件如今成為常態，增加中的人口也讓原本就不堪負荷的水和糧食供應更加緊繃。牧人被迫提早來到，並且待的時間更久，與農民之間的糾紛強烈程度也增加了。有麻煩的不只是沙赫爾地區，類似的趨勢在非洲其他地方也很明顯 [37]，還有中美洲 [38]、中東 [39] 和南亞。政治學者喬書亞·巴西比（Joshua Busby）及尼娜·馮·烏斯克（Nina von Uexkull）指出，有近代衝突史的國家有很大比例的人口仰賴農業為生，大量國民被政治權力排除在外，這是最容易受到氣候衝突影響的情況。[40] 正如 243 頁的地圖所示，可能有多達四十個國家符合上述所有條件。[41]

飽受戰火摧殘的敘利亞再度提醒世人，氣候變遷會讓暴力衝突的風險惡化。儘管土地面積與西班牙差不多，但敘利亞大部分是不適合居住的沙漠，敘利亞人擠在人口稠密的地區，面積只有西班牙的十三分之一，大約與瑞士一樣大。早在 2011 年內戰爆發之前，這個國家就受到另一種危機的毀壞。2001 年到 2005 年間一連串的沙漠風暴來襲，敘利亞人經歷了史上最嚴重的乾旱，從 2006 年一直持續到 2011 年。[43] 破紀錄的高溫

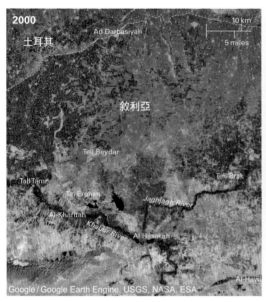
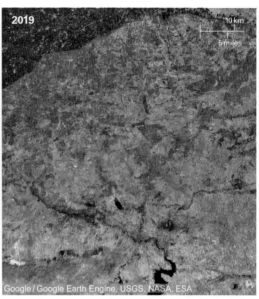

2000 土耳其 Ad Darbasiyah 10 km 5 miles
敘利亞
Tell Beydar
Tal Tamr Tell Brak
Tal Erphan Jaghjagh River
Al-Kharitah
Khabur River Al Hasakah
Al-Hawl
Google / Google Earth Engine, USGS, NASA, ESA

2019 10 km 5 miles
Google / Google Earth Engine, USGS, NASA, ESA

敘利亞乾旱與衝突的關聯：2000 年及 2019 年 [42]

幾個世紀以來，敘利亞經歷了嚴重的缺水，但這個國家史上最嚴重的乾旱發生在 2006 年到 2011 年之間，造成敘利亞 75% 的農田地力衰退，85% 的牲口死亡。乾旱迫使至少一百五十萬敘利亞人民移居大馬士革和荷姆斯（Homs）等城市，不久之後就爆發了內戰。

編按：左圖圖上原文為敘利亞境內城鎮名和河川名。

和急劇減少的降雨量毀了表土，也破壞了當地大部分的糧食生產，至少有八十萬農民失去工作，其中二十萬人完全放棄了土地。[44] 敘利亞有 75% 的農地衰退，85% 的牲口死於飢餓。讓情況更艱難的是，政府在 2006 年乾旱發生之前才賣掉該國的戰略糧食儲備，以至於必須進口小麥才能讓本國人口活下去。隨著食物價格攀升，有一百五十多萬人逃到城市，想尋找不存在的工作。不出所料，全國的社會與經濟情況惡化，敘利亞人佔領街頭抗議。

這些星火點燃了 2011 年發生的敘利亞內戰，南部城市德拉（Deraa）有群學齡青少年，因為政治塗鴉而遭到逮補，群眾要求釋放這些青少年時遭到政府軍隊暴力鎮壓。因擔心社會動亂擴散，總統阿塞德授權全國性的鎮壓，導致一開始的水和糧食危機，迅速轉移成政治和宗教暴動，各派系和族裔的立場分裂。接下來發生的內戰複雜到令人昏頭轉向，至今已有超過五十萬名敘利亞人在戰爭中遭到殺害，一半的人口流離失所。[45]

氣候衝突會變得越來越常見，因為各國會為了水資源爭個你死我活。極度缺水的社群如果人口快速成長，又無法處

1. 查德湖
2. 尼羅河
3. 底格里斯河及幼發拉底河
4. 印度河
5. 恆河及布拉馬普特拉河
6. 湄公河

2000 km
1000 miles

跨境河川的水衝突
跨界淡水爭議資料庫（TFDD），2019
● 容易產生衝突的跨界流域
● 跨界流域

水情緊張局勢的燃點 [46]
全球乾旱加劇，淡水供應控制權的暴力爭端風險不斷。這份地圖標示出許多跨境河川流域，這些地方特別容易有爭議，尤其是尼羅河、幼發拉底河、印度河和湄公河。觸發點是根據預測未來緊張局勢的模式而定，基礎是過去的衝突和合作。這些地區在歷史上有衝突也有合作，但氣候變遷可能會增加緊張局勢的風險。

理公共資源的分享，就有可能引發緊張局勢，就像前面提過的查德湖。[47] 暴力糾紛也可能因為爭奪淡水水源與供水系統而爆發。[48] 水衝突並非新鮮事，研究記錄在過去數千年中有上百件水衝突[49]，但是由於全球暖化，可能會越來越常發生。過去十年中，至少有四十五個國家因水資源發生公開衝突，尤其是在中東和北非的乾旱地區，例如阿爾及利亞、索馬利亞和蘇丹。[50] 上圖以紅色標示出幾個潛在的水衝突熱點，包括美洲、東歐和歐亞大陸。風險特別高的地區，包括南亞的恆河—布拉馬普特拉河和印度河、中東的底格里斯河—幼發拉底河、非洲的尼羅河，也是當地居民早已為取得淡水所苦的地方。[51]

　　暴力衝突的威脅會隨著降雨量減少而提高，或是兩個以上的國家高度依賴共用的儲水，也會造成威脅升高[52]，例如衣索比亞的公家機關正在興建巨大的衣索比亞復興大壩（Grand Renaissance Dam），雖然這個大壩可以顯著增加衣索比亞的農

業生產量，卻也有可能打亂鄰近國家的工業化農業及自給農業。至少有十一個非洲國家仰賴尼羅河灌溉，而衣索比亞所在地控制了大部分流入臨近埃及和蘇丹的水量。[53] 如果埃及或蘇丹能用的水量變少，無論原因為何，都會對他們國內的糧食生產造成負面影響，所以這些國家只有兩個選擇：循外交途徑解決或是採取軍事行動。[54] 這些挑戰只會增加：一些研究人員表示，在未來五十到一百年間，氣溫升高加上人口成長會使「水資源戰」（water war）發生的可能性增加 75 ～ 90%。[55]

軍備新競賽：從小型軍火到高科技蜂湧

在非洲沙赫爾地區和中東發生的戰事如此致命的原因之一是高威力、低科技的武器使用，例如突擊步槍、火箭推進手榴彈、迫擊炮和地雷。[56] 在今日大部分的衝突中，AK-47 步槍、M16 步槍及 AR-15 步槍是造成大規模毀滅的真正武器，理由很簡單，因為這些武器使用起來非常容易，耐用而且攜帶方便，價格便宜又容易取得。小型武器調查（Small Arms Survey）這類團體記錄了百個國家內至少一千家公司，都參與了槍枝、彈藥及組裝零件、配件的製造。[57] 有將近十億的小型軍火和輕武器在市面上流通，每年全球儲備量還會增加數千萬件 [58]，其中有許多是非法的，在冷戰結束軍隊縮編之後，有大量過剩的武器流入黑市。儘管人力成本巨大，但經授權（合法）的小型軍火市場總值（相對）小規模，每年大概不超過 100 億美元。[60] 非法市場總值則每年可能將近 10 億美元。相較之下，Netflix 的總值在 2019 年底是 2,580 億美元。[61]

世界上的軍火業確實靠全球不穩定發了大財，全球在各種類武器上的軍事支出——包括小型軍火、輕武器和彈藥——2018 年時超過 1.8 兆美元，是冷戰結束以來最高 [63]，總計占全球國內生產毛額的 2.1%，等於地球上每人每年約花費 239 美

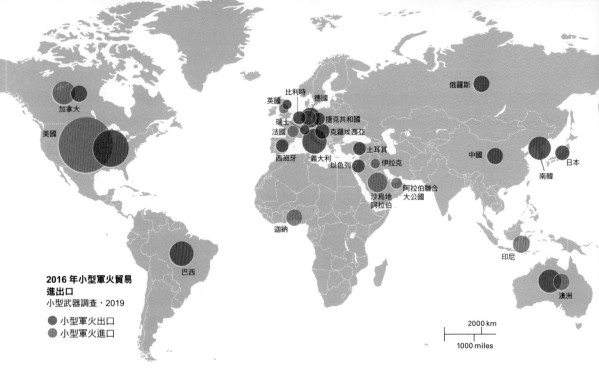

**2016 年小型軍火貿易
進出口**
小型武器調查，2019

- 小型軍火出口
- 小型軍火進口

2000 km

1000 miles

追溯小型軍火、輕武器和彈藥的流通：2016 年 [59]
據估計有將近十億的小型軍火在全世界流通，大部分由平民持有。這份地圖標示出小型軍火、輕武器和彈藥貿易的全球範圍，每年總值將近 100 億美元。小型軍火、輕武器和彈藥的最大輸出國是奧地利、比利時、巴西、德國、義大利、俄羅斯、南韓、瑞士和美國，最大的輸入國是澳洲、加拿大、法國、德國、沙烏地阿拉伯、英國和美國。

元在軍火上。如圓餅圖所示，美國是世界上最揮霍的輸出國，占全球貿易的三分之一以上，比所有的西歐國家加起來還多。另外沙烏地阿拉伯、印度、埃及、澳洲和阿爾及利亞是 2014 年到 2018 年間的前幾大主要輸入國，佔全部軍火進口的三分之一以上。話雖如此，最大規模、最長期的軍事支出擴張發生在中國、印度、巴基斯坦和南韓等地。而在歐洲，保加利亞、拉脫維亞、波蘭和烏克蘭等國由於擔心俄羅斯入侵，在 2018 年增加了軍事支出。不過，相對於其經濟規模而言，沙烏地阿拉伯、阿曼、科威特和黎巴嫩等中東國家的軍事花費才是最大的。[64]

　　雖然很少使用，但核能、化學、生物武器等大規模毀滅

上圖圓圈標示出小型軍火
進出口的金融價值。

主要輸出國（百萬美元）

美國	1100
義大利	618
巴西	600
德國	498
澳洲	480
南韓	405
克羅埃西亞	225
捷克共和國	218
土耳其	192
俄羅斯	182
以色列	165
比利時	164
中國	121
西班牙	116
加拿大	115
日本	108
瑞士	106
英國	101

主要輸入國（百萬美元）

美國	2510
沙烏地阿拉伯	333
印尼	81
加拿大	249
德國	203
迦納	197
澳洲	174
法國	137
阿拉伯聯合大公國	136
伊拉克	121
英國	120

主要傳統軍火輸出國：2014 年到 2018 年[62]

2014 到 2018 年間，美國、俄羅斯、法國、德國與中國為全球前五大軍火輸出國。美國軍火輸出比例從 30% 增加到 36%，出口武器到九十七個以上的國家，為世界主要軍火貿易商。

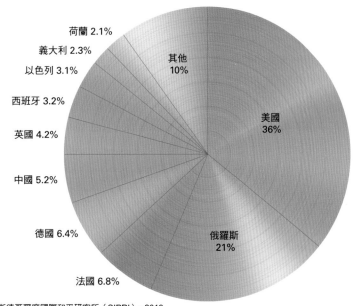

荷蘭 2.1%
義大利 2.3%
以色列 3.1%
西班牙 3.2%
英國 4.2%
中國 5.2%
德國 6.4%
法國 6.8%
其他 10%
美國 36%
俄羅斯 21%

斯德哥爾摩國際和平研究所（SIPRI），2019

主要軍火生產國（依銷售規模列出）：2017 年

全球主要軍火生產國位於北美、歐洲和亞洲以美國和中國為最大宗，其他像法國、德國、英國、以色列和俄羅斯也供獻不少。這個圖表由斯德哥爾摩國際和平研究所製作，讓人了解涉入其中的關鍵國家和公司。

武器仍是我們最嚴重的生存威脅之一。過去三十年來，世界上的核能強國已經大幅減少其核彈頭武力，在地緣政治那章中有清楚的說明，不過仍有少數國家持有數千核能武器。儘管有八個國家公開表明持有核武（美國、俄羅斯、英國、法國、中國、印度、巴基斯坦和北韓，而以色列沒明講），但僅五國簽署了核武禁擴條約（Nuclear Non-Proliferation Treaty,

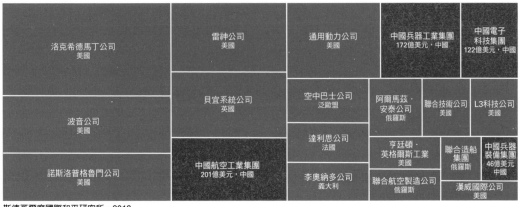

洛克希德馬丁公司 美國
波音公司 美國
諾斯洛普格魯門公司 美國
中國航空工業集團 201億美元，中國
雷神公司 美國
貝宜系統公司 英國
通用動力公司 美國
空中巴士公司 泛歐盟
達利思公司 法國
李奧納多公司 義大利
中國兵器工業集團 172億美元，中國
阿爾馬茲・安泰公司 俄羅斯
亨廷頓・英格爾斯工業 美國
聯合造船集團 俄羅斯
聯合航空製造公司 俄羅斯
中國電子科技集團 122億美元，中國
聯合技術公司 美國
L3科技公司 美國
中國兵器裝備集團 46億美元 中國
漢威國際公司 美國

斯德哥爾摩國際和平研究所，2018

承諾核武禁擴條約的國家 [65]

共有一百九十一個國家正式簽署核武禁擴條約（包括五個宣稱持有核武的國家），比任何其他軍火協定都還多。這份地圖標示出擁有核武的簽署國（淺藍色）、其他簽署國（淺綠色）和非簽署國——包括已知擁有核武的國家如印度、以色列及巴基斯坦（紅色）。擁有核武的北韓在 2003 年退出核武禁擴條約。

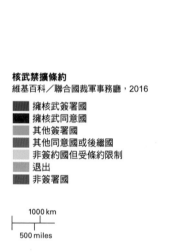

核武禁擴條約
維基百科／聯合國裁軍事務廳，2016

- ■ 擁核武簽署國
- ■ 擁核武同意國
- ■ 其他簽署國
- ■ 其他同意國或後繼國
- ■ 非簽約國但受條約限制
- ■ 退出
- ■ 非簽署國

1000 km
500 miles

NPT）。[66] 化學武器也是一大威脅，沙林毒氣、氯氣、芥子毒氣都是禁用武器，卻於 2012 年到 2018 年間多次在敘利亞使用，震驚世界。[67] 聯合國主導的真相調查小組證實，敘利亞至少有二十八起事件涉及化學武器[68]，不過某些人權團體認為事件總數可能高達三百三十六件。[69] 再三使用這類武器，不僅公然違反 1925 年的《日內瓦協議》（Geneva Protocol）及 1997 年的《化學武器公約》（Chemical Weapons Convention），更助長全球的獨裁政權、專制者和極端份子。

讓事情更複雜的是，人工智慧的競賽也在升溫[70]，自動化偵查無人機如今很常見[71]，貝宜系統、達梭系統、米格和雷神

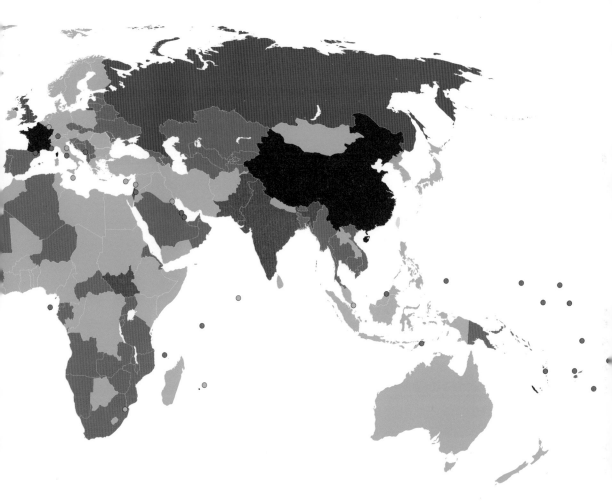

等公司也開始販售自主武器系統（又稱「殺手機器人」）。[72]
某些軍事專家堅信，無人操控的海陸空交通工具、自主無人機
群[73]和自主導引飛彈系統將會降低人為疏失及平民的傷亡。
然而，並非人人都相信這些新一代的軍火會讓戰爭變得文明，
數以百計的工程師、機器人專家和研究人員，包括創業家馬斯
克和 Google 人工智慧公司 DeepMind 的共同創辦人穆斯塔法·
蘇萊曼（Mustafa Suleyman），都主張要對自主武器採取更嚴格
的規範。[74] 一些政府也努力呼籲，要對這些武器的發展和部署
施加更嚴格的限制。252 頁的圖顯示有二十幾個國家呼籲徹底
禁止自主武器系統[76]，但還有好幾個國家沒有，像是澳洲、中

呼籲禁止致命自主
武器的國家：

阿爾及利亞	瓜地馬拉
阿根廷	教廷
奧地利	伊拉克
玻利維亞	墨西哥
巴西	摩洛哥
智利	納米比亞
中國	尼加拉瓜
哥倫比亞	巴基斯坦
哥斯大黎加	巴拿馬
古巴	祕魯
吉布地	巴勒斯坦國
厄瓜多	烏干達
埃及	委內瑞拉
薩爾瓦多	西撒哈拉
迦納	辛巴威

自主武器的監管
停止殺手機器人運動，2020

● 呼籲禁止致命自主武器的國家
● 反對禁止致命自主武器的國家
● 已知正進行研發致命自主武器的國家

註1：中國表示其目的是禁止使用完全自主武器，
　　　但不禁止其研發或生產。
註2：目前有三十個國家呼籲禁止致命自主武器。

2000 km

1000 miles

**呼籲要設立更多法規
禁止致命自主武器的
國家**[75]
使用武力時移除人類控制的因素，在道德、法律、實行等各方面都引起擔憂。目前已知至少有六個國家（以紅點標示）發展出的武器系統，在選擇目標和進攻等關鍵功能上降低了人類控制的程度。許多國家發現，如今需要新的國際條約來保留武力使用上有意義的人類控制，其中有三十個國家要求禁止完全自主武器（以綠色標示）。

國、以色列、南韓、俄羅斯、英國和美國。這些國家阻礙了發展國際條約的努力，因為他們擔心會在自動化的競賽中處於劣勢。

恐怖主義的風險降低

恐怖主義是個老問題，卻是相對新的全球優先事項。據傳第一個使用恐怖份子手段的是一世紀時的猶太狂熱份子匕首黨（Sicarii），因暗殺羅馬霸主時的不動聲色與效率而聞名。[78] 早在蓋達組織或伊斯蘭國（Islamic State）興起之前，有個伊斯瑪儀派（Ismaili）祕密刺客組織叫阿薩辛派（Hashshashin，意思是「服用大麻的人」），於十世紀到十二世紀之間，在伊朗、敘利亞和土耳其等地專門進行刺殺任務。[79] 歐洲最早的恐怖主義例子則是「火藥陰謀」（Gunpowder Plot），這是一個在十七世紀初炸毀英國國會大廈的計畫。[80] 其他著名的歐洲恐怖份

子團體包括芬尼安兄弟會（Fenian Brotherhood），這是愛爾蘭共和軍（Irish Republican Army, IRA）的前身[81]，還有俄羅斯的「人民意志」（Narodnaya Volya），由革命社會主義者所組成，想終結沙皇制度。[82] 這些團體全都曾在某個時候宣稱，他們是為了反抗壓迫者而戰，要從壓迫中解脫。那些被指控施壓的人，就會稱他們是「恐怖份子」。

　　恐怖主義一直到二十世紀末在國際議程上的排名都很靠後。在大多數情況下，恐怖份子的行為都被視為是各國國內的麻煩事，主要靠執法來應付。在 2001 年九月之前，美國史上最致命的恐怖主義行為是 1995 年的奧克拉荷馬市爆炸案[83]，犯罪者是意圖摧毀聯邦政府的美國公民。此外倫敦、馬德里、羅馬的居民都曾受到分離主義份子團體的煩擾，像是愛爾蘭共和軍、西班牙巴斯克祖國與自由組織（ETA）和義大利的赤軍旅（Red Brigade）等等。在過去半個世紀中，歐洲發生有紀錄的恐怖攻擊事件大約有一萬六千件，其中大部分發生在 1990 年代之前。[84] 蓋達組織主導攻擊美國，以及隨後的侵略阿富汗

恐怖攻擊，1970 到 2017 年
全球恐怖主義資料庫（GTD），
馬里蘭大學（UMD），2019

每個紅點代表一次
恐怖攻擊

2000 km
1000 miles

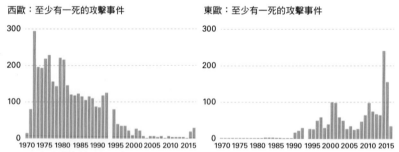

西歐：至少有一死的攻擊事件

東歐：至少有一死的攻擊事件

歐洲的恐怖份子事件
GTD / UMD,2017
● 一人罹難的事故
● 多人罹難的事故

200 km
200 miles

西歐和東歐的累積通報恐怖攻擊事件：1970 年到 2015 年 [85]
歐洲人數十年來深受恐怖攻擊事件之苦，這份地圖透露出 1970 年到 2015 年間事件的地理分布。細看數據資料可以發現，大部分的事件都叢聚在非常特定的地區，包括英國、西班牙、巴爾幹半島、烏克蘭及俄羅斯。有趣的是，1990 年代以來，恐攻事件在西歐顯著減少，在東歐卻有顯著的增加。

（2001 年）和伊拉克（2003 年）改變了一切。

　　但是北美和歐洲社會是否真的飽受恐怖攻擊暴力？今日的極端主義是否又比 1970 年代或 1980 年代時更普遍？當時都集中在北愛和西班牙的巴斯克自治區。如圖表所示，儘管過去十年中事故略有增加，恐怖攻擊在西歐其實變得相對少見。相較之下，有通報的恐怖攻擊事件在東歐大幅增加，尤其是在烏克蘭東部、俄羅斯南部以及北高加索的共和國，像是車臣、達吉斯坦（Dagestan）、印古什（Ingushetia）和卡巴爾達—巴爾卡爾（Kabardino-Balkaria）。但是這其中有個問題，恐怖攻擊事件的

衡量取決於如何定義恐怖主義。有些定義將恐怖主義限定為極端份子為實現政治、宗教與意識型態上的改變，對平民發動無差別攻擊，其他的定義則擴及涵蓋警察和士兵的所做所為。想當然爾，大部分的政府都強烈反對國家會犯罪的觀念，更不用說國家會因為恐怖主義而遭起訴了。這有助於解釋為何外交人員一直無法就恐怖主義的定義達成一致，更別說什麼國際公約了。[86] 談判人員仍陷在一個老問題中，即一個人的恐怖份子很可能是另一人的自由鬥士。

事實上北美或歐洲都不是受恐怖主義影響最嚴重的地區，今日通報的恐怖攻擊事件只有不到 2% 發生在這些地方。[87] 在歐洲死於恐怖攻擊的機率，大約是每十萬人中 0.02 人，差不多相當於被閃電擊中的可能性，而且比在浴缸裡淹死的風險小很多。[88] 相較之下，過去幾十年中所有的恐怖攻擊以及相關死亡，有 90% 以上都發生在中亞、中東和非洲的少數幾個國家裡，其中阿富汗、伊拉克、奈及利亞、巴基斯坦、索馬利亞、敘利亞及葉門受到的影響最大。[89] 下圖說明了恐怖事件集中在一個從西非、北非一直延伸到中東、南亞和東南亞的弧形區域。恐怖主義往往會活躍於不斷有武裝衝突的地方，這有助於

非洲、亞洲和中東累積的恐怖攻擊事件：1970 年到 2015 年

北美及西歐過去十年來對於恐怖主義的擔憂，和實際威脅相比其實過於誇大。與中東、北非、撒哈拉沙漠以南、南亞、中亞、東南亞和東歐等地的極端恐攻事件相比，歐洲近年來的死亡人數其實不算嚴重。這份地圖標示出近四十五年間累積的恐怖攻擊事件。

1000 km
1000 miles

恐怖攻擊集中程度及強度
（強度值結合了事件中死亡及受傷的人數）
GTD / UMD, 2018

高　　　　低

說明為何兩者越來越密不可分。

　　少數恐怖組織要為大部分的極端暴力行為負責。有兩百多個組織被各國政府劃定為恐怖份子[90]，有些組織跨國運作，有些則是針對當地社群的超地方（hyper-local）組織，而近年被歸類為恐怖主義的暴力事件中，大約有一半來自其中四個組織。根據全球恐怖主義指數（Global Terrorism Index），在 2018 年紀錄的將近一萬九千件起恐怖份子殺戮事件中，有一萬多件是由伊斯蘭國、塔利班、青年黨（Al-Shabaab）或博科聖地（Boko Haram）所犯下的。[91] 然而，今日北美和西歐面臨的最大「恐怖主義」威脅或許不是來自擁護政治伊斯蘭的團體[92]，而是來自白人國家主義者和白人至上主義運動。南方貧困法律中心（Southern Poverty Law Center）追蹤了美國一千多個仇恨團體，堅信國內恐怖份子比國外的更令人擔心。[93] 這份地圖標示出納

美國仇恨團體的散播：2018 年[94]
下圖描繪出某些特定團體的大概地點，這些團體會因為種族、宗教、族裔、性別傾向或性別認同而詆毀或傷害他人。團體的類型很廣，包括新納粹、白人民族主義、黑人民族主義、反移民、反同和反穆斯林等。

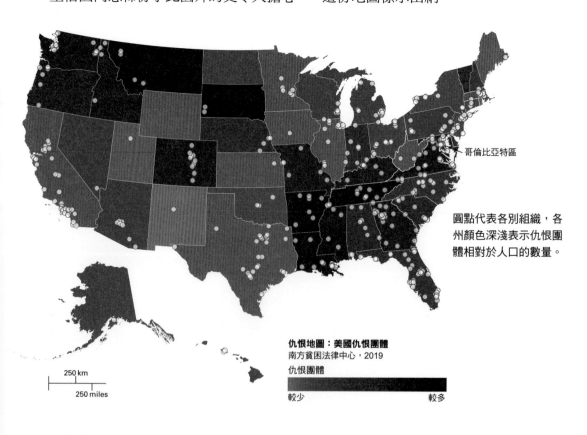

哥倫比亞特區

圓點代表各別組織，各州顏色深淺表示仇恨團體相對於人口的數量。

仇恨地圖：美國仇恨團體
南方貧困法律中心，2019
仇恨團體

250 km
250 miles

較少　　　　較多

粹和白人至上主義者團體，還有反移民、反同和反穆斯林的實體分布。比較正面的是，與恐怖份子相關的死傷近來減少了。美國依循其反恐策略，主導介入阿富汗和伊拉克的後果反而是恐怖主義陡增，但自 2014 年以來，殺戮減少了百分之四十幾。[95] 這是曇花一現還是持續的趨勢仍有待觀察，但是無論如何，依循這樣的策略來組織國際和國家安全計畫都毫無意義。重點應該擺在預防可能造成廣泛傷害的攻擊上，特別是核彈、生物製劑和化學武器的使用 [96]，這些全都因為敘利亞戰爭而再度變得可以想像。[97] 阻止恐怖主義不能光靠軍事資產來解決問題，想要破壞並減少恐怖主義，需強化警察情報系統，明確可能的目標，預防監獄中的激進主義，並齊心努力將引發恐怖主義的潛在社會和政治因素降到最低。擴大國家鎮壓這個方法明顯不管用，因為這反而讓恐怖份子有招募新人的理由。

國家鎮壓遽增

　　儘管過去半個世紀以來民主顯著散播，但生活在民主及非民主社會中的數十億人在試圖行使最基本的人權和公民權利時，仍然面臨著國家鎮壓。極權國家中的風險很高，公民要是膽敢集結組織，就可能會面臨騷擾、酷刑虐待、起訴、監禁或甚至是死亡。[98] 雖然令人憎惡，但值得回想一下，這樣的壓制曾經是世界各地的常態。好幾個世紀以來，暴君和獨裁者冷酷地勸誘並控制他們人民，這類罪行直到現在依然很普遍。根據一項自由之家在 2019 年的調查，至少有五十個國家被歸類為「不自由」，過度使用兵力、警力和準軍事部隊來對付當地人是司空見慣的。[99] 也有一些「自由」國家像是巴西、菲律賓、南非，每年有上千個國民「合法」遭到國家武力及國家代理人殺害。

　　當政府可以為自己的利益而扭曲法律，就能逃避謀殺的責

德國
11,400,000

蘇聯
20,000,000

中
30,00

波士尼亞
與赫塞哥維納
225,000

阿富汗
1,800,000

土耳其
1,500,000

日z
10,00

阿爾及利亞
30,000

蘇丹
2,850,000

伊拉克
240,000

巴基斯坦
3,010,000

瓜地馬拉
200,000

奈及利亞
2,000,000

索馬利亞
50,000

斯里蘭卡
30,000

柬埔寨
1,700,000

菲律賓
60,000

薩爾瓦多
60,000

赤道幾內亞
50,000

烏干達
900,000

薩伊（剛果）
14,000

安哥拉
600,000

盧安達
1,020,000

印尼
1,200,000

納米比亞 75,000

蒲隆地
210,000

智利
10,000

阿根廷
20,000

二十世紀和二十一世紀通報的種族屠殺
數據世界／社會衝突研究整合網絡（INSCR），
政治不穩定工作小組（PITF），2019

估計平均死亡人數

2000 km

1000 miles

二十世紀和二十一世紀有紀錄的種族屠殺 [100]

種族屠殺暴力一直到 1946 年才被承認是國際犯罪行為，1948 年才編入法典，但已經存在數千年之久。種族屠殺是指明確地摧毀某個國家、族裔、種族或宗教團體的部分或全體，包括殺害、造成嚴重的身體和精神傷害、對特定團體施加節育手段，並且強制將孩童在群體之間轉移等行為。這份地圖標示出自 1990 年起的「種族屠殺事件」樣本，其中某些遭到質疑。這份地圖並不完整，估計的死亡人數也有爭議。

任，即使某個國家的治安部隊明目張膽地傷害國民權利，其他國家可能也不太願意介入，這是因為國家主權和不干涉——這兩個觀念在地緣政治那一章中討論過——經常勝過基本人權。國家應該避免干預彼此國內事務的觀念由來已久，儘管努力重新審視並改寫這個 1648 年時立定的規範，但許多國家仍強烈抗拒淡化這種觀念，稍後我們會再回來談這一點。

主權及不干涉的概念是為了遏制國家陷入長期爭戰，卻也給了國家去鎮壓本國境內人民的自由，這些觀念實際上成為種族屠殺暴力的許可證。[101] 如地圖所示，過去一個世紀中最嚴

重的種族屠殺——中國的文化大革命、俄羅斯的古拉格勞改營（gulag）、猶太人大屠殺、柬埔寨、盧安達、達佛（Darfur）屠殺——都是由政府武力和準軍事部隊犯下的罪行，而不是出自外國士兵、叛軍或恐怖份子之手。政治學家魯道夫・拉梅爾（Rudolph Rummel）創造了「大滅絕」（democide）一詞，用來描述二十世紀約兩億六千萬遭到自己政府殺害的人，這是同時期所有戰爭中死亡人數總和的好幾倍。[102] 光是在前蘇聯、中國和柬埔寨，二十世紀時就有八千五百萬人及一億一千萬人死於處決、勞改營、種族清洗和隨之引發的饑荒。

　　1990 年代發生盧安達種族屠殺和前南斯拉夫的大規模暴行之後，一群外交人員、律師、學術人員和社運人士，開始質疑二十一世紀初的國家主權界限。因震驚於政府無力阻止這些暴行，他們重新將主權定義為保護全體人口免於大規模暴力的「責任」。所謂「保護責任」的學說在聯合國累積了力量，於 2005 年正式得到認可，明定國家若無法或沒有意願保護其人民，就會喪失主權所有權。這個有爭議的想法的施行（效果好壞參半），制止了肯亞的選舉暴力衝突升高（2007 年到 2008 年），並且降低了中非共和國的大規模暴力爆發（2013 年）。不過北美和西歐政府援引這個觀念來合理化其在利比亞（2011 年）[103] 和敘利亞（2011 年）[104] 的軍事干預後，這個觀念開始遭到抨擊，尤其是中國和俄羅斯指控美國及其盟友利用這個學說，不是為了保護平民，而是為了實行政權更替。

　　大部分國家鎮壓的例子都不到種族屠殺和大規模暴行的程度，例如士兵、警察和準軍事部隊非經法律許可任意殺戮，實行所謂犯罪和毒品「戰爭」。[105] 由於政府行為遭到非法殺害或「消失」的平民人數很缺乏系統性的統計，而且報導及偵查往往零星和不正確。例如在巴西，軍事及民事警察在 2018 年涉及六千一百多件殺戮，2019 年時甚至更多。[106] 在薩爾瓦多，2017 年時警察涉及該國四千多件謀殺案中的四百件[107]。在菲

律賓，官方統計從 2016 年起有五千多個平民遭到警察及民兵殺害——儘管人權社運人士表示這個數字可能要高出四倍。[108] 在美國，每年至少有一千人的死亡與警察有關[109]，幾乎超過經濟合作暨發展組織中各國的總和。警察暴行的發生率在某些地方如此普遍，以至於法律及人權協會要求海牙國際刑事法院調查可能的反人道罪。[110]

監禁激增

另一項國家鎮壓的指標是大規模監禁，全世界目前至少有一千一百萬人被扣留在懲戒機構中。[111] 排名在前的是美國，至少有兩百二十萬人在獄中，接著是中國、巴西和俄羅斯。人一旦遭到刑事懲戒體系監禁，要出來就非常困難。儘管某些國家正在減少監獄收押人數[112]，整體而言，每年入獄人數還是

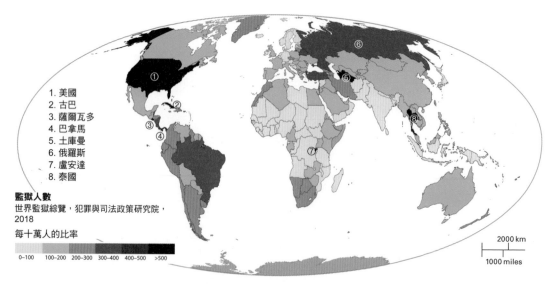

1. 美國
2. 古巴
3. 薩爾瓦多
4. 巴拿馬
5. 土庫曼
6. 俄羅斯
7. 盧安達
8. 泰國

監獄人數
世界監獄綜覽，犯罪與司法政策研究院，2018

每十萬人的比率

0–100　100–200　200–300　300–400　400–500　>500

2000 km
1000 miles

各國監禁率[114]
大規模監禁常用於強制實行法令，也用於扼殺異議和壓制反對意見。這份地圖標示出監禁率（相對於監獄犯人的絕對人數），美國、中國、巴西、俄羅斯和印度的囚犯總數最高，但監禁率最高的幾個國家則是古巴、薩爾瓦多、土庫曼、盧安達、泰國還有美國。

增加大約 3.7%。[113] 監獄收押人數暴增的原因之一是因為監禁盛行，被當作是對付輕微違法和毒品相關犯罪的策略。懲戒設施也是一門大生意，許多都已民營化。[115] 光是美國每年就花費 800 多億美元維護監獄——大約是每個國民 260 美元。[116]

審判前拘留和高再犯率，導致監獄遠遠超載，多於計畫中的容納人數。例如在南美州和東南亞，從 2000 年之後的監獄人數就分別增加了 175% 和 122% 以上，巴西、薩爾瓦多、巴拿馬、柬埔寨、埃及、印尼、約旦、尼加拉瓜、土庫曼、盧安達、菲律賓、土耳其等國家，近年監禁量都暴增。儘管隱瞞不為公眾所知，但監獄通常擠滿了貧困、教育程度低和少數族裔的人，其中許多人甚至還未被判刑，就已在獄中苦熬多年。在獄中，非暴力罪犯通常跟已定罪的謀殺犯和性侵犯緊挨在一起，雖然許多人權和人道主義團體努力想接近監獄，想監督環境，將虐待公諸於世，但過度擁擠、疾病和虐待依然常見。[117]

在世上大多地方，監獄條件近乎中世紀，設計用來約束違法行為和照顧囚犯的措施經常被搬出來賣弄。[118] 例如在巴西，牽涉到斬首的監獄暴動發生的頻繁程度令人心驚[119]；在墨西哥，全國大約有四分之三的囚犯宣稱在獄中曾經遭到毆打、窒息、電擊和性騷擾等虐待。[120] 在敘利亞，政治犯經常被處決，上千人因長期單獨監禁、處於極端溫度、以及食物和醫療受限等緣故，於拘留期間死亡。[121] 此外在奈及利亞，有數千人死在政府的集中營裡，或者是死於士兵及準軍事部隊團體的監禁之下。[122] 在北韓，據信有多達十三萬人在集中營裡苦撐，情況好比當年的納粹德國。[123]

中國也採取行動拘留了大量人口，監控這些人。根據人權觀察員指出，至少有一百七十萬人被關在中國的監獄裡。[124] 另外在新疆，還有多達兩百萬的維吾爾族人和其他少數穆斯林被迫進入集中營，接受「再教育」和「去極端化」。[126] 地圖上標示出十八處確認的「再教育營」，但國外研究人員認為可能多

新疆的疑似拘留營 [125] 據報導，中國在新疆拘留了兩百多萬維吾爾族人及其他穆斯林團體。這份地圖標示出十八個經衛星成像空拍證實的「再教育營」，研究人員認為總數可能多達一千兩百個。

地圖內文字：

俄羅斯

哈薩克

蒙古

烏魯木齊

吉爾吉斯

塔吉克

新疆

北京

阿富汗

中國

巴基斯坦

確認或疑似再教育營以紅色標示，估計總數高達一千兩百個。

印度

500 km
250 miles

澳大利亞戰略政策研究所，2018

追蹤非法商品
UNODC, 2014

美國

墨西哥

海洛因
古柯鹼
槍枝
販運移民
販運女性受害者（主要來源）
仿冒消費品
偽藥
非洲之角（Horn of Africa）的海盜
野生動植物
林木
黃金
錫石礦

達一千兩百個 [127]，儘管中國當局否認，衛星影像仍然揭露出某些集中營的樣例。[128] 集中營計畫的設立是為了處理中國總理提到的「三股勢力」：恐怖主義、宗教極端主義、分裂主義。[129] 1990 年代發生一連串炸彈襲擊事件後，包括 2014 年在昆明發生的攻擊事件，造成了三十五人以上死亡、一百四十多人受傷，中國當局就擴大了所謂的「嚴厲打擊」和「人民戰爭」活動。[130] 從那之後，中國政府明顯提高了種種監控，從社群媒體監視、電話竊聽到臉部及生物辨識科技都有。[131]

中國的監控系統是為了阻止犯罪，遏制政治異議人士，今日至少有兩億台閉路電視攝影機（CCTV）遍及城市大街、商店、車站和邊關──相當於每七個居民就有一台攝影機。[132] 中國政府也實行了社會信用體系，以追蹤公民的可靠度，包括繳納帳單、部落格貼文和日常採買，然後再用分數來決定國民是否能夠得到基本公共服務、信用評級，還有是否能錄取各級學校及大學。[133] 在新疆，有關當局部署了人工智慧監控，掌握人口的移動，不管是去銀行、醫院、購物中心或公園，都在監控之下。[134] 2020 年初新冠肺炎爆發之後，類似的科技也用在改善

接觸者追蹤及強制隔離。中國政府也把監控技術輸出到其他國家。[135]

組織犯罪擴大：年產值 2.2 兆美元的生意

犯罪是一門古老的職業。綜觀歷史，有組織的犯罪份子包括海盜、土匪、攔路強盜，往往在王室或國家當局管不到的地方活動。數千年來，犯罪組織——黑手黨、犯罪集團、幫派——也提供了保護，雖然要付出代價。社會學家迪亞哥・甘貝塔（Diego Gambetta）曾描述史上最難對付的犯罪組織義大利的西西里黑手黨，是如何透過提供了今日我們所謂的公共安全，來滿足市場需求而成功。[137] 全世界從中國[138]、日本[139]到美國[140]及俄羅斯[141]，有組織的犯罪集團提供服務、販售商品，經常採取威脅及暴力行動來獲取利益回報。下圖描繪出犯罪組織如何變成真正的全球性商務，收益令人瞠目結舌。哥倫比亞、玻利維亞和祕魯所生產的古柯鹼，在北美和西歐販售，

全球非法商品走私地圖 [136]

非法商品的全球貿易影響到世界上的每一個國家，這份地圖標示出多種非法商品從產地到終點的疑似流向。圖上特別標示古柯鹼的走私路線，從哥倫比亞運到美國和歐洲，海洛因則是從阿富汗流入歐洲和俄羅斯。非法野生動植物多從非洲運到亞洲，性販運盛行於巴西、俄羅斯與歐洲之間。

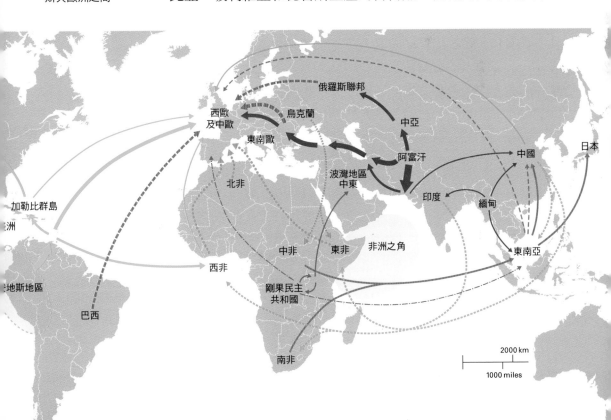

是每年價值 6,500 億美元的非法藥物產業的一部分。然而，毒品只是有組織犯罪龐大生態系統的一部分，一項研究估計有組織犯罪團體每年能輕鬆賺進 2.2 兆美元之多。[142]

有組織的犯罪份子經常與政客和公僕共謀勾結，其業務與警察、司法系統與海關服務等國家機構緊密相關。有組織的犯罪團體通常以企業形式運作，回應市場信號，這是他們在美國政府於 1920 年到 1933 年間禁止販售及進口酒類後所學到的教訓。在禁酒令之前，幫派是「僱傭暴徒」（thugs for hire），被政治上的老闆招募，用於恫嚇政客，將票投給偏好的候選人。作為回報，政客和執法人員對黑幫涉入賭博或賣淫集團視而不見。禁酒令之後，幫派提供保護並收取費用，來賄賂政客好讓他們的非法事業繼續經營。隨著金錢湧入，幫派開始招聘律師和會計師，建立全國及跨國合作關係，並創立合法企業來洗錢。[143]

當政府無能或沒有意願掌控領地、實現基本公共服務的時候，就是有組織犯罪蓬勃發展之時。[144] 但政府當局也時常名列黑手黨或幫派集團的薪資名單，這有助於解釋為何某些民選官員會削弱自己的安全服務，將其變得政治化。例如在巴西里約，全副武裝的警察與幫派和民軍作戰，不只是為了維護治安，也是為了主導和控制非法市場，包括毒品、勒索和各種非法服務。右頁這份地圖標示出大都會區犯罪團體雜處橫行的程度，與國家當局交替競爭及共謀。以紅、黃、綠色標示的地區由武力強大的販毒陣營主宰。藍色地區由可怕的民兵控制——由現職或前任警察、消防員及士兵組成的團體，他們也會深度涉入種種事務，從土地掠奪到針對性暗殺都有。在警察所能提供的保護有限的情況下，貧窮社區只能自謀生路，轉而尋求街區巡守隊、治安會和黑手黨的幫助，付出高昂價格來獲得安全保護。[145]

有組織犯罪侵蝕了民主，當人們恐懼犯罪，或者本身就是

里約各幫派勢力分布
作者重現，2019 年

- 「紅色命令」（Comando Vermelho, CV）
- 「純粹第三司令部」（Terceiro Comando Puro, TCP）
- 「朋友之友」（Amigos dos Amigos, ADA）
- 民兵

編按：圖上原文為里約各區地名

里約的幫派

在里約，販毒陣營和民兵縱橫交錯，紅、黃、綠色區域由地方販毒幫派支配，藍色地區則由民兵把持。當幫派和民兵高度集中在一個小地區，會產生相當可觀的暴力。

受害者時，對於民主制度的信心就會下降 146。從統計上看，他們也更有可能支持用極權主義的解決方法來恢復秩序，而不是民主方法。犯罪團體最擅長用腐敗、特權讓政治體系應接不暇，關係好的人就能得到甜頭。哥倫比亞人在這方面的經驗豐富，稱之為「毒梟政治」（narco-politics）。在 1990 年代及 2000 年代期間，該國當選的政客以及當地商人的存亡靠的就是保持販毒貿易順利運作。類似的動態如今在墨西哥也很明顯，數百個自治區都由「影子政府」監管，這些政府由罪犯化的政治和官僚體系的贊助及保護所組成。147 巴西許多城鎮也被販毒陣營、民兵和腐敗的公務員所控制 148，在巴西，有些人會將整個街區的「選票」拍賣給出價最高的人。149

政府可能也會利用有組織犯罪的威脅當做藉口，將公共安全軍事化。150 這麼做的理由很充分：對犯罪問題顯得軟弱的政客，通常在選舉時會吃虧 151，對犯罪採取強硬的姿態往往有助於贏得選舉。152 矛盾的是，這些所謂的鐵腕（mano dura）警戒策略導致的大規模逮捕，事實上反而會為犯罪團體注入精

全球謀殺案件分布：
2018 年[157]

謀殺暴力特別集中在拉丁美洲、加勒比群島、中非及南非。世界上五十個最兇殘的城市中，大約有四十三個在美洲。這份地圖標示出每十萬人中謀殺率最高的國家，特別突出的國家是薩爾瓦多、宏都拉斯、委內瑞拉、牙買加、巴西、南非、哥倫比亞和墨西哥。

1000 km
500 miles

謀殺
伊加拉佩智庫，2018

每十萬人中的謀殺率

N/A　0–5.25　12.5　25　50　100　>100

墨西哥
瓜地馬拉
薩爾瓦多
宏都拉斯
牙買加
哥倫比亞
委內瑞拉
巴西

力[153]，因為遭監禁的年輕人會在獄中磨練各種犯罪技能。[154] 例如在中美和南美各地，MS-13 和「第一首都司令部」（Primeiro Comando da Capital）等幫派，基本上經營著大部分的刑事和監獄體系——這些人是法官，是陪審員也是行刑者。[155] 更糟的是，有充分的證據顯示，鎮壓警戒不但無法阻止組織犯罪，其實還增加了暴力犯罪。公民被迫選邊站，尤其是那些居住在幫派支配街區的人。有些人害怕匪徒的報復暴力，有些人則擔心掠奪、罪犯化的警察人員。[156]

　　世界上有個地方匯聚了以上所有要素，那就是拉丁美洲和

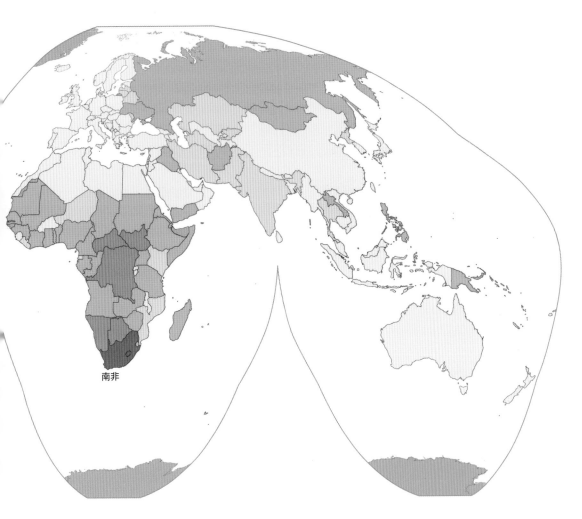

南非

加勒比群島。2000 年以來，該地區至少有兩百五十萬人遭到謀殺，每十五分鐘就有一個拉丁美洲或加勒比公民遭到槍殺——通常是貧窮的黑人成年男性。在某些國家，槍枝相關的謀殺是青少年首要死因，超過意外、癌症、自殺和疾病。[158] 地圖顯示全世界二十個最多謀殺案件的國家中，拉丁美洲和加勒比群島就佔了十七個，光是巴西、哥倫比亞、墨西哥和委內瑞拉就佔了全球所有謀殺案件的將近四分之一，平均每天約有三百四十人在這四個國家中遭到謀殺。相較之下，每天約有五十七個南非人遭謀殺。

在巴西和南非這些地方，居高不下的犯罪通常是不平等的結果，還有難以改善的青年失業和驚人的有罪不罰。這兩國名列世界上最不平等的國家，大部分的犯罪都不會受到懲罰。例如在巴西，所有通報的謀殺案件中，只有不到 8% 會被定罪，相較之下，日本有 98% 的謀殺案會被判處監禁。當然，這一區並不是每個地方都這麼糟。像阿根廷、哥斯大黎加、厄瓜多、祕魯、烏拉圭等國，還有特別是智利（謀殺率為每十萬人中有 2.7 人），都比薩爾瓦多、宏都拉斯、千里達及托巴哥，或是委內瑞拉安全多了。即使如此，在這個地區最不暴力的國家裡，平均謀殺率約每十萬人中有 6.5 人，仍然是北美的兩倍。這些暴力犯罪的代價很大，約佔區域總國內生產毛額的 3.5%，相當於每人 300 美元的稅款。

抑制戰爭災禍

儘管有這些令人擔憂的頭條新聞，還是有些經過驗證的方法能有效預防並降低有組織犯罪。[159] 一旦認識到難題所在，而且政治領導人承諾會致力於處理這項議題，政府、企業和公民社會團體就需要把精力專注在暴力集中的特定地方。他們不能只注重維持治安，也要著重擬定全面預防計畫，對付暴力的決定因素。最後，要扭轉武裝衝突、恐怖主義和有組織犯罪的趨勢，就需要認真投入，標本兼治，也必須要有更多的合作，來支持和平、瓦解極端主義、控管藥物以及打擊犯罪。[160] 在民粹主義和國家主義政府譴責「全球化」、質疑多邊主義效率的此時，這麼做並不容易。

儘管遭到批評，聯合國在遏制和徹底改變暴力上仍有些許成就。[161] 這個組織得到的讚揚不多，因為很少人會注意到戰爭或種族屠殺暴力沒有發生的時候。聯合國和其他組織不只協助減少了內戰及相關死亡人數，也以合理的低成本達到這些目

聯合國維和任務

聯合國維和，2019

● 進行中任務總部

▨ 進行中任務

▨ 已完成任務

2000 km

1000 miles

部署「藍盔部隊」防止衝突：1954 年到 2019 年

派遣維和人員至世界各地的機制已存在半個世紀多。自 1954 年起，已有七十多次維和行動，涉及一百二十個國家、數以百萬計的軍事人員、警察和其他平民。地圖上標示出十三個進行中的行動（以黃色標示），還有許多已完成的任務（綠色），進行中任務的總部也以紅色標示。

的。[162] 不論我們喜歡與否，聯合國依然是這世界所擁有的唯一真正全球體制，能避免國際之間的戰爭和內戰迅速惡化失控。然而，全球對透過聯合國來解決棘手問題的意願正逐漸衰退，中國、俄羅斯和美國等國家之間的裂隙，也讓安全理事會元氣大傷。在地緣政治那一章說得很清楚，改革安全理事會有其必要，但是現在不該放棄組織中真正有用的那些部分。

　　衝突、恐怖主義、犯罪和國家鎮壓在本質上有了改變，也需要用新的方式來促進和平。我們急需新類型的政策回應和公私合作，以瞄準和切斷助長暴亂和不穩定的非法收入來源。[163] 今日的叛亂份子、恐怖份子和黑幫想生存要靠全球供應鏈——從金融機構、商品貿易商到生產者、供應商、零售商和運輸公司。例如在 2015 年處於影響力巔峰之時，伊斯蘭國每年透過販賣石油、向旅館和醫院課稅、經銷汽車和交易黃金，獲得六十幾億美元的收益，總值相當於蒙特內哥羅（Montenegro）一

國的經濟產出。[164] 這類依賴關係為干預提供了切入點，包括透過更透明的金融交易操作來終結洗錢，限制不法線上廠商使用暗網，並且對私人公司和避稅港施加更大的壓力，要他們肅清自我行為。

以長期來說，防止衝突、恐怖主義和犯罪最有效的管道，首要是處理引發一切的潛在結構因素。包容經濟的成長以及降低社會不平等很重要，因為這些是暴力的關鍵決定因素。針對處於弱勢和政治排除的高風險社群給予支持[165]，創造更能供眾人參與決策的管道，在分歧的社會中也很重要，能避免大家分崩離析。這表示要更直接地與政治和經濟上的菁英接觸，討論那些導致暴力現況的協議。[166] 也要讓更廣大的人民團體參與，共同打造解決辦法，涵蓋的範圍要比現在更廣，包括同宗教和不同信仰的團體。[167] 可以肯定的是，擴大女性和年輕人的政治和經濟參與，並且鼓勵更大的社會流動性，這樣的社會往往暴力更少。[168] 研究顯示，扭轉高度性別不平等和性別暴力，能降低內戰和各國之間戰爭發生的機率。[169] 這些補救方法在新冠肺炎時代同樣重要，因為這是走在時代前面的救濟之道。

對抗國家暴力及犯罪

要想預防多種形式的暴力，最終都可歸結到國民與國家制度之間關係的品質。有組織的暴力會在分崩離析的社會中興盛——尤其是國家失去正當性和可信度的時候。社會契約瓦解之時，暴力往往不可避免。和平最大的威脅之一就是壓制言論自由和集會的權利，消滅反對的聲音，並且蓄意讓社會極端對立。和平改變的動力必須由內而生，無法由外人強加在社會上。從長遠來看，必須要由公民自己去迫使政府更積極反應，負起責任。

支持自由獨立的媒體，確保人民清楚知道政府和企業菁英

的所作所為是很重要的。還有投入當地組織和公民集會活動，減少以偏頗錯誤的方式收集並傳播資訊，跨越分歧和對立的社群，讓公民團結起來。以國外援助為目標，打造獨立而有活力的中產階級是關鍵，而不是狹隘地只注重「經濟成長」的目標。一旦發現腐敗的政客助長了他們宣稱要打擊的暴力，政府捐助者和民間投資人就應該拒絕提供援助和投資。民營部門也可以發揮關鍵作用。金融中心和境外庇護所應該受到約束，讓罪犯和政客無法洗錢。[170] 全球的消費者和公司可以抵制犯罪活動，確保自己的供應鏈和產品沒有受到犯罪活動的玷污，也並非在壓迫的環境中製造。

雖然我們描繪了黯淡的局面，好消息是暴力程度似乎處於歷史低點，部分原因在於法治的穩定傳播和整體生活環境逐步改善。壞消息是暴力是變色龍，假裝成新的樣子，比從前更難根除。二十世紀為減少戰爭而投入的才智努力及政治資本，如今必須用來降低二十一世紀的有組織犯罪和國家鎮壓。這世上每六個人當中就有一人受到全球暴力的影響，還有因為逃離殺戮的移民湧入而被壓垮的國家。我們知道該做什麼，我們需要啟動必要的政治資源，成果會讓一切的努力都值得。

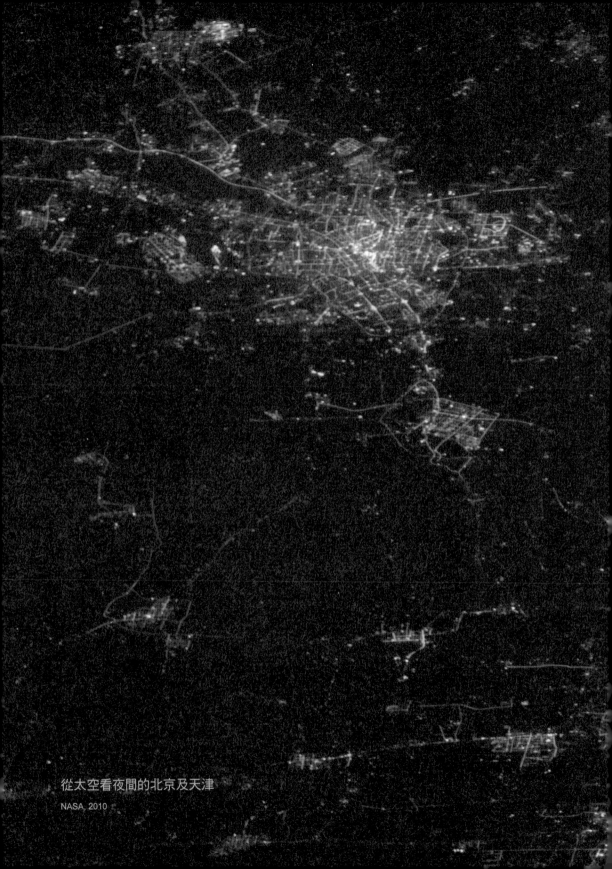

從太空看夜間的北京及天津

NASA, 2010

人口狀況

人口成長明顯趨緩

世界人口將在 2100 年趨近 110 億的最高點

世界迅速老化，只有非洲仍然年輕

大部分國家的生育力低於人口替代水準

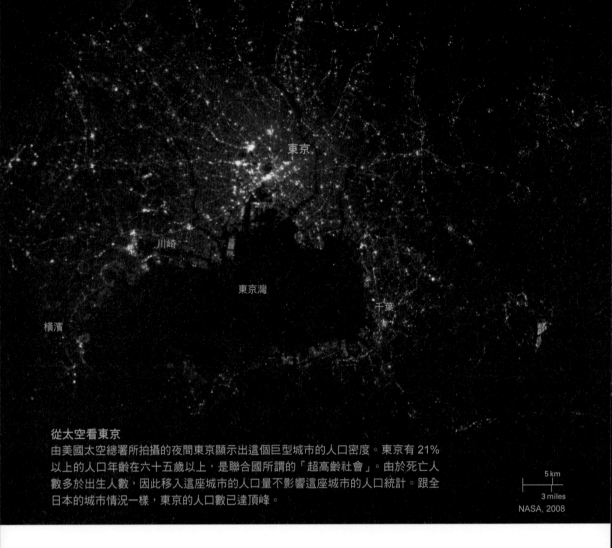

從太空看東京
由美國太空總署所拍攝的夜間東京顯示出這個巨型城市的人口密度。東京有 21%
以上的人口年齡在六十五歲以上，是聯合國所謂的「超高齡社會」。由於死亡人
數多於出生人數，因此移入這座城市的人口量不影響這座城市的人口統計。跟全
日本的城市情況一樣，東京的人口數已達頂峰。

5 km
3 miles
NASA, 2008

前言

　　全球人口的成長是太快或太慢？答案沒那麼直接了當，但
可以肯定的是，這個世界正在迅速高齡化，歷史上首次出現六
十四歲以上的人口多於五歲以下的人口。[2] 到了 2040 年，六十
歲以上的人口將會超過二十億，是現在的兩倍。[3] 在接下來五
十年內，地球上的年輕人很可能會變得太少——而不是太多。[4]
我們也幾乎可以肯定，全球人口的性別分布將越來越傾斜，老
年女性多於老年男性，年輕男孩多於年輕女孩。[5] 理由將在本

章詳細說明。

世界人口過盛的想法由來已久，至少可以追溯到早期基督教神學家特土良（Tertullian），他在西元二世紀世界人口不到兩億時，就曾提出人口過量，超出地球負荷。最知名的人口悲觀主義者大概是托馬斯·馬爾薩斯（Thomas Malthus），他在1798年時提出警告，過度人口成長將使得進步緩慢。比較近代的則有1968年時保羅·R·埃利希（Paul R. Ehrlich）的《人口爆炸》（*The Population Bomb*）一書，將這個想法應用於現代，認為不斷增長的人口會導致糧食短缺，讓越來越多人遭受飢荒。最近把世界上的問題歸結為人口太多的思想家是史蒂芬·艾默特（Stephen Emmott），他寫了《一百億》（*10 Billion*）一書。[6]講到人口過剩時，大家通常不是說「我們」的人口太多，而是「他們」的人口太多，那些他者。但人口過剩是否真的是想像出來的問題呢？尤其是在亞洲和非洲。[7]

有半數人類居住在這個圓圈裡

住在圖上所畫的這個圓圈裡的人比住在圈外的人還多，圈內的亞洲國家人口數超過三十八億。[1]中國人口最多的時候約有十億四千兩百萬人，如今已被印度的十億三千五百萬人超越，緊接著則是印尼的兩億七千四百萬人。

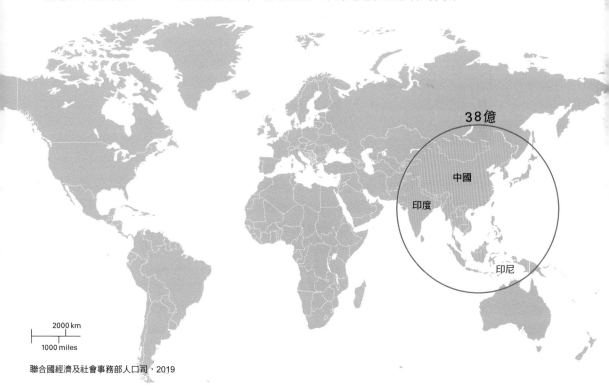

38億

中國

印度

印尼

2000 km
1000 miles

聯合國經濟及社會事務部人口司，2019

歷史上的世界人口成長

　　大約兩萬多年前最近一次冰河期結束時，地球上有將近一百萬的人口，零星分散在非洲、亞洲和歐洲。[8] 到了西元前五千年時，世界人口據估計達到五百萬人，每塊大陸都有人居住。[9] 過了將近七千多年，全球人口才達到十億大關，大約是

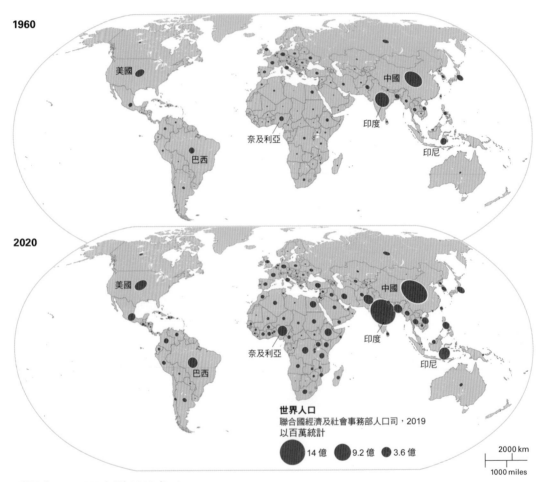

世界人口：1960 年到 2020 年
決定人口規模的因素有兩個：有多少人出生，即生育率；這些人又能活多久，即預期壽命或死亡率。地圖上的圓圈代表居住在不同國家的人口數，所有區域都經歷了人口增加，但比較 1960 年和 2020 年的地圖會發現印度和中國的人口成長驚人，非洲的國家也是。

在西元 1800 年的時候。[10] 如圖表所示，人口在 1925 年左右倍增為二十億，接著在 1975 年再度倍增成為四十億，只用了五十年的時間。到了 2000 年時人口達到六十億，2020 年時七十八億，2050 年時預計將近一百億，在百年內就增加了三倍。[11] 接著，人口成長可能就會明顯趨緩，要再過五十年左右才會達到一百一十億，之後就開始漫長的縮減。許多人口統計學家預測，在一百年內，世界人口可能會退回到目前的水準，低於八十億。[12]

最讓人驚訝的不是全球人口的成長速度，而是生育率的下降速度，全世界一半以上的國家如今都低於人口替代率——維持世代人口數相同所需要的生育水準。[14] 標準的人口替代率是2.1，比率需要略高於 2 是因為並非所有女孩都能長大成人，也並非所有女人都會生育。[15] 全球生育率顯著下降是因為政治、

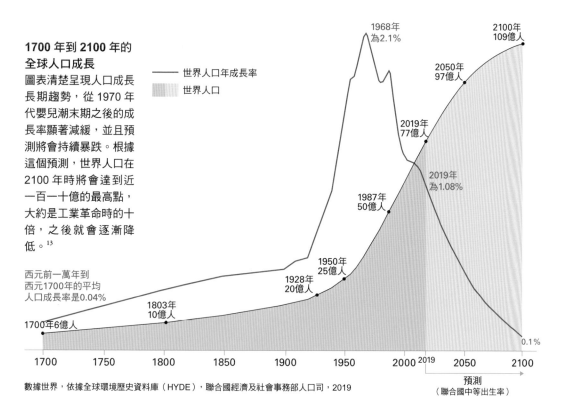

1700 年到 2100 年的全球人口成長
圖表清楚呈現人口成長長期趨勢，從 1970 年代嬰兒潮末期之後的成長率顯著減緩，並且預測將會持續暴跌。根據這個預測，世界人口在 2100 年時將會達到近一百一十億的最高點，大約是工業革命時的十倍，之後就會逐漸降低。[13]

西元前一萬年到西元1700年的平均人口成長率是0.04%

世界人口年成長率
世界人口

1968年為2.1%
2100年109億人
2050年97億人
2019年77億人
2019年為1.08%
1987年50億人
1950年25億人
1928年20億人
1803年10億人
1700年6億人
0.1%

1700　1750　1800　1850　1900　1950　2000 2019 2050　2100

預測（聯合國中等出生率）

數據世界，依據全球環境歷史資料庫（HYDE），聯合國經濟及社會事務部人口司，2019

社會和經濟的因素。簡單來說，全球有越來越多女性接受更好的教育，加入勞動力市場且都市化之後，更能決定她們要生幾個孩子、何時生育。有越來越多的婦女決定延遲生育，並且縮小家庭的規模。

生育率的下降發生很快，在單一世代中，整個群體就可能目睹生育率暴跌，卻無法歸因於文化、宗教或族裔等因素。[16] 在伊朗、愛爾蘭和義大利，許多出身七個孩子或以上家庭的母親，選擇只生育一個，結果就是這些國家在前一個世代還以快速人口成長為特徵，如今卻分別只剩 1.6、1.9 和 1.3 的生育率，遠低於人口替代水準。然而，這些國家的主要文化信仰明顯不同，也沒有任何一國經歷過宗教價值的蛻變，它們所擁有的共同點是嬰兒死亡率大幅下降、收入迅速改善、女性教育程度提高、女性就業率提高、發展社會安全保險幫助年長人士，還有避孕可用。政治領導人、宗教領導人和教育工作者也能大幅改善情況，尤其是如果能讓女孩想像母職以外的角色。[17]

改善孩童健康和教育也是降低生育力的關鍵。當更少孩童早夭，母親也就不需要生育那麼多嬰兒來達到理想的家庭規模。年輕女孩受教育，可提高她們得到有意義工作的機會，並可能導致她們延遲懷孕，且生育更少的孩子。避孕意識的增長加上避孕方式的進步，讓女性更能計畫要生多少孩子。教育也拓展了眼界，讓個人可以展望非傳統的生活型態選擇，而不僅僅是養育孩子。[18] 識字能力和教育不但提高了收入，也有助於改善營養、衛生和保健。事實上，母親的教育程度是最重要的單一預測因子，能預知孩子是生或死。仍然有一億多的孩子沒有上學，半數以上的非洲女孩無法完成小學教育，這令人非常憂心。[19] 這不只是造成生育問題，有許多理由讓我們必須彌補這項不幸的失敗。

國家不必變得富有，人口成長也會降低，相較於比較富裕的國家來說，許多發展中國家的人口成長率更低。泰國的

生育率比英國更低，越南婦女生育的孩子比瑞典的媽媽還少。孟加拉、智利、埃及、印尼、伊朗、突尼西亞等國家，勉強達到人口替代水準，但可能很快就會往下掉。[20] 印度的生育率為2.3，是 1980 年的一半，預計會在接下來十年內掉到人口替代水準以下，由於印度是世界上人口最多的國家，這對全球人口預測會產生重大的影響。[21]

西班牙、臺灣和香港的共同特點是生育率全球最低。[22] 德國和義大利的生育率也極低，跟巴貝多、越南、模里西斯、智利、突尼西亞、美國和緬甸差不多。[23] 新加坡和南韓的生育率略高於 1。[24] 中國目前生育率為 1.6，雖然廢除了一胎化政策，但估計生育率不會增加。[25] 義大利的新生兒數目已經降到1861年建國以來最低，使得義大利成為世界上第二老的人口，僅次於日本，兩國都有將近四分之一的人口在六十五歲以上。[26] 過去十年來美國的生育率也大幅下降，從 2007 年的 2.1 降為2018 年的 1.7，遠低於人口替代水準。[27]

大約有四十五個國家仍然呈現高生育率——每個婦女有四個以上的孩子——大多都在撒哈拉沙漠以南的非洲。[28] 重要的問題是，這些國家是否會追隨其他國家所經歷過的人口轉型，同步改善收入、女孩的教育、避孕的途徑和都市化[29]，尤其是尼日、奈及利亞、坦尚尼亞這三個人口最多、生育率最高的國家。例如在衣索比亞和肯亞，過去四十年來的生育率減半，讓人有理由相信非洲國家正追隨其他區域的步伐，大幅降低生育力。[30] 一般認為到了 2050 年時，大部分的非洲國家的生育力會低於或趨近人口替代水準。[31] 這表示非洲的人口會從現在的十三億，增加到 2050 年約二十億，視生育力降低的速度而定，到本世紀末人口可能會超過二十七億，屆時非洲五十四個國家總人口，會相當於目前中國與印度的人口總和。[32] 非洲可能會是本世紀後半葉唯一人口會增加的大陸。

人口金字塔以圖形代表人口隨時間的演變，依年齡和性別

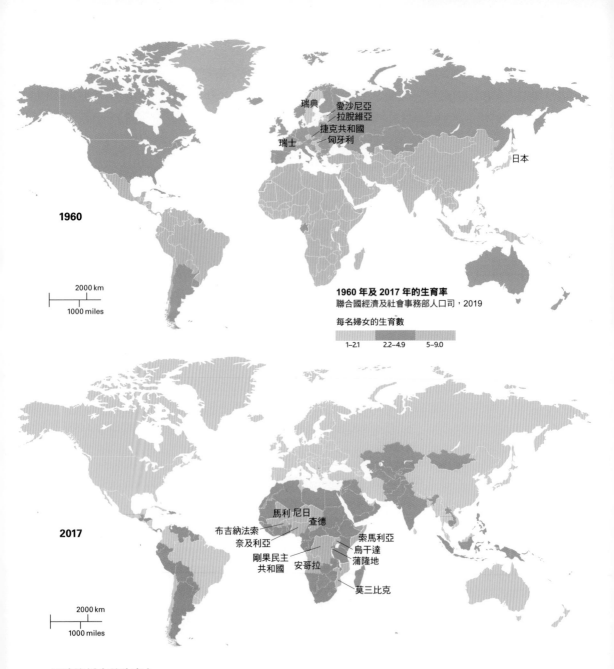

1960 年及 2017 年的生育率
聯合國經濟及社會事務部人口司，2019

每名婦女的生育數

| 1–2.1 | 2.2–4.9 | 5–9.0 |

1960 年地圖標示：瑞典、愛沙尼亞、拉脫維亞、捷克共和國、匈牙利、瑞士、日本

2017 年地圖標示：馬利、尼日、查德、布吉納法索、奈及利亞、索馬利亞、烏干達、蒲隆地、剛果民主共和國、安哥拉、莫三比克

迅速降低中的生育力

地圖上標示出 1960 年和 2017 年的全球生育率。1960 年時，只有少數國家的生育率低於人口替代水準，主要是瑞典、瑞士、日本，以黃色標示。到了 2017 年時，我們觀察到一個非常不同的世界，大部分國家都低於人口替代水準，同樣以黃色標示，只剩非洲大陸仍有高生育率的國家。即使在非洲，比較兩張地圖也可以發現，如今高生育率已成為特例。

來區分。會使用「人口金字塔」這個名稱，是因為當時年輕人比老年人多，每個接續的年齡層階段人數都比前一階段少。奈及利亞的人口金字塔底部很寬，因為擁有每名婦女平均有 5.5 個孩子的高生育率，往上則急速縮窄，因為預期壽命很短，只有五十四歲。[34] 結果就是 44% 的人口在十五歲以下，54% 的人口在二十歲以下[35]，這與南韓形成鮮明的對比，那裡是全世界人口老化速度最快的國家之一。南韓的人口金字塔看起來像陀螺，相對較窄的年輕人基數，支撐著日益增加的老年人口。美國的人口金字塔形狀則像是一個直立的棺材，逐漸減少的生育力與增加的預期壽命相互呼應。[36] 結果就是新生兒的數目比 1987 年低，而當時的人口比目前的三億三千萬還少八千萬人。[37]

從人口金字塔到人口棺材

人口金字塔提供了簡便的方式，反映一個國家人口的性別比例與年齡構成。下列金字塔中，從出生到百歲，每五歲為一個階段，每一階段的寬度代表該跨度群體所佔人口的百分比。奈及利亞、南韓和美國的人口結構非常不同，反映出年齡結構的劇烈變化。

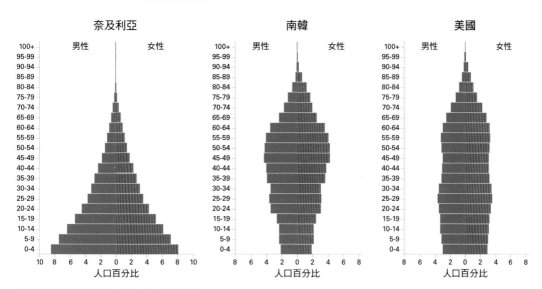

聯合國經濟及社會事務部人口司，人口金字塔網站，2019

生育力降低並不一定會立刻轉化成人口減少，人口總規模取決於嬰兒出生數量較少和壽命較長之間的平衡。除了老化，可能會有幾十幾年的延遲，因為在生育力比較高時出生的女孩，幾十年後也會成為母親。儘管大部分國家到了 2030 年時都會呈現負生育率，世界人口在 2050 年前都不會達到高峰，屆時非洲和亞洲人口加起來會佔總人口約四分之三。[38]2030 年時，世界上每三個新生兒中，很可能就有一個是非洲人。[39]

一直在變老

正在閱讀這本書的你可以期待，再過一小時大家的預期壽命將平均增加約十分鐘左右，到了明年就會增加兩個多月。[40]這引發了一些令人感興趣的問題，如果能活到一百歲，你要嗎？即使身體能夠好好活著，對於那些有幸活到九十歲的人來說，帕金森氏症、阿茲海默症和其他失智成因都有可能限制心智能力。[41]再過幾十年，我們有希望克服這些大腦退化疾病，正如健康那一章所示，活過百歲應該會變得比較愉快，而不是成為社會的負擔。

從社會狀態隨時間改變的圖示可以看出，總出生人口幾乎停止增加，但因為老化的緣故，目前及未來的人口總數仍會繼續成長。藍色表示 1950 年的狀態，淺綠色表示 2018 年，黃色則代表到 2100 年的預測。在接下來的數十年內，幾乎所有的人口增長都是因為老化，而不是出生率增加。隨著全球人口增加，改變的將會是人口金字塔的高度而非底部加寬。大約從 2018 年開始，全球十歲以下的人口就幾乎沒有增加，非洲的高出生率被其他地方急速下降的生育率抵消了，幾乎全球的人口增加都來自老化。

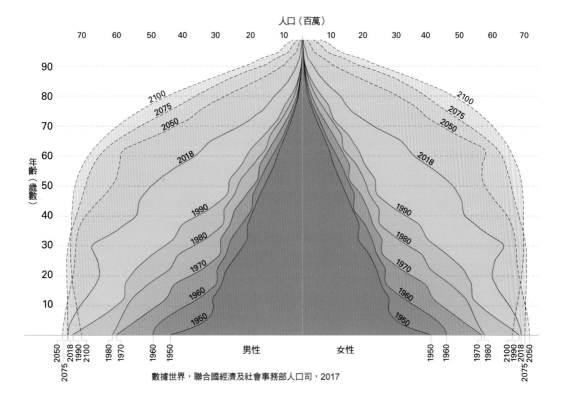

人口（百萬）

年齡（歲數）

男性　女性

數據世界，聯合國經濟及社會事務部人口司，2017

老化及生育率下降改變了社會狀態：1950 年到 2100 年

上圖的人口結構變化以一系列互相重疊的帳篷呈現，內帳代表 1950 年的全球人口分布，外面各層代表每十年的變化，一直到 2100 年。

消失的勞動力

在比較富裕的經濟合作暨發展組織國家中，接下來三十年內，工作年齡人口預計將從八億多人減少到六億多人，歐洲的勞動力將會減少三分之一。[42] 隨著老年受扶養人數相對於繳稅贍養的人數增加，必須要有大刀闊斧的改革。許多措施都不會太受歡迎，包括延長甚至廢除退休年齡，加上其他退休制度的改革，像是終止確定給付制，將退休金改為由貢獻和投入的表現來決定，而不是固定的法定應得權利，那通常由退休時的薪水來決定。

有越來越高比例的老年人會工作到七、八十歲的時候，維持個人收入和扶養眷屬成員的需求，會是讓人持續工作最有說服力的理由。今日，已達退休年齡的個人面臨了存款減少和所

依賴的企業與政府退休金制度負債越來越多的嚴峻前景。人口迅速老化加上投資利潤變低，表示許多現有的退休金制度無法維持，而且這個情況還會繼續惡化，因為老化和低利率會削弱退休基金的價值，同時活得更長的老年人也增加了退休基金的負擔。[43]

工作生涯更長意味著老年人會在工作崗位和資深職位上待得更久，減少了年輕人發展的機會。年輕的一代將愈發感到挫折與失望。在法國，目前是平均三個工作年齡的人撫養一個老年人。[44] 在日本，則是兩個勞工撫養一個退休人士。[45] 到了 2050 年，預計全歐洲的國家有半數會面臨日本現在的處境。[46] 嚴酷的事實是，為了避免讓未來的世代負擔過重，老年人必須工作更久，要更活躍並且獨立。從短期來看，這些改變可能會因為新冠肺炎而減緩，因為這種流行病對年紀較大的人來說特別危險。

數十年來，日本一直位居世界快速人口老化的領導地位，因為生育力崩盤，日本的人口每年大約減少四十三萬人，相當於一個中型城市。[47] 在日本北方的青森縣和秋田縣，人口每年減少超過 1%，村莊沒落，居民幾乎全都在七十歲以上。[48] 日本人口已較顛峰時的一億兩千六百萬人減少了兩百萬，估計接下來的三十年，每年將會縮減近一百萬人。[49] 如果不徹底改變移民政策，日本的人口會在本世紀末減少到只剩五千萬。[50] 隨著六十四歲以下人口越來越少，六十五歲及以上的人口每年增加 2.5% 以上，越來越多的老年人將會對家庭、社區和公共財政造成重大的負擔。[51]

日本對這項困境的回應是尋求科技上的補救辦法，而不是像其他國家那樣，對移民敞開大門。第一個出現顯著老化徵兆的國家，也出現最高的機器人採用率，這並非巧合。政策積極鼓勵大量使用機器，包括投資機器人有吸引人的折舊津貼，還有各種試圖提升大家對於使用機器人和自動化系統的接受度

的宣傳與行銷活動。於此同時，因為生育率極低加上向外移民率高，有些歐洲國家，包括義大利、保加利亞、波蘭和羅馬尼亞，人口縮減的速度甚至比日本還快。[52] 在 2017 到 2019 年期間，義大利政府對於移入人口的反感使得義大利人口急速縮減，每年離開的人數比到來的多十五萬。[53]

生育下降，壽命增加，導致年齡中位數迅速增加，如圖表所示，年齡中位數預計會在 2050 年時翻倍，日本會從 1950 年時的二十二歲增加為 2050 年時的五十五歲。這個趨勢絕對不僅限於富裕的國家，在中國，年齡中位數從 1975 年時的二十歲到目前的三十七歲，預計在 2050 年時會增加為四十七歲。在墨西哥，年齡中位數從 1965 年的十七歲到 2019 年的三十幾歲，預計在 2050 年時會增加為四十幾歲。

1970 年時，全世界都很年輕，如 286 頁的地圖所示。國家可以區分為六十四歲以上人口對工作年齡者的負擔很少，平均每一百個工作年齡者扶養不到十一個退休人士，以黃色標示；還有負擔比例稍高，約在 11% 到 30%（以粉紅色標示），每個退休人士由至少三名勞工扶養。1970 年之後，全球平均預期壽

年齡中位數翻倍：1950 年到 2050 年
全球的年齡中位數預計會在 2050 年時翻倍。日本會從 1950 年時的二十二歲，增加為 2050 年時的五十五歲；中國從二十出頭增加為四十七歲；義大利從三十歲以下增加為五十歲以上；英國從三十四歲增加為四十四歲。

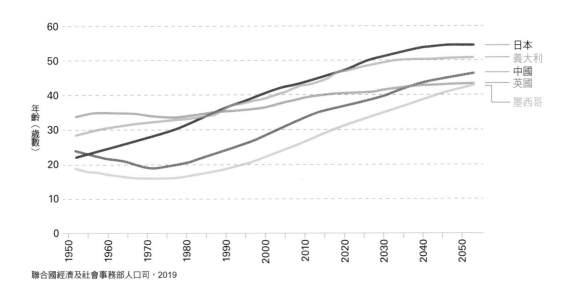

聯合國經濟及社會事務部人口司，2019

1970

2000 km
1000 miles

2020

瑞典
德國
法國
義大利
希臘
日本

2000 km
1000 miles

老年人與工作人口的扶養比，1970 年及 2020 年
世界銀行，聯合國人口司，2020

老年受扶養眷屬人數（年齡大於六十四歲）與工作年齡人口
（十五歲到六十四歲）的比例

| <11 | 11–30 | >30 |

1970 年與 2020 年的扶養比：更多老年人依賴更少的勞動人口

1970 年的世界很年輕，每個勞工負擔的老年受扶養眷屬人數很少，以黃色標
示。1970 年之後，法國、義大利、希臘、德國、瑞典和日本等國家，因預期壽
命顯著增加且生育力下降，扶養比大幅增加，以藍色標示。

命從五十九歲增至七十二歲[54]，同時全球生育率也顯著降低，從 1970 年平均每個母親生育 4.7 個孩子變成 2.4 個。[55] 這些因素的結合導致扶養比激增，計算方式是以受撫養的孩童（定義是十五歲以下）和受撫養的老年人（定義是六十四歲以上），去比較十五到六十四歲之間的人口數。歐洲國家如法國、義大利、希臘、德國和瑞典，扶養比都超過 30%，還有日本也是。中國、智利和巴西的扶養比也顯著增加。

更年邁的社會

人口狀況顯露出嚴酷的社會及經濟趨勢。全球的老年女性多於老年男性，因為比起男性，女性一般不抽菸、不喝酒，也比較不常死於暴力，因此女性通常活得比較久。此外在比較父權的社會中，產前性別檢驗會導致妊娠中止，相對於女孩，出生的男孩數量更多。年輕女性少於男性，加劇了生育力下降的趨勢，這個現象遍及全世界。[56]

人口停止成長時，平均收入就會隨著經濟成長而提高，因為增加的國家收入會分配到同樣固定的人數上。因為中國幾乎沒有人口成長，而國家經濟成長率又與印度相近，所以平均來說，中國人變得比印度人更富裕。儘管印度的經濟成長率可能開始超越中國，但利益也會被增加的人數瓜分。因為有著極高的經濟成長率加上極低的人口成長，所以平均而言，中國人比三十五年前富有二十二倍。[57] 在印度，快速的經濟成長加上生育力驟降，將會讓接下來數十年的平均收入顯著提高。如同之前提過的，印度的生育率從 1979 年的 5.5 降到今日的 2.3，預計到了 2030 年將會低於人口替代水準。[58]

人口狀況影響政治

　　人口狀況的改變對國家政治造成深遠的影響，原因之一是年輕人跟老一輩的投票傾向往往不同。隨著年齡中位數上升，老人照護和退休金的費用高漲，會對公共財政造成額外的負擔，這表示年輕的勞工被期望要貢獻更多的稅金。隨著老年人的政治影響力增加（由於人數增加），比起年輕的那一群，老年人的利益將會越來越主導政治辯論的方向。有鑒於世界正在老化，可以預料前方將有憤怒的吼叫等著。

　　目前歐洲和美國實施的退休金和退休制度，是在 1970 年代初期時發展出來的，當時的平均預期壽命是六十五歲退休後再活五年，投資平均利潤在通貨膨脹調整後是 4%。[59] 如今的平均預期壽命，以降低的平均退休年齡六十歲來說，男性大約再多十九年，女性則超過二十年。[60] 另外通貨膨脹調整過的（真正）投資利潤也降到低於 0.5%。[61] 這表示大家必須比四十年前多存一百倍的錢，才能維持同樣的生活水準。越來越多人存更多的錢，花費就會變少，存款會用在健康照護和房屋維護上，如果負擔得起，也會用在休閒和旅遊上。用來購買消費品的金額會相對減少，包括房屋、車子、衣服和娛樂。

　　年長者需要留著錢和資產過後半輩子，代表留給孩子的錢會變少，也比較不願意支付就學或大學學費。他們也需要持有自宅更長一段時間。如果老年人有幸擁有自己的房屋，他們的子女可以期望在自己七十幾歲的時候繼承房屋或其他資產，因為屆時他們的父母才會以九十歲或甚至更高的年齡過世。這意味著這一切劇烈的財富轉變都對老年人有利，而由年輕人付出代價。這些人口結構趨勢對於個人和家庭財務有重大的影響，對國家經濟也是。在比較富裕國家中塑造個人和政府財務的力量，也在中等收入和比較貧窮的國家中發揮了作用（非洲除外，那裡由於青年人數激增，當地面臨的經濟難題非常不

同）。勞動力下降，卻要支撐數量越來越多的老年人，這會增加公共財政的壓力，提高稅收幾乎不可避免，才能支付健康照護的費用。中國每年減少三百多萬名勞工，面臨的挑戰尤其嚴峻，還有其他在致富前先變老的國家，也面臨著同樣的問題。

全球存款增加會對利率造成進一步的向下壓力，更低的利率則表示大家必須存更多的錢，才能賺到退休生活所需的利潤。2008 年金融危機之後實施的法規產生了不利的影響，使得退休人士所面臨的問題更加惡化。政府一直堅持退休金和長期承保人應該投資「低風險」資產，例如政府債券和其他據稱安全的產品。越來越多人投入這類資產，利率就壓得更低，更進一步減少利潤，逼著大家得存更多錢，造成惡性循環，更多存款壓低利率，於是又需要存更多的錢。

退休金危機是一場迫在眉睫的災難，很可能會加速造成未來全球的金融崩潰。[62] 有私人的退休金危機，因為要是考慮到退休金給付義務，許多大型公司實際上沒有清償能力；也有公共的退休金危機，因為政府越來越沒有能力或意願去滿足退休人士的期望，這些人原本有應得的承諾給付退休金。希臘退休人士在 2008 年金融危機後發現自己的退休金縮水了一半，這樣的情況很可能會越來越普遍。

健康照護的費用隨著人口老化而急劇上升，有越來越多國家的老年人照護花費已經超過其他所有年齡群的照護花費總和。心智上與身體上預期壽命的差距擴大，將會持續對政府及個人財務增加額外的壓力。身體上的預期壽命每十年至少增加兩歲，但未來十年內預計在心智上的壽命不會有重大突破，數億人最終必須依賴補貼照護，無論貧富，都對許多國家造成迫在眉睫的威脅。[63]

如何應對百歲生活

　　政府的挑戰是如何應對百歲社會，確保老年人能夠負擔長壽生活，充實度日。這極具挑戰性，卻也是一項受歡迎的發展，尤其是因為這反映出降低人口成長和確保大家活得更久的努力的成功，這是人類進步的兩項持續目標。處理老化社會人口轉型的關鍵，是確保有足夠的人力有效工作，能支撐靠他們撫養的人。[64] 一直到最近美國都仰賴人口移入，還有像日本那樣設計並有效運用新科技，兩者都是解決辦法，應該繼續進行。

　　社會還需要做些什麼來應對老化的人口？首先必須提升勞工的教育水準和生產力，因為勞工必須維持更長時間的活躍和成效。增加女性勞動力參與也很重要。此外，政府必須延後退休年齡，並為父母和照顧者擴大兼職及彈性工作安排，同時鼓勵有能力的老年人工作，擔任良師、志工和兼職勞工，既能賺取收入又能有所貢獻，獲得滿足感。最後，增進老年人的身心健康很重要，包括透過發展支持性的社區照護、體能活動、健康飲食以及其他公共衛生介入措施。

　　老化的社會未必老朽，但要注意防範老年人增加的政治及經濟份量，會對政治造成特別重大的影響，導致過度重視老年人當前關注的事情，損害對未來的投資。隨著老年人在政治上的力量變得強大，年輕人很可能會變得更挫折、更憤怒。由於扶養比上升，供養老年人的預算增加，經歷迅速老化的各國政客和權威專家會開始抱怨缺少年輕人，最後甚至變得比較樂於接受移民。可能的結果是到了本世紀末，世界上大部分的國家都會適應更少、更老的人口，對於可怕的「人口爆炸」的擔憂將成為歷史。

2015 年難民潮，每一點代表十七個難民。

UNHCR, 2016

移民

流動人口比例沒有增加

移民是創新及活力的來源

移民在經濟上的貢獻大於奪取

破紀錄的難民數量，大多離家鄉不遠

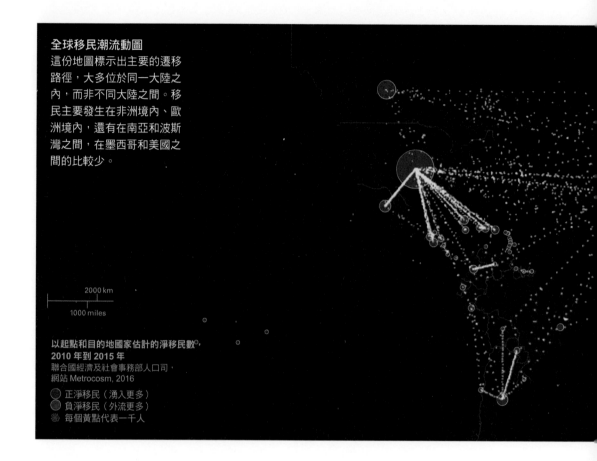

全球移民潮流動圖

這份地圖標示出主要的遷移路徑，大多位於同一大陸之內，而非不同大陸之間。移民主要發生在非洲境內、歐洲境內，還有在南亞和波斯灣之間，在墨西哥和美國之間的比較少。

2000 km

1000 miles

以起點和目的地國家估計的淨移民數，2010 年到 2015 年
聯合國經濟及社會事務部人口司，
網站 Metrocosm, 2016

正淨移民（湧入更多）
負淨移民（外流更多）
每個黃點代表一千人

前言

在新冠肺炎疫情暫時關閉邊界之前，移民和難民是一項熱門話題，但由於政治與證據之間的脫節，討論熱烈卻沒有多少人理解。地圖顯示出在非洲境內、歐洲境內，還有南亞和阿拉伯國家之間的人口移動，遠超過其他大陸之間的移民。移民成長最快的地方在亞洲和非洲境內，而不是反移民者高調宣稱的那樣，移往西歐或北美。[1] 十個非洲移民中大概有九個從未離開非洲大陸，東亞移民和來自拉丁美洲、加勒比群島的移民也有 80% 以上是如此，中亞和南亞則是 60% 以上。在歐洲境內，除了因新冠肺炎造成的暫時停止移動之外，歐洲人在申根

地區的二十六國之間旅行沒有任何限制，這形成了一個密集的星形遷移潮網絡，與其他區域密切連結。

移民和難民是許多國家政治議題的首要項目，這些議題確實從未過時。在本章中，我們會從長遠的角度來探討移民，展示這個自有人類以來就存在的活動。從歷史的觀點來看，近來的移民程度並非特別不尋常，尤其是如果考慮到過去百年來創立了一百多個新的國家，有了更多的邊界，這些邊境比從前受到更多的監控。在聳動而仇外的媒體頭條成天轟炸之下，許多人如今將移民視為問題——是需要阻擋在外的威脅。這是個錯誤，許多國家需要更多的移民，儘管不是每個地方都是如此。

我們可以從區分移民和難民開始，因為這兩類經常被人

混為一談。移民出生在某個國家，然後自願移入或移出，可能是出於經濟動機、家庭團聚目的或是就學。難民則是因為生命受到威脅而被迫遷移。各國有權拒絕移民進入，但以難民的情況來說，在道德和倫理上必須提供庇護。此外還有法律上的協議，責成政府必須接受、保護那些面臨生命危險的人。從法律的角度來說，難民是指有充分理由擔心因爲種族、宗教、國籍、社會組織或政治意見而遭到迫害的人。[2]如果想真正保護及照顧難民，我們必須更好地分擔責任，協助他們融入新社群，處理造成他們走避的根本原因。[3]

全球化促成了溝通和運輸成本迅速降低，也減低了移民的障礙。移民能接觸到的資訊增加，使他們對現有的選擇，以及不同目的地的優缺點，有更寬廣的認識。儘管如此，國際邊界的延伸以及對於穿越邊境者的控制擴大——尤其是在新冠肺炎的時代——意味著對大部分人來說，移民比從前困難。雖然國際協定的建立是為了便利金融、貿易和其他流通，移民仍然是全球化的孤兒，不在全球治理之中。[4]難民所面臨的挑戰，對於國內流離失所者與無國籍的人來說，更是加倍複雜。

移民塑造了我們的世界，從根本上定義了我們的未來。藉由冒險、創新和適應，移民及難民經常能改善自己的生活，同時也為寄居社會的整體環境帶來正面進展。不意外地，世界上最有活力的城市和國家往往擁有相對高比例的移民，而那些落後的地方往往比較封閉，同質性高。例如經常名列全球最宜居的城市之一的多倫多，該城人口有將近 50% 在國外出生。[5]倫敦、紐約和雪梨等城市，則有三分之一以上的人口來自國外，樂於充分利用多樣性，積極匯聚新人和新觀念。

移民如何塑造人類

人類遷徙已有十多萬年的歷史，地圖顯示出我們祖先的

祖先的路線
人類在十萬多年前展開遠離東非的長征，這份地圖標示出我們祖先最早的遷移模式。根據遺傳標記分析，人類先是穿越非洲，接著來到中東、歐洲和亞洲，最後才進入美洲。圖上數字表示某次特定移民約略發生在距今多少年前。

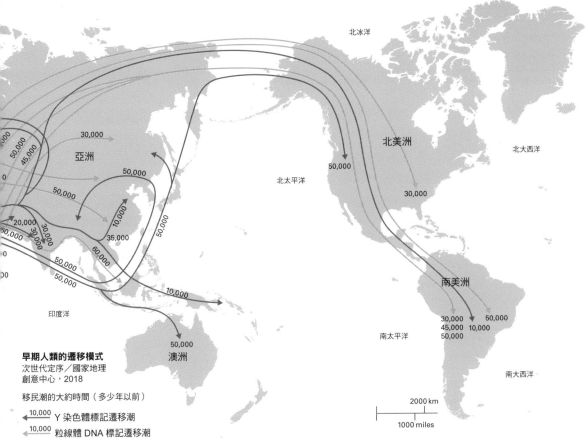

北冰洋

亞洲

30,000

50,000
45,000
50,000

50,000

50,000

10,000

20,000
30,000
30,000

60,000

35,000

50,000

50,000

50,000

50,000

10,000

印度洋

50,000
澳洲

北太平洋

北美洲

50,000

30,000

南美洲

30,000   50,000
45,000   10,000
50,000

南太平洋

北大西洋

南大西洋

早期人類的遷移模式
次世代定序／國家地理
創意中心，2018

移民潮的大約時間（多少年以前）

10,000 Y 染色體標記遷移潮

10,000 粒線體 DNA 標記遷移潮

2000 km

1000 miles

遷移模式，根據遺傳標記分析，利用 DNA 定序來追溯各年代分別的歷史譜系和變化。這些基因庫中經久不消的痕跡是活證據，證明了我們共同的起源在非洲。[6]對遷移的渴望和能力讓我們的祖先得以逃離飢荒、乾旱、流行病、戰爭，還有種種降臨在他們身上的災難。正因為他們探索了新的機會，遷移到這個星球上各個地方，我們才得以共同茁壯成長。如地圖所示，我們從東非展開旅程，再遷移到非洲大陸其他地方。

五萬多年前，人類從中東肥沃的月牙地啟程，前往歐洲和亞洲。橫越亞洲後，我們的祖先在更新世時代（Pleistocene age）尾聲來到澳洲，當時的海洋水位大約比今日低 91 公尺，澳洲與新幾內亞之間有陸橋可通。隨著時間的推移，他們在大約一萬年前結束的最近一次的冰河時期，穿過歐洲，橫越西伯利亞與白令冰橋，多次遷徙後終於抵達北美和南美。人類居住

在加拿大西部育空地區藍魚洞穴（Bluefish Caves）的證據可以追溯到兩萬四千年前。到了一萬八千年前的時候，他們已經橫越整個美洲，在智利南部蒙特維德（Monte Verde）發現的早期人類聚落可以證明這一點。[7]

相較於過去，這世界目前的遷徙程度並不算特別高，至少以人口的比例來看是如此。「大規模遷徙時代」從 1840 年左右開始，持續了七十年，人口移入和移出的程度和比率都高出許多。[8] 政治及經濟危機，包括工業革命造成的失業，驅使上百萬歐洲人遷徙，逃離糧食短缺、大屠殺、戰爭和貧窮。許多人利用相對便宜、快速且安全的新輪船，移居美洲、南非和澳洲。到了 1850 年代，一年大約有三十萬歐洲人移居，每年移民超過三百萬，一直到 1914 年第一次世界大戰結束大規模遷徙為止，共有超過四千萬個歐洲人橫渡大西洋。[9]

在新冠肺炎大流行，還有高漲的反移民情緒與封閉的邊界等情境下，如今很難理解前幾個世紀的移民規模。例如在十九世紀後半葉和二十世紀初期，每五個歐洲人中就有一人移民。在愛爾蘭、義大利和斯堪地那維亞部分地區，有三分之一以上的人口離開出生地。[10]1800 年到 1850 年期間，第一波移民主

在外國出生的美國人口比例：1820 年到 2015 年

這份圖表追蹤從 1820 年到 2015 年，每年外國出生的移民人數佔美國人口的比例。圖表顯示人口移入在十九世紀中葉達到巔峰，約佔 1.6%，隨後就顯著下降，過去十年內大概維持在 0.3% 左右。

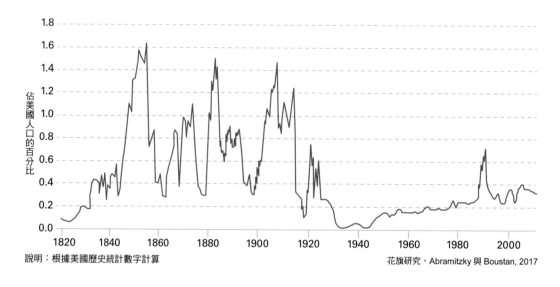

佔美國人口的百分比

說明：根據美國歷史統計數字計算

花旗研究，Abramitzky 與 Boustan, 2017

要是英國和德國的工人，這些人由於工業革命造成的經濟混亂而遷徙[11]，後來很快就被愛爾蘭人、義大利人、西班牙人、斯堪地那維亞人和東歐人的數量超越了。事實上，歐洲移民至少佔北美和澳洲人口的三分之一，佔阿根廷人口的一半。在英國，移民的比例也比今日高出許多，包括那些逃離愛爾蘭飢荒和東歐大屠殺的人。[12]

總體來說，一旦環境改善，有相當比例的移民會返回原籍國。十九世紀時就像今日一樣，移民潮並非單向：大約一半的人最終會返回家園，儘管返回的比例依原籍國而異。[13] 大約有一半的義大利和西班牙移民會在某個時候返鄉，但只有不到 5% 的俄羅斯移民會回去。[14] 直到第一次世界大戰和國家主義興起，才開始採用身分證件和相關的邊境管制措施並廣泛執行。在這之前，實施的管制是選擇性的，主要是根據外表或原籍來區別對待某些族裔團體。例如 1882 年時美國當局實施了《排華法案》（the Chinese Exclusion Act），拒絕中國移民，不讓他們入籍。[15]

今日我們大部分人視為常態的嚴格移民和海關管制，其實是近代的發明。自二十世紀初護照問世以來，已有一百三十多個新國家成立，不可避免地有了更多的邊界和管制站。[16] 這些邊界越來越顯眼，並且不受侵犯。最新階段的全球化並沒有像許多人預期的那樣，帶領我們邁入自由移動的時代，相反地，世界上許多地方都發展出旅遊限制。前蘇聯自決創造了十五個新的國家，每個都有自己的移民管理方式。因為每個新的國家都有新的邊境管制，所以先前自由移動的人如今必須處理簽證、移民管制等多項問題。[17]

儘管對流動有許多政治及管理上的限制，移民的媒介仍然比任何時候都要豐富。2019 年末新冠病毒爆發之前，旅遊成本驟降，運輸的選擇也在高速鐵路、廉價航空的擴張，與樞紐機場的蓬勃發展之下顯著增加。由於全球人口在過去四十五年裡

主要人口移動，1500 年到 1914 年
Philip's Atlas of World History, Patrick
Karl O'Brien, 1999

移民起源地：

→ 歐洲、斯堪地那維亞與俄羅斯西部
→ 亞洲
→ 非洲

2000 km
1000 miles

**各時期的移民：1500
年到 1914 年**
數以千萬的歐洲人在
1815 到 1914 年 間 前
往美洲，移民的步伐隨
著蒸汽火車、蒸氣輪船
的發明而加快。歐洲移
民也定居在南非、澳洲
和紐西蘭等地，同時還
有數百萬中國和日本移
民在尋找工作，其中多
數去了東南亞和北美西
岸。奴隸貿易也會造成
大規模非自願遷移，大
量非洲人被送往美洲和
中東。

翻倍，移民數量的絕對值也顯著增加，2019 年時大約是兩億七千兩百萬人。[18] 儘管邊界變多、人口上升，但由於運輸方式改善，關於目的地的資訊也更充分，所以從世界人口比例來看，移民數量仍維持得非常穩定。

　　從輪船在 1850 年問世以來，直到 1914 年第一次世界大戰爆發中斷船運，全球大約有 3% 的人口是移民。[19] 一戰結束後，1918 年毀滅性的西班牙流感爆發，增加了管制移民的期望，嚴格的邊境管制成為許多國家的常態。隨著邊界相對開放的年代結束，迎來了加強管制的時期，在這樣的新常態下，移民比例約徘徊在 2% 左右。[20] 第二次世界大戰之前，經濟大蕭條及國家主義再度流行，強化了這種新常態，隨後的冷戰也讓國界更加設防。1990 年冷戰結束，建立起更開放的全球經濟，加上歐洲整合與中國開放，移民活躍程度接近十九世紀後半葉時的情況。

移民並沒有像許多人預期的那樣激增，儘管平均全球收入從 1970 年後增加了十倍，加上海陸空旅行都便宜許多，有更多的機會可以遷移（尤其是東歐和中國，直到不久前只允許特殊情況下的國際旅行），但比起過去，全世界並沒有發生顯著高度移民。[21] 下方圖表顯示雖然遷移的人口數量絕對值增加了，但從全球人口的移民比例來看，跟十九世紀時並沒有差別，都徘徊在 3% 左右。新冠肺炎顯著減少了移民，但是這場混亂並不會改變長期的趨勢。

今日全球每三十人中有一人是移民。檢視客觀事實，別看反應過度的頭條，這很重要。更嚴格的管控確實讓移民、尋求庇護的人和難民的遷移受到限制，不過看看簽署了申根公約的歐洲國家：沒有邊境管制，而且就業和收入水準差距很大，但是大部分人也沒有遷移。即使在 2008 年金融危機之後，差距進一步擴大，在歐洲境內幾乎察覺不到顯著的移民增加。簡單來說，大部分人都寧願盡可能待在家鄉。[22] 在許多方面來說，移民都是「特殊的一群人」。

移民的數量增加，但全世界移民的比例維持在約 3% 的新常態 從柱狀圖的高度可以看出，移民的數量從 1970 年後顯著成長。不過以全球人口比例來說，移民比例都徘徊在 3% 左右，如折線及右側標度百分比所示。

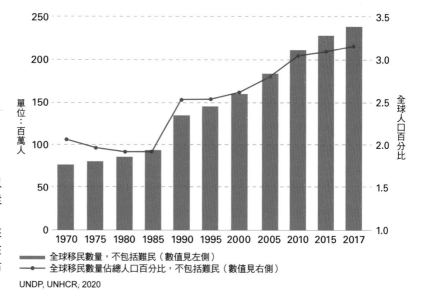

單位：百萬人

全球人口百分比

全球移民數量，不包括難民（數值見左側）
全球移民數量佔總人口百分比，不包括難民（數值見右側）

UNDP, UNHCR, 2020

移民是哪些人？

全球移民的規模和衝擊大部分的人是看不見的。在美國大約有五千一百萬個移民，佔該國總人口 15% 左右。沙烏地阿拉伯則約有一千三百萬個移民，佔人口的三分之一以上。[23]在其他的波灣國家中，例如阿拉伯聯合大公國，2019 年時移民佔總人口 88% 以上。比較小的成功國家像是新加坡，有將近 40% 是移民，盧森堡則有 47% 的人是在國外出生的，瑞士30% 的居民是移入人口。世界上人口最多的國家，尤其是中國和印度，移入的人口很少──分別只有 0.07% 和 0.4%。

國際學生佔國際移民的很大一部分，有五百多萬學生在國外大學攻讀學位或文憑學程。新冠肺炎爆發之前，留學生的數字每年大約成長 10%。越來越多各國學生到海外尋求機會，大部分來自中國和印度這兩個亞洲大國，我們在教育那一章會討論。在講英語的世界中，美國有一百多萬國際大學生，英國有五十幾萬，自古以來，這些國家就一直招募大量的外國學生。不過，澳洲和加拿大也很積極，兩國如今都擁有七十五萬以上的外國學生，已經超過英國。

全球移民中超過 60% 住在亞洲（約八千三百萬）和歐洲（約八千兩百萬）。美國是移民人數最多的單一國家，所以關於人口移入的討論非常多。[24]聯合國估計非洲有兩千七百萬移民，這個數字明顯低估了所謂「無證移民」，也就是該洲五十四個國家之間的遷移。邊界管理鬆懈且登記系統不良，所以非洲的移民統計數字漏洞百出。[25]但即使如此，證據顯示發展中國家之間的移民潮成長仍然比較迅速，多過窮國與富國之間的移民。地圖上的紅圓圈顯示，2016 年到 2019 年間，敘利亞淨損失兩百萬個移民（再加上前五年期間離開的六百萬人），委內瑞拉則有一百九十萬人淨移出，幾乎全部都是難民。同一期間，離開印度的移民比進入的人數多了一百七十幾萬，大多前

往波灣地區工作。德國是最大的移民淨接受國，藍圓圈顯示抵達比離開的人數多了兩百六十萬（其中大約有一半是難民，另一半則是為了工作），接著是沙烏地阿拉伯（接收了兩百二十萬移民）和美國（兩百一十萬淨移入）。土耳其接收了一百二十五萬個難民，前五年期間則接收了兩百五十萬人。

移民激發經濟成長

人口移入——移民進入某個社會——對於大部分的國家和城市來說，是強大的經濟繁榮驅動力。在富裕國家中，如今移民佔工作人口的 10% 到 30%，相較於 1960 年時是 5%。從全球來看，移民如今約佔世界人口的 3.3%，因此移民佔勞動力

來來去去的移民：2016 年到 2019 年
藍圓圈表示接收移民比離開人數多的國家，前幾個淨移入國家包括美國、土耳其、德國和沙烏地阿拉伯。紅圓圈表示離開比到達人數還多的國家，主要淨移出國家有敘利亞、委內瑞拉和印度。圓圈大小代表 2016 年到 2019 年間移民湧入或外流的規模。

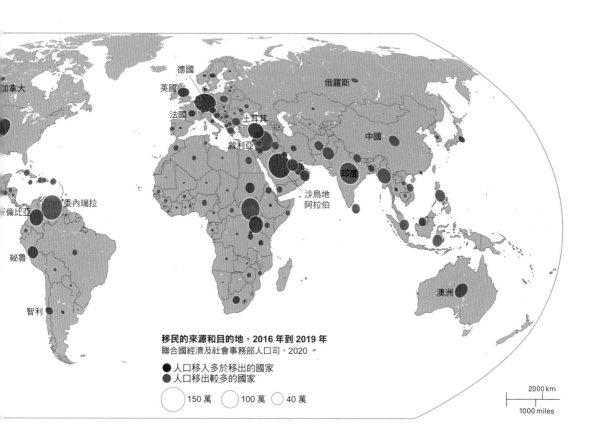

移民的來源和目的地，2016 年到 2019 年
聯合國經濟及社會事務部人口司，2020

● 人口移入多於移出的國家
● 人口移出較多的國家

○ 150 萬　○ 100 萬　○ 40 萬

2000 km
1000 miles

北美移民
聯合國經濟及社會事務部人口司，2017
移民來源　　　　　　　　移入抵達
2000 km
1000 miles

北美是移民磁鐵

這一系列地圖突顯出 2017 年各區域間的人口流動。第一張地圖顯示加拿大和美國吸引了許多來自美洲、歐洲、亞洲和非洲的移民，紫線表示移入抵達，黃線表示移民的來源。

歐洲移民
聯合國經濟及社會事務部人口司，2017
移民來源　　　　　　　　移入抵達
2000 km
1000 miles

歐洲人偏好歐洲

地圖標示了移入歐洲和歐洲境內的移民，顯示出 2017 年歐盟國家之間以德國為中心的相互交織流通網絡的密集程度。[26] 歐洲是僅次於美國的熱門移民目的地，這個區域近年來大約有四百萬人移入，兩百萬人移出。[27]

亞洲三角

洲內移民模式在 2017
年的亞洲也很明顯。比
較富裕的國家如日本、
新加坡、南韓，明顯吸
引了來自週遭國家的低
薪勞工，鄰近的菲律賓
與印尼之間的移民也很
顯著。亞洲國家如中
國、日本、菲律賓和南
韓，也有大量人口移往
北美和澳洲。

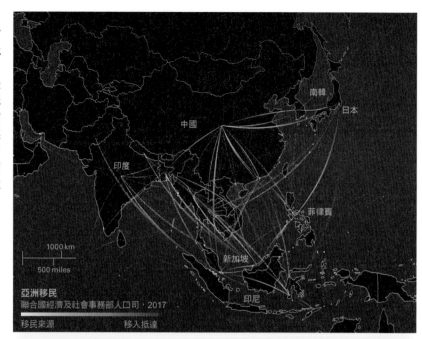

亞洲移民
聯合國經濟及社會事務部人口司，2017

移民來源　　　　　　移入抵達

長距離非洲移民

從 2017 年的移民模式
可以看出，西非的布吉
納法索、幾內亞、馬
利、尼日之間的人口流
動十分密集，遊牧生活
型態是部分原因。南非
的長距離移工依循著百
年前建立的模式，當時
因為南非有金礦和鑽石
礦，發展出壓迫的移工
體制。[28]

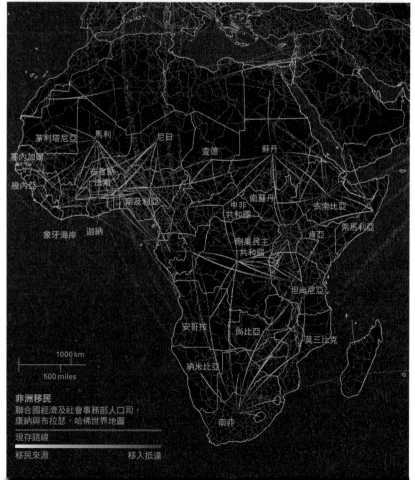

非洲移民
聯合國經濟及社會事務部人口司，
康納與布拉瑟，哈佛世界地圖

現存路線

移民來源　　　　　　移入抵達

的比例遠高於佔整體人口的比例。[29]2000 年以來，富國的移民總數增加了 20%，其中主要有 70% 是高技術移民。[30] 移民通常為了工作移居這些國家，大部分人最終會在工作結束之後離開。因此，這些人佔學齡或老年人口的比例較少，佔工作人口的比例較多。[31]

正如在本書其他篇章中所說，地緣政治、環境和流行病的前景惡化，都對移民有負面影響，也使得了解移民的動力、增長和影響，比任何時候都更加迫切。在許多國家裡，大家都怪罪移民造成公共服務的「排擠作用」，把國庫「榨乾」了，但壓倒性的證據顯示事實恰好相反：移民通常會增加原有人口的收入。事實上，如果德國和英國在 1990 年禁止移民移入，其經濟規模在 2014 年時將會分別縮減 1550 億歐元及 1750 億英鎊。[32] 在美國，如果少了移民，會更慢從金融危機中恢復。[33]

移民充滿生產力的原因之一，是由於他們通常正值工作年齡。如右圖所示，移民通常比本地人口年輕，也比較常工作，二十五歲到四十五歲之間的人數比當地原有人口分布中多了許多。由於移民中不工作的受扶養人口比較少，因此移民這個群體往往會對他們居住的地方的平均生活水準有很大的正面影響，繳的稅多且依賴政府的花費少，無論是在學校教育、退休金、醫療和老人照顧上都是。[34]

在大部分的國家中，接納四十歲以下的移民加入能得到正面的終生財政淨額貢獻。[35] 如果政府、企業和社會整體能採取更全面的方法吸納這些新來的人，特別是在融合和權利方面，移民將會更有益。例如以短期來說，在美國和歐洲的移民直接成本與益處，從稅收和支出來看，每年同期相比是打平的。[36]但是以長期來看，正面影響突出許多。[37] 在法國，如果淨移入人數減半，政府支出將提高至少 2%，才能彌補損失的貢獻。[38]在英國，預計會出現更嚴重的負面後果，因為人口移入減少，使得公共財政惡化。[39] 至於在美國，嬰兒潮世代的老化增加了

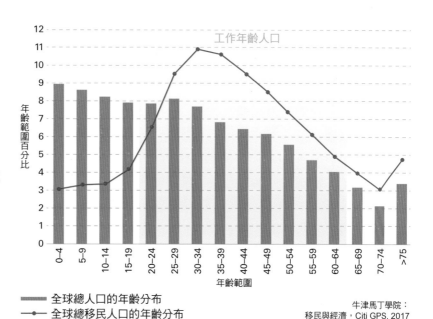

大部分移民都處於工作年齡，2017 年

（圖表縱軸）年齡範圍百分比

（圖表上方標示）工作年齡人口

（橫軸）年齡範圍

0-4　5-9　10-14　15-19　20-24　25-29　30-34　35-39　40-44　45-49　50-54　55-59　60-64　65-69　70-74　>75

▬▬ 全球總人口的年齡分布
—●— 全球總移民人口的年齡分布

牛津馬丁學院：
移民與經濟，Citi GPS, 2017

納稅義務人的負擔，可望由每年湧入的一百六十萬淨移入人口抵消。[40] 雖然對大多數的國家來說，更多移民對經濟有利，但是大量快速增加的移民在政治上令人難以接受。

移民輪班的時間通常比本國人長[41]，也會間接增加本地人口的就業率。[42] 原因之一在於移民有助於降低孩童照顧和其他照護服務的成本。[43] 例如在歐洲，有將近 23% 的人口無法工作，因為他們必須照顧其他人。[44] 這尤其不利於女性就業，因為女性更有可能擔任照護工作。在愛爾蘭，有超過 55% 的女性表示，自己無法工作是因為肩負照護責任，而只有不到 10% 的男性提到這項限制因素。[45] 在英國，大約有 40% 想工作的女性表示，照護責任使得她們無法工作，相較之下只有不到 5% 男性有這樣的問題。[46] 移民以大家付得起的價格承擔了照護工作，鼓勵女性進入勞動力市場。[47] 孩童照護及其他家務工作變得平價，女性就業率就會增加[48]。此外，女性更可以在生完孩子後回到職場，也有助於增加生育率。[49]

削減參與家務和照護相關工作的移民，會大幅減少女性的

工作機會。[50] 移民的影響在提高女性勞動力參與上特別顯著，尤其是高技術勞工，而這會進一步增加對經濟的影響。[51] 英國國家健保局（NHS）提出警告，英國脫歐導致移民降低，照護勞工短缺將會迫使英國勞工（尤其是大量的女性）為了照顧孩童和其他受撫養者而辭去工作。[52] 由於招募外國護士、醫生，以及清潔、廚房人員等這些對於提供健康照護很重要的工作人員上的限制，移民數降低提高了英國醫療服務的成本，也導致更長的候診時間。[53] 醫生及護士短缺，還有英國國家健保局對外國員工的依賴，在新冠肺炎期間變得非常明顯。

善於創新的移民

移民的長期影響對於地方和國家經濟生產力有徹底改造的能力，這一點廣受大學學者及智庫分析師認可。真正的危險在於政客著眼於當前的社會成本，削減移民以符合短期政治目標，這將對長期社會和經濟有嚴重的負面影響。創新和創業是活躍經濟的驅動力量，為經濟注入活力及創新的兩個可靠方法是增加受過高等教育的勞工人數，還有為職場增添多樣性，而移民兩者皆可提供。

移民更有可能成為創業家，展開事業，因為他們更願意冒險，而且在地主國裡也沒有保證的職涯路徑可以依循。在美國，移民申請專利的可能性是本國人的三倍，全球專利申請大約有 40% 來自移民。[55] 由頂尖科學公司申請的專利大多出自移民：高通公司有 72%、默克藥廠（Merck）有 65%、奇異公司（General Electric）有 64%，思科公司（Cisco）有 60%。[56] 在矽谷，50% 的創業投資公司與 30% 的上市公司的創辦人中，至少有一個是移民。[57] 美國有一半以上的新創公司，市價在 10 億美元或以上但尚未上市──所謂的獨角獸企業，具有高度成長潛力──領導者都是移民。[58]

西雅圖
波特蘭
明尼亞波利斯
底特律
波士頓
芝加哥
紐約
華盛頓
舊金山　矽谷
丹佛
拉斯維加斯
洛杉磯
聖地亞哥
鳳凰城
達拉斯
亞特蘭大
夏威夷
休士頓
奧蘭多
坦帕
邁阿密

美國的外國出生人口，
2012 年到 2016 年
美國人口普查／2016 年美國社區調查／NHGIS

● 外國出生居民的群集

500 km

250 miles

美國的移民群集：
2012 年到 2016 年
地圖上發藍光的地區為移民聚集處，對象是 2012 年 到 2016 年 間在外國出生的人。不意外地，這些地區都是熱鬧的大都會區，移民被工作機會吸引而來，轉而貢獻更多財富，創造更多工作。矽谷有三分之二的工程師都是在外國出生。[54]

　　不意外地，全球經濟中最有活力、生產力，最能獲利的產業和地理區域，特徵都是移民匯集。諾貝爾獎得主、美國國家科學院成員、奧斯卡獲獎電影導演中，移民人數較人們所預期的多了三倍以上。[59] 移民也贏得了三分之一的數學菲爾茲獎（Fields Medals）。麥肯錫一項針對上市公司的研究發現，移民創立高度成功事業的機率是本國人的三倍。[60] 這一點反映在財富五百強的公司上，其中有 40% 是由第一代或第二代移民所創立。移民成立了某些世界上最具知名度的公司，包括 Google、英特爾、PayPal、eBay、雅虎和特斯拉。[61]

　　哈佛研究人員威廉・克爾（William Kerr）及威廉・林肯（William Lincoln）認為，美國對技術勞工開放的移民政策，與過去三十年來的資訊科技創新有直接的關聯。[62] 他們發現高比率的高技術勞工臨時進入許可（透過更多 H-1B 簽證），

能「大幅增加」發明率（以專利登記數量來衡量）。[63] 重要的是，越來越多的技術移民不只透過自身的工作增進創新貢獻，也透過與本國人合作，提高生態系統中的活力，進而提升非移民的貢獻。[64] 移民對藝術及科學的正面貢獻不僅限於美國，在英國，布克獎（Booker Prize）得主中有三分之一是移民[65]，如同羅伯特・溫德爾（Robert Winder）在《該死的外國人：英國移民的故事》（*Bloody Foreigners: The Story of Immigration to Britain*）一書中所述，移民接連不斷地在政治、金融、產業與醫療領域貢獻種種創新。[66] 羅伯特・蓋斯特（Robert Guest）在他的《無疆界經濟學》（*Borderless Economics*）一書中強調，其實移民在許多國家中扮演著推動的角色，包括在中國也是。[67]

移民成為創新的來源有幾個理由，原因之一在於移民比整體人口更容易受到創新領域的吸引。[68] 移民往往會群集在最創新的城市中，大量出現在技術需求快速成長的領域中，在經濟停滯的領域則比較少見。[69] 此外，移民也有助於填補嚴重的技能短缺，以更快的速度驅動生產力。2015 年，美國勞動力中具有科學或工程博士學位的人，移民就佔了 45%。[70] 所需要的技術水準越高，從事科學和工程職業的移民貢獻就越大。[71] 在電腦和數學領域中，有 60% 的美國勞工是在國外出生的，而在工程領域中的移民比例大約是 55%。[72]

脫節的移民政治和經濟

如果移民這麼有益，為何這麼多人反對？在最近的選舉中，美國、亞洲、南亞的國家主義候選人，紛紛憑藉強烈反對移民的宣言獲得選票。數十年來，移民的政治活力首度面臨壓力，簡單來說就是反移民情緒升高了——尤其是在選舉期間——民粹主義政客煽動本土情緒，讓選民感到焦慮害怕。從奧地利、義大利到印度、俄羅斯，各地的政客成功利用反移民

論調，把自己推向權力大位，也創造出有渲染力的動員敘事。這也導致政客競相沈淪，試圖對移民和難民採取更強硬的態度以勝過其他人。

自從 2008 年的金融危機以來，尤其是 2020 年的新冠肺炎疫情之後，日益嚴重的空間不平等變得更加明顯，特別是有活力的城市表現勝過蕭條的城鎮。城鄉地區的收入及就業差距拉大，又因為新科技公司和高薪資（大部分）都集中在開放的國際都會城市裡而加劇。由於這些地區也是「菁英」所在地，許多危機往往都怪在這些菁英頭上，因此使得某些選民偏好那些提出要打破「習以為常政治」的政黨。金融危機後，撙節和基礎建設支出減少，讓運輸、學校教育、保健等其他服務的份量和品質都降低了。這些趨勢在新冠肺炎疫情發生後顯著惡化，給不滿的政客和當地人提供了機會，把過度擁擠和各種大排長龍歸咎於移民。

稀缺、焦慮感、保守國家主義碰撞，加劇了對移民的抗拒，這反映在傳統的反移民政黨的號召上，例如法國政黨國民陣線（National Front）1978 年時的口號：「有兩百萬人失業是因為多了兩百萬移民！」[73] 如果資源和公共服務似乎越來越難取得，就像目前的情況一樣，對新移民的敵意就會加深。在這種環境下，就連移民讓公共服務系統負擔過重的八卦謠傳，都有可能會引起對立。正如地緣政治和文化兩章中所提及的，提倡保守價值的政黨支持度從 2010 年起就大幅成長。[74] 社群媒體讓零星的支持者能依循極右派的原則、想法和不實消息結盟，結果導致抗拒移民成為結盟的基礎，這些聯盟讓全球各地許多民主國家感到不安。

某些國家，特別是在 2008 年金融危機後嚴重受創的希臘和西班牙，以及深受新冠肺炎打擊的義大利，對移民相對寬容。其他國家如匈牙利和波蘭，受到金融危機的衝擊其實不大，失業率也開始下降，反對移民的情緒卻逐漸上升。與此同

時，在鄰近敘利亞的貧窮國家中，抵達的移民和難民數量前所未見，其中有些國家會想辦法整合這些新到的人。政客顯然可以運用強大的領導角色，去降低或激起反移民的情緒。義大利的激進政黨利用移民來號召選民，還有法國、德國、荷蘭和英國也是，而在希臘和西班牙，反移民情緒並未用來當作獲取政治優勢的武器。[75]

反對移民的宣傳活動源自於政黨政治的變化，而不是更廣泛的社會態度改變。移民成為代罪羔羊，反映出政黨競爭方式的變化。強調與移民相關的淨正經濟因素，有助於彌補謬誤的政治論述，也讓移民政策更能持續、立場更穩。不過移民所帶來的總體獲益仍然不足以改善對移民的態度，因此更加齊心協力，著重分享成長的益處很重要。國家整體會因為移民而獲益，但是特定的社群和團體——尤其是鄉村地區——往往要付出短期成本。政府應該確保承擔移民代價的社群能得到更多支持，包括緩解公共服務的壓力。

民眾比政客喜歡移民

在世界各地，人們在估計自己國家內的移民數量時，數字通常都比實際上要多，右派政治家和新聞管道時常抱怨移民「氾濫」、「應接不暇」，希望能激發對移民的強烈反對。這個策略似乎奏效了，感覺上移民得到的好處（相較於本國人）被高估了，反映出來的是低估了移民的技術、收入和就業率則被低估。[76]

各地對移民的接受程度不同。全世界生育率最低的兩個國家——波蘭（每名婦女的生育數大約是 1.4）和匈牙利（生育數 1.5）——也是最反對移民的國家。相較之下，其他低生育率的國家例如西班牙（生育數 1.2）和德國（生育數 1.5）就比較歡迎移民。[78] 在德國，這可能是因為政府採取實際措施來改

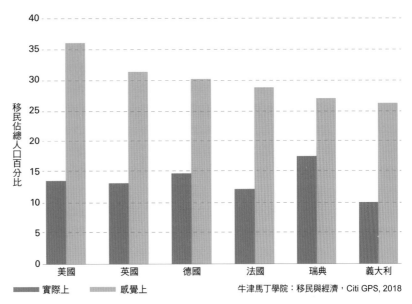

移民佔總人口百分比

| | 美國 | 英國 | 德國 | 法國 | 瑞典 | 義大利 |

■ 實際上　　■ 感覺上

牛津馬丁學院：移民與經濟，Citi GPS, 2018

正大眾看法，宣傳移民帶來的益處，想辦法降低恐懼。然而在許多國家，移民對經濟有益的證據，與移民榨乾社會的激烈論戰鴻溝正在擴大。調查顯示受訪者徹底高估了移民中低教育程度和低收入者的比例，至少多了三到四倍。[79] 另一個常見的誤解是移民比當地人更容易失業[80]——估計值比實際失業率高了四倍之多。[81] 隨著關於移民的爭論升溫，經濟論據已被政治上的權宜之計和大眾的負面經驗所取代。打破這種惡性循環比任何時候都更重要。

被迫遷徙者的困境

移民顯然面臨相當程度的艱辛，但更脆弱的族群是難民和流離失所者，他們的人數也在增加中：每兩秒就有一個人被迫離開自己的國家。難民不同於移民，下頁地圖顯示 2012 年難民潮的整體規模，當時有五百多萬敘利亞人遷移到約旦、黎巴嫩和土耳其。2015 年時，至少有一百萬個敘利亞人外移尋求庇

護，主要往德國、瑞典，還有其他歐洲和北美的國家。他們各自的奮鬥與生存故事是無法在平面地圖上描繪出來的。圖上每一點代表十七個人，巨大的流量出現在非洲、中東、中亞和歐洲部分國家之間，往美國的難民明顯比較少。

世界正經歷空前的難民潮。根據聯合國難民事務高級專員公署的統計，2005 年時全世界只有八百四十萬個難民，人數是 1980 年以來最低，但到了 2020 年時難民人數增至兩千六百萬個，其中約有一半是婦女或未滿十八歲。[82] 另外還有三百五十萬未獲難民身分的尋求庇護者，以及超過四千一百萬人在自己國家境內被迫流離失所，無法像難民一樣得到同樣的國際法律保護。[83] 這些數字顯示，每天都有三萬七千多人因為戰爭、暴力和迫害而逃離家園，就在我們寫作這本書的當下，有更多的難民流離失所，規模是第二次世界大戰結束以來最大。

各國承擔接納的難民和流離失所者比例不等，超過 80%的難民和尋求庇護者住在與原籍國相鄰的國家，而不是移居北美、歐洲或澳洲。[84] 因此對於中低收入的國家來說，照顧逃難難民的負擔格外沉重，例如土耳其（有三百七十萬難民）、巴基斯坦（一百四十萬難民）、烏干達（一百二十萬難民），這些國家收留了來自敘利亞、阿富汗、南蘇丹、剛果民主共和國逃離戰爭的家庭。許多情況下，難民可能會在難民營中待上長達五年或更久的時間，幾乎看不到解決的辦法。有一千三百多萬個難民困在這樣的定居地，半數以上數十年來承受著貧困煎熬，其中至少有五百四十萬是敘利亞人，住在非正式的定居地和營區，或是與親友同住，遍布在埃及、伊拉克、黎巴嫩、土耳其和約旦。

以逃離內戰的敘利亞人為例，包括那些落腳在札塔里（Zaatari）難民營的人，這裡是約旦最大的難民營，成立於 2012 年，位置距離敘利亞邊界只有幾公里遠。這片土地塵土

2012

美國

墨西哥

瓜地馬拉
薩爾瓦多
宏都拉斯
哥倫比亞

2015

世界上的難民
地圖呈現出 2012 年及
2015 年的難民數據，
每一點代表十七個難
民。從圖可看出難民潮
的流動高度集中在非洲
和亞洲地區。

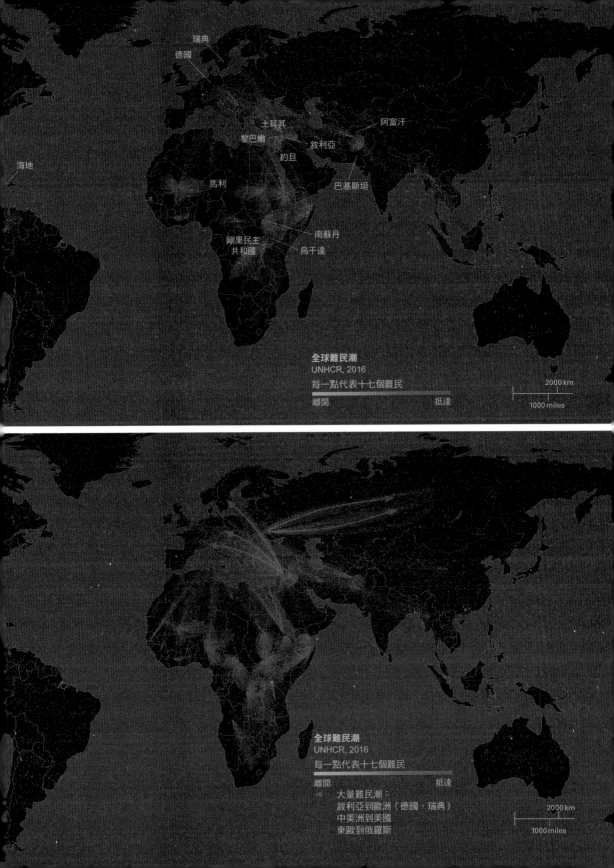

瑞典
德國

土耳其
黎巴嫩   敘利亞   阿富汗
約旦

海地

馬利   巴基斯坦

剛果民主   南蘇丹
共和國   烏干達

全球難民潮
UNHCR, 2016
每一點代表十七個難民

離開 ————————— 抵達

2000 km
1000 miles

全球難民潮
UNHCR, 2016
每一點代表十七個難民

離開 ————————— 抵達

大量難民潮：
敘利亞到歐洲（德國、瑞典）
中美洲到美國
東歐到俄羅斯

2000 km
1000 miles

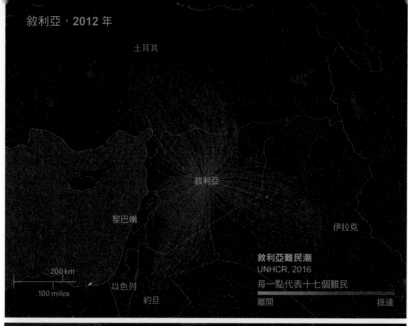

敘利亞，2012 年

土耳其

敘利亞

黎巴嫩

伊拉克

200 km
100 miles

以色列

約旦

敘利亞難民潮
UNHCR, 2016
每一點代表十七個難民

離開　　　　　　　抵達

**世界上的難民：2012
年及 2015 年**
從地圖可以看出敘利亞
難民潮的影響，尤其是
在 2015 年，大量的敘
利亞人越境逃到鄰近的
國家和西歐。

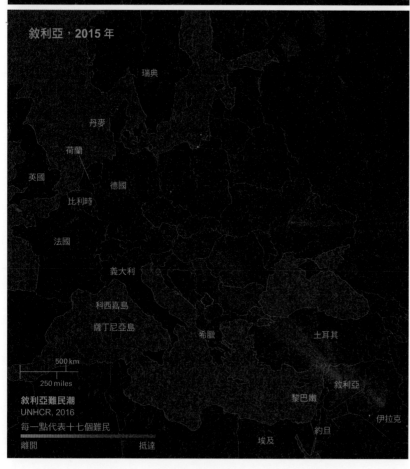

敘利亞，2015 年

瑞典

丹麥

荷蘭

英國

德國

比利時

法國

義大利

科西嘉島

薩丁尼亞島

希臘

土耳其

500 km
250 miles

敘利亞

敘利亞難民潮
UNHCR, 2016
每一點代表十七個難民

黎巴嫩

離開　　　　抵達

伊拉克

約旦

埃及

© KARI / ESA, 2013

從太空看札塔里難民營：2013 年 [85]

札塔里難民營成立於 2012 年，至今仍是世上最大的敘利亞難民營，住了八萬多人，大部分帳篷已經由半永久結構體所取代。[86]

飛揚、乾旱且不利生存。這裡人口最多時超過十五萬，今日大約停留在八萬人左右，使得這裡成為約旦最大城之一。儘管住著世界上最窮困的一些人，這個難民營卻呈現出強大的創新，例如當地政府設置了大型太陽能廠，除了能夠提供難民每天十二到十四小時的電力之外（相較於世界上其他難民營，可說是種奢侈），每年也降低了 13,000 公噸的二氧化碳排放量，相當於三萬桶石油。就連由國際救援組織所管理的現金換食物計畫，如今也是透過區塊鏈科技進行。一開始的臨時避難所，正迅速成為更永久的定居點。

打擊反難民的錯誤觀念

　　就算是資源最豐富的政府當局，面對大批難民突然到來也會不知所措，像是最近大量移入中東和西歐城市的難民。混亂和異己的感覺──加上真正感受到在服務上的競爭──會激發恐懼和不滿。2015 年到 2016 時，在德國城市科隆、多特蒙德（Dortmund）及漢堡的新年慶祝活動中，爆發據稱涉及「阿拉伯和北非裔男子」的性暴力，就是很好的例子。這類緊張局勢無法掩蓋，甚至很有可能遭到國家主義者及保守政客和政黨利用，進一步破壞國家的難民及移民政策。[87]

　　為新來者打造友好的環境有很多理由，難民及尋求庇護的人就像移民一樣，通常會是定居社會中的淨正貢獻者。難民社區──還有更廣泛來說混合了移民的社區──通常比一般的本國社區更不容易有犯罪。[88] 難民網絡往往會發揮更強大的社會控制和自我約束，以避免違反當地法律和習俗。[89] 事實上，在 2006 年到 2015 年間，美國十個接納最大量難民的城市中，有九個城市的犯罪減少了──某些甚至有非常顯著的下降。[90] 儘管有定期（並且廣受報導）的事件，但據報導，敘利亞和伊拉克難民的犯罪率遠低於其他居民，因為他們希望避免危及自己的法律地位。話雖如此，某些來自阿爾及利亞、摩洛哥和突尼西亞要求庇護遭拒的人，相較於當地人，比較有可能涉入犯罪。[91] 從荷蘭到瑞典，儘管負面指控堅持不下，但並沒有確切的證據顯示難民中心會造成犯罪上升[92]

　　另一個錯誤的假設是認為難民更有可能與極端主義和恐怖份子暴力激增有關聯，然而這一樣沒有證據可以證實。例如在美國，2015 年一月以來，因為恐怖主義相關的指控而遭到逮捕的難民人數，是很低的個位數。另外在 1975 年到 2015 年之間，沒有任何一個人遭到來自伊朗、利比亞、北韓、索馬利亞、敘利亞、委內瑞拉、葉門等七個國家的難民謀殺，但美國

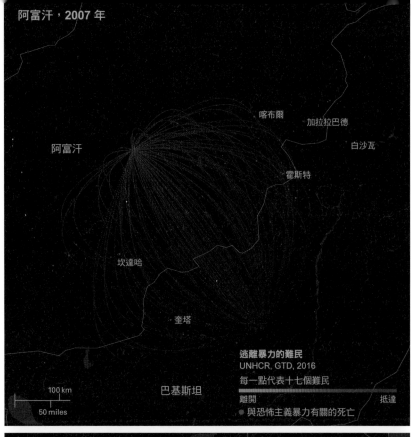

阿富汗，2007 年

喀布爾　加拉拉巴德

阿富汗　　白沙瓦

霍斯特

坎達哈

奎塔

逃離暴力的難民
UNHCR, GTD, 2016
每一點代表十七個難民

離開　　　　　　　抵達
● 與恐怖主義暴力有關的死亡

巴基斯坦

100 km
50 miles

逃離阿富汗及伊拉克的難民：2007 年
地圖顯示阿富汗與伊拉克在美國於 2001 年及 2003 年軍事介入後，與恐怖主義相關的死亡人數以及幾年後湧入鄰近國家的難民都大幅增加。

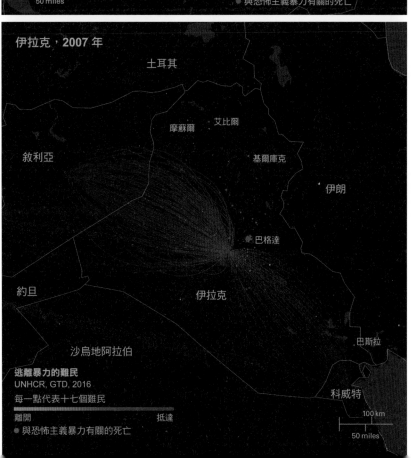

伊拉克，2007 年

土耳其

摩蘇爾　艾比爾

基爾庫克

敘利亞　　　　　　　　伊朗

● 巴格達

約旦

伊拉克

巴斯拉

沙烏地阿拉伯

科威特

逃離暴力的難民
UNHCR, GTD, 2016
每一點代表十七個難民

離開　　　　　　　抵達
● 與恐怖主義暴力有關的死亡

100 km
50 miles

政府卻打算對這些國家實行旅行禁令。[93] 簡單來說，難民更有可能是想逃離而非造成恐怖主義。[94]319 頁的地圖顯示，阿富汗及伊拉克難民都來自於嚴重受到恐怖主義影響的地區。橘點表示逃離的人數，紅色的痕跡是據報與恐怖主義暴力有關的死亡。

若能妥善計畫，難民及尋求庇護者非但不是威脅或負擔，還能對當地經濟有所貢獻。人潮突然湧入造成的短期負面影響通常能夠減輕，而且往往能夠反轉。研究抵達美國的難民顯示，透過繳稅和創業活動，難民對於勞動市場沒有不利的長期影響。[95] 敘利亞難民對於約旦、黎巴嫩、土耳其等鄰近國家的失業率或勞動力參與上，幾乎沒有破壞性影響。[96]

逃往城市

大多數逃離的個人或家庭會往城市地區移動，這與過去形成鮮明對比，從前大部分的難民會被「拘禁」在鄉村地區的營區中。根據聯合國的數據，約有 60% 的難民和 80% 境內流離失所者住在城市，相較之下，只有 30% 的難民住在像札塔里這樣的規劃營區，通常由政府和國際單位負責管理。數千年來，城市為逃離暴力的人提供庇護，這種慣常做法舉世皆然，在早期基督教、伊斯蘭教、猶太教、佛教、錫克教和印度教的社會很常見。歷史上城市領導人曾抵抗更高層的要求——從國王到總統——不讓尋求庇護者的權利受到強制手段的限制。[97]

所有的城市都會經歷社會和經濟分歧，這些裂隙會轉化成種族歧視、排外與邊緣化。城市若是經歷政治騷動、經濟混亂和不安全升高，難民和其他流離失所者往往會淪為被指責的目標。被迫離開家鄉的移民成為代罪羔羊，這種現象並非僅限於城市，在鄉村地區面臨的歧視可能更多。讓事情更複雜的是，許多城市當局只能在資源不足的情況下努力處理這些挑戰（假

大部分的非洲難民都
逃往鄰近的國家：
2012 年及 2014 年

如地圖所示，世界上大
多數的城市難民不是遷
移到北美或西歐的已開
發城市，而是搬到鄰近
的國家，通常是遷移到
貧窮的非洲、亞洲和中
東的低度開發城市和貧
民區。今日非洲難民數
超過一千八百萬，約佔
全球總數的 26%。

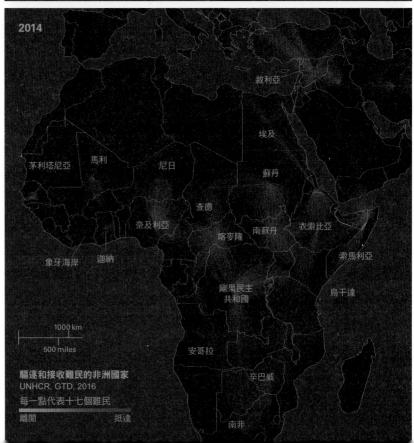

2012

驅逐和接收難民的非洲國家
UNHCR, GTD, 2016
每一點代表十七個難民

離開　　　　　　　抵達

2014

驅逐和接收難民的非洲國家
UNHCR, GTD, 2016
每一點代表十七個難民

離開　　　　　　　抵達

設他們肯承認問題存在的話）。雖然他們勇於想辦法改善難民的生活，卻往往缺乏必要的自治權、決斷力和能力，無法提供有效的服務，尤其是在大批新移民湧現的情況下，這會進一步加劇當地的不滿。

就像移民一樣，對難民的強烈反對是全球性的，反移民和反難民政客在澳洲、德國、匈牙利、義大利、波蘭、塞爾維亞、英國和美國都有，全都執迷於對移民和難民設置屏障。美國接納的難民人數是 1980 年《難民法》（Refugee Act）實行以來最低，2017 年只接受了三萬三千個難民，川普總統在 2020 年把上限降低為一萬八千人。[98] 自從 2015 年有超過百萬難民抵達歐洲之後，該區域的政府就開始以柵欄和有刺鐵絲網設防邊界，削減援助預算，逐步增加驅逐出境。類似的反難民和移民情緒也出現在非洲、拉丁美洲、中東、南亞和東亞的城市裡，世上被迫移居的人大多居住在這些地方。過去幾十年中，在德班（Durban）和約翰尼斯堡對外國人的法外處決，就是由南非民粹主義者所煽動的，把移民和難民貼上罪犯的標籤。奈洛比的索馬利亞難民經常被警察盯上，這往往是出於肯亞政客的要求，他們指控難民對國家安全造成威脅。

此外，孟加拉的邊境城鎮也在奮力承擔來自緬甸的七十幾萬羅興亞難民，當地居民抱怨連天，認為移民造成糧食短缺、物價上漲，也讓工資降低了。

聯合國的某些成員國，還有越來越多的城市，正在找尋新方法改善對於難民的回應，而不只是一味地關閉邊界。例如在 2018 年，有一百七十六個國家批准新的《全球難民契約》（Global Compact on Refugees，唯一反對的國家是美國），這項協議讓大家能以更強韌、更公平的方式去回應全球難民的移動，尤其是緩解接納大量難民國家的壓力，找到方法協助難民更能自力更生。同樣地，2017 年時，國際移民組織與城市網絡「城市與地方政府聯盟」，集結了一百五十個城市簽署《梅赫

倫宣言》（Mechelen Declaration），要求在決策桌上佔有一席之地。2015 年，主要歐洲城市組成了網絡，由來自一百四十幾個歐洲大城的地方政府及四十五個城市中心代表，成立了「團結城市」（Solidarity Cities），來應對從中東和北非湧入的移民。

城市也發展出立法與政策框架來歡迎難民，並且提升保護、照顧及援助。在美國有一百多個「友好城市」，一直致力於發展更具包容性的制度策略，在新移民中培養領導者，提供難民支持。[99] 此外，儘管面臨刪減市政資金的威脅，仍有五百個美國轄區自述是「庇護城市」，反對聯邦政府實行移民法，在前線支持無證移民和難民。[100] 另外英國至少有八十個「庇護城市」致力於友善難民、尋求庇護者和其他尋求安全的人。歐洲各地的城市也與「歐洲城市組織」（Eurocities）這個於 1986年創立的跨城市網絡合作，提供難民照護與援助。[101] 目前共有三百多個跨城市網絡投入城市優先事項，從治理、氣候變遷、公共安全到移民。[102] 有好幾個組織，包括市長移民理事會（Mayors Migration Council）在內，設立了專門指導原則，協助城市保護、照顧難民和其他新來的人。[103]

要在社會上和經濟上有效整合難民，歸結到底需要聰明的規劃。新來者確實會產生大量住房、保健、教育和福利服務的需求，但有一部分可以利用適當的準備和疏散政策加以緩和。現實情況是，比起當地居民，難民往往得到不合標準的住宿、不穩定的社會福利支援、有限的勞工權利、參差不齊的社會和殘障照護。這些缺口並非難民需求過度所導致，而是由於當地缺乏合格的工作人員及足夠的資源。難民最終能對稅收和退休金制度產生淨正效應，能提高人口老化國家的政府財政。

重新思考移民及難民的政策

　　近年來，移民潮及難民潮佔據了媒體節目和政黨議題的醒目地位，把經濟移民與難民混為一談，是那些經常混淆且有反效果的政策回應的核心。移民──包括被迫流離失所──歷史跟人類一樣悠久，遷徙的能力定義了智人的進化及成功，讓地球上充滿了人類。然而，移民與難民壓倒性的正面經濟貢獻，與負面看法和圖謀將他們拒之在外的政治，兩者之間嚴重脫節。大家誤以為是移民與難民拖垮了公共服務，認為他們拉低薪資，加劇公共服務的短缺，更糟的是，他們不公平地被斥為是罪犯和恐怖份子。

　　除了迫切需要的政治領導力，還應該採取各種能夠改善移民問題的行動。[104] 移民的成本往往由社區來承擔，對學校、住房或運輸系統增加壓力，但同時也為其他地方的公司與社會帶來益處，像是利潤更高、稅收更多、成本更低，國民服務也有改善。不均等的地域衝擊顯示需要國家和地方政府介入，特別留意支援地方社群整合移民和滿足社區需求。對於移民本身來說，接近彼此能帶來好處，但有形成貧民區的風險，會強化分隔，減緩融入。設計城市時謹慎對待移民及被迫移居者的需求，在新冠肺炎的時代尤其重要。

　　雖然管理難民的國際架構需要革新，但為經濟和其他移民所建立的架構卻幾乎不存在。2016 年時國際移民組織演變為成熟的聯合國機構，終於為移民建立了一個國際法律架構，不過涵蓋的範圍依然狹窄，也只有最低限度的執法權力。在移民政策上，各國不願意讓國際組織限制他們的選擇，結果導致移民沒有多少國際法能用，無法保護他們免於遭受不當行為。我們需要更進一步釐清移民遷徙的權利、擁有安全管道的權利，還有在目的地國的待遇。法律上的不確定狀態延伸到許多實際的領域上，對於移民非常不利。需要更加明確的領域包括可移轉

式退休金，確保移民在工作期間累積的福利、國民保險和其他貢獻，能夠在離開時帶著走。爭取參政權和專業認證也取決於不同的國家規定，因此數百萬移民在政治上沒有發言權，也沒有代表。

更多的移民對於地主國和移民本身都非常有利，要實現這一點，就應該釐清並保障移民的權利與責任。權利包括許多國民所享有的，像是法治下的完整保障和自由，涵蓋就業及人權。責任包括持有證件、繳稅、遵守當地法律。接納更多移民，給予移民更好的權利，換取移民接受更多責任、更嚴格地控制無證移入和不安全的管道，這樣的重大協議有助於形成良性循環，把移民視為是各國應該欣然接受的機會。移民是國家、城市、公司和社會整體的活力關鍵，儘管經濟因素應是移民政策的關注重點，但支配難民政策的考量應該要合乎倫理及法律。我們用地圖呈現出有關移民和難民的證據，希望提供基礎，讓觀念與政策更為更清晰。這不只是為了移民和難民的利益，也是為了我們全體人類的福祉。

棕櫚油主要來自印尼和馬來西亞，這兩個地方的熱帶森林
被棕櫚林場所取代。

聯合國商品貿易統計資料庫，OEC, 2017

糧食

糧食即將耗盡的預測錯了
飲食過量導致的死亡比飢餓還多
無法持續發展的農業導致氣候變遷
改變飲食，少吃肉勢在必行

前言

棕櫚油是地球上最廣為消費的植物油，從麵包、巧克力、花生醬到洗髮精、化妝品和清潔用品等都會用到，再加上亞洲、非洲和拉丁美洲的消費市場持續增長，使得棕櫚油產量和貿易驟增。棕櫚油的迅速擴張威脅到世界上某些最重要、最脆弱的棲地。[1] 這份地圖揭露了棕櫚油貿易的範圍和規模，印尼和馬來西亞是主要生產者，同時也能看出來自歐洲和北美的轉口貿易，由當地的大公司加工後進行交易。在拉丁美洲，哥倫比亞是最大的輸出國，緊接著是厄瓜多，兩國都計畫犧牲珍貴的原生林來擴張棕櫚林場。日常使用的棕櫚油所帶來的破壞衝擊，足以說明以農產品為基礎的工業糧食體系中，需要解決的緊張局勢。

「人如其食」（you are what you eat）的觀念，應該來自於法國律師、政治家和美食名人布里亞・薩瓦航（Jean Anthelme Brillat-Savarin）於其 1825 年出版的《美味的饗宴》（*Physiologie du Goût*）一書中的名言：「告訴我你吃些什麼，我就知道你是怎麼樣的人」，隨著時間流逝，他的話似乎更顯得有先見之明。我們許多人都開始意識到，飲食習慣不只決定了個人的健康，也關乎著地球的健康，然而改變行為的人還是不夠多，也不夠快。

最重要的是，決定我們飲食習慣的全球糧食體系無法持續發展。在短短幾個月內，新冠肺炎疫情就暴露了我們的習慣和配送糧食的供應鏈的風險。歷史上大多數時候，人類的糧食是不足的，為了生存，所攝取的少許卡路里都用在尋覓更多卡路里上。世界上有些地方仍然不幸處於這樣的狀況中，但在其他地方，問題則是糧食太多了。本章中我們會探討，如何餵飽快速成長的人口，同時減低糧食生產、加工和消費對於其他物種及氣候的負面衝擊，這將需要從根本上改變我們培植糧食的方

全球棕櫚油貿易
聯合國商品貿易統計資料庫，OEC, 2017

每一點代表 1 萬美元棕櫚油交易

來源地　　　　目的地

棕櫚油：為糧食而摧毀森林，2017 年
全球將近 90% 的棕櫚油來自印尼和馬來西亞，這兩個國家的熱帶森林被棕櫚林場所取代。地圖顯示 2017 年全球棕櫚油交易規模，每一點表示 1 萬美元，白線代表來源國，偏紅色的部分則代表目的地。

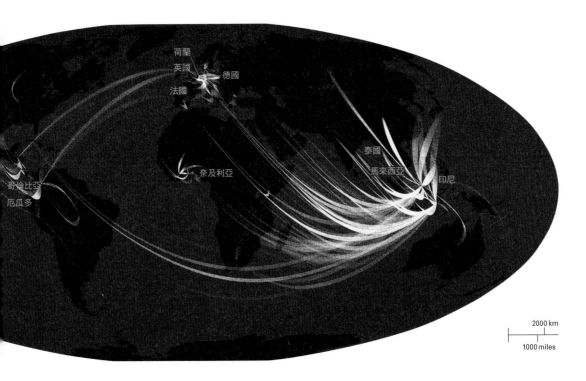

荷蘭
英國　德國
法國

泰國
馬來西亞
奈及利亞　　　　　　　印尼

哥倫比亞
厄瓜多

2000 km

1000 miles

式，還有我們的飲食習慣。

　　預期壽命與飲食密切相關。常見與良好健康有關的飲食習慣來自地中海，富含蔬果及（不飽和）橄欖油，魚取代紅肉作為主要蛋白質來源。[2]同樣地，一般日本人吃魚遠多於紅肉，平均壽命也高於經常食用富含飽和脂肪加工食品的美國人，這些油膩多糖的飲食是造成肥胖、糖尿病及其他慢性病的主因。不良飲食也與英美兩國近年來的預期壽命降低有關[3]，雖然難以接受，放進嘴裡的食物確實能夠預測你的壽命長短。

　　綜觀歷史，人類成功的關鍵之一就是有效耕種土地和馴養動物的能力，讓我們能夠專注於爭搶水果和漿果以外的工作，並透過更可預測的糧食獲取和營養改善，來發展我們的認知能力和體能。然而幫助人類茁壯成長的農業，如今卻對地球造成了威脅。糧食生產佔溫室效應氣體總排放量三分之一以上[4]，大量生產的糧食如棕櫚油、大豆和牛肉，導致數以百萬計的野生哺乳類、魚類、鳥類和昆蟲滅絕。[5]此外，糧食生產佔了四

分之三以上的淡水使用（其中有一半以上都浪費掉了）[6]，廢棄物和肥料徑流也造成河流及海洋劣化。[7]

糧食，美好的糧食

近幾十年來，糧食生產的本質有了劇烈的改變，它的擴張與多樣化受到科技進步以及發展中國家人口迅速成長與收入增加所帶來的需求所推動。儘管大多數的國家在過去會自行生產大部分的糧食，但如今我們盤子裡的食物有越來越高的比例來自他處。許多人得以吃到各式各樣的食品，而且價格低廉，全年都有。它替遙遠地方的人帶來工作和收入，但也為地球生態帶來了浩劫。

全球化改變了食物生產和消費模式，這一點可以明顯從非常多樣化的飲食和購物中看出來。雖然像新冠肺炎這樣的重大危機會造成糧食短缺，但一整年都能在超市買到蘆筍、酪梨、香蕉、鮮花、羊肉或草莓，已不再是新鮮事，而且就連小雜貨店也能買到。右頁地圖顯示 2000 年到 2017 年之間，全球糧食貿易的顯著增加，2000 年時，糧食貿易主要在美洲、歐洲、日本和澳洲之間，到了 2017 年，中國的糧食貿易明顯加強。加深的供應鏈和貿易在歐洲及北美也很明顯，因為自由貿易協定及關稅等障礙減少，促進了貨物與服務的加速移動。

全球糧食貿易
地圖顯示 2000 年及 2017 年的全球糧食貿易，每一點代表 1 千萬美元，交易商品包括活牲畜。貿易的增長速度驚人，尤其是在亞洲和歐洲。

有些人的糧食太少，有些人的糧食太多

2020 年初，即使在新冠肺炎大幅增加許多國家陷入糧食不安全狀態之前，就有八億兩千一百多萬人因為缺乏糧食而面臨長期飢餓，人數為十年來最多。全世界每五個人當中就有一人因為不良飲食而早夭。[8] 營養不良——尤其是蛋白質、脂肪和油類攝取不足——導致一億五千一百多萬名兒童身心發展受

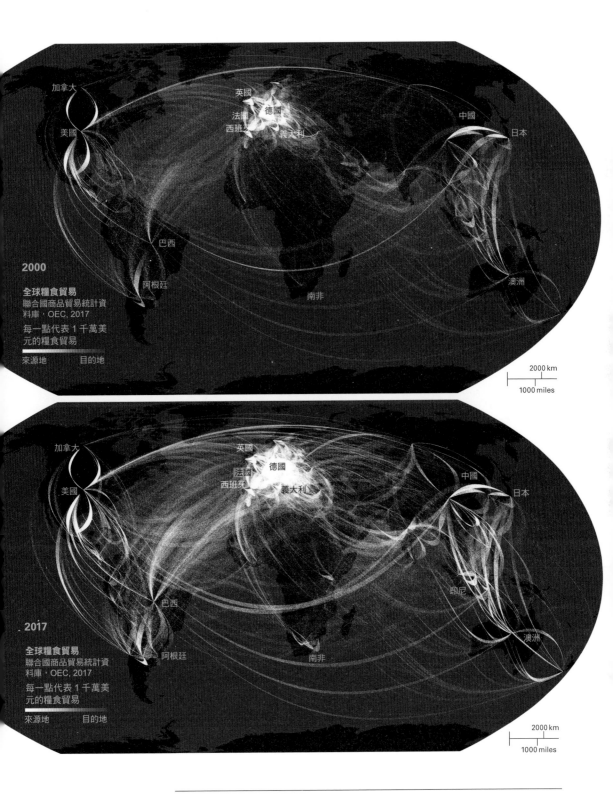

加拿大
英國
法國　德國
西班牙　義大利
中國
日本
美國

巴西

2000

阿根廷

全球糧食貿易
聯合國商品貿易統計資
料庫，OEC, 2017

每一點代表 1 千萬美
元的糧食貿易

南非

澳洲

來源地　　目的地

2000 km
1000 miles

加拿大
英國
德國
法國
西班牙　義大利
中國
日本
美國

巴西

2017

阿根廷

全球糧食貿易
聯合國商品貿易統計資
料庫，OEC, 2017

每一點代表 1 千萬美
元的糧食貿易

印尼

南非

澳洲

來源地　　目的地

2000 km
1000 miles

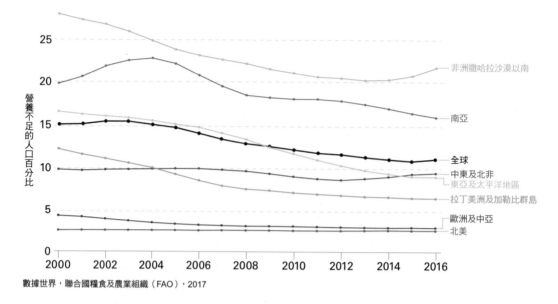

營養不足的人口百分比

非洲撒哈拉沙漠以南
南亞
全球
中東及北非
東亞及太平洋地區
拉丁美洲及加勒比群島
歐洲及中亞
北美

數據世界，聯合國糧食及農業組織（FAO），2017

損，還有五千一百萬名兒童體重不足。[9]但不可思議的是，人類史上首度出現因吃太多而死掉的人比沒得吃的還多[10]，如今飲食過量的問題比飢餓還嚴重。[11]補救肥胖率上升和營養不足上升這雙重危機，需要個人、政府與糧食產業共同採取廣泛的行動。

即使在新冠肺炎造成嚴重衝擊之前，全球就至少有二十億人（超過全球總人口四分之一）缺乏微量營養素，關鍵維他命和礦物質（例如鐵）攝取量不足，使得大家更容易生病。[12]全球有將近四分之一的人口需要更多營養的食物，才能避免營養不足、營養過度或是營養不良。正如我們在人口狀況那一章中所討論的，在地球人口於二十一世紀末達到最高點之前，至少還會多二十億張嘴要餵飽。好消息是，有許多很好的例子可以告訴我們，該如何避免吃太少、吃太多或是吃錯食物所造成的不必要痛苦和折磨。

飢餓，正如諾貝爾獎得主阿馬蒂亞・森（Amartya Sen）在他的散文〈貧窮與飢荒〉（Poverty and Famines）中所言，差不多都是人為的，幾乎從來都不是長期乾旱、突發洪水或作物

營養不足的人口比例
圖表顯示2000年到2016年，全世界不同地區營養不足人口的估計比例。全球平均約在10%左右，但在非洲撒哈拉沙漠以南的地區卻是這個數字的兩倍多，南亞、拉丁美洲與加勒比群島則有顯著的改善。

歉收所造成的，而是結構上的不平等、排外、戰爭和政治權力分配不均的結果。[13] 臭名昭著的飢荒導致數百萬人死亡，包括在印度（1769 到 1792 年）、愛爾蘭（1845 到 1849 年）、中國（1959 到 1961 年）、孟加拉（1974 年）和衣索比亞（1984 到 1985 年），這些飢荒演變成大災難不是因為能取得的糧食不足，而是因為囤積糧食，沒有以平價分配給飢餓和營養不良的人。

　　飢荒依然常見，尤其是在非洲和中東部分地區。1870 年代到 1970 年代之間，據稱每年有近百萬人死於飢荒。1980 年代以來，每年的死亡人數已降到十萬人以下。[14] 然而，新冠肺炎有可能導致營養不良的人口激增，非洲尤其脆弱，沙赫爾地區有數千萬人處境危險，包括尼日、查德、蘇丹和奈及利亞。飢荒有個令人格外不安的特點是，其實飢荒可以預防，因為如果政府和國際機構有決心也有能力的話，是可以提供食物給有需要的人的。更糟的是，有時候飢荒是政府刻意製造或放任惡化的結果，目的是為了削弱與當權者唱反調的團體，無論是出於族裔、政治、宗教或其他的理由。值得注意的是，在一個擁有民主政府及新聞自由的國家中——即使是貧窮國家，從未發生過飢荒，雖然新冠肺炎可能會對這項紀錄帶來重大挑戰。[15]

　　餵飽糧食不足的人是一項重大挑戰，更不用說還要滿足未來世代的營養需求。要達到這項目標，同時又要減少對地球生態的負面衝擊，就需要靠吃太多的人採用更健康的飲食習慣，每個人吃的食物也要有更低的碳足跡和環境足跡才行。在非洲進行綠色革命，改善農業產量及作物的營養成分，是非常必要的一部分。在亞洲，這類革命發生在 1960 年代和 1970 年代，改變了農業的生產。在二十年內，90% 以上的小麥田種植了高產量的品種，另外有三分之二的稻田也是。再加上改良的耕作方法及增加使用肥料、農藥及灌溉，每公頃的產量都翻倍。在今日的中國和印度，小麥和穀類的產量接近美國和歐洲的水

準，但非洲卻持續低產量，遠遠落後其他地區。非洲面臨的挑戰在 2020 年不只因為新冠肺炎而加劇，還有空前的蝗蟲災害毀壞了作物。

肥胖問題越來越嚴重

自 1975 年以來，全球肥胖人數增長了三倍，有二十一億成人過重或肥胖，原因很簡單：他們吃太多不健康的食物。[16]油膩及加工食品攝取量增加造成的許多後果之一就是死亡率及糖尿病發病率上升，在過去三十年內幾乎增為兩倍。肥胖的其他負面後果還有心臟病、中風、癌症、痛風，以及呼吸疾病如睡眠呼吸中止症的發病率更高。[17]令人驚訝的是，如今不良飲食對健康不佳及死亡的風險，更高於不安全性行為、飲酒、毒品和吸菸的總和，對國家醫療系統造成的壓力越來越大。[18]

每個人所需要的卡路里依年齡、活動量多寡、是否懷孕等等而有所不同。2016 年肥胖人數最多的國家在下圖以紫色

肥胖問題越來越嚴重
2016 年最肥胖的國家以紫色標示，美國、科威特、沙烏地阿拉伯和幾個加勒比海及太平洋島國，有三分之一以上的居民肥胖。[22]英國是歐洲「最肥胖」的國家，澳洲、阿根廷和墨西哥有四分之一以上的肥胖人口，埃及和阿爾及利亞則有超過 30% 的肥胖人口。[23]

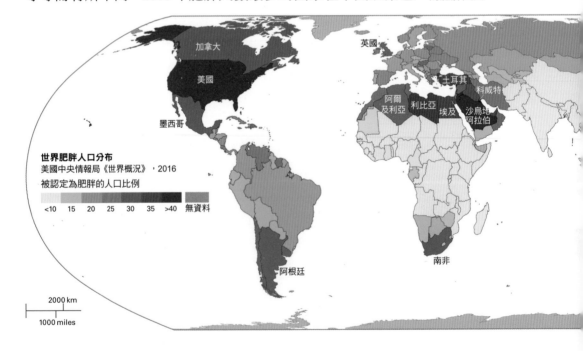

世界肥胖人口分布
美國中央情報局《世界概況》，2016
被認定為肥胖的人口比例

<10　15　20　25　30　35　>40　無資料

2000 km
1000 miles

標示，美國、科威特、沙烏地阿拉伯和幾個加勒比海及太平洋島國，有三分之一以上的居民被歸為肥胖，這表示他們攝取的卡路里比所需的至少多了三分之一。[19] 這些國家的人每日平均熱量攝取超過 3,400 卡，但對一個活躍的七十公斤成人來說，2,500 卡就已經相當足夠。[20] 英國是歐洲「最肥胖」的國家，以深藍綠色標示，肥胖程度甚至比美國增加的還快。澳洲、阿根廷和墨西哥，有四分之一以上的肥胖人口，埃及和阿爾及利亞則有超過 30% 的肥胖人口。[21]

全球農業：還能再多種植多少？

全球糧食產量的增加，足以應付迅速上升的需求。[24] 儘管國際研究組織羅馬俱樂部（Club of Rome）在 1972 年發表了悲觀的預測，指出糧食價格將會高漲，帶來飢荒，他們從那時候起，就定期反覆提出這樣的論調。近來則有英國非政府組織樂施會（Oxfam）及科學家史蒂芬·艾默特（Stephen Emmott）提出類似的看法，但其實世界上的糧食並未耗盡[25]，相反地，在新冠肺炎疫情發生之前，糧食價格還降低了。糧食生產的擴張主要是由於科技創新，例如新品種和生產方式改良等，都增加了產量。也因為全球化的緣故，讓全世界有更多的農民投入全球市場。

336 ～ 337 頁的地圖整理了全球作物栽種地的數據資料，說明大部分的土地都已經用於耕種。地圖顯示，阿根廷、中國、印度、墨西哥和歐洲的國家，有一半以上的土地用於農業。三十年前，地球上只有四分之一的農用土地，今日的比例早已超過三分之一，並且持續增加。[26] 剩下來的通常是熱帶森林、山脈、沙漠、極地或其他無法利用之地，像是北極圈或撒哈拉沙漠。

然而，過去卻是未來農業生產的不良指引，尤其是全球

斐濟

澳洲

紐西蘭

全球作物栽種地

複合衛星影像以綠色顯示 2015 年全球用於栽種的土地。農耕範圍主要在印度大部分地區、巴西、美國及加拿大的大平原區，還有澳洲南岸及歐洲溫帶地區。

早已利用了大部分的可耕地。為了避免砍伐森林，我們需要讓原來的耕地產出更多的糧食，也就是現有的可耕地必須提高生產力，改善產量，土地的利用方式也必須改變，慎選作物或牲畜。永續農業要求在規模相同或比較小的土地上培植出更多的糧食，並且不能損害環境，所以為了避免對森林、稀樹草原和脆弱的生態系統造成更大的破壞，我們需要新的糧食生產方式和運銷系統。除了提高產量和營養成分，也需要更依賴水耕、滴灌及其他集約栽培的方法，還有取消化學肥料的補貼，避免使用過度。改變糧食體系需要大範圍的介入，包括科技創新及改革經濟、法規和貿易的架構，並且向農民提供技術輔導及作物保險，尤其是在貧窮的國家。

上圖以綠色標示全球糧食種植處，二十世紀中葉之後，糧食生產的總地理區域相對保持穩定。[27] 事實上，歐洲、俄羅斯

澳洲

蘇格蘭

倫敦

庇里牛斯山

阿爾卑斯山脈

俄羅斯

烏拉山

高加索山脈

2015 年的歐洲作物栽種地
USGS 全球糧食安全支援分析
（GFSAD30），2017

● 用於作物栽種的土地

500 km

250 miles

歐洲作物栽種地

細看歐洲，很明顯到了 2015 年時，
已經沒有潛在的「新」可耕地。少數
維持暗色的地區若不是已經高度都市
化，例如倫敦和巴黎，就是山脈，例
如庇里牛斯山、阿爾卑斯山和蘇格蘭
高地，又或者是因為環境寒冷不宜農
業，只能放牧綿羊和山羊。

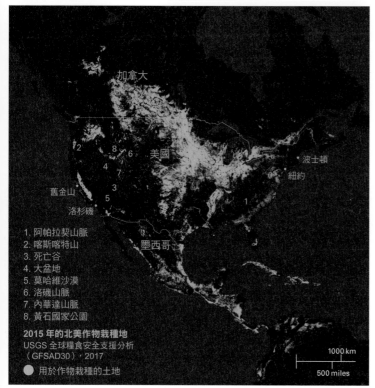

加拿大

美國

波士頓
紐約

舊金山

洛杉磯

墨西哥

1. 阿帕拉契山脈
2. 喀斯喀特山
3. 死亡谷
4. 大盆地
5. 莫哈維沙漠
6. 洛磯山脈
7. 內華達山脈
8. 黃石國家公園

2015 年的北美作物栽種地
USGS 全球糧食安全支援分析
（GFSAD30），2017

● 用於作物栽種的土地

1000 km

500 miles

北美作物栽種地

左圖可以看到 2015 年時，美國只剩
下莫哈維和大盆地這樣的沙漠，還有
死亡谷和黃石國家公園這樣的自然公
園，以及洛磯山、內華達山、喀斯喀
特山和阿帕拉契山這樣的山脈，還有
紐約、波士頓、舊金山和洛杉磯這樣
的大都會地區沒有農業耕作。

和北美溫帶地區的農業用地大幅減少，但生物多樣性豐富的熱帶地區農業用地大幅擴張了，所以總地理區域保持穩定。[28] 糧食生產是土地利用及變更土地用途的最大動力，主要是透過砍伐森林和燃燒生物質。世界上某些地方經歷了土地開發的重大轉變，對原生林造成毀滅性的影響。例如，在 2000 年和 2014 年之間，巴西每年平均損失 270 萬公頃的森林，剛果民主共和國每年損失 57 萬公頃，而且從 2011 年起每年加速二‧五倍。印尼每年損失 130 公頃，其中有 40% 發生在原生林內。[29]

氣候變遷與糧食、水和能源的關係

糧食、水與能源緊密相連，糧食生產佔全球 70% 以上的用水量，三分之一以上的柴油燃料使用量。[30] 這種依賴關係無法持續，因為水資源逐漸耗盡，城市用水需求增加，而以前在大部分國家都能獲得補助的以柴油為基礎的能源，如今因為污染特別嚴重，碳排放量又高，所以正逐步被淘汰。此外，目前的工業化農耕方式導致農地、儲水及生物多樣性劣化，進而降低農業潛能，預料將會導致產量急速下降。[31] 許多最貧窮的人賴以維生的土地早已脆弱不堪，持續過度放牧與土壤侵蝕淋溶造成地力無法挽回地退化，日益極端的氣候讓情況雪上加霜。[32] 北美和歐洲這些溫帶地區是世界的糧倉，預計氣候改變也會降低小麥、稻米和玉米等主要作物的產量[33]，溫度加上降雨量的改變甚至有可能導致產量在 2050 年時減少 70%。[34]

溫室效應氣體排放對糧食生產來說也很危險，雖然高濃度的二氧化碳能提供更多光合作用的燃料，增進植物生長，但卻也有可能造成極度高溫，更頻繁出現破壞性風暴這類的極端天氣，或是導致植物病害散播[35]，出現毀滅性的作物病害，並以驚人的速度散播。例如在 1840 年代時，來自墨西哥的真菌摧毀了愛爾蘭的馬鈴薯，加上當時的英國政府和有錢貿易商囤積

儲糧，導致一場一百萬多人死亡的飢荒。[36] 如今，由於氣候變遷，全球貿易、植物生長逆境增加、昆蟲及寄生蟲遷移所帶來的風險越來越大，可能會導致糧食不安全增加，使世界上大部分地方陷入危機。[37]

工業規模的糧食生產涉及一連串危險的反饋環路。首先，培植作物和飼養牲畜會直接排放溫室效應氣體到大氣中，也會促使土地利用改變，在砍伐森林、濕地排水、耕耘土壤的過程中，都會產生額外的二氧化碳。植被分解或燃燒時會產生甲烷，在提高大氣溫度方面，甲烷的破壞力是二氧化碳的三十四倍左右。[38] 土地劣化加速了這些過程，意思是低效耕作方式和加劇的沙漠化，導致土壤侵蝕速度比恢復速度快了十到一百倍。[39] 氧化亞氮造成的衝擊幾乎是二氧化碳的三百倍，耕地和牧地上的土壤微生物會釋放出這種氣體，使用肥料時也會。[40]

正如我們在氣候那一章中所討論的，降雨模式、氣溫以及生長季節都已經發生變化。極端氣候如乾旱及水災，是造成飢餓、糧食不安全、經濟不穩定甚至戰爭的主要驅力，就像我們在暴力那一章中所述。[41] 全球氣溫升高攝氏 2 度的後果將非常明顯，北非、沙赫爾地區和中東等地乾旱會越來越嚴重。這些地方如今已經是地球上最容易發生戰爭的地區，貧窮和營養不良的情況也大幅增加。[42] 這些地區的國民收入與就業，很大一部分依賴大規模農業和自給農業。這裡的小農原本能用的肥料和灌溉資源就有限，這削弱了他們對於降雨量改變與栽種環境變化的適應能力。[43]

雖然有些地方可能會受益於比較高的氣溫和更多的降雨量，但農民根本不在乎什麼十年的平均值，因為只要一分鐘氣溫太高或太低，冰雹太大或是風太強，傾盆大雨或是晚幾天早幾天下雨，都會毀損作物和牲畜。農民在乎的是會造成重大風險的極端狀況。聯合國跨政府氣候變遷專家小組（IPCC）預料將會有更嚴重的變異，可能對全球農民造成負面衝擊。[44]

氣候變遷對營養不良和引發飢荒的影響程度，主要取決於政府、糧食貿易公司和運輸公司怎麼回應。下圖顯示 2050 年全球氣溫升高攝氏 2 度和 4 度時，對於營養和非自然死亡可能造成的影響。地圖上圓圈的大小表示可能的死亡規模，死因是與氣候相關的糧食危機。這張地圖預測氣候變遷每年將會導致數十萬額外的死亡，尤其是在亞洲和非洲。

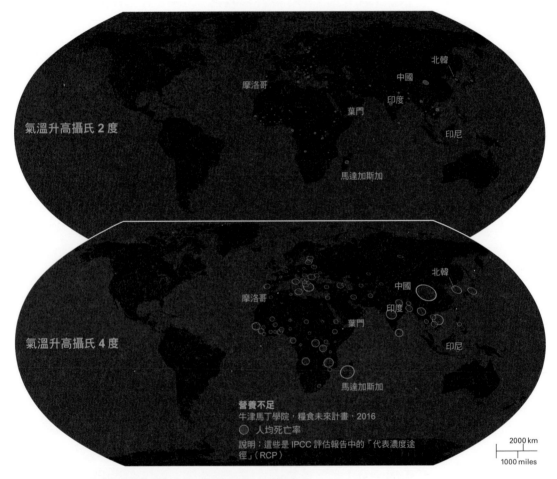

2050 年，由於氣候變遷導致的營養不足對死亡的影響
地圖顯示當全球氣溫在 2050 年升高攝氏 2 度和 4 度這兩種情況下，由於營養不良而導致的每年額外死亡人數。在全球氣溫變暖攝氏 4 度的情況下，估計中國每年會增加三萬人死亡，馬達加斯加超過一萬人，全球則會有數十萬人死亡，且集中在亞洲和非洲。

肉品關係大

　　為了滿足肉品、糖、大豆和棕櫚油不斷增長的需求，每年都有大片森林遭到砍伐。牛肉消費的快速成長對環境造成的損害尤其嚴重，據估計，如今已佔所有農業相關溫室效應氣體排放量的四分之三。[45] 經過二次世界大戰後數十年的迅速成長，北美及歐洲人對肉品的需求已達到高點，這些區域中平均每人的肉品消費量正在減少，但被亞洲人和拉丁美洲人日益增長的需求補上，他們對肉品的需求越來越大，也終於能夠負擔得起。全球大約有 80% 的農業用地用於飼養超過四十億頭的牛、羊等反芻類牲畜，還有二十五億多隻雞。[46]

　　糧食生產與貿易迅速改變及成長，反映出全球飲食習慣改變的步調。國家富有之後，民眾吃的東西也改變了。由於有能力負擔起更好的營養，從 1985 年以來，中國城市裡的男孩平均身高增加了九公分，中國女孩平均增加了七公分。[47] 中國人民每人每年平均消費六十二公斤的肉品，比五十年前多了十七倍。[48] 結果，中國十四億人吃掉的肉品總量超過全球總量的四分之一，是美國人的兩倍。[49] 此外，全世界大約一半的豬肉、四分之一的家禽、10% 的牛肉來自中國。[50] 中國人口佔全球的 20%，可耕地卻僅佔 7%，因此必須透過進口才能滿足不斷增長的需求。[51] 光是為了餵養國內的牲畜，中國就必須進口 1 億公噸的大豆，佔全球貿易量的 60%。這又會轉而助長猖獗的森林砍伐，讓單一作物大豆農場激增，包括在巴西、阿根廷和巴拉圭等地。[52]

　　過去以豬肉為主的中國，近年漸漸轉向牛肉，加速了氣候變遷。豬隻不需要放牧地，飼料換肉率也比牛有效率，而每公斤牛肉產生的溫室效應氣體是豬的五倍，需要的水是豬的二‧五倍。2019 年，中美貿易戰增加了中國對巴西大豆的需求，同一年，非洲豬流感的擴散更讓養豬場遭受重大打擊，加速中

世界肉品生產，2017 年
FAO
● 肉品產量（單位：公噸）

2000 km
1000 miles

全球肉品生產
地圖以圓圈大小顯示 2017 年各地肉品產量。從圓圈尺寸可以明顯看出中國已超過美國，成為世界第一大肉品生產國，巴西位居第三。從地圖也可清楚看出肉品的生產遍布全球。

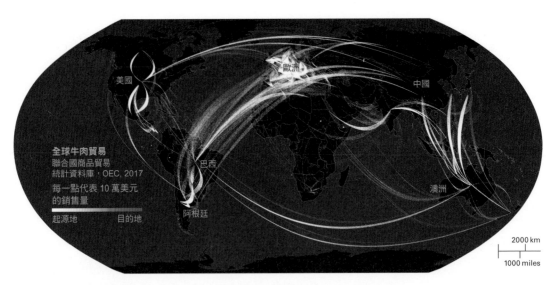

全球牛肉貿易
聯合國商品貿易
統計資料庫，OEC, 2017
每一點代表 10 萬美元
的銷售量

起源地　　　目的地

2000 km
1000 miles

牛肉貿易：2017 年
上圖每一點代表 10 萬美元的銷售額。中國現在是最大的肉品輸入國，尤其是牛肉和豬肉，主要來自澳洲。阿根廷和巴西的主要銷售對象是歐洲和亞洲，歐洲境內的交易也很熱絡。

國轉型成牛肉消費。在氣候那一章講得很清楚，亞馬遜雨林以及世界上的大氣和生態系統，是糧食消費及貿易改變下的受害者。

南美洲破壞熱帶雨林和稀樹草原，主要是為了飼養牛隻和種植大豆，印尼及馬來西亞則是為了擴張棕櫚油林場，來滿足食品加工業的需求，這兩個東南亞國家佔全球棕櫚油生產的 90%。[53] 光是印尼為了生產棕櫚油所清除的區域，在過去三十年內就增加了二十倍，達到 1,000 萬公頃以上。[54] 從 343 頁這兩張衛星影像可以看出印尼的森林在三十五年內如何遭到清除，讓位給棕櫚油。每清除 1 公頃特別適合種植棕櫚油的泥炭地，就會多排放 1,600 公噸的二氧化碳[55]，而全球每年遭到破壞的雨林面積約等同於以色列或盧安達的大小。[56]

印尼的大片森林變棕櫚林場

1984 年及 2019 年的衛星影像顯示，為了生產棕櫚油，印尼的森林被大量砍伐。

魚類產業

數萬年來，魚類一直是人類飲食的一部分，但是工業規模的漁撈業在上個世紀才出現，能做到是因為利用了原本為戰事而發展出來的科技，例如衛星定位系統、雷達、回聲探測器，還有更大的海上船隊。隨著產業成長、補助增加，捕獲量的規模也變大了，就像牛肉一樣，人們收入上升增加了對魚類的需求，尤其是亞洲。工業捕撈迅速增加，耗盡了全世界的魚群資源量，隨著富裕國家沿岸的捕獲量衰減，由便宜柴油驅動的船隊必須航行到更遠的海域才能增加捕獲量，包括北極和南極的水域。沒人確切知道過度捕撈究竟到了什麼程度，擁有大型船隊的國家——中國、印尼、印度、美國、俄羅斯、日本——不斷遭指控過度捕撈，認為他們破壞了遠洋海域的規則。[58]

魚類不只是供人類食用，全部的海洋漁獲中大約有三分之一是用來當作動物飼料。這種需求進一步加速了魚群資源量的耗竭，尤其是浮游生物和小型幼魚，小到人類無法食用，卻還是從海洋中被抽吸出來，或是被細目網捕撈。[59] 因為過度捕撈

魚類貿易：2017 年
2017 年全球魚類貿易以白點表示輸出地，紅點表示輸入地，每一點代表價值 100 萬美元的魚類製品。中國是最大的魚類輸出國，緊接著是挪威和越南。[57] 歐洲和地中海各地的魚類貿易強度顯著，南美洲的出口規模也很龐大。

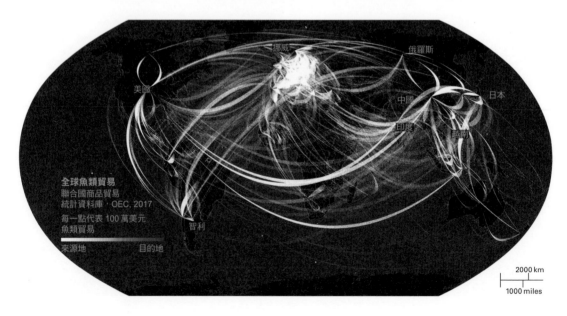

全球魚類貿易
聯合國商品貿易
統計資料庫，OEC, 2017
每一點代表 100 萬美元
魚類貿易

來源地　　　目的地

2000 km
1000 miles

加上海洋酸化又劣化，許多魚類的魚群資源量已達臨界點。[60]
總體來說，從 1960 年代以來，魚類消費的年度成長是人口成
長的兩倍。[61] 地圖顯示 2017 年的全球魚類貿易，每一點代表
價值 100 萬美元的魚類製品，由白點出發的線條代表出口，輸
出到紅點代表的進口目的地。跟肉類貿易的情況一樣，亞洲驚
人地迅速融入全球魚類市場，擁有世界上最大的漁撈船隊，超
過三百五十萬艘船隻（佔全球船隊的四分之三）。從 2002 年以
來，中國一直是世上最大的魚類生產國，也是最大的魚類及相
關產品輸出國，緊接著是挪威和越南。[62] 歐洲和地中海各地的
魚類貿易強度顯著，來自南美洲的出口規模也是，尤其是來自
智利的鯷魚和鮭魚。

　　我們食用的魚類大部分來自野生漁業、養殖漁業或水產養
殖，佔總漁獲量的將近一半。[63] 正如下方圖表所示，海洋與河
流的野生漁獲量在 1990 年代末達到高峰，之後就維持同樣的
水準。[64] 從那時起，全部的產量成長都來自養殖漁業，如今已
超過野生漁獲量。[65]

水產養殖的增長
海洋和河流魚類捕撈量
於 1990 年代晚期達到
高峰，之後開始減少。
從那時起，所有的增長
都來自於養殖漁業，如
今已超過野生漁獲量。

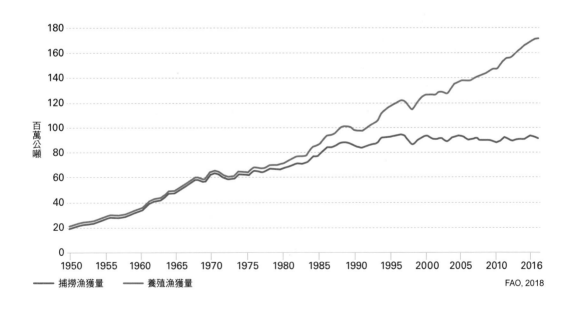

百萬公噸

捕撈漁獲量　　養殖漁獲量

FAO, 2018

1990

中國
800 萬公噸

北韓
南韓
日本

印度
100 萬公噸

越南
20 萬公噸

菲律賓

印尼
60 萬公噸

1000 km
500 miles

水產養殖產量
FAO FAOSTAT, 2018
◯ 水產養殖產量（活體重量：公噸）

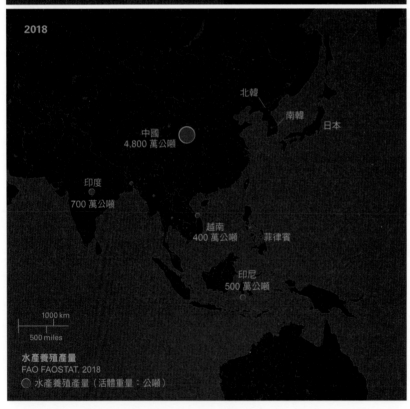

2018

中國
4,800 萬公噸

北韓
南韓
日本

印度
700 萬公噸

越南
400 萬公噸

菲律賓

印尼
500 萬公噸

1000 km
500 miles

水產養殖產量
FAO FAOSTAT, 2018
◯ 水產養殖產量（活體重量：公噸）

亞洲的養殖漁業
比較 1990 年與 2018 年的產量，可以明顯看出亞洲養殖漁業急遽增加。圓圈大小表示水產養殖規模，以公噸計算。2018 年時，中國的產量是 4,800 萬公噸，緊接著是印度（700 萬公噸）、印尼（500 萬公噸）和越南（400 萬公噸）。

生物多樣性有益處

　　維持陸地和水中所有生物的多樣和豐富，對於生態系統的穩定，還有糧食生產系統的生產力及適應力是必要的。所有的人類和經濟活動都要靠大自然的供給，估計每年產值高達 125 兆美元之多。[66] 但是自然系統的重要程度卻根本沒有反映在對生物多樣性的關注和照顧上。自然系統在人類大肆掠奪之下已瀕臨崩潰，也就是某些科學家所說的「生物滅絕」。[67] 刺胳針飲食委員會（EAT-Lancet Commission）宣稱，我們正邁入第六次物種大滅絕，以百倍到千倍的速度失去動植物群[68]。當前這個地質時代大約始於一萬兩千年前[69]，而自 1970 年以來，人類活動已經導致動物族群規模減少了將近 60%。[70] 物種滅絕可能會使我們永久喪失持續養活全球人口的能力。

　　許多人類活動都會造成生物多樣性減少，尤其是因為耕種和都市化而興建了道路、鐵路、水壩、港口等基礎建設，使得陸地和水域棲地減少，遷徙模式瓦解，破壞了自然系統。氣候變遷又進一步危及生物多樣性，也加劇了其他的威脅，例如工業及其他污染的衝擊、入侵物種的散播、枯竭式採集野生物種，以及農業與基礎建設的蔓延。根據國際自然保育聯盟（International Union for Conservation of Nature）研究指出，哺乳類和鳥類所面臨的滅絕威脅，有 80% 是因為農業。[71] 在滅絕之前，物種的規模數量減少，也不再出現在先前能看到的地方。昆蟲生物量在過去三十年內減少了 75%，農地的鳥類在十五年內減少了 30%。[72]

　　蜜蜂的消失是個好例子，說明生物多樣性的減少將如何影響我們所有人的生活。從各種植物收集花粉的蜜蜂，比起花粉來源種類較少的蜜蜂，免疫系統比較健康。[73] 健康的免疫系統對蜜蜂來說很重要，因為這樣才能替蜂群製造食物。然而蜜蜂及昆蟲的數量正隨著它們取食跟授粉的植物種類一起減少了。

蜂群的崩壞很普遍，但比起歐洲其他地方，英國更為嚴重，可能的解釋就是生物多樣性降低。這種蔓延的情況被稱為「蜜蜂末日」（bee-pocalypse），昆蟲學家稱之為「蜂群衰竭失調症」（colony collapse disorder）。在英國，蜜蜂授粉每年的估計價值超過 2 億英鎊，在美國則超過 140 億美元，全球蜜蜂族群完全崩壞的後果，將會遠遠超過這些估計值。[74] 目前這種情況尚未發生，但很可能會。[75]

對人類和地球都健康的飲食

糧食生產力降低和需求增加的雙重壓力，已經累積了相當長一段時間 [76]，要反轉這種情況，需要立刻採取幾項改變。首先，我們要徹底改變飲食，彌平全球肥胖與飢餓之間的差距。我們必須以永續的方式做到這一點，並且要能減緩氣候變遷，因為糧食生產是造成氣候變遷最大的因素之一，飲食、健康和永續性基本上是相連的。不改變我們的飲食習慣，將會造成溫室效應氣體排放的毀滅性增加、肥料加重污染、生物多樣性減少以及水和土地加速劣化。這不只危及糧食生產，也會威脅到我們遏制氣候變遷的能力，更不用說要達到巴黎協定的目標了。[77]

有篇廣受引用的《刺胳針》（Lancet）研究，評估了各種飲食選擇對於環境的可能影響。[78] 該文作者群做出結論，指出為了達成飲食及健康的改善，我們必須減量食用不健康的食物──尤其是紅肉和糖──至少要減少一半以上。[79] 同時，堅果、水果、蔬菜和豆類等健康食物攝取量必須加倍。飲食上需要做哪些改變依區域而異，最富有的國家最需要大量減少食用肉類和糖。基本的飲食改變能穩定並降低溫室效應氣體排放，而且對人類健康大有益處，估計每年可避免一千一百萬人因營養不良死亡，減少 20% 以上。[80]

聯合國跨政府氣候變遷專家小組也強調，更有成效地利用土地能夠大幅減低全球暖化。[81] 在氣候那一章說得很清楚，陸地是天然的碳匯，能透過光合作用吸收溫室效應氣體。[82] 永續糧食生產需要縮小高產量與低產量區域之間的差距[83]，為了確保這不會造成更多肥料的使用及相關的污染，肥料必須全球重新分配，從使用過度的國家轉移到使用不足的國家。農業必須轉型，以確保能同時應對營養不足和肥胖這兩個健康挑戰，也確保糧食體系不會因為排放碳而摧毀環境，而是能成為碳匯，恢復生物多樣性。

改變要從我們每一個人做起。「彈性素食者」（flexitarian）飲食就很適合各種農業體系、文化傳統和個別飲食偏好，能結合各種雜食、奶蛋素和純素飲食。事情很簡單，一般肉類的食用（更不用說培育了）與良好健康和環境永續並不相容，為了你自己也為了我們的環境，減少攝取肉類，以永續魚類取代，或者用蔬食取代更好。每天至少一餐吃素，購買包裝較少和低環境足跡的食物，你會幫自己跟地球一個大忙。

2020 年六月，新冠肺炎全球散播的情況。

健康

全球流行病和超級病菌是重大威脅

各地的預期壽命幾乎都上升了

嬰兒、孩童和孕產婦的死亡率下降

精神疾病和自殺是主要的風險

科技改變了健康照護

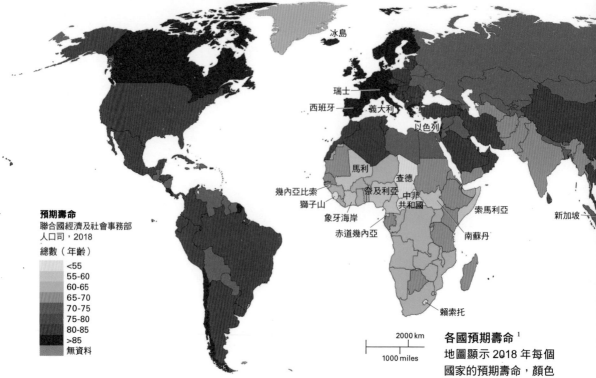

冰島

瑞士
西班牙　義大利
　　　　　以色列

馬利
幾內亞比索　　　查德
獅子山　　奈及利亞　中非
　　　　　　　　　共和國　索馬利亞　　　新加坡
象牙海岸
赤道幾內亞　　　南蘇丹

賴索托

預期壽命
聯合國經濟及社會事務部
人口司，2018

總數（年齡）

- <55
- 55-60
- 60-65
- 65-70
- 70-75
- 75-80
- 80-85
- >85
- 無資料

2000 km
1000 miles

各國預期壽命 [1]
地圖顯示 2018 年每個
國家的預期壽命，顏色
越深，該國國民的預期
壽命就越長。北美、西
歐和澳洲的人比較長
壽。非洲是異數，當地
的預期壽命較其他地區
低了二十到三十歲。

前言

　　目前是史上更多人活得更長壽、更健康的時候，目前最長
壽的人是一位名叫珍・卡蒙（Jeanne Calment）的法國女性，
她在 1875 年出生，1997 年過世，享壽一百二十二歲（又一百
六十四天）。雖然她的紀錄在本書付印時仍然成立，但是不會
持續太久。珍活過一百一十歲，屬於「超級人瑞」，活到百歲
的人瑞則有數十萬人，其中許多都是日本人。[2] 雖然仍然相對
稀少，但是很快地百歲壽命就不算太稀奇了。視居住地而定，
2000 年出生的人預期至少可以活到一百歲。某些科學家認為人
類壽命可以呈現指數延長，如果你覺得這聽起來像科幻小說，
並不是只有你這麼想。多年來，大家公認的觀點是我們已經達
到人類壽命的上限 [3]，但這可能很快就會變成少數意見。由生
物學家和老年學家提出的新一波研究指出，最高年齡可能比之

前認為的還要高出許多。[4]科技上的進步，尤其是基因編輯和再生醫學，意味著平均預期壽命在本世紀末可以延長到一百五十歲。[5]

我們能夠活這麼久的主要原因之一，是因為人類的健康有了大幅度的改善。由於從醫療、生活型態到營養和照護品質上的各種進步，在過去一個世紀裡，幾乎每個地方的人的健康狀況都有改善。最清楚的指標就是全球出生時的預期壽命。智人在地球上居住了二十萬年左右，大部分的時候生命都很短暫，甚至短的很殘酷。然而意想不到的事情發生了，全球預期壽命在不到一個世紀內就增為兩倍，這在演化上只是一眨眼的時間。並非世界上每個地方都以同樣的速度發展，在摩納哥，人平均活到八十九歲，在查德的預期壽命則是接近五十三歲。儘管有這些懸殊差異，壽命延長仍然是我們最大的成就之一，而且這還只是開端。人工智慧和生物技術的進步，還有無所不在的健康數據，改變了我們對健康的看法。儘管人類壽命的上限持續激發討論和爭議，但每個人都同意我們正處於醫療重大改革的險境。[6]

在本章中，我們將探討人類如何擊敗某些頭號致命疾病。大部分人變得比較健康的主要原因是衛生的傳播，還有營養、抗生素和專業醫療幫助我們擊敗宿敵，尤其是細菌和疾病。教育的傳播以及個人和公共衛生心態上的改變，改寫了局面，吸菸會致死、廣泛接種疫苗才明智、國家健保系統能救命等觀念的普及，對人口健康產生了驚人的改善。雖然有傳染力和具抗藥性的病毒如新冠肺炎，提醒了我們人類的脆弱，但是我們必須牢記，人類在非常短暫的時間內有了很大的進步。從死亡率下降、抗生素出現，到全球流行病和心理健康相關疾病的威脅增加，我們探討了醫療保健領域中的一些重大轉變，這些轉變不僅改變了世界，也將定義我們的未來。

活得更久：如何在一個世紀內把壽命加倍

1960

2020

　　過去一個世紀以來，預期壽命增加了兩倍多。右頁上圖顯示出 1960 年的平均壽命，大約是五十歲，全球平均值因為北美、西歐、日本和澳洲提升，但受亞洲、非洲、拉丁美洲和中東大片區域所拖累。今日全球平均壽命將近七十一・五歲，世界各地都有顯著的改善。因為男性通常比較不健康，不利健康的壞習慣也比較多[7]，往往不會像女性活得那樣久。[8] 如今日本男性的平均壽命是八十一歲，女性八十七歲；而在全世界最貧窮的獅子山國，男性壽命大約五十二歲，女性五十三歲。[9] 壽命仍然在向上攀升，尤其是在富裕的國家，到了 2030 年，美國男性可能活到七十九歲，女性八十三歲。[10] 這十年內在南韓出生的女嬰，預料可活到近九十一歲，男嬰則可活到八十四歲。[11] 直到最近，科學家都認為九十歲的平均預期壽命是不可能的，但生物醫學、營養及健康照護普及等驚人的進步，顛覆了這樣的預測。進一步探討未來前，先來看看過去。

　　從統計上來說，人類存在以來有 99.99% 的時間，平均壽命是二十到二十五歲，發掘出來的新石器時代遺骸殘骨顯示，平均預期壽命大約是二十一歲，對我們的祖先來說很不幸的是，這個狀況持續了一萬年。從羅馬帝國時期的墓誌銘可以看出，大多數人沒有活過二十幾歲。[12] 英國哲學家霍布斯描述生命的本質是「狂暴、野蠻而短暫」，他於 1651 年在《利維坦》（*Leviathan*）一書中寫下這段令人難忘的語句時，英格蘭的平均預期壽命只有三十五歲，在剛到手的殖民地美國則是二十五歲。十九世紀時，比利時的預期壽命攀升到四十歲，但印度和韓國仍然徘徊在二十三歲左右。接著一切開始改變了，預期壽命從十九世紀末和二十世紀初開始一路迅速增加，不到一百年內，世界上許多地方的人類壽命延長了兩倍。所以，發生什麼事了呢？

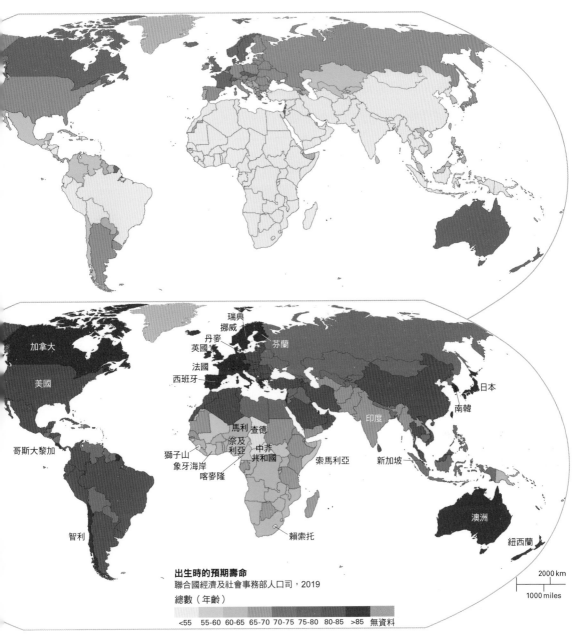

出生時的預期壽命
聯合國經濟及社會事務部人口司，2019

總數（年齡）

<55 55-60 60-65 65-70 70-75 75-80 80-85 >85 無資料

出生時的預期壽命 [13]

地圖顯示在 1960 年到 2019 年之間，全球的預期壽命顯著增加。拉丁美洲和亞洲的轉變尤其引人注目，預期壽命平均增加了二十年以上，非洲地區的改善則緩慢許多。此外，各國國內的預期壽命仍有相當大的差異，尤其是城市與鄉村偏遠地區。

出生後存活機率大增

　　延長壽命的第一個挑戰是在生產中存活，還有活過出生後的前五年。人類存在以來，大多時候新生兒有一半的機率可以活到五歲。取自狩獵採集社會的人類遺骸顯示，兒童死亡率高達70%。[15] 晚近到十九世紀中葉，每兩個兒童中就有一個會在十五歲生日前過世，一百年後，比例降到每五人中有一個。今日，兒童死亡相對稀少，全球大約每二十二人中有一個，在比較富裕的國家則是一百人中一個。這個比例聽起來很高（確實如此），但圖表顯示過去兩百年間穩定的下降。社會學家如麥克斯・羅瑟（Max Roser）、漢娜・李奇（Hannah Ritchie）和柏娜黛特・戴德奈（Bernadeta Dadonaite），說明了兒童死亡率如何先在歐洲和北美部分地區開始降低，接著二十世紀後半葉在中低收入國家開始迅速下降。巴西和中國在過去四十年間就降低了十倍，就連在非洲撒哈拉沙漠以南，兒童死亡率雖然仍比

**兒童死亡率降低：
1800 年到 2015 年**
（取樣國家）[14]

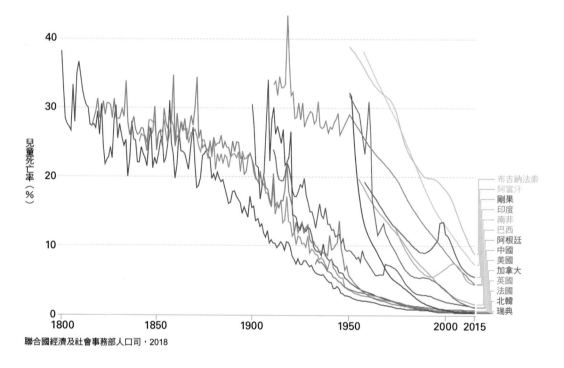

兒童死亡率（%）

布吉納法索
阿富汗
剛果
印度
南非
巴西
阿根廷
中國
美國
加拿大
英國
法國
北韓
瑞典

聯合國經濟及社會事務部人口司，2018

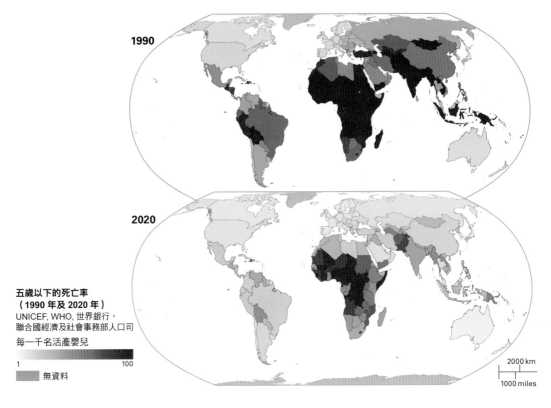

1990

2020

五歲以下的死亡率
（1990 年及 2020 年）
UNICEF, WHO, 世界銀行，
聯合國經濟及社會事務部人口司

每一千名活產嬰兒

1   100

無資料

2000 km

1000 miles

兒童死亡率的降低：
1990 年及 2020 年 [16]
這些地圖具體呈現出全
球在五歲以前死亡的兒
童比例，顏色越深，兒
童死亡率越高。非洲持
續面臨挑戰，不過到
了 2020 年時，活過五
歲的兒童人數已是歷史
上新高。衛生情況、下
水道設施和教育程度的
大幅進步，改善了世界
上低度開發國家的死亡
率，但不平等依然存
在。

全球平均高出兩倍，也大幅降低到每十人中一個。

　　兒童死亡率迅速下降的原因是什麼？主要因素是衛生情
況、下水道設施及教育有了基本的改善。[17]肺炎、瘧疾、麻
疹、腹瀉等傳染病，還有與生產相關的併發症減少，也有很大
的幫助。[18]十九及二十世紀時，加拿大、法國、瑞典、美國等
國家用了八十到一百年的時間，把兒童死亡率從 30% 降到 5%
以下。相較之下，巴西、中國、肯亞、南韓，只用了二十五到
五十年的時間，就達到差不多的成果。1960 年代時，每年多達
兩千萬名五歲以下的兒童死亡，今日的數字則接近六百萬。[19]
如圖所示，全球兒童死亡率差異仍持續存在。儘管亞洲和南美
洲所謂的「迅速趕上」延長了全球預期壽命，南北半球之間的
差距仍然很明顯，尤其是非洲國家，這些國家的健康之社會和
經濟決定因素較差。[20]嬰兒死亡率的範圍很廣：從新加坡的每

千名活產嬰兒中 2.3 人，到索馬利亞的百人以上都有。[21]

孕產婦死亡率下降

　　另一個解釋壽命延長的因素是大幅下降的孕產婦死亡率——定義是婦女在懷孕時死亡，或是在妊娠中止後六周內死亡。對母嬰來說，出生後存活幾乎一直都是件不容易的事情，確切的數字很難取得，但是有人類存在以來，有多達三分之一的母親死於生產，原因是懷孕相關的併發症（例如大出血、感

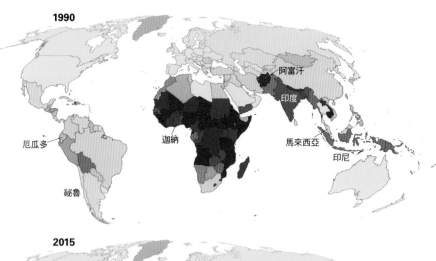

1990

孕產婦死亡率下降 [24]
地圖顯示 1990 年及 2015 年，每十萬次活產的懷孕婦女死亡人數。近幾十年來改善最明顯的是拉丁美洲、東亞和東南亞部分地區。非洲和南亞當地的女性仍舊得面對高風險的產婦死亡率。

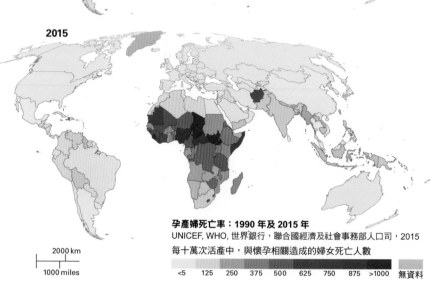

2015

孕產婦死亡率：1990 年及 2015 年
UNICEF, WHO, 世界銀行，聯合國經濟及社會事務部人口司，2015
每十萬次活產中，與懷孕相關造成的婦女死亡人數

2000 km
1000 miles

<5　125　250　375　500　625　750　875　>1000　無資料

染、子癎前症，這是一種會造成高血壓和尿液中出現過量蛋白質的症狀）。不到一個世紀以前，每十萬次生產中就會有五百到一千個產婦死亡。[22] 如地圖所示，到了 2015 年時，整體比率在比較貧窮的國家減少到每十萬人中大約兩百四十個，在比較富裕的國家則是每十萬人中十二個。[23] 一大原因是婦女開始生育比較少的嬰兒，兩胎之間也開始有間隔。生育率下降，孕產婦健康照護普及與改善，以及年輕的母親（還有父親）能夠得到更好的資訊，改變了局面。

我們有理由保持樂觀，母體健康將會持續改善。過去二十年來，全球孕產婦死亡率大約降低了 40%，不過富國和窮國之間仍存在巨大差距。例如，富裕高收入國家中的女性在生產過程中死亡的可能性，比貧困低收入國家中的女性少了二十倍。[25] 今日，有 99% 的孕產婦死亡發生在世界上比較貧窮的地區，尤其是非洲撒哈拉沙漠以南的國家。儘管這樣的差距令人不安，非洲小說家奇努瓦·阿契貝（Chinua Achebe）提醒了我們：「無事不變」[26]，母嬰照護加上處理併發症的專門醫療手術傳播，彌平了這些隔閡。[27] 雖然生產前、生產中和剛生產完時發生的死亡依然高到令人無法接受，尤其是在缺乏普遍健康照護的國家，但死亡的情況仍然比歷史上任何時候都還少見。[28]

對抗細菌：超級病菌的出現

自有人類以來，大多時候我們最危險的敵人都是看不見的細菌。歷史上大多數人並非死於心臟病或癌症的理由很簡單，因為他們沒能活到會得這種病的歲數，相反地，他們通常死於小傷造成的初步感染。數千年來，由霍亂、肺炎、天花、結核病、傷寒散播的細菌感染，殺死了數百萬人，更糟的是，沒有人知道這些致命疾病究竟從何而來，一直到十九世紀末之前，大部分人甚至不知道有細菌的存在。這並不是說早期的文明沒

有試著去阻止疾病，或是想辦法用自家生
產的抗生素，各種信仰療法和順勢療法，
都會利用天然黴菌和植物萃取物來治療感
染[29]，但很少有效。

　　大約一個世紀前，我們開始贏得對抗
細菌的戰爭。1800 年代晚期，法國化學家
暨細菌學家路易・巴斯德（Louis Pasteur）
以及他的妻子兼助手瑪麗（Marie）證明了
疾病並非憑空自發，而是活病菌大幅增加
的產物。1910 年，德國醫師保羅・埃爾利希（Paul Ehrlich）發
明了砷凡納明（arsphenamine，後來以灑爾佛散〔 Salvarsan 〕
之名行銷），用來治療肆虐歐洲數百年的梅毒。砷凡納明成為
接下來三十年內世界上第一種廣泛使用的處方藥。埃爾利希

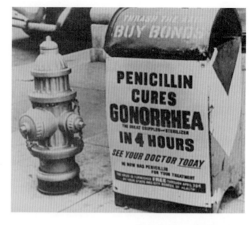

世界上第一個靈丹妙
藥——盤尼西林[30] 約
1944 年的海報
來源：NIH, Wikimedia

抗生素抗藥性的出現：2050 年的預測死亡人數[34]
地圖描繪出 2050 年時抗生素抗藥性導致的預測死亡人數，雖然是個嚴重的威
脅，但在北美、西歐和澳洲的預測死亡人數相對較少。非洲和亞洲的風險高出許
多，南美洲的情況稍微好一點，預測將有數十萬人甚至數百萬人早逝。

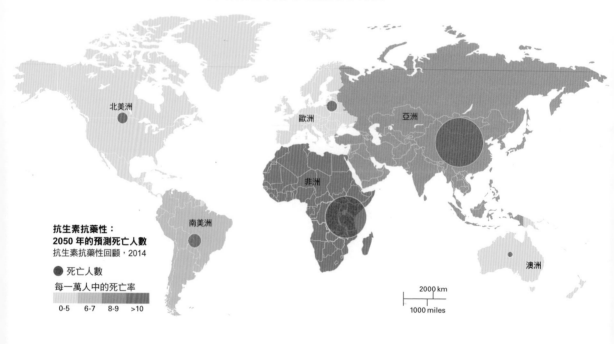

**抗生素抗藥性：
2050 年的預測死亡人數**
抗生素抗藥性回顧，2014

● 死亡人數
每一萬人中的死亡率

0-5　6-7　8-9　>10

2000 km
1000 miles

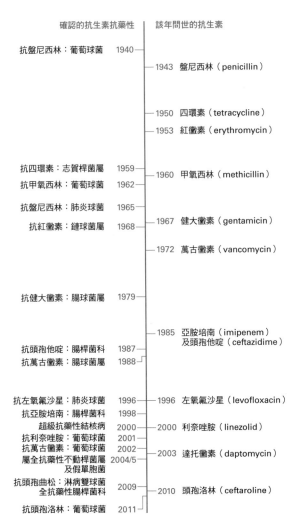

確認的抗生素抗藥性　該年問世的抗生素

抗生素及抗藥性的擴展：1940 年至今
依據《美國的抗生素抗藥性威脅》(*Antibiotic Resistance Threats in the US*) 重製，CDC, 2013

設計及測試藥品的方法，跟這項發現本身一樣重要。除了首次使用「化學療法」(chemotherapy)一詞，埃爾利希和他的同事開發了一種有系統的方法，能用來發展、測試、生產藥物，讓我們進入大量生產抗生素的新年代。[31]

　　磺胺類藥物以及 1928 年盤尼西林的發現改變了局面。[32] 微生物學家亞歷山大・傅雷明爵士 (Sir Alexander Fleming) 在無意間發現了盤尼西林之後，1940 年代初期開始在牛津大學大量製造。這種新的靈丹妙藥控制住許多當時導致死亡和發病的傳染疾病。[33] 不過廣泛用藥有其黑暗的一面，隨著抗生素越來越流行，亂開處方的情形也變得普遍[34]，盤尼西林和其他的抗生素在全世界盛行沒多久，就遇到了細菌抗藥性。事實上，早在 1943 年盤尼西林開始商業流通之前，就已經發現微生物對盤尼西林的抗藥性。[35] 另一種在 1950 年發售的藥物四環素，在 1959 年面臨抗藥性。甲氧西林在 1960 年問世，隔年就檢測到抗藥性。幾乎每一種市面上有的抗生素，都會在問世幾年後就變得無用武之地。[36] 今日有百餘種抗生素可用，但只有少數幾種仍然有效。世界衛生組織及美國疾病管制與預防中心發現，除了僅剩的兩種抗生素藥物之外，有些感染細菌對其他藥物全都產生了抗藥性。[37] 這兩個組織都提出嚴正警告，禁止人類或牲畜非必要使用抗生

素。[38] 其實傅雷明對這些情況並不會感到訝異，因為他早就多次提醒，過度使用他發現的靈丹妙藥可能會產生抗藥性。[39] 傳染病專家認為，我們正處於後抗生素時代的分界點。[40] 關於抗生素及抗生素抗藥性的警示已達到巔峰[41]，沒有抗生素的世界很可怕，尤其是對免疫系統較弱的人來說，或是需要接受侵入式手術的人，光是在醫院中的接觸就有可能致命。英國前首席醫療官莎利·戴維斯（Sally Davis）認為，這類抗藥性造成了「災難性的威脅」[42]，會「比氣候變遷先殺死人類」。[43] 根據美國疾病管制與預防中心，每年至少有兩百萬美國人已經遇到治療感染的抗生素抗藥性問題，導致至少兩萬三千人的非自然死亡。[44] 另一項研究指出，全世界已經有七十萬人死於抗藥性感染。[45] 如果這個趨勢持續下去，到了 2050 年時可能會增為每年有一千萬人死亡，預測死亡人數多於癌症（八百九十萬人）、糖尿病（一百五十萬）、腹瀉疾病（一百四十萬）或是路上交通事故（一百二十萬）。[46] 大規模超級病菌爆發的潛在經濟負擔很駭人，每年將高達 10 兆美元。[47]

預防全球流行病：人類最大的致命殺手

　　儘管新冠肺炎疫情讓整個世代的人都學到了致命病毒有多危險，關於瘟疫和疫病的深度焦慮卻是由來已久，理由很充分：全球流行病是歷史上最大的單一致命疾病。嚴格來說，全球流行病是指跨越國界、影響大量人口的流行病，大部分、但並非全部，都是會傳染的。有些全球流行病極具毀滅性，對社會的持續影響會跨越世代。西元前 430 年的一場傷寒爆發，殺死了四分之一的雅典軍隊，造成元氣永久大傷。西元 541 年到 750 年的腺鼠疫（也就是黑死病）殺死了地球上 25% 到 50% 的人口；由鼠疫桿菌造成的黑死病從 1331 年持續到 1353 年，造成近七千五百萬人死亡。此外，被歐洲探險家帶進拉丁美洲

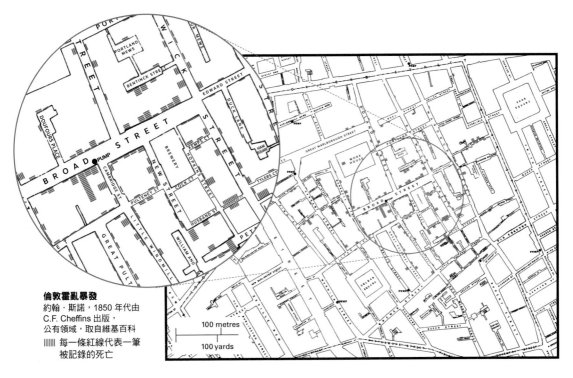

倫敦霍亂暴發
約翰・斯諾，1850 年代由
C.F. Cheffins 出版，
公有領域，取自維基百科
▥ 每一條紅線代表一筆
被記錄的死亡

1854 年倫敦霍亂流行時的群集[48]

和加勒比群島的天花、麻疹、流行性感冒，消滅了將近 95%
的原住民族群。而在二十世紀，同樣這些疾病殺死了五億人，
尤其是嬰孩和兒童。

　　已知最早利用地圖來分析疾病之間關係的例子，包括潛在
成因和後果，出現在 1850 年代的倫敦。一位名叫約翰・斯諾
（John Snow）的醫師，拒絕相信腺鼠疫或霍亂這類疾病是由於
「瘴氣」所造成的，這是當時普遍的看法。斯諾與牧師亨利・
韋赫德（Reverend Henry Whitehead）合作，製作地圖追查大規
模霍亂爆發的來源，發現源頭是一座水井。他仔細推敲疾病
的足跡——紅色線條代表因該疾病所造成的死亡記錄——最後
說服地方議會關閉連結到受污染水源的特定水泵，霍亂的發病
率立刻驟減。藉著利用數據和地圖來呈現水質與霍亂之間的關
聯，斯諾改革了倫敦的公共衛生，同時催生了流行病學領域。

　　地圖有助於說明地理、人口結構、社會和經濟因素，對於
疾病爆發的發病率和傳播有何影響。[49] 今日地圖用於追蹤各種
病原體，例如新冠肺炎和流行性感冒、屈公病、伊波拉、結核

病、黃熱病、茲卡病。以 H1N1 流感為例，這個疾病又稱為豬流感，可由人際接觸感染。[50] 不像其他的流行性感冒株往往會感染比較年長的成人，H1N1 流感特別危險之處在於會感染兒童和年輕人——這些群體通常對季節性流感的防禦最強。症狀通常會從發燒、頭痛漸漸變成呼吸困難，某些病例會出現肺炎、急性呼吸窘迫甚至死亡。H1N1 流感特別令人恐懼，因為該病病毒與西班牙流感有關聯，1918 年到 1920 年間西班牙流感爆發感染了五億人，當時造成全球 3% 到 5% 的人類死亡。[51]

儘管 2020 年從中國武漢開始的新冠肺炎疫情讓 H1N1 流感相形失色，2009 年時 H1N1 流感爆發已清楚提醒世人這類傳染病的爆發有多危險。紀錄上第一宗 H1N1 流感病例是在墨西哥維拉克魯斯（Veracruz）的格羅利亞鎮（La Gloria）發現的，時間是 2009 年四月。[53] 新近感染的病患很快就在墨西哥其他地方出現，最後傳到了首都墨西哥市。[54] 因為是新病株，

2009 年到 2010 年，每十萬人中與 H1N1 有關的死亡人數[52]
地圖追蹤了全球 2009 年到 2010 年之間，與 H1N1 流感相關的死亡人數。第一宗通報的感染發生在墨西哥，很快就散播到北美、西歐、南亞、東亞和澳洲。

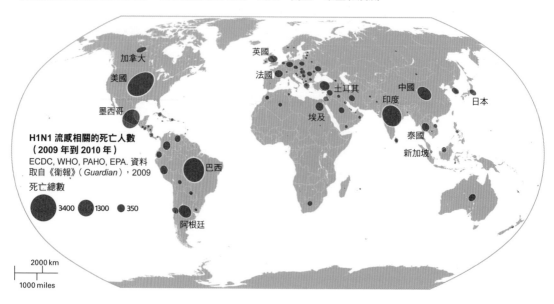

沒有疫苗，病毒很快散播到全世界，六月時升級為全球流行病，到了十一月時緩和下來，因為有剛研發出來的疫苗分配到十六個國家使用。世界衛生組織在 2010 年八月正式宣布疫情結束 [55]，但當時據估計已有一萬八千人被推定死亡，而這個數字很可能過分低估了：研究人員後來指出，全球可能有多達二十四萬八千人死於這個疾病。[56] 換句話說，2009 年到 2010 年之間死於 H1N1 的人數——這種由咳嗽和打噴嚏傳染的流行性感冒——是同一年中所有戰爭死亡人數的三倍。從那時起，H1N1 流感就曾出現在印度、馬爾地夫、馬爾他、摩洛哥、緬甸和巴基斯坦，不過情況比較沒那麼令人擔心，因為如今 H1N1 流感已被視為一般流感株的其中之一。

即使如此，新冠肺炎疫情大規模散播的速度——在三個月內遍及一百九十個國家——還是讓許多決策者感到驚訝。[57] 但新冠肺炎絕對不是唯一讓健康專家徹夜難眠的病毒。傳染病專家擔心，其他的流行性感冒病毒株可能會由雞隻傳播到人身

H7N9 流感全球大流行模擬散播 [64]
地圖模擬了源自中國的人類可傳播病毒的散播途徑，可能會傳到亞洲、歐洲和北美的主要人口中心。居住在距機場兩小時車程內的人口數，是利用人口密度網格地圖和全球旅行時間資料集來計算。[65]

A. J. Tatem, Z. Huang
與 S. I. Hay, 2013

距機場兩小時車程內的居民（百萬）
- ● <1
- ● 1–5
- ● 5–10
- ● 10–20
- ● >20

每個月的旅客人數
- <1,000
- 1,000–2,500
- —— 2,500–5,000
- —— 5,000–15,000
- —— >15,000

2000 km
1000 miles

上，包括 H7N9 病毒在內（又稱「禽流感」）。[58] 例如美國疾病管制與預防中心曾提出警告，H7N9「很有可能」在中、短期內演變成大流行病。[59] 新病株特別讓人不安之處在於高致死率，2013 年 H7N9 流感在中國爆發時，大約 88% 的確診者演變成肺炎，41% 的感染者過早死亡。[60]365 頁地圖模擬 H7N9 全球大流行時可能的足跡。從 H7N9 病毒首次在人類身上發現以來，已知至少有五次傳染爆發，全都在中國。通報有個案出現的城市——包括北京、福建、上海——都是商業和運輸中心，交通上連結橫跨亞洲、歐洲和北美的人口中心。[61]

儘管地圖描繪的是虛擬的傳染爆發情況，但可能的範圍及規模與新冠肺炎爆發十分相似。研究人員估計在 2013 年發生的六十例人類 H7N9 感染中，每一個案的半徑 48 公里範圍內生活著超過一億三千一百萬人、兩億四千一百萬隻家雞、四千七百萬隻家鴨、兩千兩百萬頭豬。此外在中國境外，全球人口將近四分之一居住在距機場兩小時車程內的地方，有來自爆發區域的直飛航線，如果再涵蓋轉機一次的範圍，那就幾乎佔全球人口的四分之三。[62] 帶來威脅的不只是 H7N9 流感或新冠肺炎，1980 年到 2013 年之間，全球有超過一萬兩千多種疾病爆發，牽涉四千四百萬個病例。[63] 今日世界衛生組織每個月大概能追蹤到七千個可能爆發傳染的新跡象。2018 年在單一個月內，世界衛生組織首度將八種爆發傳染病中的六個列為「優先防治疾病」（priority diseases），隔年就出現了新冠肺炎，害死了無數人，引發大規模全球混亂，影響遍及政治、經濟和社會生活。

為什麼全球流行病的爆發會持續增加？先前討論過的微生物及病毒抗藥性絕對是問題的一大部分，另外就是有些人拒絕採取預防措施，包括不願接種疫苗 [66]，不過還有其他影響因素，像是全球暖化和貿易加速。值得記住的是，所有病媒傳播的疾病——由活生物體傳播的疾病，包括人傳人或動物傳

患有心理健康失調和藥物濫用問題的人口比例
IHME, OWID, GBD, 2017
百分比

10　12　14　16　18　20

無資料

人——散播的方式並不一定類似。同時，病媒傳播的疾病例如瘧疾（由蚊子傳播）導致全球流行病的可能性，要看病媒本身存活和繁殖的能力而定。病媒、病原體和宿主都會在某些特定的情況下存活及繁殖，從溫度、降水，到高度及風速都有關聯。[67] 因此隨著溫度上升、森林砍伐擴大、肉類食用量增加或交易提高，全球流行病也會增加。重點在於，我們不再能夠靠地點而安全不受疾病侵擾，在全球化的世界中，下一場全球流行病的來源很可能就坐在你旁邊（打噴嚏）。

標示心理健康疾病：超過十億人有症狀

人們對許多疾病都視而不見，比如心理健康失調——包括焦慮、失智、憂鬱、飲食失調、躁鬱症、思覺失調症——

患有心理健康失調和藥物濫用問題的人口比例：2017 年 [68]
心理健康失調和藥物濫用是大家視而不見的問題，這份地圖標示出北美、南美、西歐和澳洲部分地區在 2017 年時相對高比例的心理健康和藥物濫用問題。雖說如此，區域之間會有這樣的差異也有可能是漏報，資料不足和污名化所致。

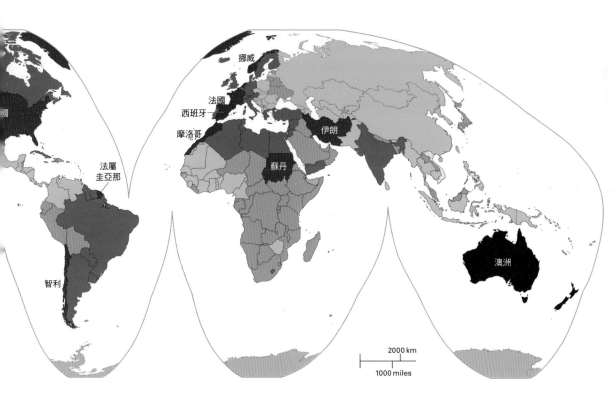

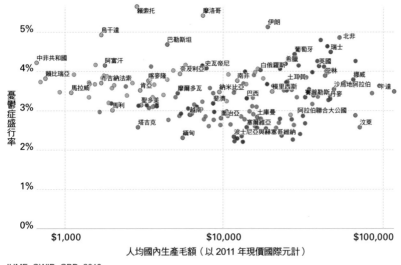

IHME, OWID, GBD, 2018

與其他疾病相比，通常未被診斷出來，因此往往得不到足夠的
注意和治療，尤其是在低收入的環境中。然而，心理健康失調
是全球死亡率和發病率最大的因素之一，有數量驚人的十一億
人——地球上每六人中就有一個——患有一種或以上的心理健
康失調和藥物濫用問題。[70] 大約每四人中有一個，這輩子曾經
歷過心理疾病。[71] 如上方圖表所示，憂鬱症的發生遍布非洲、
美洲、亞洲和歐洲。但心理疾病仍然很可能被低估，也就是
說，問題可能比我們了解的更嚴重。

　　心理健康失調出現在各種地理環境和收入類別中，整體
來說，在中高收入國家中，大約有半數人一生中至少會經歷
過某種心理疾病。[74] 例如在英國，據估計每四人中就有一人經
歷某種精神疾病。[75] 不過某些人口族群比較脆弱，窮人發生精
神疾病的機率是富人的兩倍，兩者之間的關係會危險地自我強
化——貧窮增加心理疾病的風險，患有心理疾病又會增加落入
貧窮的可能性。[76] 然而在中低收入國家中，只有 15% 的人能
獲得治療，相較之下，收入較高的國家則有將近 65% 的治療

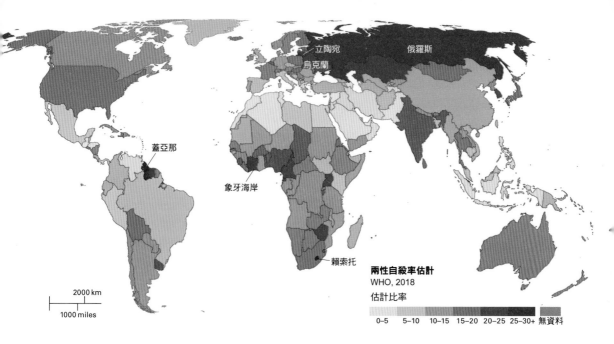

立陶宛
烏克蘭
俄羅斯
蓋亞那
象牙海岸
賴索托

兩性自殺率估計
WHO, 2018
估計比率

0–5　5–10　10–15　15–20　20–25　25–30+　無資料

2000 km
1000 miles

兩性年齡標準化之自殺率（每十萬人）：2016 年 [73]

這份地圖提供了每十萬人自殺率的概觀，東歐國家（尤其是俄羅斯和立陶宛）自殺率非常高。富裕國家如澳洲、加拿大和法國，自殺率跟許多中低收入國家相當。

率。[77] 雖然辨認、治療、去污名化精神疾病有了顯著的進步，在世界上某些地方這仍是禁忌。[78] 心理健康失調的經濟負擔很驚人，儘管可能有分類和通報上的失誤，《刺胳針》上有項研究指出，到了 2030 年，精神疾病可能使全球經濟損失高達 16 兆美元，包括每年至少損失 120 個工作日。[79]

　　大部分心理健康失調所導致的死亡都是間接的，是自殺的結果。[80] 診斷患有臨床憂鬱症的人 [81]，自殺的可能性平均比一般人高出二十倍。[82] 引人注意的是，憂鬱症平均分布在大部分的國家中，無論經濟發展程度為何，大約都佔人口的 2% 到 6%。不過憂鬱症和自殺的相關程度因地而異。[83] 一般而言，在比較富裕的國家中，大約 90% 的自殺事件可以追溯到心理健康失調和藥物濫用問題；而在比較貧窮的國中家，這一比例較低，將近 60%，這也與潛在的社會、經濟環境有關，可能還有文化污名以及漏報的情況。[84]

　　自殺影響了來自所有國家、文化和階級的人，如地圖所示，自殺率最高的國家非常多樣。例如 2019 年時，東歐國家白俄羅斯、哈薩克、立陶宛、俄羅斯，都呈現出最高的自殺

率。然而能與這些國家高自殺率匹敵的對手是蓋亞那、南韓和蘇利南，就連總以高國民幸福指數著稱的不丹，也深受高自殺率之苦。飽受戰火摧殘的國家如阿富汗、伊拉克、敘利亞，呈現出相對低的自殺率。自殺率最低的國家叢聚在加勒比群島，包括巴哈馬、格瑞那達和牙買加。另外比利時、荷蘭和瑞典通報的自殺率相對較高，但這可能與醫師協助自殺高度盛行有關，這在當地是合法的。[85]

自殺常見於較年長者，但是任何年紀都有可能發生，事實上，今日全球十五歲到二十九歲族群的第二大主要死因是自殺。每四十秒就有一個人自殺，每年超過八十萬件，自殺比謀殺和過失殺人更致命。[86] 儘管有四分之三以上的自殺通常發生在中低收入的環境下（因為加起來人口數比較多），自殺卻不是窮困之人的專利。自殺通常可以歸因到幾項個人特質的相互影響——包括遺傳特質——加上社會、文化和經濟狀況，並結合環境因素。[87]

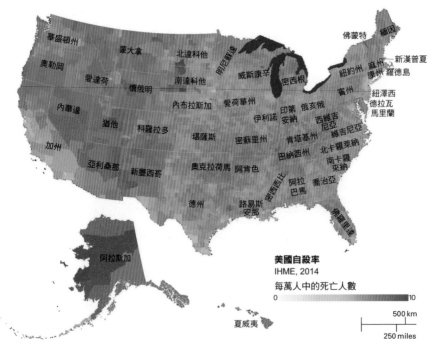

2014 年美國自殺率
各國之間與各國國內的自殺率有相當大的差異。這份地圖顯示2014 年美國各州每萬人的自殺率，呈現出相對高度聚集自殺率的地方是阿拉斯加、西南部和中西部，還有北部工業衰退的鐵鏽地帶（Rust Belt，主要由五大湖區城市群組成）。

美國自殺率
IHME, 2014
每萬人中的死亡人數
0 　　　　10

500 km
250 miles

跡象顯示，世界上某些地方的自殺率有惡化的情形，例如在美國，自殺從 1999 年以來幾乎增加了三分之一，2017 年至少有四萬七千個美國人自殺身亡，一百四十萬人企圖自殺。在北美，心理健康、關係惡化、孤獨、財務困境，似乎在企圖自殺的決定中佔了極大的比例。如地圖所示，近年來位於西部、中西部和鐵鏽地帶的各州受到特別嚴重的影響。鐵鏽地帶的各州縣尤其深受經濟衰退影響，許多住在當地的人比較孤立，缺乏適當的照護。[88] 當地越來越多人經歷了諾貝爾獎得主安格斯・迪頓（Angus Deaton）與安・凱思（Anne Case）所稱的「絕望疾病」（diseases of despair），包括肝病造成的死亡，以及對酒精及鴉片製劑用藥過量成癮。[89] 地圖顯示用藥過量死亡的群集地包括亞利桑那州、加州、科羅拉多州、新墨西哥州、阿拉巴馬州、肯塔基州、田納西州和西維吉尼亞州。據估計，2017 年有十五萬八千件絕望死亡，而自 2000 年以來，有七十萬以上的美國國民死於絕望疾病，比美國在兩次世界大戰中因

2014 年美國用藥過量死亡率

美國在過去十年間面臨了用藥過量致死的問題。地圖顯示 2014 年用藥過量死亡的每萬人盛行率，是目前能取得的最新分類數據。鴉片類止痛藥造成的用藥過量死亡，集中在阿帕拉契區域（阿拉巴馬、喬治亞、北卡羅萊納、賓夕法尼亞、南卡羅萊納、西維吉尼亞）和西南部（內華達、亞利桑那、新墨西哥）。

美國用藥過量死亡率
IHME, 2014
每萬人中的死亡人數

0　　　　　　　　　10

500 km
250 miles

為戰爭而死亡的總人數還要多。

日本及南韓的自殺率都很高，但導致人們自殺的因素不同。一直以來，這兩國都期待孩子要照顧年邁的雙親，但隨著年輕人大量移居城市，傳統支援體制失靈，越來越多老年人選擇自我了斷，避免造成家庭財務負擔。日本及南韓的學生也呈現出高於平均的自殺率，部分是因為必須在學業上取得成功的文化及社會壓力，將在教育那一章清楚說明。在日本，自殺是二十歲到四十四歲男性和十五歲到三十四歲女性的主要死因，通常是因為離婚、失業或是其他人眼中不名譽之事的羞愧感。兒童的自殺率也非常高——是十歲到十九歲人口最常見的死因——在每年九月開學時達到高峰。[90]

反思老化：六十歲是新的三十歲嗎？

世界人口老化的速度比以往都快，如右圖所示，在接下來三十年中，六十歲及以上的人口將增加一倍以上，從今日約九億六千兩百萬人，增加到 2050 年的二十一億人。[92]史上首度由六十歲以上的人口，成為世界上成長最快速的年齡群[93]，原因之一就是大家活得比較久、比較健康。同樣重要的因素是生育率下降，年輕人的數量減少了，這在人口狀況那一章中有詳細的說明。全球女性平均只生 2.5 個小孩，相較於一個世紀之前則是五個。[94]世界上某些地方老化的原因不只是因為壽命更長、小孩更少，大規模移民也改變了某些國家的年齡結構，尤其是因為離開的人往往比較年輕。

人口健康層面的所有結構上的改變，迫使國家和地方政府、健康照護提供者、保險公司，必須從根本上重新思考老化的政治和經濟。傳統上，年輕人和生育力與經濟活力相關，老化和人口縮減則是經濟停滯不前的徵兆。這個觀點需要更新了：年長老化的人口可以是社會上有價值的資產，老年人口不

六十歲及以上的人口百分比預測 [91]

下方地圖呈現 2014 年及 2050 年時,各國六十歲及以上的國民比例,顯示全球人口老化的速度。在日本,國家當前最迫切的政策應是處理老化問題,但加拿大、中國、俄羅斯、歐洲部分地區、南美和東南亞某些國家,以及澳洲、巴西、美國等國,預計到了 2050 年人口也會老化許多,相較之下,非洲會是最年輕的一洲。

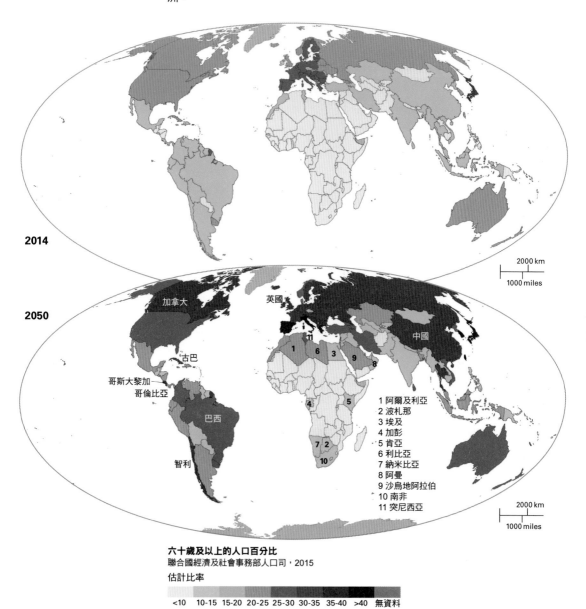

2014

2000 km
1000 miles

2050

加拿大
英國
中國
古巴
哥斯大黎加
哥倫比亞
巴西
智利

11
1 6 3
9
8
4 5
7 2
10

1 阿爾及利亞
2 波札那
3 埃及
4 加彭
5 肯亞
6 利比亞
7 納米比亞
8 阿曼
9 沙烏地阿拉伯
10 南非
11 突尼西亞

2000 km
1000 miles

六十歲及以上的人口百分比
聯合國經濟及社會事務部人口司,2015
估計比率

<10　10-15　15-20　20-25　25-30　30-35　35-40　>40　無資料

預計的生育率 [97]

地圖顯示各國在 1990 年、2020 年及 2050 年的生育率，可看出生育率在世界上許多地方都大幅下降。在 2050 年時，預計全球女性會比先前少生很多小孩，差異最顯著的是非洲撒哈拉沙漠以南、南美和中亞，這些原本比較深色（代表生育數較高）的地方隨著時間逐漸變淺。[98]

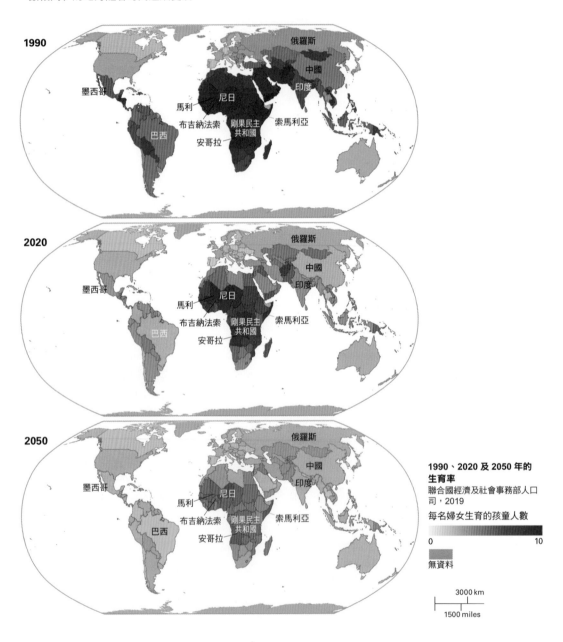

1990、2020 及 2050 年的生育率

聯合國經濟及社會事務部人口司，2019

每名婦女生育的孩童人數

0   10

無資料

3000 km

1500 miles

只能提供想法、經驗和智慧，也會在勞動力上扮演越來越重要的角色。[95] 某些社會透過修訂退休年紀，發展出終身學習的選擇，和重新思考城市設計，來適應越來越多獨居老年人的社會及經濟影響。[96] 開發更適合老年人的住宅、就業和服務，加上鼓勵社交網絡，都有益於避免和老年相關的孤單和低生產力。

我們能做些什麼？

全球人口健康驚人的成就，掩蓋不了各國之間與各國國內健康的顯著不平等。許多國家健康改善減緩或停滯，是受到自身悲慘境況所拖累。例如俄羅斯的預期壽命全歐洲最低，部分是因為男性的酗酒習慣所致（當地稱之為 zapoi，意思是酒醉到與生活脫節）。[99] 在美國，整體的預期壽命最近也下降了，原因是前所未有的用藥過量和自殺危機。[100] 更顯著的例子是非洲南部，愛滋病在一個世代內把預期壽命減少了十五年[101]，即使同時期世界上其他國家的平均壽命是多了十五年，[102] 幸好抗反轉濾病毒藥物有助於扭轉這種趨勢，讓預期壽命有了重大改善。[103] 或者看看那些飽受武裝衝突和極端暴力的國家，醫療體系和預期壽命都急速崩垮。敘利亞和葉門的預期壽命出現前所未有的下降，尤其是年輕男性。[104] 在巴西，預期壽命略低於七十四歲，雖正在改善中，但並非人人如此，居住在里約和聖保羅等城市周邊地區的年輕、教育程度低的黑人男性，預期壽命可降至六十歲以下。[105]

儘管面臨全球流行病的威脅，但在接下來數十年中，人類的壽命可能還會增加。過去一個世紀以來的成功，可歸功於公衛體系與傳染病控制措施的建立與施行、抗生素的使用、疫苗接種計畫的散播、更好的教育，以及驚人的醫療、手術和科技突破。[106] 在國際間的合作與國際慈善組織的支持之下，較低收入國家中的孕產婦死亡率也顯著下降。

未來，人類的死因會跟從前不一樣。2050 年時，孕產婦、產期前後還有非傳染性疾病的死亡率應該都會持續下降。隨著交通方式改進、更明智的飲食習慣、更進步的測試和檢測技術，因道路交通傷害、心臟疾病、糖尿病和乳癌所導致的死亡，應該也會持續下降。[107] 然而，與全球流行病相關的感染和心理健康所造成的死亡率和發病率，大概會上升。當然，萬事無一定，所有的預測，包括上述這些在內，都有可能碰上不確定因素，例如醫療上的重大新發現、經濟變化、超級病菌出現、災難性的氣候變遷及戰爭。但是總體來說，人類健康的展望和壽命在世界上大部分地方看起來都不錯，而且還有可能徹底變得更好。有生之年，我們也有可能見識到長壽的「超級人類」（super-humans）的出現，但只有那些財務上有辦法負擔的人才能享有這種升級。

有一些簡單的辦法可以改善全球人口健康，其中之一是全民健康保險，可以顯著降低健康差距，在各國之間、各國國內和各種人口族群之間都適用。提供嬰兒、孩童及母親基本衛生及健康照護很重要，尤其是在世界上長期處於劣勢的地區。撲滅每年感染將近兩億兩千萬人，造成四十萬人死亡的瘧疾將大有裨益，同時也能幫助流行瘧疾的最貧窮國家根除貧困，減少健康不良。[108] 另一項目標必須是消除毀滅性的疾病及病毒，把超級病菌的威脅減到最低。我們曾經做到過，例如天花，上一次的病例通報是 1977 年在玻利維亞、哥倫比亞和索馬利亞——這是史上首度完全撲滅某個疾病。[109] 如今已知世上只有兩個地方仍然保存著病毒樣本作為研究用途——亞特蘭大（美國）和新西伯利亞（俄羅斯）。根除天花並非不戰而勝。[110] 第一波撲滅發生在斯堪地那維亞國家，接著是歐洲其他地方、澳洲和北美。下一波撲滅伴隨著在非洲、亞洲與拉丁美洲的大規模疫苗接種計畫，世界衛生組織為此在 1966 年到 1977 年間投入了 3 億美元。不過這些預防措施的成本和挽救的生命相比，

各國通報的天花病例：1943 年及 1977 年 [111]
天花一直到二十世紀都還是一種危險致命疾病。右圖描繪出 1943 年及 1977 年（天花正式宣布被撲滅的那一年）的通報病例分布。通報病例顯著減少，證明結合全球政府與國際公民組織的努力是非常重要的。

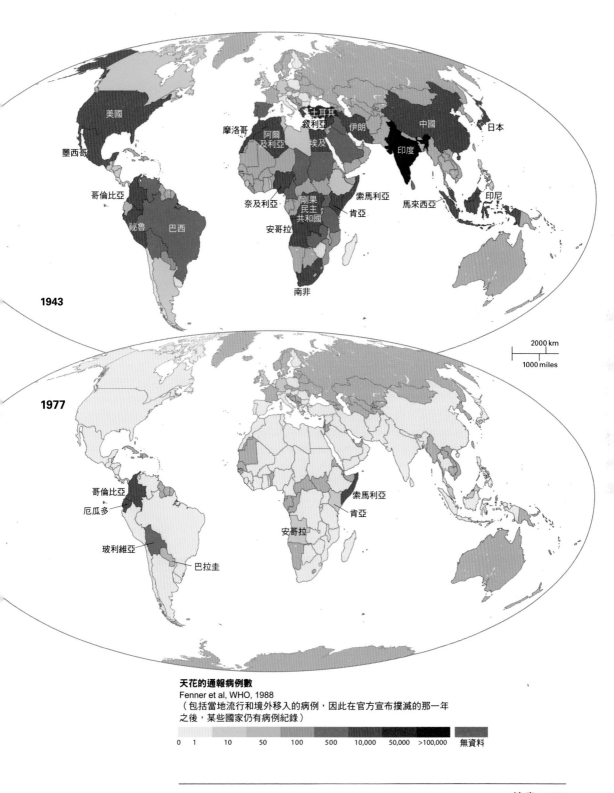

美國

摩洛哥

土耳其

敍利亞

伊朗

中國

日本

墨西哥

阿爾
及利亞

埃及

印度

哥倫比亞

奈及利亞

索馬利亞

馬來西亞

印尼

祕魯

巴西

剛果
民主
共和國

肯亞

安哥拉

南非

1943

2000 km

1000 miles

1977

哥倫比亞

索馬利亞

厄瓜多

肯亞

玻利維亞

安哥拉

巴拉圭

天花的通報病例數
Fenner et al, WHO, 1988
（包括當地流行和境外移入的病例，因此在官方宣布撲滅的那一年
之後，某些國家仍有病例紀錄）

0   1   10   50   100   500   10,000   50,000   >100,000   無資料

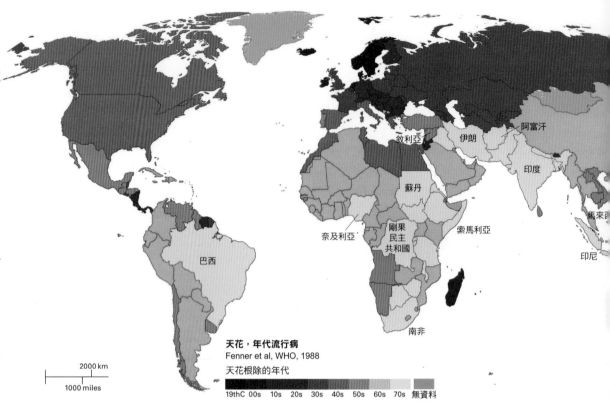

天花，年代流行病
Fenner et al, WHO, 1988
天花根除的年代

19thC 00s 10s 20s 30s 40s 50s 60s 70s 無資料

數十年來，天花不再流行 [112]
天花並非一舉殲滅，地圖標示出各個國家根除病毒的時間，越淺色越近代。冰島、挪威、瑞典這些國家率先撲滅天花，拉丁美洲、非洲、南亞和東亞的國家過了頗長一段時間才達成目標。

根本微不足道。

　　要想降低超級病菌的威脅，需要全球投入響應，就像過去撲滅天花那樣。[113] 我們必須開始辨識、研究並發展，針對首要的全球流行病風險加以回應。[114] 同時也要對潛在的「X 疾病」（disease X）可能造成的威脅做好準備，建立應對未知病毒株的能力，免除其突然「跳躍」到人類身上所產生災難性的後果，例如新冠肺炎。我們也需要齊心努力，從根本上加快抗生素和疫苗的發展和部署。以伊波拉為例，初步疫苗在十二個月內開發出來，而非一般五到十年的開發週期，且證據顯示用來控制伊波拉病毒的實驗疫苗效用高達 97.5%。[115] 即使成本下

降，這些創新仍不便宜，針對十一種最具傳染力的疾病研發疫苗的成本高達數十億英鎊。但隨著新的生物科技問世，新的試驗技術甚至是 3D 列印設備，都有可能讓成本大幅降低。到頭來還是那句老話：預防重於治療。[116]

「做好準備」與「協同合作」是二十一世紀的關鍵字。雖然科技進步令人振奮，但現實是許多國家和城市連落實最基本的措施都有困難，無法預防、控制這些威脅。[117]新冠肺炎疫情讓事情變得很清楚，只要一個比較弱的環節就會讓全世界陷入危機。雖然在建立關於風險的意識有明顯的進展，但大部分的政府在檢測、評估、報告或應對主要公共健康威脅（包括超級病菌）時，仍未達到最低國際標準。當傳染疾病爆發的頻率越來越高，就可能會有反應不及時或過於空泛的狀況，而這樣的忽視、草率與恐慌的結果是致命的，而且不只是發生在爆發疫情的前線，也會擴及全球人口。我們可以改變策略，鞏固集體防禦，但這需要政府、投資人、疫苗製造商和健康專家大幅擴展全球的合作關係。

好消息是新一代的藥物（以及製造藥物的方法）即將出現，這些開發可以透過研究補助金、延長專利權和提供競爭獎勵來加速，例如吸引私人公司投入生產抗生素及專門針對高風險的細菌和病毒的藥物。我們有理由抱持希望，在寫作本章時，已知有數十個新冠肺炎疫苗的臨床試驗，以及三萬多篇經同儕審查的科學文章，探討這種新發現的病毒。已經出現了數千種新的合併抗生素，能夠強化人類的抵禦，瞄準有抗藥性的病原體。[118]全新等級的抗生素正在進行測試，這些藥物的特性有可能改寫局面。[119]為了改善藥物上市的速度，需要更多的投資來收集並分析有關抗生素使用、細菌和病毒的反應的數據。為了防止產生更多的抗藥性，政府必須限制甚至中止牲畜使用抗生素，並且引導消費者採取偏向植物性的飲食。最終我們所有人都必須改變心態和決定——包括限制抗生素用在治療小感

染，以及避免任何使用抗生素的糧食產品。

　　大數據和分析學的出現，再加上物聯網，深深改變了我們追蹤病患和重要統計資料的方式。穿戴式設備有助於檢測人的睡眠、心跳速率和運動習慣。創新的方法讓醫生可以從遠端監測血壓和血糖濃度，協助醫生辨認潛在的健康問題，並在情況惡化之前提供救命的治療；這些數據也有助於醫療照護機構預測入院率與分配資源，確保能夠替老化人口提供居家照護。中國和印度等國家都已經開始採用新科技，實現遠距照護來接觸偏遠地區的人口。推廣穿戴式設備、健康追蹤器和數據分析方法，能避免患者在醫院和健康照護機構裡待太久，保險業也能從中獲益。新醫療科技不只增加效率，也有助於預防人為疏失——例如開錯藥或 X 光片判讀診斷錯誤。當然，這也會引發一系列與資料隱私和保護相關的新問題，這部分在科技那章有詳細討論。

　　神經病學、幹細胞研究、基因編輯和其他領域的超越進展，即將顛覆我們對於健康和老化的觀念——甚至可能連身而為人的意義都會有變化。一些生物學家和遺傳學家認為老化不是一種神祕或不可避免的狀態，而是一種活著的討厭副作用。隨著時間過去，身體會受到新陳代謝的損害，身體及心理上的病狀持續累積。在他們看來，透過偶爾在細胞與分子層面的修復及汰換，老化會漸漸變得「可治療」。[120] 雖然治癒老化仍存有幻想的成份，但將基因圖譜與標靶藥物治療相結合的個人化醫療，將徹底改變健康領域展。毫無疑問的，未來的人類將會是半機械人。

　　現在我們能做的最重要的事情之一，就是持續自我教育該如何保持健康，這在糧食那章有詳細介紹。此外，要持續追蹤疾病，時常增進有關預防及治療疾病的知識，傳遞見解，以便改進健康成果，減少各國之間與各國國內的差異。數據共享仍是主要的障礙，但科技有助於改善這一點。新藥問世，加上

更理解人口健康的決定因素，將能產生新的突破。不論人類能活到一百歲還是一千歲，我們都建議要為老化人口社會做好準備，這表示要投資適當的健康及社會照顧體制，輔助人口多樣的健康需求，也需要反思保險和退休體制的本質，還有工作本身的持續時間和意義。人類健康這項議題，在社會、經濟和道德層面的影響令人怯步，例如誰才能活更久？該如何處理人口成長？萬一有長生不老的獨裁者呢？這些改變不容易理解，但正因為如此，我們必須從今天就開始討論。

新冠肺炎疫情對教育的衝擊

維基共享資源，2020

■ 全國學校停課　■ 部分學校停課　■ 學校不停課　■ 無資料

教育

普及教育是個新觀念

接受教育的機會正在改善

改善教育需要聰明的投資

良好的教育相當於更多的經濟成長

教育體制需要升級

前言

新冠肺炎疫情提醒了我們，孩子未來居住的世界將與我們今日所在的世界非常不同，唯一恆久不變的就是變動。數位虛擬工具和遠距學習將無所不在，有無窮的內容可供取用，能符合各方面目的，也不再需要記誦。要在這樣令人茫然又快速變化的環境中找到方向，未來世代需要掌握科學、科技、工程和數學，而這些學科已漸漸改由人工智慧教學。[1] 在某些小學裡，學童在能讀會寫之前，已經開始學寫程式，這很快就會成為常態。但要真正茁壯成長，他們還必須富有創意、同理心，要能批判思考與解決問題，這些都需要具備心理韌性和毅力，才能在極為錯綜複雜的情況中游刃有餘。終身學習與不斷重新創造將會成為常態。孩子們必須學會上述這些技能，但對自己畢業後還會有哪些工作存在卻一無所知[2]，這讓家長感到焦慮與措手不及。

儘管諸多原因讓人對未來感到緊張，尤其是在世界奮力從好幾波新冠肺炎疫情中復原之際，但還是有保持樂觀的理由，畢竟我們在短時間內已經走得非常遠。如地圖所示，大部分生活在北美和北歐之外的人，在 1950 年時平均只接受不到四年的教育，但到了 2017 年，全球平均受教育年限多了兩倍以上。兒童和青少年的輟學人數在近十年也明顯下降，1970 年時，大約有 27% 的小學學齡兒童失學，今日大約是 9%。世界上大部分地方也在小學階段彌平受教權上的性別差異。這些非凡的成就推動了經濟成長，甚至有助於民主國家蓬勃發展，尤其是因為獲得優良的教育與更廣泛的社會和經濟發展改善之間存有密切的關聯。[3]

並非人人都平等受益於近來的教育轉變，至少仍有一億兩千萬兒童失學。[4] 此外，有兩億五千萬個年輕人尚未掌握基本的識字和算術技能，而且至少有七億五千萬個青少年和成年

1950

2017

**平均受教育年限：
1950 年及 2017 年**
地圖顯示二十五歲及以上成人的平均受教育年限，年限越高、顏色越深。相比兩圖可看出在 1950 年到 2017 年間，平均受教育年限有驚人增長。

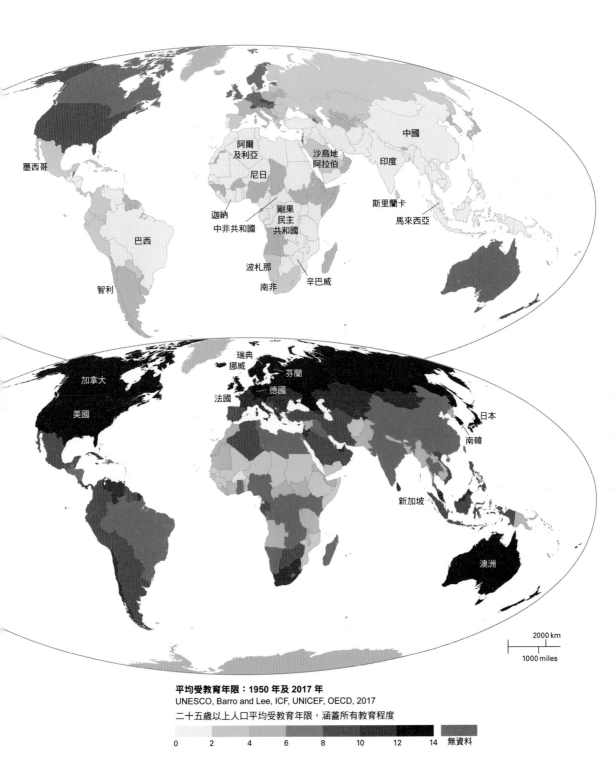

平均受教育年限：1950 年及 2017 年
UNESCO, Barro and Lee, ICF, UNICEF, OECD, 2017

二十五歲以上人口平均受教育年限，涵蓋所有教育程度

| 0 | 2 | 4 | 6 | 8 | 10 | 12 | 14 | 無資料 |

人不會讀寫，無法完全融入社會。[5] 儘管大有進步，世界上某些地方的年輕女孩仍然無法上學，或是不能參與某些類別的課程。如前頁地圖所示，過去十年中，許多非洲人、亞洲人、拉丁美洲人的受教育年限仍然遠低於北美、歐洲、澳洲和紐西蘭人。然而，儘管有這些難以改變的懸殊差異，情況大致還算正面。雖然較貧窮國家相較於富裕國家、還有女性相較於男性，仍存在著一些劣勢，但教育不平等已經持續下降。[6]

不過有個大問題：世界的教育體制根本還沒準備好要應付眼前的重大轉變。巨變如知識經濟的興起、工作本質的結構性改變，還有新科技散播越來越快，都產生了重大的意義，影響到我們該如何教育下個世代（還有當前這一代），要教些什麼、在哪裡教。

在世界上某些地方，人工智慧推動指引的教育改革和機會正在加速[7]，某些地方則盛行比較傳統的教育模式，使用黑板、筆記本和鉛筆。此外，新冠肺炎疫情大概會加重各國之間與各國國內的不平等，並且加速教育數位化。在新冠肺炎的年代裡，我們完全不清楚課程、教師、學校、大學是否能夠迅速改變，適應這個不確定的未來。

在本章中，我們仔細記錄了教育引人注目的散播，從過去一個世紀空前擴張的中小學及大學教育開始，評估教育的紅利──包括教學份量和品質的持續改善──如何協助世上大部分的地區推動成長，甚至有助於民主治理。接著，我們研究在芬蘭、新加坡、南韓等地展開的教育上的新實驗，還有新教育科技帶來的顛覆性衝擊。新數位工具的力量和潛力是真實的，不過有件事情很確定：對於接下來會有什麼，我們幾乎一無所知。

識字率上升：五百年內從 1% 升到 86%

　　在許多國家裡，我們把教育視為理所當然，新冠肺炎疫情的出現可能會改變這一點，因為這場疫情讓數十億的家長快速接觸到在家自學。很難相信教育改革只有幾百年的歷史，小孩、更不用說是女孩，應該有權利在學校上學一整天的看法，其實是個相當激進的新觀念。過去將近五千年中，「教育」僅限於享有特權的少數人——幾乎完全由富裕的男性獨佔。最早的專門學校和圖書館出現在埃及，大多是用來教導抄寫，讓信仰療法術士和神廟官僚人員有基本的讀寫能力。不同的文明發展出各自的語言體系，象形文字是目前已知最古老文字，約出現在西元前三千年的時候。[10] 各種形式的教育散布在中東、歐洲、中國和印度，全都是為了滿足少數菁英，直到幾百年前，以今日的標準來看，全球人口只有不到 1% 識字。

　　普及教育的概念在歐洲啟蒙運動期間起飛，時間是十七、十八世紀，激增的書籍出版、公共圖書館和印刷文化全都發揮

1475 年到 2015 年間全球識字率 [8]

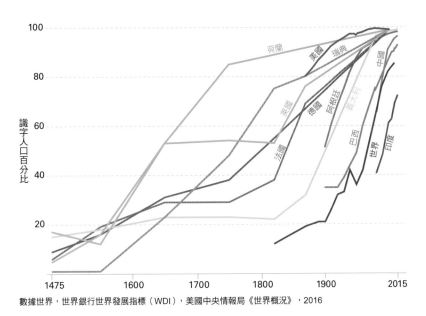

數據世界，世界銀行世界發展指標（WDI），美國中央情報局《世界概況》，2016

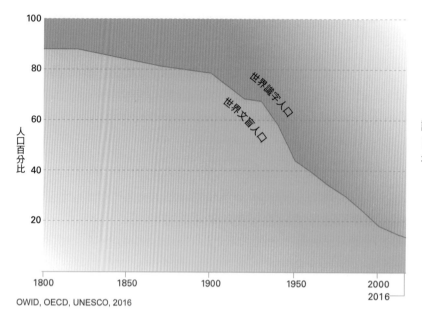

世界識字人口

世界文盲人口

識字與文盲的世界人口：1800 年到 2016 年 [9]

OWID, OECD, UNESCO, 2016

了作用。哲學家如洛克（John Locke）和盧梭，都熱烈提倡公私教育投資，以儘早塑造年輕的心靈。雖然歐洲識字率從 1500 年代之後開始上升 [11]，全球識字率成長卻相對緩慢，直到 1900 年代才開始加速。數字顯示在十九世紀初，全球的識字率徘徊在 12% 左右，到了二十世紀時，上升到 21%。過去六十年來，識字率年年增加，今日已達到驚人的 86%。[12]

受過教育的世界：南韓如何在半個世紀內讓入學率從 5% 變成 100%

雖然有時候感覺不出來，不過這世界比任何時候都更有知識，這主要是因為法律保障國民受教權的結果，在大部分的國家，法律要求兒童必須上小學。義務初等教育的靈感可以追溯到普魯士的腓特烈大帝（Frederick the Great），他在 1763 年率先設立了第一個初等教育體制，堅持所有五到十四歲的普魯士男孩與女孩，都必須去公費學校上學。他也投入中等學校，稱

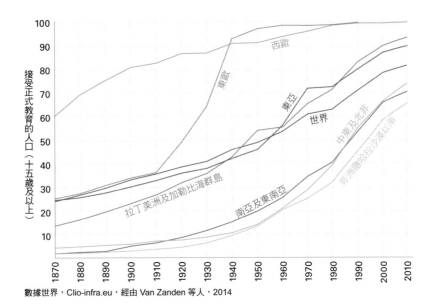

至少受過基本教育
的人口：**1870 年到
2010 年** [13]

接受正式教育的人口（十五歲及以上）

西歐
東歐
東亞
世界
中東及北非
拉丁美洲及加勒比海群島
非洲撒哈拉沙漠以南
南亞及東南亞

數據世界，Clio-infra.eu，經由 Van Zanden 等人，2014

之為「文理中學」（gymnasiums），還有大學預備學校。到了
十九世紀初期，普魯士體制涵蓋的範圍從義務幼兒園、專業教
師培訓、全國性的課程，到替學生舉辦的國家測驗都有，教師
也需要通過資格檢定。類似的體制在十九世紀時遍布歐洲和北
美，之後也延伸到世界上其他地方。今日，受教育的權利明載
於國際條約中，人人都享有免費可得的中等教育，並且能得到
公平合理的高等教育。[14] 如 389 與 390 頁的圖表所示，某些國
家花了比較長的時間才達成這種轉變。印度在 2009 年才實施
普及免費的義務初等教育，亞洲、中東和東南亞有好幾個國家
尚未達成這一點。表現最差的是世界上最貧窮的國家——布吉
納法索、查德、衣索比亞、馬利、塞內加爾——那裡的兒童平
均只受過三年的學校教育。

　　儘管仍有些兒童無法受教育，但近幾十年來全球教育的整
體改善率令人欽佩。註冊及就學的人數攀升，沒受過正式教育
的人口比例驟減。世界上人口最多的印度和中國，在過去半個
世紀中取得驚人的進步。例如在印度，1947 年時只有 12% 的
人口識字，今日則是 74%，中國也從 1950 年代 20% 識字率，

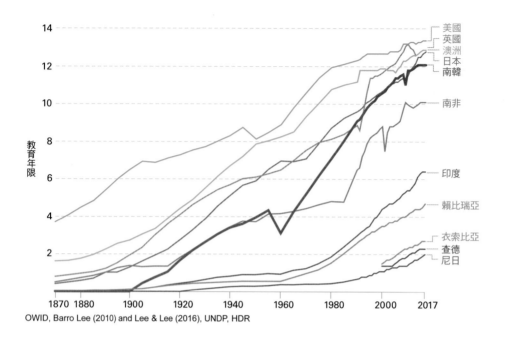

教育年限

美國
英國
澳洲
日本
南韓

南非

印度

賴比瑞亞

衣索比亞
查德
尼日

1870 1880　1900　1920　1940　1960　1980　2000　2017

OWID, Barro Lee (2010) and Lee & Lee (2016), UNDP, HDR

進步到今日的 85%。世界各地年輕世代所受的教育都比上一代好很多，這表示整體改進很可能會持續到未來。[15] 客觀來看，在接下來的三十年中，會有更多人取得正式的初等、中等及大學教育，比全部人類歷史上的紀錄加起來都還要多。

　　就學是一回事，但教育程度是另一回事。說到教育表現，某些國家顯著大幅超越其他人。南韓的經驗非常突出，1950 年時，只有 5% 的南韓人擁有高中文憑，在實施普及教育及許多其他改革之後，如今南韓是全球識字率最高的國家之一。[17] 南韓的學校體制被廣泛譽為名列世上最佳，該國的青少年在教育表現上經常勝過其他國家的同齡人。[18] 改善的不只是初等和中等學校教育，南韓的大學在國際上的排名也一直攀升。[19] 新冠肺炎疫情爆發之前，南韓人佔美國海外留學生人數第三大族群，僅次於中國和印度。[20] 這種教育紅利令南韓獲益頗豐，所謂的「漢江奇蹟」（Miracle on the Han River）──南韓於二十世紀中葉開始的卓越經濟繁榮──歸結到底是由於教育上的聰

若干國家的平均受教育年限：1870 年到 2017 年 [16]
富國與窮國之間的受教育年限差距極大，其中可看出南韓的迅速崛起。

下圖顯示 1970 年各國
沒受過正式教育的人口
比例，並預測 2050 年
的情況。巴西、中國、
印度和墨西哥的進步令
人印象深刻，許多非洲
國家也可能會有顯著的
改善。

明投資，還有獎勵學業成就的文化。今日幾乎人人都會唸完高
中，有四分之三的人會上大學。

　　教育成就方面的嚴重不平等持續存在。正如地圖所示，
儘管有所改善，非洲撒哈拉沙漠以南依然敬陪末座，布吉納法
索、尼日等國家的計算技能及識字率徘徊在 30% 以下，位居
世界排名之末。雖然大部分的非洲國家在二十世紀時擴大了初
等教育的入學率及出勤率，但在查德、利比亞和尼日的學齡兒
童，只有不到一半出現在課堂上，一些非洲國家甚至在教育成

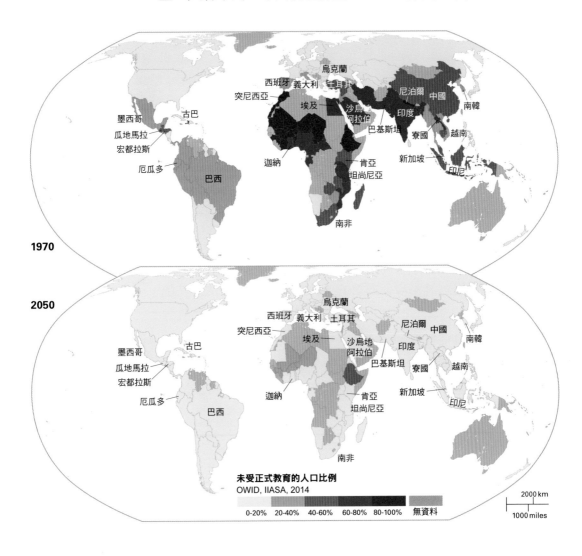

未受正式教育的人口比例
OWID, IIASA, 2014

0-20%　20-40%　40-60%　60-80%　80-100%　無資料

2000 km
1000 miles

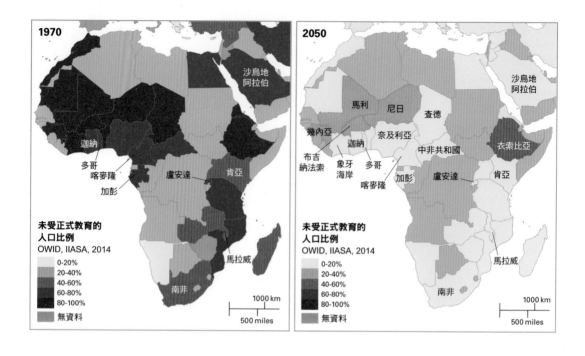

1970

沙烏地
阿拉伯

迦納

多哥
喀麥隆   盧安達   肯亞
加彭

**未受正式教育的
人口比例**
OWID, IIASA, 2014

- 0-20%
- 20-40%
- 40-60%
- 60-80%
- 80-100%
- 無資料

馬拉威

南非

1000 km
500 miles

2050

沙烏地
阿拉伯

馬利   尼日   查德

幾內亞   奈及利亞
布吉   迦納   中非共和國   衣索比亞
納法索   象牙   多哥
海岸   加彭   盧安達   肯亞
喀麥隆

**未受正式教育的
人口比例**
OWID, IIASA, 2014

- 0-20%
- 20-40%
- 40-60%
- 60-80%
- 80-100%
- 無資料

馬拉威

南非

1000 km
500 miles

果衡量指標上開始出現倒退。[22] 更糟的是，大部分的畢業生對
接受高等教育或進入競爭的勞動市場毫無準備。在非洲撒哈拉
沙漠以南，只有不到一半的高中畢業生，能夠真正達到教育能
力（相關技能的全球基準）的最低門檻。正如上圖所示，未來
三十年內，這些趨勢在沙赫爾地區、大湖地區（Great Lakes）
或非洲南部地區可能不會有顯著的改善。新冠肺炎疫情及其後
續影響也有可能會減緩教育成就，尤其是在世界上比較貧窮的
地方，教育機會更有限。

　　教育不會光憑砸錢就神奇地改善，事實上，差不多各地都
增加了教育設備的投資，卻並沒有看到普及的改善。有部分是
因為各地社會在優先開支上有很大的不同。例如在富裕的社會
中，各家庭在高等教育上的支出通常會多過初等或中等教育。
這並不令人意外，在多倫多、倫敦、紐約、巴黎或雪梨這些城
市，公立學校教育的可用度和品質一般都很不錯。結果是漸進
的，許多低收入的學生都能得到補助，繼續高等教育，而家境

**非洲的教育赤字：
1970 年及 2050 年**
教育革命在未來幾十年
將散播到非洲，地圖顯
示未受正式教育的人口
比例預計在 2050 年時
下降，但也提醒我們仍
有許多不足之處。

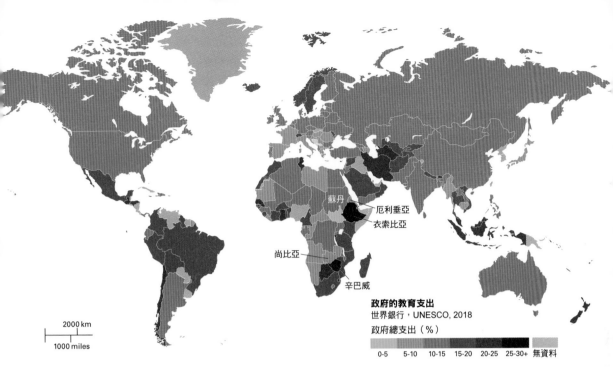

政府的教育支出
世界銀行，UNESCO, 2018
政府總支出（％）

0-5　5-10　10-15　15-20　20-25　25-30+　無資料

蘇丹
厄利垂亞
衣索比亞
尚比亞
辛巴威

2000 km
1000 miles

**政府的教育支出：
2018 年** [23]
更多資金並不一定會轉化成更高的教育成就。地圖顯示教育的總體公共支出（經常項目、資本及轉移項目）佔所有政府部門總支出的比例，教育上的支出比例越大，顏色越深。

比較好的學生也更有可能負擔得起唸大學。在比較貧窮的國家中情況卻正好相反：各家庭的初等教育開支比高中或大學多，即使中低收入環境中的公立學校是免費的，許多家長仍然寧願拉高孩子的地位，偏好表現較佳的私立機構。

即使如此，提高教育的可用度和品質仍然需要更多的政府投資，要想在中低收入國家實現快速增長，需要將全球的年度開支從今日約 1.2 兆美元，在 2030 年增加為 3 兆美元。[24] 上圖顯示出為何教育的公共經費比例，並不是更好教育成果的可靠測量方法。中美洲、撒哈拉沙漠以南和中東有些國家，投入將近四分之一的政府預算在教育上，但成果參差不齊。近年來，教育佔政府總支出比例最高的國家是衣索比亞和辛巴威，最低的是南蘇丹、尚比亞和厄利垂亞。由世界銀行進行的研究顯示，公共經費與學習成果之間的相互關係其實不強。[25] 當然相互關係不是因果關係，但事實證明，資金發給學校的方式，加上特定種類的教育改革，是促成積極改變的關鍵，對於教育完

成年限、未來薪資甚至是降低成人貧窮都有影響。就像所有的社會政策一樣，重要的不只是花了多少錢，而是如何花錢。[26]

　　花更多錢興建更多學校、雇用更多老師有其必要，但在中低收入的環境下，這樣是不夠的。良好的表現有賴於許多投入，從教導的技能種類、教師培訓的品質、教學設施一直到就學率、對學業努力的獎勵等等，許多社會及經濟因素都有可能提高或抑制教育成果。這裡提供一些真正有助革新的建議：例如，在某些國家（但並非全部），像「附帶條件現金補助」這樣的計畫（提供資金及其他誘因，讓母親給小孩上學）[27]、提供學生免費的早餐和午餐、調整學校課表、針對比較貧窮的家戶給予指定獎學金，讓孩子可以留在學校（而不是去工作）等等，這些對整體教育成就所產生的影響，跟教師人數或教室大小一樣正面積極。

教育的意外收穫

　　教育的首要任務是幫助每個人充分發揮潛力。好消息是，基本教育——尤其是認知及生活技能的發展——通常能給個人、家庭和社會帶來經濟效益。[28] 大學及智庫進行無數的研究，呈現出過去半個世紀以來，初等、中等及高等教育的經濟報酬率。[29] 普遍認為無論性別或年紀，受過更多教育的人往往收入更高、死亡率更低、行為更有利於社會。[30] 例如，每受一年學校教育的平均利益回報率介於 8% 到 13%。有項研究檢視了 1950 年到 2014 年間的一百三十九個國家，發現每增加一年的教育，平均時薪將增加 9%。[31] 不同教育程度的個人，彼此之間的收入差異會隨著職涯進展而擴大。

　　更多、更好的教育，與更高的收入還有更廣泛的經濟成長相關[32]，簡單來說，改善教育對經濟有益。根據一項研究指出，如果每個兒童都能得到基本教育，那麼在接下來的八十年

中，低收入國家可以提高 28% 的國內生產毛額，高收入國家可以提高 16%。[33] 一個國家大學數量的增加也與人均國內生產毛額增長有關。[34] 那麼，為何以學校為本位的發展策略執行不力呢？[35] 原因之一是入學人數及就學程度的提升，並不一定能轉化為經濟表現的改善[36]。以拉丁美洲為例，1970 年代時成人教育程度表現遠遠領先東亞和中東，但在過去四十年中，拉丁美洲的經濟成長卻遠遠落後這兩個地區。這是因為重要的不只是教育的數量，還有教育的品質。拉丁美洲也許有相當不錯的就學率，但學生的學習內容與學習方式的品質往往相對較差。[37]

教育也能產生正面的連帶效應，因為它可以打造社會資本和其他形式的福祉。例如，教育程度跟比較高的自我陳述信賴相關[38]，更具體來說，受過大學教育的人，一般來說對彼此的信賴度高於受過初等或中等教育的人。整體而言，學歷較高的成人，通常也更會投入志願活動，在團體中對政治更積極。而且因為教育可以促成賦權，能養成比較健康的習慣，擁有更多的選擇，所以婦女和女孩的教育尤其與較低的兒童死亡率、家戶正收入密切相關，這在人口狀況那一章中有明確說明。[39]

也有證據顯示，教育改善在某些環境下，與民主治理的成長和持續有關。[40] 這是因為大多時候，受過教育的人通常有更高的政治參與度，會展現出更成熟的公民責任感。[41] 儘管有中國、古巴和新加坡這些例外，但在 1970 年時成人平均教育水準最高的國家，今日更有可能擁有民主政府。[42] 社會學家也指出，受過更多教育的人通常比較不會分裂，不會傾向民粹主義和威權主義。[43] 許多最支持民粹或極權政黨的人，教育程度通常比其他國民相對來得低，這並非巧合。例如在美國，2017 年針對五千多人所進行的調查發現，沒受過多少正式教育的人，在統計上對民主的支持度比較低，這些人不看新聞，也表示他們不去投票。[44]

反思教育：芬蘭及新加坡教我們的事

　　儘管二十世紀的教育體制帶來了不同凡響的衝擊，但是時候徹底改革了。[46] 主要是因為當前的教育模式並不適合正在興起的大規模科技及勞動市場破壞。[47] 從長遠來看，今日的許多工作都會消失，未來的經濟制度基本上會跟我們現在所學到的完全不同。[48] 幾乎所有人都同意，早該大刀闊斧進行教育改革了。學校從第一次工業革命之後就沒有太大的改變，當時的年輕人是為了製造業和公共服務而做準備。除了某些例外，教育和培訓體制已經有數十年缺乏投資了，也沒有準備好讓年輕人面對機器人取代眾多今日工作的局面。[49] 雖然大家一致認為各級學校需要改革，但對於未來教育體系該有的模樣卻缺乏共識，更別說該如何支應經費了。

　　有幾項教育實驗正在進行中，提示了我們未來會有的情況，主要的創新是大幅改善教學品質，重新思考以學校為本位的學習傳授。最廣受推崇的例子之一來自芬蘭，初等及中等教育的學生在數學、科學和閱讀能力有明顯進步。[50] 改變並非一夕之間，而是四十幾年前就開始了。[51] 驚人的成就主要可歸結到教學品質的進步，在新冠肺炎疫情出現之前，芬蘭大約有六萬兩千名老師，分布在三千五百多所學校中。在芬蘭，能進入師資培訓課程是非常不容易的，這些人通常來自全國大學畢業生中排名前 10%，而且因為薪水極具競爭力，約 90% 的芬蘭教師一輩子都會擔任教育工作者。[52] 課後輔導計畫也有幫助，在九年學校教育期間，有將近三分之一的芬蘭學生會得到額外的協助。這一切都是有回報的，從 2000 年以來，芬蘭的學生在國際學生能力評量計畫（Programme for International Student Assessment, PISA）中名列前茅，這個標準化測驗的受測對象是四十幾個國家中的十五歲學生。芬蘭約有 93% 的學生畢業於普通高中或職業學校——比美國多出 17%，其中有 66% 會去

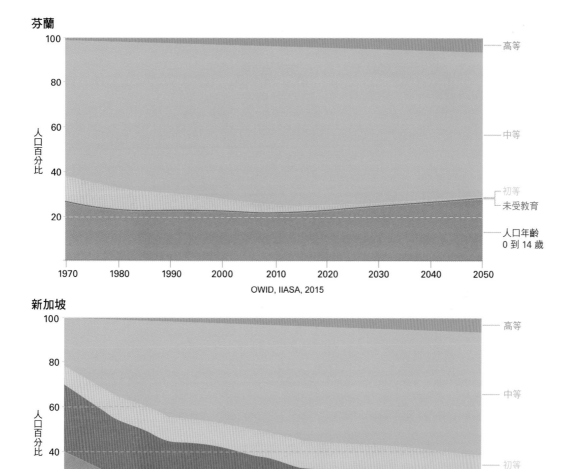

芬蘭

100 ─────────────────────────────────── 高等

80

60 ─────────────────────────────────── 中等

人口百分比 40

初等
20 未受教育

人口年齡
0 到 14 歲

1970 1980 1990 2000 2010 2020 2030 2040 2050

OWID, IIASA, 2015

新加坡

100 ─────────────────────────────────── 高等

80

60 ─────────────────────────────────── 中等

人口百分比 40

初等
20 未受教育

人口年齡
0 到 14 歲

1970 1980 1990 2000 2010 2020 2030 2040 2050

OWID, IIASA, 2015

芬蘭與新加坡：以最高教育成就程度劃分人口，1970 年到 2050 年 [45]

唸大學。[53]

　　芬蘭經驗如此驚人之處在於，達成這一切並不需要學生寫作業或是參加強制性標準化測驗。芬蘭人只在高中畢業前最後一年考試一次，沒有排名，也不會去比較學生的表現。而且芬蘭的教育設施全都是公費——沒有私立學校獎學金、私人家教或特許學校。大約 97% 的六歲兒童就讀於公立幼兒園，那裡

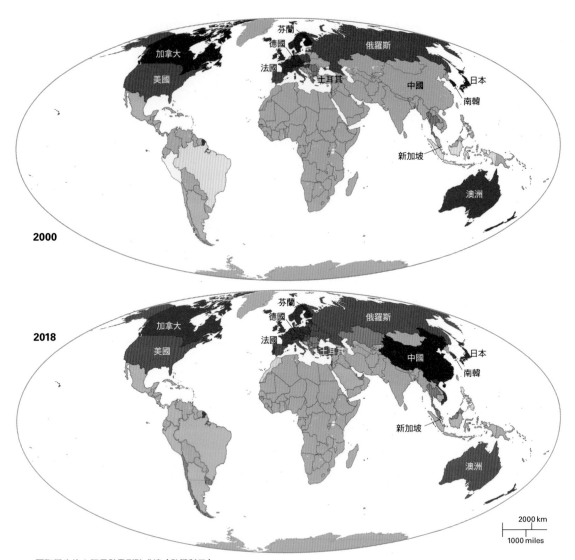

國際學生能力評量計畫測驗成績（數學科目）
OECD, PISA, 2015, 2018

數學測驗平均成績

250-300 300-350 350-400 400-450 450-500 500-550 550-600 600+ 無資料

國際學生能力評量計畫全球排名 [54]

某些學生的表現一直比其他人好很多。地圖標示出 2000 年及 2018 年時，七十個國家的國際學生能力評量計畫測驗成績的結果。該計畫測量十五歲的學生在數學、科學和閱讀項目上的學業表現，顏色越深代表平均測驗分數越高，中國、芬蘭、日本、新加坡名列前茅。

還會提供食物、醫療照顧、諮商和交通運輸。結果就是幾乎每個芬蘭小孩無論住在何處，都能得到相同品質的教育，這在世界上許多地方是前所未聞的事情。根據經濟合作暨發展組織的數據顯示，表現最弱跟最好的芬蘭學生之間的差異也是全世界最小的。令人難以置信的是，芬蘭達成這一切的花費，每個學生還比美國低了 30%。[55] 跡象顯示社會情況也有全面的改善，從整體幸福感增加 [56] 到飲酒量減少 [57]，還有自殺率降低。[58]

有鑒於這些非凡的成果，下一個問題是，芬蘭的教育實驗能不能在其他國家得到類似的結果。答案是也許，但只有在滿足幾項條件的情況下才有可能。第一是社會對教育的重視程度，芬蘭當前的教育體制出自於一種文化，把教育視為基本權利，而不是少數人的特權。百年以來，芬蘭的憲法要求「人人有免費接受基本教育的權利」，確保生活免於經濟困難。[59] 相較之下，即使憲法有修正，教育在美國依然不是基本權利。第二個條件是教育服務的公正程度，在芬蘭，教育資金是依據學校的需求來發放，而不是看排名。即使是極少數存在的私立學校也不收學費，並且禁止實施篩選入學標準。學生終身都能免費獲得普通和職業訓練。歸根結柢，芬蘭教育體制的目標是支持學生全面發展，建立各種專業和生活技能。[60] 這是一項高標準，但是有其必要。

很顯然，上升到教育金字塔頂端的國家一直在想辦法改進，以新加坡為例，學校表現出來的學業成績驚人，儘管有人批評他們根本是照本宣科、過分依賴死記硬背和講述教學。[61] 相較於芬蘭，新加坡的教師高度依賴教科書、反覆練習和測驗。[62] 然而今日新加坡的教育體制被認為是世界最佳之一：學生的數學程度比美國同齡人領先近三年。成就令人印象深刻，卻也付出了許多代價，新加坡的學生在年紀還很小的時候，就必須參加測驗，來決定他們成年期的前景。父母堅決確保孩子接受課後輔導和加強課程，讓他們更有競爭優勢。等到了十二

表現優良的學生比例：2017 年

另一個衡量教育程度的方式，是看表現優異的學生比例。右圖為各國表現優良的學生比例，以小學一直到中學畢業的數學和科學平均測驗成績為評判依據。顏色越深表示成績優異的學生比例越高。芬蘭、南韓、新加坡和日本的學生得分都非常高。

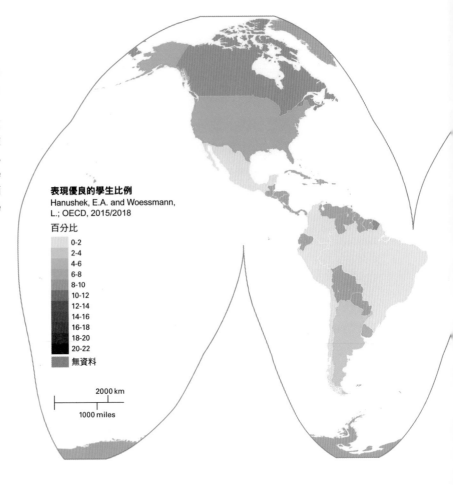

表現優良的學生比例
Hanushek, E.A. and Woessmann,
L.; OECD, 2015/2018

百分比

- 0-2
- 2-4
- 4-6
- 6-8
- 8-10
- 10-12
- 12-14
- 14-16
- 16-18
- 18-20
- 20-22
- 無資料

2000 km
1000 miles

歲、唸完初等學校後，他們會面臨為期十年的密集測驗。[63] 在芬蘭，同等的國家考試只有十八歲時一次。後果之一就是新加坡的社會異常執迷於分數，並把學業成就視為自我價值的基礎。[64]

新加坡人跟日本人或中國人一樣，非常擅長考試，但未必是最敢於冒險的人。這種方法也許能在代數、微積分和物理學上達成驚人的成績，但可能不是培養勞動力的最佳方

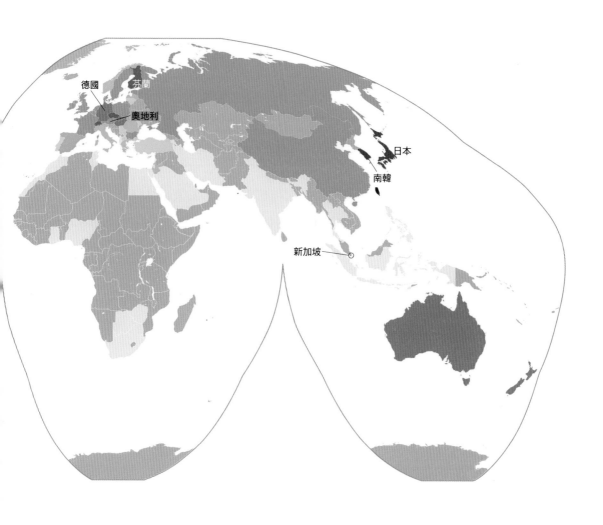

德國
芬蘭
奧地利
日本
南韓
新加坡

法，無法得到有創意、能創新、具適應力的人才。這一切即將
開始改變，新加坡升級了教育體制，為將來的快速改變做準
備。例如在 2018 年時，新加坡的智慧國家倡議（Smart Nation
Initiative）鼓勵儘量採用新科技，學習各種數位技能。[65] 教育部
開始對中小學進行全面改革，包括減少將分數作為衡量進步和
自我價值的方式。計畫是淡化「驚輸主義」（kiasuism），即害
怕處於劣勢或是表現不如人，以及事事追求領先的價值觀。[66]

學校教育的未來：為何十分鐘的專注時間很重要

　　就像芬蘭、南韓和新加坡的經驗所示，並沒有通用的教育方法。他們也提醒了大家，教育的方式正在改變，至少有三種趨勢——持續式學習、分散式學習、更好的學習——會重新塑造未來的教育全景。就像醫療因為出現了 X 光機、生物化學和遺傳學研究而改變，教育也會因為神經科學、機器學習和人工智慧提供的洞見而得以重新構思。例如，一些科學家認為，人類專注時間平均只有十分鐘（表示我們很可能在幾頁之前就失去你了！），而非四十五分鐘或六十分鐘，這是一般一堂課或講座的長度。研究人員也發現，透過沈浸式學習、以小組形式來積極涉入和處理想法，可以極大地增強學習效果。學習行為基本上取決於好奇心，因為它可以觸發多巴胺反應機制，帶來正面的反饋環路。關於學習障礙的各種新發現，也為結合感測器和高度訂製化課程以提供個人化教學開啟了可能性。

　　不過仍需要謹慎一點，這並不是第一次有人呼籲要重新啟動教育，1990 年代網際網路泡沫期間，技術專家就竭力呼籲教育即將迎來改革，但說好的起義從未到來。理由之一是當時的對話太過以科技為中心，著重於設計（及銷售）硬體，而非改變教學本身的軟體。我們有理由相信這一次不同了，世界似乎真的來到轉變的分界點，符合 1990 年代的展望。幾乎各地的數位化步調都加速了，尤其是從新冠肺炎疫情爆發以來 [68]，中國已經率先邁入人工智慧驅動教育，在教室裡外都是如此。把人工智慧應用於教授靠記憶學習的任務，讓教師有時間專注在個別學生身上，新的應用軟體也大幅改善了使用者在大學入學測驗的成績。2019 年時，中國的投資人挹注了 10 億美元以上的資金在人工智慧驅動的教育平台上，以及可能改變全球教育的各種實驗。[69] 不過，教育科技上的投資並不僅限於在中國：全球開支快速成長，預計將會在 2025 年翻倍到 3,400 億美元以

平均學習成果分數

$723 $10,000 $100,000

人均國內生產毛額

OWID. Altinok, Angrist and Patrinos, 2018

國家平均學習成果與國內生產毛額：2015年 [67]

平均而言，教育學習成果分數比較高的國家，也會有比較高的人均國內生產毛額。

上。[70]

　　教育上最具破壞力量的就是網際網路，理由很簡單，因為能讓更多人連結到資訊與機會。在 1990 年代初期，只有數百萬人有寬頻網際網路接取，今日的人數則接近五十億。404 頁的地圖呈現出 2000 年以來全球網路接取狀況有明顯改變，即使非洲及亞洲有部分區域仍在想辦法迎頭趕上。換句話說，1995年時，全球只有不到 2% 的人使用網際網路，今日則超過了59%。智慧型手機和平板電腦讓人們可以即時接觸網際網路，進行遠距學習。從比較根本上來說，數位組織、包裝、傳輸資訊的方式已經有了重大的改變，在亞馬遜、蘋果、Google 和維基百科的世界裡，演算法取代了教師和圖書館員，引導我們以各種想像得到的最深刻的方式取得知識。[72]今日的年輕人能自在悠遊於資訊時代中，是幾十年前沒辦法想像的事情。與之相關的反對聲浪也蔓延開來，認為我們的隱私持續受到破壞。

　　過去十年來，學校重視的內容已經有了改變，普遍的共

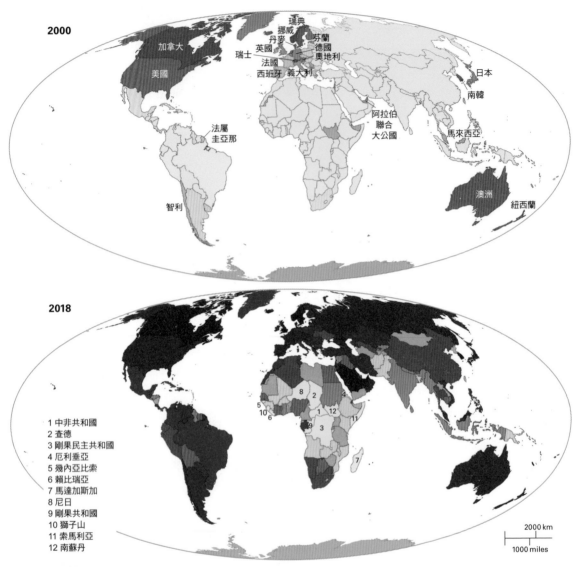

2000

加拿大
美國
法屬
圭亞那
智利

瑞典
挪威
丹麥   芬蘭
英國   德國
瑞士   奧地利
法國
西班牙 義大利

阿拉伯
聯合
大公國

日本
南韓
馬來西亞

澳洲
紐西蘭

2018

1 中非共和國
2 查德
3 剛果民主共和國
4 厄利垂亞
5 幾內亞比索
6 賴比瑞亞
7 馬達加斯加
8 尼日
9 剛果共和國
10 獅子山
11 索馬利亞
12 南蘇丹

2000 km
1000 miles

使用網際網路的人口比例
數據世界，世界銀行，國際電信聯盟／資訊及通訊科技報告及資料庫
過去三個月使用網際網路的人口比例

| 0-10 | 10-20 | 20-30 | 30-40 | 40-50 | 50-60 | 60-70 | 70-80 | 80-90 | 90-100 | 無資料 |

使用網際網路的人口比例：2000 年及 2018 年 [71]
網際網路的普及改變了我們溝通和學習的方式。地圖顯示過去三個月使用網際網路的人口比例，使用者比例越高，顏色越深，請注意 2000 年到 2018 年的全球增長狀況。

識是理工科（STEM）很重要，即科學、科技、工程和數學技能。大部分的教育專家都同意，沈浸式理工科教學對年輕人來說很重要，才能在知識經濟、零工經濟和平台經濟上與人競爭——雖然在科技快步加速和熟練勞動力擴張的世界中，只有這些技能是不夠的。不意外地，大多數主要科技公司——從Google、微軟到 IBM 和 SONY——都紛紛推出教育平台，提倡理工科及合作學習。[73] 越來越多有能力負擔得起的中小學會提供人工智慧、數位製造、基因工程、擴增實境及機器人科學的學習。分析學、數位學習、虛擬實驗室、3D 列印、遊戲化、虛擬助理、可穿戴式科技，已經在全球（大部分是富國）的教室中出現。[74] 大家也普遍認為，要在明日的經濟中有真正的競爭力，學生還需要具備人文及社會科學的訓練。換句話說，創意及批判性思考，加上硬技能（hard skills），才能讓人類贏過演算法。

這些發現深深影響了教育學和教學方法的重新配置，教學不再僅限於教室或講堂，而是變得越來越多型態、更讓人身臨其境。在新冠肺炎的年代中，透過 Zoom 這樣的虛擬平台傳授課程將會成為常態。新科技有助於傳播具適應力和個人化的教學，讓學生可以決定自己的步調、路徑及目的地。全球的大學及學院推出線上大學學位[75]，有大規模開放式線上課程（又稱磨課師、MOOCs），為數百萬人敞開了教育機會。[76] 這些新方法受到的批評是：某些研究指出，MOOCs 的參與者並沒有完成課程，而且大部分人都來自富裕的國家。[77] 無論如何，我們可以預期將會出現許多自主學習平台和應用程式（用白話文來說就是「教育科技」），針對那些在學校、公司和家中的學習者的需求量身打造，串流教育內容。[78] 換句話說，教學和學習可說是真正成為日常生活的一部分了。這些趨勢可能會隨著氣候變遷和全球流行病風險的出現而加速。

即使在新冠肺炎疫情出現之前，新科技也已經打亂了許多

研究生課程教育提供者的商業模式。除了正面的影響之外，線上教育的傳播對許多大學及學院造成存亡威脅，尤其是二流的學校。在美國，隨著數位替代方案激增，大約一半的高等教育機構在接下來幾十年內有可能關閉。[79] 自 2020 年新冠肺炎疫情襲美以來，有好幾家小型學院已經永久關閉。雖然到大學校園上課，能獲得面對面學習以及與他人接觸所帶來的好處，不過在未來，大家也許不需要實際去學校上課，不必去實體圖書館，也不必住在大學校園內。許多想唸大學的人早已因為高入學費用而卻步：在美國，超過四千四百萬人背學貸，平均每人

諾貝爾獎得主：1900 年到 2018 年 [83]

教育品質的指標之一是畢業生的科學成就，包括諾貝爾獎得主在內。這份地圖呈現 1900 年到 2018 年之間，各國獲頒的諾貝爾獎數量，顏色較深代表得獎人數較多。如你所見，歐洲和北美洲國家的諾貝爾獎得主人數比較多，不論是從絕對值或人數來看都一樣。

1900 年到 2018 年的諾貝爾獎
worldmappers.org 網站，挪威諾貝爾研究所，2020

頒發的諾貝爾獎數量

| 0 | 1 | 2-5 | 6-10 | 11-25 | 26-50 | 51-100 | 101-200 | >200 |

2000 km
1000 miles

加拿大

美國

阿根廷

債務高達 37,000 美元，總額以當前美元價值折算是 1.45 兆美元。[80] 在非洲，一個大學學位所需的資金是小學學歷的二十七倍。[81] 隨著學生貨比三家，比較不同大學之間的不同課程，可預料將會有更多競爭、更低的學費和大學收入減少。我們也會看到越來越多線上課程提供免費內容，例如教育慈善組織「開放取用經濟學資源課程」（core-econ.org），已經有一百五十個大學採用，接觸到二十幾萬名學生。一小群高成就的大學院校能生存下來，發展出自己的國際合作關係、線上講授公司、遠距學習設備[82]，其他情況的商業案例則比較難釐清。

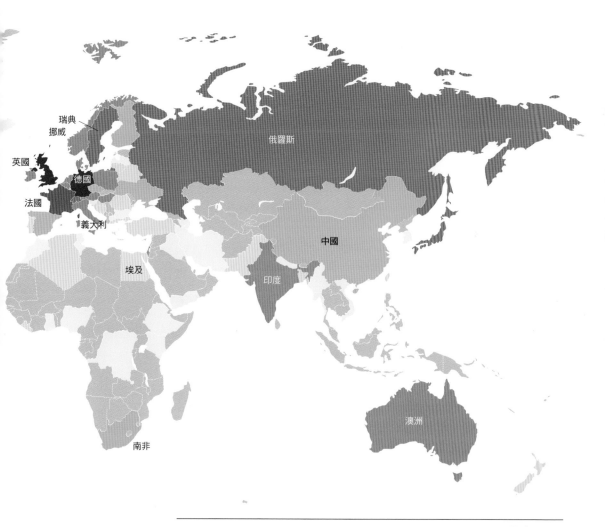

在可預見的未來，北美、西歐、東亞和東南亞將會繼續主宰教育，全盤皆贏。2019 年全球頂尖大學排名共有來自八十六個國家的一千兩百所大學，前兩百名幾乎全是西歐和北美的學校，雖然有幾間中國和新加坡的學校表現出顯著的進步。高等教育的高成就可以轉化成創新匯聚，正如前頁地圖所示，80%以上的諾貝爾獎得主（橫跨各類，從物理學、化學、醫學到經濟學、文學、和平）來自這三個區域。這可歸因於這些區域在教育上有相當的投資，加上人才外流（以及人才流入），因為高成就者會受到高品質研究機構的吸引。讓年輕人接受高品質並且平價的高等教育，對於推動成長很重要，然而目前完成高中學業的非洲年輕人之中，只有 9% 會繼續就讀大學院校，遠低於南亞（25%），還有東亞（45%）、拉丁美洲及加勒比群島（51%）、北美和西歐（78%）。[84]

跟過去一樣，治理、企業和社會上的重大轉變，迫使教育必須改變。今日的不同之處在於，有史以來第一次，大多數人完全不知道明日的就業市場會是什麼樣子。即使晚近如二十世紀，大家還是能夠可靠地預測，受過中等教育或是唸了法律、醫學、文學學位，將來可能會做那些工作。某些未來學家預測，今日進入小學就讀的孩子中，約有三分之二的人將來會從事的工作還不存在[85]，隨便瀏覽一下社交網站，就會發現某些活生生出自科幻小說的工作職稱——虛擬棲地設計師、倫理科技倡導人、自由生物駭客、太空旅遊嚮導、個人內容策展人、人體設計師、物聯網創意人員、行星城市規劃師。[86] 隨著全球越來越多年輕人跟比較年長的人受過教育，將促發更多創新的潛力，創造更多諾貝爾獎等級的成就。

各地的教育工作者和父母親都知道，必須讓孩子準備好去面對充滿不確定的動盪世界。在全球某些地方的優先事項是讓男孩與女孩首度踏進學校，在其他地方則有著充滿雄心的計畫，要改變學校教育本身的使命、文化和科技基礎。他們也

大多清楚學校必須建立孩子的硬技能，同時也要培養批判性思考、溝通、合作和創造力。可以肯定的是，學校教育將會越來越依賴工具和科技，去處理學生高度差異的學習需求 [87]，也有可能「學校」這整個概念會被重新思考。我們如今所處的世界，學習不再局限於幾年之內，而是終身學習。雖然令人害怕，但教育創新的爆發，是有可能大幅改善人類的經驗，並開啟一個進步新時代。

全球的麥當勞分布

開放街圖（OSM），利用 Overpass API 取得圖資，2019

文化

文化是社會與國家的凝聚力
全球化導致文化的同質性及異質性
新科技能夠保存並傳播文化
有些國家把文化當成武器

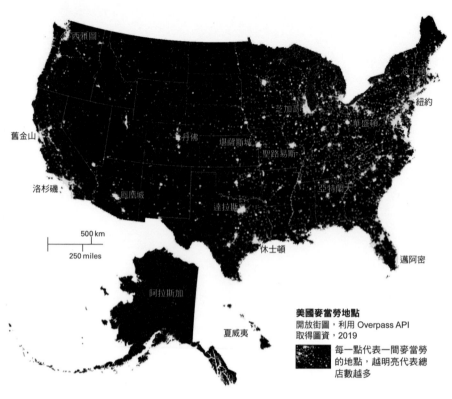

美國及全球的麥當勞
分布：**2019** 年

麥當勞連鎖店是美國文化的象徵基地，這些地圖顯示個別加盟地點，先是在美國（左圖），之後遍及全世界（下圖），每一點代表一間麥當勞。比較大型的群集出現在北美和歐洲各地，中美、南美、非洲南部、南亞及東南亞、澳洲也有比較明顯的群集。

美國麥當勞地點
開放街圖，利用 Overpass API
取得圖資，2019

每一點代表一間麥當勞的地點，越明亮代表總店數越多

前言

　　新冠肺炎疫情發生之前，現代旅行不可避免的一項特徵就是全球城市給人一種「千篇一律」的感覺，從機場的免稅店開始，一直到大街上。從紐約到倫敦、孟買到上海，你遲早會遇上星巴克，聽到怪奇比莉（Billie Eilish）的最新單曲，或是看到漫威（Marvel）超級英雄電影的廣告。全球化的力量讓越來越多的物品、想法和價值觀能夠直接接觸，這種相遇並非巧合，是市場力量和廣告影響了文化的傳播。美國史上票房最高的電影是 2019 年上映的《復仇者聯盟：終局之戰》（*Avengers: Endgame*），在三個月內就賺進 28 億美元。¹ 這些收入大部分不是來自北美的電影院，而是中國的電影院。不同的文化產品混在一起會產生許多後果，但並非都是正面的，許多社會對某些

文化物品、觀念和價值觀散播的方式，可能會與當地的習俗、傳統和生計產生衝突，加以扭曲甚至使之消亡感到焦慮，這是可以理解的。

　　有些讀者可能認為全球化已經讓這個世界變得同質性更高──更「一模一樣」，他們是對的。在最近幾個世紀中，某些優勢文化──包括來自西歐和北美的語文、藝術和菜色──已經滲透到地球上的各個角落。所謂「西化」的過程似乎顯著加速中，隨著某些種類的思想、價值、哲學、語言、科技、商業慣例和生活型態而散播。其中一個公認的不完美代表是麥當勞速食連鎖店，第一家店於 1930 年代晚期成立，九十年後，麥當勞成為一股不可抗拒的強大的力量：有三萬六千多家速食店分布在百餘個國家，每天服務大約七千多萬人。[2] 麥當勞的影響深遠，而且不只是對於我們的飲食、健康、腰圍有影響，

麥當勞全球分布
開放街圖，利用 Overpass API 取得圖資，2019

想想不起眼的漢堡和薯條所附帶的文化象徵意義。1989 年柏林圍牆倒下之後，麥當勞分店的開幕具有全球意義——包括 1989 年在東德、1990 年在俄羅斯、1992 年在中國。

　　然而，全球化對於文化的影響不一，同時也會強化異質性，這是什麼意思呢？意思是全球化所加速的文化融合正在散播多樣性，看看寶萊塢[3]在全世界令人難以置信（並持續增加）的受歡迎程度，還有中國電玩的重大影響、韓國流行音樂的全球吸引力[4]，以及日本動漫畫對於北美和歐洲設計的巨大影響。[5]文化產物正以迷人的新混合和排列方式興起，即使是曾經典型的美國輸出——麥當勞——也融合了當地的偏好。日本麥當勞提供櫻花白蘿蔔漢堡還有海苔薯條粉，瑞士麥當勞有烤起司，印度麥當勞有辣味奶酪捲。[6]重點在於全球化並非單向道，而是多線道的高速公路，通往不同的方向。

　　在本章中，我們會探討全球化對於文化所造成的衝擊，有些既複雜又矛盾。中國、美國等主流文化固然具有破壞的蠻力，但當地文化特性的韌性也不該被忽視。事實是，強大的文化形式有能力也確實會散播，它們以顯著的方式造成影響及改變，即使其內容保存了獨特的當地風味（有時候真的是原汁原味！）

　　在某些情況中，文化碰撞會強化各國之間與各國國內的分歧，還有社群之間也是。這些隱憂可以利用來當作全面文化戰爭中的武器，驅動國際上和國內的政治議題。文化一直是戰場，二十一世紀與過去的時代沒有什麼不同，改變的是新科技降臨——也就是網際網路和社群媒體——加速了凝聚文化共識的潛力，還有假消息和操控，其規模之大是之前難以想像的。

文化的全球化

文化凝聚了社會與國家，它是如此無所不在，以至於讓人甚至忘了它的存在。從最基本的層面來說，文化是一種橫跨時空的方法，讓我們能傳遞或分享物品、想法和價值觀。透過這種方式，文化促進了集體行動或合作，加上特大的腦子和可相對的拇指，讓人類這個物種得以生存下來並茁壯成長。但文化並非自發而生，也不會固定於某個時間，新的觀念——尤其是新技術——對於文化的形成、散播和轉變很重要。石器和超級電腦深深影響了全球文化的演變和擴展，看看水車、裝配線或網際網路，這些創新都讓人們有了休閒時間，激發創意交流，促成財富激增，進而引發文化形成的昌盛繁榮。

對於文化散播影響最重大的技術之一是印刷機。[8] 雖然造紙、墨水生產和雕版印刷術已經存在數百年之久，但第一個真正機械化的印刷機是由約翰尼斯·古騰堡（Johannes Gutenberg）在 1439 年時的德國美茵茲（Mainz）打造出來的。

印刷機的擴散：1439 年和 1500 年 [7]

印刷機的發明讓知識比從前傳播得更快、更廣。雕版印刷術可追溯到九世紀，但古騰堡的印刷機讓書本得以大量生產，把革新的觀念散播到識字的歐洲人手中。地圖標示出中世紀擁有印刷機的城市激增，從 1439 年的美茵茲，到十五世紀末增加了上百個城市，像是科隆、羅馬、巴黎和倫敦。

1439

美茵茲
（1439年）

500 km
250 miles

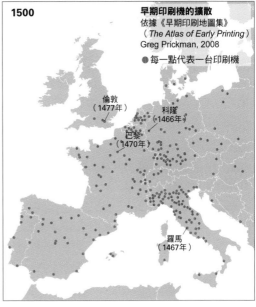

1500

早期印刷機的擴散
依據《早期印刷地圖集》
（*The Atlas of Early Printing*）
Greg Prickman, 2008

● 每一點代表一台印刷機

倫敦
（1477年）

科隆
（1466年）

巴黎
（1470年）

羅馬
（1467年）

1452 年時，古騰堡印行了拉丁文版的聖經，之後這項技術公開，印刷機開始出現在科隆、羅馬、巴黎和倫敦。幾十年之內，歐洲各地有兩百七十幾個城市印行了兩千多萬本書，隨著 1492 年發現通往美洲的海上航線，以及擴大與亞洲的貿易連結後，印刷業開始流行。到了 1500 年時，印刷產量已經增加了十倍，立即產生影響，並且極具破壞力。書寫文字迅速散播，有助於提高識字率、擴張知識，激發了新教改革（Protestant Reformation）和歐洲的文藝復興。[9] 然而因為威脅到既有的權力，印刷機也引發了大規模的不寬容，殘暴的異端審判、宗教戰爭和極端主義暴力。

今日的世界由於多重並且同時發生的「古騰堡時刻」而天翻地覆，科技創新的速度和規模，對你所看到的任何地方的文化都產生極為深遠的影響。1989 年由提姆・伯納斯—李（Tim Berners-Lee）及同事在瑞士的歐洲核子研究組織（CERN）實驗室所發明的全球資訊網是其中一個例子。它剛存在的最初幾

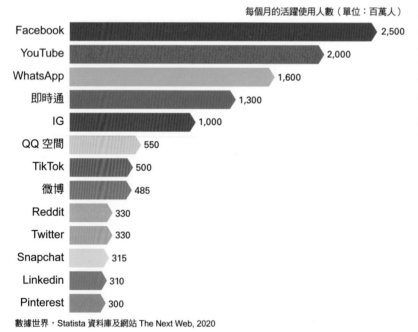

每個月的活躍使用人數（單位：百萬人）

Facebook	2,500
YouTube	2,000
WhatsApp	1,600
即時通	1,300
IG	1,000
QQ 空間	550
TikTok	500
微博	485
Reddit	330
Twitter	330
Snapchat	315
Linkedin	310
Pinterest	300

數據世界，Statista 資料庫及網站 The Next Web, 2020

社群媒體的使用分布：2020 年[11]
左表為社群媒體平台每個月的活躍使用者排行榜。2020 年時，這些平台有超過十二億的使用者（本圖表不包括中國多媒體平台微信）。

年中，只有幾十萬人上線，大部分都住在美國。今日，有數十億活躍的網際網路使用者，每天還會再多百萬人。[10] 社群媒體平台比從前散播了更多的文化內容，使用人數十分驚人，如下圖所示，2020 年時，Facebook、Youtube、WhatsApp、即時通（Messenger）、IG（Instagram），每個月總共會吸引八十多億的用戶。QQ 空間、TikTok、微博和網路布告欄 Reddit，吸引了將近二十億個使用者，許多人會在上面交流想法、看電影、聽音樂、打電動、寫部落格，替自己的虛擬化身盛裝打扮，到虛擬鎮上玩樂一晚。[12] 自從新冠肺炎疫情迫使更多人待在螢幕前面，這類平台的使用率就一直暴增。

這些新科技對於文化認同有何影響？是讓文化之間更靠近了，還是扭曲了當地的認同，讓人民、社會和國家分崩離析？答案取決於如何定義文化。不意外地，這個概念很難具體

全球網際網路的使用者擴散：1990 年及 2017 年 [13]

網際網路深深影響了全球文化的形成、共享及消費，數位連通性的增加讓文化更貼近人們，並有助於傳播新形式的藝術和言論，同時也產生了更多緊張和焦慮。地圖顯示了各國的網際網路使用者，注意在 1990 年時，美國是唯一擁有顯著使用人數的國家，到了 2017 年時，可以看到幾乎各國都已有數十億的線上使用者。

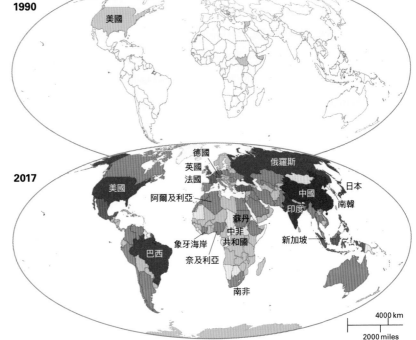

1990

2017

德國
英國
法國
俄羅斯
美國
阿爾及利亞
中國
日本
南韓
印度
蘇丹
中非共和國
新加坡
象牙海岸
奈及利亞
巴西
南非

各國的網際網路使用者

世界銀行，國際電信聯盟（ITU）

過去三個月所有使用網際網路的人數（單位：百萬人）

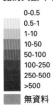

0-0.5
0.5-1
1-10
10-50
50-100
100-250
250-500
>500
無資料

4000 km
2000 miles

說明，流通的定義有數百個，專家對於文化的意義幾乎沒有共識，唯一大多數專家似乎都同意的是，文化是抽象、複雜又充滿疑難的。[14] 某些學者嚴格著重在藝術探索和個人陶冶，通常稱為「高級文化」（high culture）；其他人則堅持是關於更深層的事物，是我們代代相傳的內在知識體系、信念、道德、風俗和習慣。儘管難以描述，大部分的詮釋通常都集中在三個基本特性：可觀察的物體、共同價值觀、共通假設。[15]

人類本能上就需要文化，它能引導我們對更寬廣的宇宙、我們的星球，以及從藝術、音樂、食物到語言、宗教、價值觀和道德規範等一切事物的互動與理解。[16] 文化也具有指引目的，能促進多世代的想法及價值交流。從經濟觀點來看，文化是高效的，能幫助國家、社群及家戶更容易分攤任務，彼此合作。從社會學的角度來看，是文化讓我們的祖先藉由學習如何栽種及儲藏糧食，從小型、孤立的團體，發展成為複雜的社會。簡而言之，文化讓可能發生衝突的人有了共通的認同，是文明的軟體。

文化並非靜止不變，全球化加速的時期能夠帶來文化變

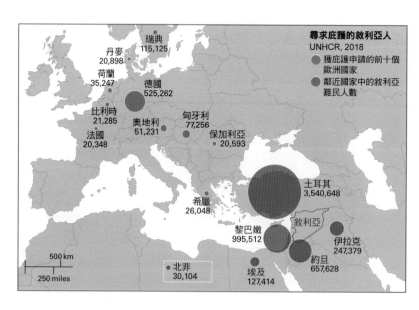

尋求庇護的敘利亞人
UNHCR, 2018
● 獲庇護申請的前十個歐洲國家
● 鄰近國家中的敘利亞難民人數

瑞典 115,125
丹麥 20,898
荷蘭 35,247
德國 525,262
比利時 21,285
奧地利 51,231
匈牙利 77,256
保加利亞 20,593
法國 20,348
希臘 26,048
土耳其 3,540,648
敘利亞
黎巴嫩 995,512
伊拉克 247,379
約旦 657,628
北非 30,104
埃及 127,414

500 km
250 miles

在西歐尋求庇護的敘利亞人 [18]
自 2011 年爆發內戰以來，有超過一千三百五十萬的敘利亞人被迫移居。地圖顯示在難民營尋求庇護的人數，遍布土耳其、黎巴嫩、約旦、埃及。西歐國家接受的難民人數不到10%，約一百萬人。相較之下，光是土耳其就接受了三百六十萬人。

革。人群、資本及科技的快速傳播，讓封閉的社會變得開放，接觸到全新的思考和行為方式，古騰堡的印刷機開始大量印行聖經和政治小冊子時就是這種情況。當前階段的數位賦能全球化也一樣，之所以能夠賦予權力，是因為數位科技把世界連結起來，創造出新的歸屬社群，並且驅動了經濟發展。但同時卻也非常令人迷失方向、變得無能，粉碎了某些社群的共通認同感和價值觀。畢竟，人們對於當地文物、道德規範與世界觀有著深厚的感情，演化生物學家馬克・帕格爾（Mark Pagel）稱之為「部族心理學」（tribal psychology）。雖然有許多例子能說明，某些人如何將「他者」融入自己的部族中（發明了民族國家），卻也有其限制，突然之間要混合多元的人，各自擁有特定的文化通貨（cultural currencies），很少能夠避免衝突。[17]

例如，2011 年因內戰暴發，數以百萬計的敘利亞人擁向歐洲與中東國家尋求庇護。數十萬人進入奧地利、德國、希臘和瑞典，起初當地人流露出慷慨的態度接納，但這股友好的精神很快就消退了。德國是個人口八千多萬的國家，2012 年接納了各種國籍的難民共七萬七千人，2013 年十二萬六千人，2014年二十萬兩千人，2015 年四十七萬五千人，2016 年七十四萬五千人。漸漸地，新來的尋求庇護者和移民面臨某些當地人的恐懼、敵意和排擠。極右派和反移民的團體發動街頭抗議，呼籲保衛家鄉不受伊斯蘭化，不要被非我族類所佔據。「移民男性」騷擾「當地女性」的謠言更進一步激發情緒。不可否認，要讓大量不同語言、習慣和風俗的新來者融入確實是個挑戰，然而值得注意的是，接納更多敘利亞難民的是鄰近的約旦、黎巴嫩、土耳其，而不是歐洲，他們大部分人都能融入當地，而不會激起種族中心主義和保守國家主義。儘管理由很複雜，但敘利亞人與鄰國之間在文化上的相似度，無疑發揮了作用。

遠距離通信和寬頻服務的極速散播，迅速重新配置了每個人參與文化的方式，看看像 Netflix 這樣的電影串流平台，如何

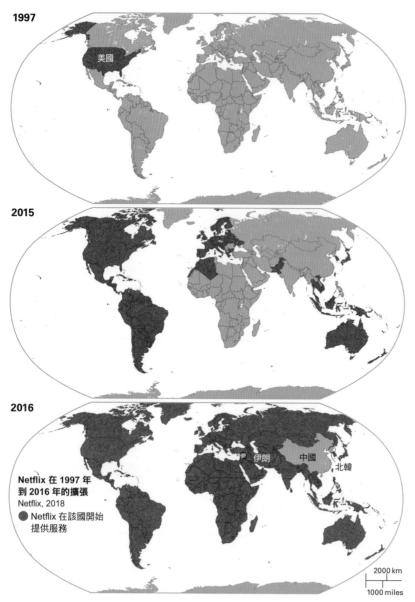

1997

2015

2016

美國

伊朗　中國
北韓

Netflix 在 1997 年
到 2016 年的擴張
Netflix, 2018
● Netflix 在該國開始
　提供服務

2000 km
1000 miles

Netflix 在十年內從一個國家散播到一百九十個國家 [20]

不到二十年內，Netflix 的訂閱就從美國擴張到一百九十多個國家，有半數以上的訂閱者來自美國境外。對於一家 2010 年之前只在美國營運的公司來說，這是意想不到的成就。地圖呈現出 Netflix 從 1997 年到 2015 年的散播，及 2016 年的爆炸式成長。今日 Netflix 在全球的訂閱人數比其他串流平台加起來都還要多。

加速了「異國」娛樂在全球的散播。1997 年時，這個串流服務只提供給美國的觀眾，今日則在一百九十多個國家中營運，內容有數以百萬計的人觀看。其他的串流服務如亞馬遜、迪士尼、HBO、Hulu，比從前製作了更多的電影和電視節目，有更多的消費者。2019 年初，HBO 製作的《冰與火之歌：權力遊

戲》（Game of Thrones），幾乎在地球上的每個國家裡都是最多人觀看的影集，緊追在後的是《陰屍路》（The Walking Dead，在 Netflix 上有播）和《與卡戴珊一家同行》（Keeping Up with the Kardashians，在 Hayu 或 Google Play 平台上可以看到）。不過在年中的時候，中國賣座電影《流浪地球》（The Wandering Earth）逼近首位。[19]Netflix 和對手花費上百億美元，提供手機和智慧電視上的串流播放內容，深入全球各地。這一路走來，他們推翻了既定的娛樂慣例和市場。

網際網路、社群媒體以及數位散發的內容，對於文化多樣性的影響很複雜。一方面，人們自然會擔心突如其來的大量資訊，可能會導致對於當地文化的輾壓、挪用或商品化，而且往往以讓人意想不到的方式發生。例如在澳洲某些偏遠的原住民社群中，社群媒體似乎造成了社會情勢緊張[21]，對心理健康有負面的影響。[22]另外在墨西哥，原住民織工將時尚大品牌告上法院，因為他們的紡織圖樣遭到抄襲。然而，有文化挪用的例子，也有新科技幫助少數民族積極保存故事、歌謠、舞蹈、菜色和儀式的例子。[23]認定全球化總是踐踏當地文化太過簡化：新科技也可以促成文化復興，分享觀念、保存傳統。

全世界都有政府和原住民團體在發展數位檔案，文化部門和博物館發起倡議，將地圖數位化，保存並傳播文化資產。[24]新的開放原始碼軟體也運用在協助大學和非營利組織，以數位化的方式記錄、保存並提升考古學、藝術和語言[25]，遍及非洲、亞洲和美洲。[26]這類開放原始碼平台其中一個迷人的例子是成立於 2007 年的 Mukurtu CMS，網站策劃出自美國原住民之手，來自卡道巴（Catawba）[27]、斯波坎（Spokane）[28]和帕薩馬闊迪（Passamaquoddy）的原住民，可以利用這種方式在線上打造、管理並且分享他們的文化遺產。[29]類似的例子在加拿大也有，線上檔案由位於努納齊亞福特（Nunatsiavut）到努納維克（Nunavik）的因紐特人（Inuit）團體管理[30]，還有在紐

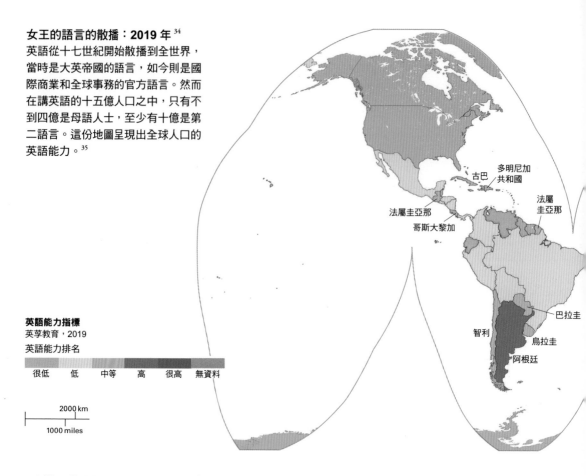

女王的語言的散播：2019 年 [34]
英語從十七世紀開始散播到全世界，
當時是大英帝國的語言，如今則是國
際商業和全球事務的官方語言。然而
在講英語的十五億人口之中，只有不
到四億是母語人士，至少有十億是第
二語言。這份地圖呈現出全球人口的
英語能力。[35]

多明尼加
共和國
古巴
法屬
圭亞那
法屬圭亞那
哥斯大黎加
巴拉圭
智利
烏拉圭
阿根廷

英語能力指標
英孚教育，2019
英語能力排名

| 很低 | 低 | 中等 | 高 | 很高 | 無資料 |

2000 km
1000 miles

西蘭，像是 Tamata Toiere 這樣的網站，特別呈現出毛利人的歌
謠、吟誦和舞蹈。[31]

　　新科技散播文化內容的力量十分驚人，如上所述，Netflix
目前擁有的國際訂戶比美國訂戶還多，其他大型平台如亞馬
遜、蘋果和 HBO 也是如此。[32] 正因為娛樂品味受到本地文化
和地理的強烈影響，非西方內容的串流平台製作及分布正在增
加。例如 2018 年時，Google 上最多人搜尋的電視節目是《延
禧攻略》，吸引了一百五十億人觀看，大部分都在中國。搜尋
第三名是泰國影集《天生一對》（*Love Destiny*），第四名是印度
動畫影集《摩都伯德祿》（*Motu Patlu*），之後則是美國情境喜
劇《羅珊》（*Roseanne*）。[33]

瑞典
挪威
丹麥
芬蘭
荷蘭
波蘭
德國
比利時
奧地利
葡萄牙

菲律賓
馬來西亞

奈及利亞
肯亞

南非

　　擔心全球化對於文化多樣性造成同質化的影響，算不上是新鮮事 36，這些擔憂也不是沒來由。例如英語這個全世界最廣泛使用的語言，在最近這個階段的全球化又更進一步地散播，更具體來說，是隨著征服、殖民、貿易和電視而散播。英語目前是將近六十個國家的官方語言，有四十幾國講英語，平常一般有十五億的母語及非母語人士使用。37 從歷史上來看，英語已超過中世紀受教育貴族使用的拉丁文，還有主導十九世紀文化影響的法文。38 今日，英語是全球商業、科學、外交、娛樂及網際網路的語言。

　　英語至上的地位並不牢固，某些國家曾經（並且持續）猛烈抗拒，也曾經分化為特定的方言。值得回想的是，英語本

全球最瀕危的語言 [42]

語言就像植物和動物，也會滅絕。地圖標示出全球最瀕危的語言，每一點代表一個獨特的瀕危語言，顏色代表瀕危程度。在北美、墨西哥和南美、非洲撒哈拉沙漠以南地區，一直到南亞、東南亞和太平洋，都有一些受到威脅的語言。[43]

瀕危的語言
瀕危語言紀錄，2012

● 極度瀕危
● 嚴重瀕危
○ 瀕危

2000 km
1000 miles

加拿大
美國
墨西哥
委內瑞拉
哥倫比亞
巴西

身也是過往全球化時代的產物，其綜合了拉丁文、希臘文、法文、印度文以及其他的語言。[39] 英語也許是現在的優勝者，不過其他語系緊跟在後 [40]，在接下來的三十年內，很可能中文、印度文、西班牙文、阿拉伯文或甚至是法文 [41]，會有更多人使用。儘管目前講中文的人口比講英文的多，但是中文的地理分布範圍不廣，難讀難寫，也很少在科學上使用。另一方面，由於人口快速成長，法文有回歸的趨勢，並在非洲迅速發展，預計到了 2050 年時，講法語的人口將多達七億五千萬。

今日世界上大約有七千一百種使用中的語言 [44]，其中某些極度鮮為人知：奈杰洛普語（Njerep）這種語言最近在喀麥隆滅絕了，目前在奈及利亞只有四個人會講。面臨同樣情況的還有卡維夏那語（Kawishana）這種巴西語言，只剩一個人會講，而帕坎第語（Paakantyi，澳洲）、立奇語（Liki，印尼西巴布亞省）、契海胡維語（Chemehuevi，美國），這些語言都只有少數人會講。世界上約 66% 的人口所使用的語言，只佔已知語言的 0.1%。[45] 如上所述，新科技和各地的保護協會正在協助保

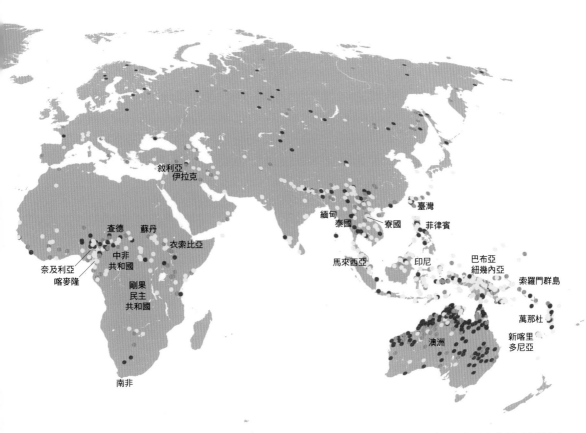

存，避免某些語言完全消失。振奮人心的例子包括「維基世界語言」（Wikitongues）和「恢復聲音」（Recovering Voices），這些計畫讓瀕危的語言恢復生機。[46] 某些瀕危的美國印地安語言和太平洋群島方言在幾乎銷聲匿跡之後，有東山再起之勢，不過最終大部分很可能會像地圖顯示的那樣永久消失。[47]

語言多樣性下降的速度無法言喻，據估計，1970 年代時有在使用的全部語言中，已經有五分之一以上消失了。在美國，最瀕危的是那些西岸和中西部原住民的語言；在拉丁美洲，主要的脆弱語言是那些中美洲和亞馬遜盆地的原住民語言。[48] 其他受到威脅的語言在非洲撒哈拉沙漠以南（尤其是奈及利亞、查德、南蘇丹、衣索比亞），在南亞和東南亞（尼泊爾、不丹、孟加拉、寮國、馬來西亞、印尼、菲律賓），還有澳洲和南太平洋群島。[49] 某些語言學家擔心到了本世紀末，會有 50%

星巴克分店最多的前十個國家		
	直營店	授權店
美國	8,575	6,031
中國	3,521	—
日本	1,286	—
加拿大	1,109	409
泰國	352	—
英國	335	653
南韓	0	1,231
印尼	0	365
菲律賓	0	360
臺灣	0	458
Statista 資料庫，2019 年九月		

星巴克的增長，1984 年到 2019 年
利用 Overpass API 取得圖資，2020

● 每一點代表一間星巴克

到 90% 的語言消失。[50] 世界上的語言已經有三分之一的使用人口不到一千人，每兩週就有一種語言滅亡。[51]

　　全球化往往被怪罪，不只害語言滅絕，還扭曲了美食偏好，尤其是因為全球化幫助西方速食和加工食品散播，卻讓當地美食付出代價。以咖啡連鎖店星巴克為例，其成長速度甚至勝過麥當勞，今日有三萬多家星巴克咖啡店——數量是其最大競爭對手總店量的兩倍。[53] 星巴克第一家在美國境外的店於 1996 年開設[54]，從那時起，如地圖所示，星巴克的國際足跡擴展到八十多個國家。[55] 就像麥當勞一樣，星巴克像是無所不在。[56] 以全國總店量來說，美國、中國、加拿大、日本、英國的店數最多，但門市最多的城市是首爾，2019 年的統計顯示，

全球星巴克散播地圖 [52]
如圖所示，全世界有三萬多家星巴克，至少有三分之一在美國，數千家店散布在中國、日本和加拿大，數百家店在泰國、英國、南韓、西班牙、臺灣、土耳其和印尼的城市。

英國
德國
法國
西班牙
土耳其
阿拉伯
聯合大公國
中國
日本
南韓
臺灣
香港
泰國
菲律賓
新加坡
印尼
澳洲
紐西蘭

首爾約有兩百八十四家店，比紐約的兩百四十一家店還多。[57]

　　許多西方品牌必須依據本地偏好調整，否則很可能會被本國的競爭者取代。為了有助於競爭，星巴克在全球設立了十八個設計中心，針對當地口味專門製作。在日本，某些店面設計看起來就像茶室，有著低屋頂和神道教的元素。在中國，店面改為適合比較大批的顧客（而不是獨自來喝咖啡的人，這在歐洲和北美比較常見）。在沙烏地阿拉伯，星巴克的商標從上空的美人魚圖樣，改成一頂在波浪上漂浮的皇冠。在法國，星巴克則推出維也納咖啡和鵝肝醬三明治。在英國，培根三明治是暢銷商品之一。[58]

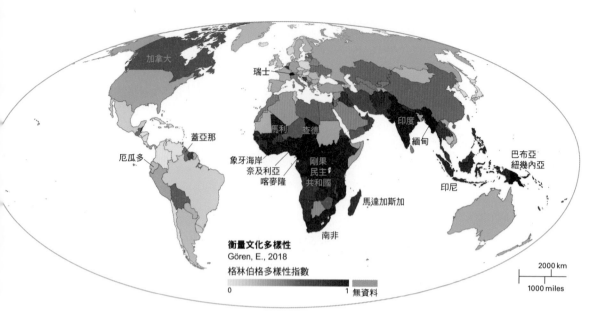

衡量文化多樣性
Gören, E., 2018
格林伯格多樣性指數
0　　　　　1　無資料

2000 km
1000 miles

文化戰爭

　　這世界比任何時候都更具有多元文化，衡量語言多樣性的文化多樣性地圖顯示，北美、非洲、南亞和東南亞的社會排名特別高。波蘭、挪威、南韓和日本等國，在文化多樣性等級上的排名比較低。雖然受到許多社會真誠歡迎，但多元文化主義也有比較黑暗的一面。某些地方的當地人能夠接納不同，另一些地方卻是恨之入骨。文化斷層往往根深蒂固，早在當代關於政治正確、認同政治、「#MeToo」運動、LGBTQ 族群權利等爭論出現之前，就曾經有過關於避孕藥、該不該賣酒、要不要允許移民、教育使用的語言、奴隸制度的合法性的激烈爭論——這些全都深受文化中介不同的影響。社會學家詹姆斯·戴維森·亨特（James Davison Hunter）描述這是「文化戰爭」的重要組成部分，並用「文化戰爭」這個詞作為他 1991 年出版的著作書名。[59]

　　文化戰爭的觀念可以追溯到十九世紀末葉，德意志帝國政府與天主教會之間的抗爭。德文中 kulturkampf（文化鬥爭）一

文化多樣性最多及最少的國家

本圖用格林伯格多樣性指數（Greenberg's index）來衡量「文化多樣性」的程度，該指數從某個國家隨機挑選兩個人，看看這兩人講不同語言的機率有多少，因此嚴格來說，這份地圖對種族多元的國家有利（包括移民）。像剛果民主共和國、印度、南非、瑞士、緬甸、巴布亞紐幾內亞這些國家的得分就特別高。

從禁止到合法化：美國同性婚姻，1995年到2015年

過去大部分的美國國民是反對同婚的，但近年來輿論有所改變。地圖標示出各州的立法變化，展現出近二十年來，美國各州從禁止同性婚姻轉為同婚合法化。

1995

美國同性婚姻，1995年到2015年
公共宗教研究所，2015

沒有法規禁止
法規禁止
憲法修正案禁止
合法化

2005

2015

500 km
250 miles

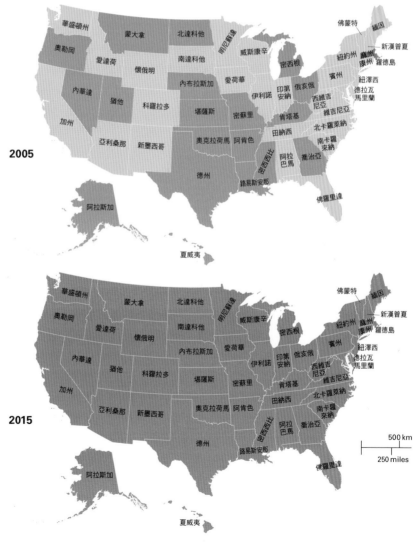

詞，指的是奧地利、比利時、德國及瑞士的世俗主義者，試圖想讓教會與國家分開。當時與如今的文化戰爭都是出於宗教和階級的立場而發動，由政治和經濟騷動、移民遽增，還有保守份子和民粹主義者的激烈說詞所激起。美國從獨立以來，就飽受一場又一場的文化戰爭折磨，美國的文化戰士大聲疾呼要增加教會在國家事務中的份量[60]，要讓公立學校有權限制英語教學等等[61]，這些全都有助於說明當代美國共和黨黨員與民主黨黨員之爭，無論是關於墮胎、同志婚姻、安樂死或是幹細胞研究。[62]在美國的立法機構或大學校園中，那些最情緒化的分歧不是關於競選財務改革、投資破落的基礎建設或是全民健康保險，而是關於同性關係、跨性別者權利及槍枝管制。

文化是會變形與適應的，例如同性婚姻這個長久以來讓美國分裂的議題，經過數十年的抗爭、努力和立法行動，趨勢已經扭轉，如今至少有三分之二的美國人認為同性婚姻應該受到法律認可。[63]與 1990 年代的民意調查相比，當時只有略多於四分之一的美國人認為同婚應該合法[64]，目前支持同性關係的美國人更多了，約佔總人口 72%[65]，而且不只是民主黨黨員壓倒性地贊成同性婚姻，自 1990 年代中期以來，一般共和黨黨員的支持度也增加了兩倍。新教徒和天主教徒對同婚的支持程度分別增加為 65% 及 55%。[66]這有助於說明為何大部分直到 2005 年依然反對同婚的各州，如今都已改為支持。

社群媒體也以新的方式幫助文化戰爭的散播。數十年來，右翼自由主義的廣播主持人持續討伐所謂的自由派菁英份子[67]，在有衛星廣播之前，他們的地域版圖有限，但新的通訊科技改變了這一點，放大了網紅的影響力，像是艾力克斯・瓊斯（Alex Jones）、米羅・雅諾波魯斯（Milo Yiannopoulos）、路易斯・法拉漢（Louis Farrakhan）等人，利用 Facebook、Twitter、YouTube，累積了大量的追蹤人數。[68]在民主的環境中，操控演算法也有助於推出政治宣傳、邪惡的極端主義內容

和戀童癖素材。擁護特定黨派的網絡操弄著另類事實、陰謀論，還有關於「主流媒體」的數位宣傳。與此同時，在極權國家中，對於文化領域的壓力也增加了，中國政府透過控制微信（超過十二億個帳號、八億五千萬個使用者註冊）[69]和微博（超過五億個使用者），來查禁線上異議，從而發揮了巨大的影響力。中國的網際網路供應商必須登記部落客的姓名，並且實時監控對話，禁止與天安門廣場、西藏或法輪功相關的用字。

網際網路的可用度也改變了觀眾要用何種方式從何處取得新聞的決定。美國只有不到一半的成年人以及四分之一的十八歲至二十九歲人口表示，電視是他們主要的新聞來源。[70]幾乎80%的成人（年齡介於三十歲到四十九歲）以及將近90%的十八歲至二十九歲人口表示，社群媒體是他們的主要新聞來源。在印度和亞洲大部分地區，智慧型手機是主要（某些時候也是唯一的）新聞傳送機制。[71]除了少數可敬的例外，印刷報紙已經衰落到了極點，大部分的傳統媒體集團必須大幅裁員、減少預算，要採用數位策略才能夠生存。世界上許多地區的地方媒體都因社群媒體和數位發行暴增而徹底被摧毀。[72]在美國，2004年時只有5%的成人使用社群媒體平台，到了2018年，比例提高到68%。[73]

支離破碎的媒體地景會削弱對現實和文化的共同理解，後果之一是社群越來越各說各話，變得沒有耐心，分歧強化，大家各自退回舒適的數位同溫層中。全球的民粹主義領導人跟國家主義政客，都在煽動並利用文化分歧獲取成功。2016年入主白宮前後，美國總統川普明顯提醒選民，他代表白人勞工階級進行一場對抗那些「政治正確的」沿岸菁英的文化戰爭。[74]在2018年一次聯合國大會的演講中，他反覆公開譴責「全球主義」——用這個含糊的詞語來描述政治和經濟整合——把他的文化戰爭國際化。[75]數年來，這位美國總統以及他在匈牙利、

義大利、巴西、印度和土耳其的同儕，把文化戰爭逐漸升高到全新的境地，依據族裔、階級、性傾向和宗教，有目的地擴大團體之間的分歧。

文化戰爭全球化

　　儘管各國的文化戰爭有某些共同點，但在各地呈現出來的樣子都不太一樣。例如在印度，當前的文化戰爭是由總理莫迪號召齊心努力，改寫歷史，以反映出想像中更純潔的印度教過往。[76] 在中國，文化戰爭由共產黨居中斡旋，自古以來皆涉及災難式的暴力爆發，例如 1966 年到 1976 年的文化大革命[77]，最近則有壓制少數宗教團體的情況，像是法輪功還有新疆維吾爾族穆斯林再教育營。文化戰爭全球化的理由之一，是因為意識形態擁護者和利益團體急著想把自己的觀點投射到國際舞台上。他們直接透過社群媒體這麼做，把訊息傳達給潛在和實際

福音派基督教的成長率對比人口成長率：**2005 年到 2010 年**[79] 福音派基督教在全球迅速散播，這份地圖提供的資訊包括 2005 年到 2010 年，福音派信徒人數減少、福音派信徒成長率比國家人口成長率慢，以及福音派信徒成長率比國家人口成長率快的國家的資訊。

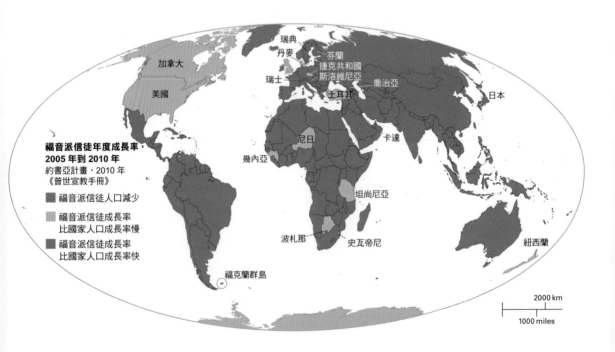

福音派信徒年度成長率，2005 年到 2010 年
約書亞計畫，2010 年
《普世宣教手冊》
■ 福音派信徒人口減少
■ 福音派信徒成長率比國家人口成長率慢
■ 福音派信徒成長率比國家人口成長率快

瑞典　丹麥　芬蘭　捷克共和國　斯洛維尼亞　喬治亞　日本
加拿大　瑞士　土耳其
美國　尼日　卡達
幾內亞
坦尚尼亞
波札那　史瓦帝尼　紐西蘭
福克蘭群島

2000 km
1000 miles

的追蹤者，派遣代表並組織同好網絡。

福音派基督教會派出奉獻者，資助全球的傳教熱忱。這份地圖粗略估計了新靈恩福音派臨在的程度，與人口成長的比例相較。地圖出自約書亞計畫（Joshua Project），這個福音派組織聲稱要呈現出基督徒「臨在」散播的速率，比自然的人口成長更快，幾乎在北美之外的每個國家都是如此，還有少數歐洲和非洲的國家、日本及紐西蘭。[78] 根據地圖的作者群所稱，北美和某些非洲國家進展趨緩，日本、斯堪地那維亞和少數歐洲國家則是完全停滯。有鑑於出處，詮釋這類地圖必須抱持高度的懷疑。

福音派教會一直活躍於亞馬遜盆地、中非和南太平洋等偏遠角落。像約書亞計畫這類以信仰為主的團體，詳細記錄了基督教傳教士在全球逐漸滲透的情況，包括在印尼的東巴布亞省（East Papua）。基督教於十九世紀中葉傳入，在當地有著相對較深遠的根基。但近年來，穆斯林人口超過了新教人口，某些當地人認為這是刻意的「伊斯蘭化」及「去巴布亞化」（de-Papuanisation）。好戰團體開始出現，信徒之間的衝突頻率激增，各自為了自己的真理而戰，最近針對基督教會的攻擊約略說明了該地區福音派臨在的擴張。

文化往往被當成武器，是廣泛地緣政治權力遊戲的一部分。長期在位的俄羅斯總統普丁是個好例子，在許多演講中，普丁都會呼籲「回歸」傳統基督教家庭價值觀，對比他所描述的墮落、自由主義和不道德的西方。藉由支持保守價值觀，提倡「精神保障」（spiritual security），他塑造出另一種有別於他所謂的北美和西歐的「軟自由主義」（soft liberalism）的選擇。[80] 這類保守主義、傳統意識和反自由主義吸引了追隨者，橫跨大西洋的極右結盟正在興起，有些致力於根除無神論、社會主義和伊斯蘭教的「威脅」。[81] 與此同時，法國和德國政府也呼籲，在生育、同志權利及氣候行動等進步目標上，歐盟應該採

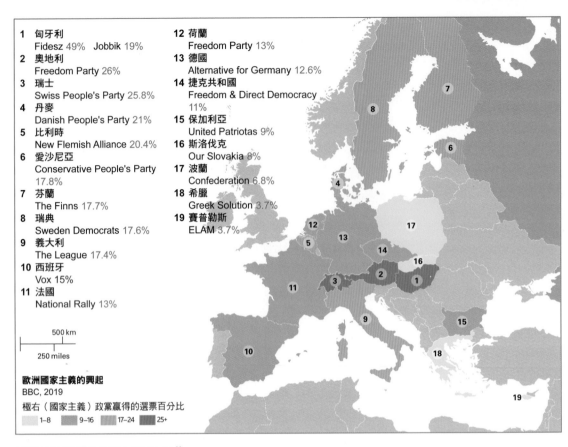

1 匈牙利
Fidesz 49% Jobbik 19%
2 奧地利
Freedom Party 26%
3 瑞士
Swiss People's Party 25.8%
4 丹麥
Danish People's Party 21%
5 比利時
New Flemish Alliance 20.4%
6 愛沙尼亞
Conservative People's Party 17.8%
7 芬蘭
The Finns 17.7%
8 瑞典
Sweden Democrats 17.6%
9 義大利
The League 17.4%
10 西班牙
Vox 15%
11 法國
National Rally 13%
12 荷蘭
Freedom Party 13%
13 德國
Alternative for Germany 12.6%
14 捷克共和國
Freedom & Direct Democracy 11%
15 保加利亞
United Patriotas 9%
16 斯洛伐克
Our Slovakia 8%
17 波蘭
Confederation 6.8%
18 希臘
Greek Solution 3.7%
19 賽普勒斯
ELAM 3.7%

500 km
250 miles

歐洲國家主義的興起
BBC, 2019
極右（國家主義）政黨贏得的選票百分比
1–8　9–16　17–24　25+

歐洲文化戰爭的散播：2019 年 [82]
歐洲見證了選民對極右派國家主義和民粹主義政黨的支持大增，越來越多的歐洲人對政治體制表達憤怒，但也對全球化、移民和國族認同的明顯喪失感到擔憂。地圖標示出國家主義政黨的興起，還有截至 2019 年，這些政黨在各國所佔的政府席次。其中奧地利、匈牙利、瑞士呈現出最高比例的極右派政府代表。

取更果斷的多元文化立場。

　　普丁總統呼籲加深基督徒價值觀，拒絕同性戀和道德相對主義，受到越來越多贊同的政府歡迎。例如匈牙利總理奧班·維克多（Viktor Orbán）稱其政治對手為「虛無主義的菁英」，並且譴責慈善家暨投資人喬治·索羅斯（George Soros）還有歐盟支持移民，指控移民摧毀了國家的族群（基督教）基礎。奧地利、捷克共和國、匈牙利、波蘭和英國的政治及宗教領導人，正在對抗某些人所稱的「文化反革命」（cultural counterrevolution），他們的主要目標包括了自由主義的政治家、國內外人權團體、左傾的權威專家。在西方意識形態擁護者以及俄羅斯情報局的幫助之下，跡象顯示有初期過渡的國家主義聯盟興起。政治戰略顧問及川普前助理史蒂夫・班農（Steve Bannon）甚至發起了一個叫做「運動」（The Movement）的網絡，用來聯合歐洲的極右份子。[83] 據推測這個網絡的建立是為了與索羅斯支持的開放社會基金會（Open Society Foundation）抗衡，該機構在全球提倡多元主義和自由價值觀。

歐洲國家中某些極右政黨正在擴大文化戰爭，包括利用國外的幫助。數十年來，法國的民族陣線（National Front）譴責種種對於他們稱為「法國特性」（Frenchness）的威脅，包括伊斯蘭教、全球主義和歐盟。[84] 在令人印象深刻的「豬哨政治事件」（pig whistle politics）中，法國民族陣線的領導人瑪琳・勒龐（Marine Le Pen）試圖在該黨贏得席次的市鎮學校自助餐廳中，禁止提供非豬肉的替代品。[85] 德國的反移民政黨、另類選擇黨（Alternative for Germany, AfD）同樣也是更大規模極右派運動的一部分，從 2015 年難民危機之後開始擴大[86]，與其所稱「企圖肅清德國和德國文化民族的國際左傾分子」相抗衡。[87] 與此同時，荷蘭知名的極右派政客海爾特・懷爾德斯（Geert Wilders），與他的法國和德國同儕有著共同的目標，他譴責穆斯林、移民、同性戀，時常單獨挑出主流媒體加以攻擊。[88] 至於在英國，價值觀取代了經濟觀，成為政治的關鍵驅動力，英國脫歐就充分顯示出這一點。

中國也在國家支持下擴張了文化軟實力，這個國家想擴張文化影響力，伴隨著地緣政治那章中描述的龐大一帶一路倡議。過去十年來，中國政府透過電影、文學，還有所謂的孔子學院網絡，擴大了對中國文化的投資。[89] 中國也顯著提高了新華社和中國中央電視台在全球的曝光度[90]，以種種方法打造中國公權力所謂的「文化安全」。[91] 多年來，中國領導人譴責北

軟實力散播地圖：全球文化機構
全球軟實力格局正在改變，有越來越多國家開始投資並擴大文化及教育交流官方
機構的曝光率和影響力。中國的孔子學院從 2013 年的三百二十個增加到五百多
個；其他國家則減少部署，例如英國英國文化協會辦事處從 2013 年的一百九十
六個減少到一百七十七個，德國則從一百六十九個減少到一百五十九個。

美和歐洲的政府「強化西化和分化中國的戰略陰謀」，共產黨
在發言中抨擊，「意識形態和文化場域，長期以來都是西方滲
透的焦點領域。」[92] 不意外地，地緣政治的文化戰爭也是一種
陪襯，讓政客用來提高國內支持度。不論在中國、俄羅斯或美
國，很少有事物能像講不同語言的外國人那樣，讓（某些）國
民更加團結。

　　置身全球文化戰爭前線的不是士兵，而是學者、藝術家

和活躍人士。如左圖所示，成立於 1930 年代的英國文化協會（British Council）在百餘個國家中有一百七十七個辦事處[93]；法國文化協會（French Alliance Francaise）的總部位於巴黎，在一百三十七個國家中有兩百二十九個中心。同時，德國支持歌德學院（Goethe-Institut，一百五十九個辦事處），義大利資助但丁協會（Società Dante Alighieri，九十三個辦事處），西班牙有塞萬提斯學院（Instituto Cervantes，七十六個辦事處），美國有美國之音（Voice of America）以及許多其他的組織，目的都是要表現其思想、價值觀和興趣所在。近來這些國家大多開始減少這些機構的部署，相較之下，文化機構成長最快速的是中國和俄羅斯。中國在百餘國內維持五百多處孔子學院，這些中心提倡中文和中國文化，但也受批評是在替共產黨宣傳。[94] 同樣地，俄羅斯世界基金會（Russkiy Mir Foundation）從 2013 年時的八十一個辦事處增加到一百七十一個，如果這種趨勢持續下去，這些新的文化網絡將有助於明顯重塑軟實力的表現。[95]

文化去武器化

文化輸出通常被視為政治上和經濟上的國際成功，像法國、德國、英國和美國這些國家，長期以來一直輸出自己的文化軟實力，藉以達成更廣的戰略目的。另外中國和俄羅斯則以不同的方式增加軟實力的表現，就像西方的同儕那樣，他們也以各種不同的方式參與，包括透過社群媒體、傳統新聞管道、文化交流，當然還有透過政黨和社會運動。不論是中國、俄羅斯、英國或美國，把文化武器化都是一種意外便宜又有效的方式，能夠展現影響力，追求利益。[96]

控制文化戰爭最好的方式，就是揭露其背後的政治與經濟要務。例如俄羅斯對保守傳統價值的關注，掩蓋了其政權抗拒推動有意義的政治、經濟和社會改變的事實。儘管想推動

「家庭友善」的議題，俄羅斯的生育率仍然相對偏低。[97] 至於美國，煽動認同和種族政治顯然有利於選舉進展，2016 年及 2020 年的全國選舉就是很明顯的例子。同樣重要的還有弄清楚文化戰爭提倡者所提供的外國資金和外交支持。俄羅斯一直積極支持國內外（包括美國）的極右（與某些極左）政黨和政治活動，揭露這些網絡、數位平台及資金來源，對於打擊他們的勢力很重要。

對世界各地獨立媒體的更多支持，也有助於降低文化戰爭的力量和效力。[98] 媒體地景支離破碎和民粹主義政治興起，表示事實及科學都受到攻擊，尤其是隨著假新聞的出現而來。讓獨立而公正的新聞復甦並加以支持有難度，但是這麼做才能讓民主和實證政策茁壯。制定規章與法規來限制煽動文化戰爭的仇恨言論和偏激內容也同樣重要，例如，需要防火牆將獨立自由的媒體隔開，免於政客還有企業菁英插手操控。也需要大幅增加對於大型科技及社群媒體公司的法規，確保仇恨言論和假新聞受到顯著的制止，少了法律捍衛，真相可能會遭到扭曲。相較之下，自由的媒體能揭露文化遭到操控的方式，讓我們知道為何會引起異議和分歧，又是如何讓反對者信譽掃地，削弱政府。

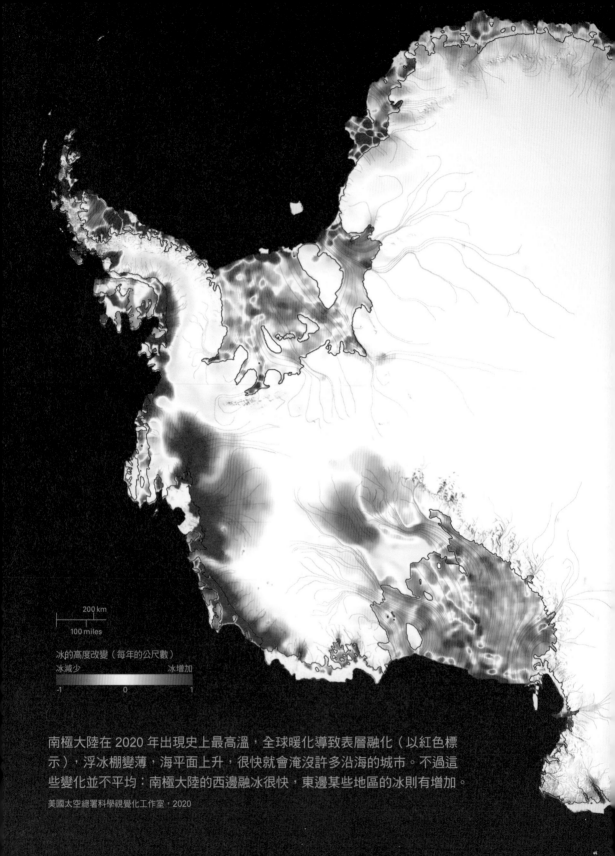

南極大陸在 2020 年出現史上最高溫，全球暖化導致表層融化（以紅色標示），浮冰棚變薄，海平面上升，很快就會淹沒許多沿海的城市。不過這些變化並不平均：南極大陸的西邊融冰很快，東邊某些地區的冰則有增加。

美國太空總署科學視覺化工作室，2020

結語

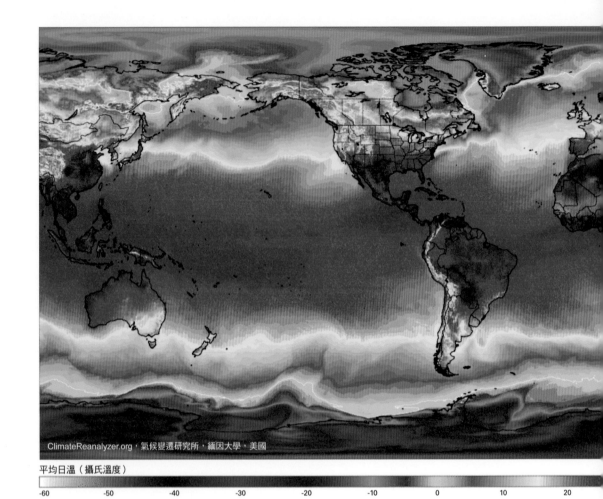

ClimateReanalyzer.org，氣候變遷研究所，緬因大學，美國

平均日溫（攝氏溫度）

| -60 | -50 | -40 | -30 | -20 | -10 | 0 | 10 | 20 |

前言

　　儘管人類在上一個世紀達成重大的進展，在本世紀卻面臨了堅苦卓絕的威脅，很多人都有種不祥的預感。2020 年代確實以砰然巨響拉開序幕，地球出現史上前所未有的高溫，溫室效應氣體排放暴增，再加上從澳洲到巴西的大片森林火災，讓城市窒息。遠在頭條新聞之外，上千億隻成群的蝗蟲橫跨衣索比亞、肯亞、南蘇丹、坦尚尼亞，吞噬了作物和放牧地，危害之慘烈是七十年來首見。這些事件明確地提醒了世人，我們對

熾熱的世界[1]

過去十年是史上最熱的幾年，北極和南極都出現了前所未有的溫暖氣溫。氣候分析資料平台利用美國國家海洋暨大氣總署的衛星預測系統，記錄每日氣溫。上圖紀錄於 2020 年五月三日星期天。

氣候變遷的應對還差得很遠。與此同時，美國與伊朗之間的緊張局勢也到了爆發點，中東有開戰的危機。美國與中國的貿易戰爭、與歐洲的激烈糾紛，都危及了全球貿易和多邊主義的未來。世界各地爆發關於不平等及貪腐的抗議，加劇了人們的不安，緊接著是新型冠狀病毒來襲。

新型冠狀病毒（新冠肺炎）呈現指數型散播，是自 1918 年西班牙流感以來最嚴重的全球流行病，徹底說明了我們在全球化世界中所面臨的具相互關聯性的挑戰。儘管今日已經無人不知、無人不曉，但新冠肺炎的起源並不起眼。關於病毒的通報首先出現在武漢，直到這個城市名稱佔據國際新聞輪播之前，在中國以外的大部分人都沒聽過這個有一千一百萬人口的城市。新冠肺炎在 2020 年一月初由醫生發現，但一直要等到好幾個星期之後，數百萬人已經離城去過農曆新年，才開始實施外出限制。幾個月之內，新冠肺炎擴散到至少一百八十八個國家，透過社區傳播感染了數千萬人。起初各國政府實施旅行禁令並撤僑，接著開始隔離檢疫大型郵輪，取消活動，大幅減少空運。隨著病毒擴散全球，整個城市而後整個國家開始限制外出，各級學校暫時關閉，全球供應鏈深受打擊。這個流行病影響了全球成長，加劇了地緣政治的緊張局勢，導致從經濟大蕭條以來影響最重大的金融危機。

雖然全球化是加速新冠肺炎大流行的原因之一，但這個疾病、或者該說是對於疾病的反應，也提醒了我們全球連通性和國際合作的優點。儘管由於湧入大量假消息、謠言和仇外心理，全球流行病恐怕會引發「資訊疫病」（infodemic），卻也正是如此豐富的資訊，讓資料探勘者如人工智慧公司「藍點」（BlueDot）至少比官方政府早一個星期察覺疾病爆發。[2] 在中國發現病毒後的一個月內，搜尋病菌的生物學家已經將病毒定序並分享基因密碼。生物科技公司和研究機構迅速展開疫苗的設計及測試，這個過程與過去相比快了數十倍。雖然政府的回

應比起該有的速度慢了，之前 SARS 及 H1N1 流感流行時所獲得的經驗仍得以分享實踐。網際網路讓數以千計的中國、巴西、加拿大、法國、德國、義大利、日本及美國的流行病學家、病毒學家和遺傳學者，得以一天二十四小時、一週七天不間斷地貢獻解決方法。在幾個月內，就有了數以萬計關於病毒及其傳播的不同科學研究，以好幾十種語言發表。

本書付印之時，還沒有辦法確知新冠肺炎的衝擊有多深遠，又會持續多久，但我們能確定的是，致命的全球流行病戲劇性地說明了許多相互依存的方式，將會決定我們是否能在下個十年內存活下來或茁壯興盛。我們全都得仰賴健康的地球——乾淨的空氣、新鮮的水、健康的生態體系——才能活著呼吸。城市、公司和社群要靠彼此才能傳遞想法和生活的基本必需品，因此，為了個人的利益，我們必須合作，加強機構之

**新冠肺炎的散播：
2019 年十二月到
2020 年六月** [3]
2020 年新冠肺炎在全球快速散播，在發現後四個月內擴散到一百八十八個以上國家，導致數十萬人死亡，數百萬人遭到感染。約翰·霍普金斯大學及美國環境系統研究所公司製作的地圖有助於提升全球意識，讓人們對這場危機的速度、範圍及規模有更進一步的了解。

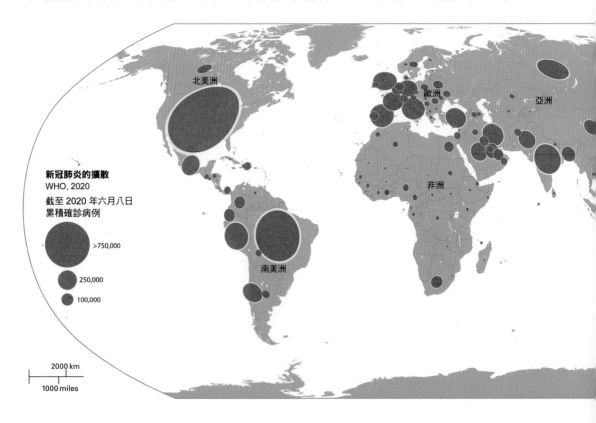

新冠肺炎的擴散
WHO, 2020

截至 2020 年六月八日
累積確診病例

>750,000

250,000

100,000

2000 km
1000 miles

間的集體行動。我們不只要一起努力，還要學會更快速、更有效率地去達成目標，而且成效要比從前更好、延續更久。然而這個時代的矛盾之處在於，許多中央政府和兩極化的社會正朝著恰恰相反的方向發展。市場力量的散播是全球收入快速上升的原因之一，卻也是個人主義上升、不平等增加以及狹隘地關注短期獲利勝過長期優先事項的源頭。

當前的世代，也就是我們這一代，手中掌握著文明的未來，確切來說是地球上生命的未來。我們的地球大概有四十五億年的歷史，生物體大約在三十五億年前出現，智人大約在二十萬年前出現，直到大概一萬年以前，基本上都過著遊牧和原始的生活。工業革命要到 1700 年代晚期才開始，一直到 1900 年代後半葉，我們才開始意識到人類對於氣候變遷的全面衝擊。聯合國跨政府氣候變遷專家小組已經確認，如果我們無法在 2030 年以前從根本上減少碳排放量，就會遭逢災難式並且難以挽回的氣候變遷。我們必須從現在開始持續反轉碳排放量，讓人意想不到的是，這個過程由一場巨大的悲劇拉開序幕：出現新冠肺炎疫情後的幾個月內，二氧化碳的排放量相較於 2019 年的平均值驟降了超過 17%，是史上最大的單次降低幅度。我們在接下來十年內所做的選擇，將會決定人類還有大多數物種的命運，如果感受到責任的重擔，那是因為我們正處在人類命運的十字路口。

我們尚未被宣判會競相沈淪，我們的命運並非預先決定。本書有足夠的例子能夠說明，是人類的行動而非神聖的力量，塑造了我們的命運。全世界有越來越多的個人和組織聯手採取行動，包括透過公民不服從和非暴力抗議。有越來越多人承認，不平等的擴大是我們陷入困境的關鍵原因，我們開始醒悟，由於全球化的蠻力，某些社群會比其他人更脆弱。聯合國的志向「不能遺漏任何人」（leave no-one behind）並非空洞的口號──包容是我們存亡的根本。不過我們往前走的方式將會跟

澳洲

以往的作法不同。儘管聯合國安全理事會癱瘓，在對抗新冠肺炎的合作上步履蹣跚，但新形式的多邊主義早已出現，這可能預示了全球合作的健全現代化。城市聯合起來，形成團結一致的網絡，某些股東積極主義人士和投資者正在推動更環保的企業和循環經濟，雖然速度還不夠快。慈善組織網絡、非政府組織和公民活躍份子，在多極時代重新塑造網絡連結合作。

　　我們認為地圖可以協助人們在越來越不確定的世界中確定方向，而且不只我們這麼想，從美國環境系統研究所公司、行星實驗室（Planet Labs）、開放街圖到數據世界等製圖者的暴增，全都能證實這一點。[4] 光是改變的複雜度和速度，就需要我們利用多樣的導航工具，才能找到往前航行的路。畢竟我們活在皆位元組（ZetaByte）的年代，每天生成的數據資料比歷史上的總和還多。量子計算及人工智慧越來越重要，影響了我們的決定——從民主的運作到日常的選擇都是。雖然地圖能夠協助引導，卻也是政治和經濟權力的工具。[5] 歷史上，製圖師為帝國和殖民政權效力，在地圖上繪製線條，如戲法般變出主權領土，通常很少顧及現存的種族或宗教疆界。今日有許多科技公司也利用地圖來巧妙地塑造了消費者的行為，進而決定了許多企業的成敗。地圖反映出製圖者的選擇，以這本書的例子來說，目標是為了協助人們釐清周遭發生之事，而且不只是闡明，還要能夠激發行動。

對進步的威脅

　　我們需要一個前進的基線。儘管你可能很難相信，但其實人類從來不曾比現在更安全、更繁盛。如同史蒂芬·平克所說，與戰爭相關的死亡以及大部分形式的暴力犯罪都已經下降，長期來看，儘管有新冠肺炎，大部分的人生活其實都變好了。[6] 但這完全安慰不了數百萬的受害者和倖存者，他們遭受

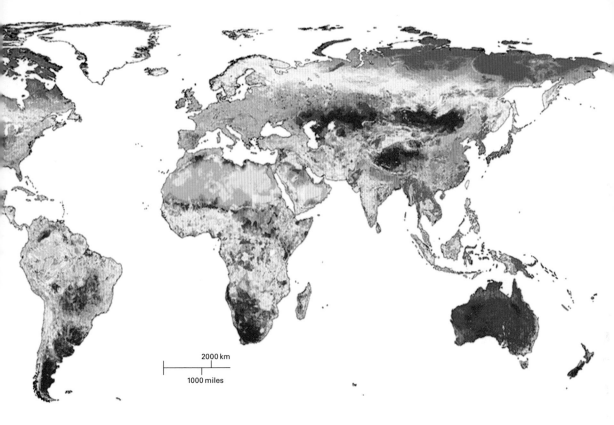

2000 km
1000 miles

生物多樣性岌岌可危[8]
將近百萬物種因人類活動而面臨滅絕。在跨政府生物多樣性與生態系服務平台上,來自一百三十幾個國家的科學家紛紛提出警告:「全球物種滅絕速度將急遽加速。」物種消失的速度是之前一千年的數十到數百倍。

國家鎮壓、極端主義、性暴力及家庭暴力,或者是那些生活在赤貧中的人,承受著停滯的薪資,又或是因為自動化而失去賴以維生的工作。對於許多人來說,個人安全仍然只是個渴望達到的目標,不安全的持續存在和各國國內的不平等加深,表示我們絕對沒有自滿的空間。[7]進步是需要努力爭取而來的,而且很可能會再次倒退,全球流行病爆發、災難式的戰爭、經濟或生態系統瓦解,都讓人痛苦地看清這一點。許多風險沒有消失,而是混合了更新的風險,例如氣候變遷和超級病菌對所有人都造成了毀滅性的威脅,無論貧富。

平均而言,人類的收入上升、健康改善、教育程度增加和壽命延長,但這些平均值掩蓋了不斷擴大的差距。我們隨時準備要面對多重互連的氣候災難險境,數百萬動植物種瀕臨滅絕,許多人,尤其是比較貧困脆弱的邊緣人,正面臨著威脅到他們生計及生命的糟糕局面。雖然大部分人都經歷了實在的改

善，但快速發展也帶來了各種新風險。英國皇家學會前會長馬丁·芮斯在他的著作《時終》（*Our Final Century*）中表示，我們的文明只有一半的機會能夠撐過本世紀。[9] 他呼應了哲學家葛蘭·阿爾布切特（Glenn Albrecht）的擔憂，這位哲學家創造了「鄉痛」（solastalgia）一詞，用來描述由於環境災難所引發的焦慮和悲傷。[10] 芮斯與阿爾布切特並不孤單：生態焦慮正在擴散。[11] 然而，過度悲觀或麻木只會讓一切更加危險，我們需要採取緊急且徹底的行動來應對。就算走向災變的機率很低，還是應該採取緊急行動來更進一步降低可能性，畢竟，就算你覺得自家房屋失火的機率很低，你還是會盡一切可能去避免火災發生，對吧？

　　二戰後各種重大成就讓大部分人、當然並非全部的人，克服了某些持續已久的風險，從孕產婦死亡率到麻疹等等。透過提升事物的品質及可用度，包括糧食、電話到疫苗，更開放、更連通的世界提高了收入與預期壽命。新科技與觀念的傳播讓我們持續進步，這些累積的成就隱蔽了深切、危險的不平等，數十億人仍然承受著疾病或絕望，置身營養不良及瘧疾的風險中，或是正處於赤貧之中。全球化是問題也是解決辦法的一部分，這是因為全球化的優點和缺點全都透過全球整合市場體系以及互連的數位及實體基礎建設傳播開來，就像《蝴蝶效應的缺陷》（*The Butterfly Defect*）這本書中所描述的那樣。[12] 新冠肺炎清楚提供了示範，像機場這樣的樞紐，既能散播全球化的好處，也能散播病毒。之前的例子則有 2008 年金融危機，導致歐洲各地的退休人士破產，或是看看美中貿易戰爭，如何重創剛果民主共和國和尚比亞鈷礦工的工作[13]，並助長亞馬遜的森林火災和森林砍伐。[14]

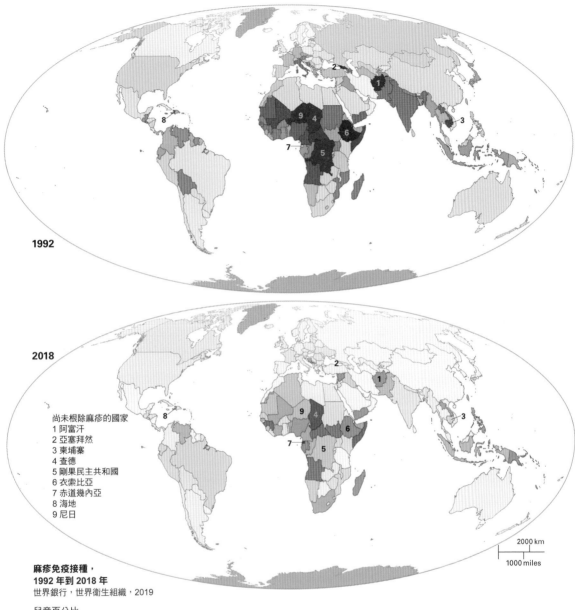

1992

2018

尚未根除麻疹的國家
1 阿富汗
2 亞塞拜然
3 柬埔寨
4 查德
5 剛果民主共和國
6 衣索比亞
7 赤道幾內亞
8 海地
9 尼日

2000 km
1000 miles

麻疹免疫接種，
1992 年到 2018 年
世界銀行，世界衛生組織，2019

兒童百分比
（年齡 12 個月至 23 個月）

1　　　　　　　99

無資料

麻疹免疫接種：1992 年到 2018 年

麻疹是一種傳染性極強的疾病，如今幾乎已經被消滅。2018 年，全世界約有
86% 的兒童接種疫苗，比 2000 年的 72% 要多。在 2000 年到 2018 年之間，這
些疫苗接種預防了兩千三百萬人的死亡，成為公共衛生史上最值得的買賣。即使
如此，每年還是大約有十四萬人死於麻疹，大多是五歲以下的兒童。[15]

在超連通的時代重新計算風險

我們生活在一個劇烈動盪、讓人幻滅又困惑的年代，地緣政治緊張局勢加深，改變了國際關係，政治部族意識展現出國家內部的深度分歧。新冠肺炎不只曝露出社會中存在的許多不平等，也加速了結構上的改變，包括工作的數位化。破壞式的新科技顛覆了長期以來認定的安全、政治、經濟，甚至是身而為人的定義，我們很難知道接下來會發生什麼事情，焦慮不安取代了驕傲自大。所有的重大全球挑戰紛紛出現在多邊及國際合作變弱的時候，這是令人擔憂的最大原因，未來看似比過去更加複雜、更不確定。雖然能從過去的教訓中汲取經驗，但應對今日與明日的風險，我們需要的不是望向後照鏡，而是將目光專注在「挑戰與潛在解決方案是不斷變化的」這項本質上。畢竟新的系統性風險來自於越發牽連的公司、供應鏈、市場和消費模式，這些都在我們眼前急遽加速，如今構成了最嚴重的危險，正如新型冠狀病毒大流行的惡果充分所示。[16]

這一切表示我們必須重新思考風險。權力下放原則應該應用於風險管理上，也需要應用在其他治理的領域上，不論是在個人、家戶、鄰里、城市或企業層面。我們要盡可能設計具適應力的小單位思考方式——包括投資自給自足的循環經濟和調適再生——這比任何時候都更重要。[17] 需要更積極的層級合作及介入時，就需要有政治決心、財務及其他可用的資源居中斡旋，這可以是在各州、各國、各地區或甚至是全球層面。的確，我們目前面臨的最大風險中，許多在本質上都是全球性的，需要來自超地方乃至於多邊的回應。大規模災難來襲之時，全球社群即時協助地方的能力很關鍵，就像 1984 到 1985 年的衣索比亞飢荒、2004 年的印尼海嘯、2010 年的海地地震。2008 年的金融危機和 2020 年的新型冠狀病毒爆發是系統性風險的例子，是由於處理不了地方上的問題，急速失控而導

致的後果。

目前全球警示絕對閃著紅燈。氣候那章討論了全球暖化的某些深遠影響——從淹沒沿海城市到摧毀全球生物多樣性。在健康的章節中，我們探討了全球流行病以及抗生素抗藥性，對於人口健康可能造成的災難性全球威脅。不平等那一章中則說明了窮國中的窮人尤其容易受到系統性風險的影響，因為他們通常缺少自宅契約、土地使用權，也沒有存款可以幫助度過不景氣，所以他們最容易遭受價格衝擊和市場失靈的影響。2008年金融危機十多年之後，歐洲、英國和美國許多最貧困的家庭，仍然比危機之前更加貧窮，對於讓他們再三失望的菁英，怒氣已經助長了強烈的反對。[18]

降低風險，人人有責

風險太重要，不能只丟給專家，不論他們是學者、銀行家或公務員都一樣。我們每一個人的個別和集體行動都會影響到風險的演變，進而影響我們兒孫的未來環境。我們不該只是把責任推給政府，期望政府能「救救我們」，大家都需要採取行動來降低全球流行病和氣候變遷的風險，例如減少塑膠廢棄物，少用抗生素。這並不只是關於道德——而是關乎我們的集體存亡。不是所有議題都能歸結到全球集體行動的問題，並非所有重大難題都能靠政府或國際組織來解決，公民和社群團體也扮演著重要的角色，還有公司也是，因為企業佔了世界上大部分最終製造、交易和消費的東西。需要政府法規、企業領導及消費者行動的結合，才能加速改變，邁向更永續的未來。[19]

幾乎所有我們面臨的重大挑戰，都能因為一小群人採取行動而明顯緩和，他們也許解決不了整個問題，但帕雷托原則（Pareto Principle）通常能夠發揮效用，也就是大約 20% 的人採取行動，就能解決 80% 的問題。氣候變遷就是個很好的例

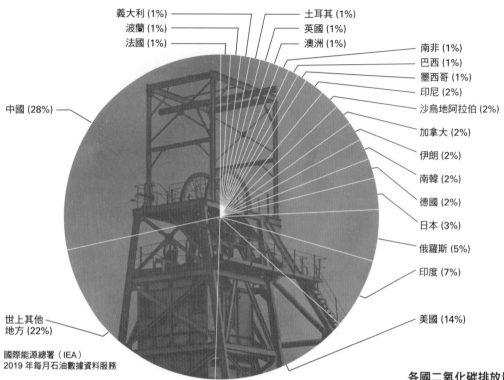

義大利 (1%)　　　　　　　　　　　土耳其 (1%)
波蘭 (1%)　　　　　　　　　　　　英國 (1%)
法國 (1%)　　　　　　　　　　　　澳洲 (1%)

南非 (1%)
巴西 (1%)
墨西哥 (1%)
印尼 (2%)
沙烏地阿拉伯 (2%)
加拿大 (2%)
伊朗 (2%)
南韓 (2%)
德國 (2%)
日本 (3%)
俄羅斯 (5%)
印度 (7%)
美國 (14%)

中國 (28%)

世上其他
地方 (22%)

國際能源總署（IEA）
2019 年每月石油數據資料服務

**各國二氧化碳排放量
比例 [20]**
每個國家的溫室效應氣
體排放量不同，這個圖
表由國際能源總署製
作，估計了來自石油、
煤、天然氣及廢棄物的
二氧化碳排放量。最大
的排放國是中國、美
國、印度，緊接在後的
是俄羅斯、日本、德
國、南韓、伊朗、加拿
大和沙烏地阿拉伯。如
果以每人排放量來衡
量，最糟糕的污染者是
沙烏地阿拉伯、澳洲、
美國、加拿大、南韓、
俄羅斯和日本。

子，在氣候那一章中講的很清楚，不到二十個國家佔了全球溫室效應氣體排放的 80%[21]，並且從 1965 年以來，二十家公司佔了總溫室效應氣體排放量的三分之一。[22] 一百九十三個國家全體同意迅速減少溫室氣體雖然並非必要，但是最大的排放者必須立刻轉向零排放。聯合國總體之下的協議能確保正當性，但卻未必能保證成功，因為許多條約的簽署國無法履行承諾。

因為大部分我們面對的問題都來自於相對少數的政府與公司，他們必然也是解決方法的一大部分。然而，我們不能指望那些獲益於現行法規的人會去改變規則，無論是氣候變遷或終結避稅，受到影響的人必須為自己發聲，對抗從現況獲益的強大既得利益者。以氣候變遷為例，重要的是聽取遭受最多不利影響的國家如孟加拉、馬爾地夫和索羅門群島的聲音。不當補助化石燃料必須終止，這些補助就像銀行法規和紓困援助一

樣，是透過遊說助長而來，這些必須減少，華爾街與白宮之間的旋轉門必須栓上。[23]

科技公司如今是華盛頓特區（美國政府）和布魯塞爾（歐盟）最大的遊說者之一，在探究這些公司是否壟斷權力、侵犯隱私、非法取得資料，或是促成極端主義、仇恨言論和假新聞時，要竭力避免他們干預甚至操控司法調查。透過假帳號和不實資訊侵入並操控社群媒體等行為，威脅了民主的核心，劍橋分析（Cambridge Analytica）的醜聞以及全球投票被破壞的證據，提醒世人這些行為已經變得如此普遍。網際空間中的危險觀念散播，從聖戰主義到反疫苗運動，還有假新聞的放大，都讓管理全球風險變得更加複雜。政府監管者及社群媒體公司需要確保他們能負起責任，並為減輕風險做出貢獻。

隨著複雜新病毒威脅的散播，製藥公司也必須加緊與政府和企業合作，開發新的抗生素，更積極地對付全球流行病。在財政上，需要有更多的作為來保障金融穩定，尤其是限制影子銀行的興起與其所提供的不受大銀行管控的產品。專營風險管理的保險公司也扮演了重要的角色，特別是在協助發展新一代預測並對抗風險的工具。保險公司增加新風險保險範圍的能力很重要，包括從氣候變遷到網路威脅。求償增加及風險暴增已經對再保險業造成考驗，因為所有的承保公司都仰賴這些再保險公司去化解風險，所以政府急需共同定義條件，看看在何種情況下能提供必要的協助給再保險公司，以應付系統性風險。

新科技改變了保險的本質，那原本是在一群人當中，由其他人的好運來補償某人的不幸。新科技讓人能夠更準確地預測個人容易受到風險影響的程度，其中某些科技比較具有侵入性。例如生物辨識測試可以預測某人在未來幾年內的健康需求，或是車內感測器能夠區分個別駕駛的習慣，在家中則能識別吸煙者。為個人行為定價，並針對良好行為給予折扣和激勵，這種潛力正在增加。由於這種種原因，我們很可能會看到

社會中某些風險較高、收入較低的人，能夠保險的範圍變窄了，這將更進一步擴大了不平等，也破壞了隱私的準則。

嚴守全球同意實施的規章與法規，能讓政府及公司面臨的複雜問題簡化很多，例如世界貿易組織的成員資格，讓各國能建立可預測的貿易及通用規範。雖然歐盟有時就像是過度干預的官僚體系，但實際上單一市場讓二十七個國家的法規保持一致，大幅簡化了歐盟國民、公司和政府生活中的關鍵層面。作為交換，同樣這些國家在國防、外交事務、移民、司法等重要領域上交出了相當一部分的主權給歐盟執行委員會。集合責任不只提供了顯著的經濟改善，也增加了成員國的協商能力，能應付高度複雜的風險，例如由敵國或非國家行為者所造成的網路或其他威脅。歐盟不是唯一一個共同分擔風險管理的例子，以空中交通管制為例，儘管科技迅速演變，在過去百年內有一百個新國家創建，每年空運流量增加 10%，但仍在快速全球化世界中達成有效的風險管理。[24] 不過自從新冠肺炎爆發後，航空業面臨了截然不同的風險，航空旅行嚴重縮減，導致數十家運輸公司破產。

在風險世界中，呼籲集體行動

多重風險 —— 無論是有關傳染病、氣候變遷、迅速自動化、金融崩潰或是地緣政治的緊張局勢 —— 都正在快速匯聚中，這對大多數人來說都無法招架，令人不安。當人們面對不確定並感到脆弱時，會尋找熟悉的掌控點和舊時的確切，面臨急劇的改變，個人會變得更有防備心，更偏向保護主義及國家主義。投機政客往往抓住恐懼、焦慮和懷疑，允諾有簡單的解決方案並訴諸過往。他們的承諾也許能提供暫時的慰藉，但事實上沒有一堵牆能夠高到足以阻擋流行病、全球暖化、生態系統和海洋環境崩潰，或是抵擋任何一種本書討論過的系統性風

險。我們需要更合作而不是不合作，退縮和分裂只會加劇我們面對的生存風險。

新冠肺炎疫情發生的十二年前，全球瀕臨金融災難，當年是由美國、中國、歐洲以及至少十七個其他領導國召開緊急會議，共同協議擋住災難。今日的危險在於富國不只國庫銀彈用盡，也失去了互相配合的政治意願。儘管中國出面承擔起應付數項全球挑戰的重大責任，特別是有關氣候變遷及貿易，但美國正在退卻，一場新的冷戰正在進行中。富裕國家陷入成長停滯與對專家不信任的惡性循環，並認為就是專家導致經濟蕭條。隨著風險升高，民粹主義者及國家主義者責怪菁英的失敗，也責怪外來移民和難民。這削弱了共同努力的意願，導致風險進一步擴大，分裂社會凝聚力。

解決之道不在於對全球化退卻，而是要更密切地合作來克服我們共同的考驗。管理者及監管者要提高警覺，風險管理要更完善，決策者之間也要更加密切配合，才能應付眼前的複雜挑戰網絡。增加整合會增強相互依存關係，在各國國內或是各國之間不協調的回應，都會讓問題更嚴重，注定失敗。我們面臨的最大威脅是政府在短期效益主義引領下，不去處理系統性風險，無法合作解決問題。我們必須在生活中的各個領域——個人、社群、城市、州郡、企業、國家、地區及全球——打造新的聯盟，致力於延伸目標，並根據我們對所面臨的風險的理解來緊急採取行動。唯有減緩風險，我們才能收成二十一世紀的非凡機會。決定未來最好的方式就是去塑造未來。

致謝

我們最感謝的是企鵝出版（Penguin）的編輯班‧布魯希（Ben Brusey），既有耐心又超有效率，陪伴著本書順利誕生，也感謝卡西‧穆罕默德（Kasim Mohammed）和潔絲‧拜倫斯（Jess Ballance）的支持。感謝機器人科技教育實驗室（CREATE Lab）的伊拉‧諾巴許（Illah Nourbaksh），還有他的同事保羅‧迪爾（Paul Dill）、萊恩‧霍夫曼（Ryan Hoffman）和加百列‧歐唐納（Gabriel O'Donnell），提供了許多界定本書的地圖。感謝羅傑‧沃克（Roger Walker）巧妙的圖像排版。感謝亞當‧費利斯（Adam Ferris）在研究上的協助。

本書探索了許多主題，其中有些已超出我們的專業和經驗，多虧許多朋友和同事的熱心協助與投入，讓我們不至於迷路。所有在本書中表達的觀點由我們負起全責。深深感謝眾人的慷慨協助，尤其是數據世紀的麥克斯‧羅瑟（Max Roser）與他卓越的團隊。

伊恩感謝牛津馬丁學院，一直以來為探索知識提供良好的培育和支持環境。牛津大學貝里歐學院（Balliol College）是進行研究的完美之地，並促成他得以在麻省理工學院的貧窮及媒體實驗室（Poverty and Media Labs）進行研究休假。伊恩在貝拉吉歐（Bellagio）的洛克斐勒中心（Rockefeller Centre）以及斯泰倫波什高等研究院（Stellenbosch Institute for Advanced Studies）完成部分書稿。

羅伯特感謝伊加拉佩智庫、SecDev 組織（SecDev Group）

和世界經濟論壇的同事們的堅定支持。感謝英屬哥倫比亞大學（University of British Columbia）的劉研究中心（Liu Centre），他於紐約大學（New York University）國際合作中心（Center for International Cooperation）擔任研究員期間，在那裡開始撰寫各章草稿。感謝芝加哥全球事務委員會（Chicago Council on Global Affairs）和加拿大全球事務研究所（Canadian Global Affairs Institute），多年來提供了許多支持。

　　一如以往，所有的書出版都是有代價的，包括原本可以用來跟親友相處的時間。我們要特別感謝伴侶和孩子，為了這本書，無私地放棄了許多夜晚和週末的相聚。在同時應付大西洋兩岸的需求及時間的壓力之下，泰絲（Tess）、奧莉薇亞（Olivia）和亞歷克斯（Alex）常常無法找到伊恩，是他們持續的愛、支持與寬容支撐著他。羅伯特對家人朋友虧欠許多，感謝他們對初稿的貢獻，感謝太太伊洛娜（Ilona）及女兒雅絲敏—柔伊（Yasmin-Zoe）提供了堅定的支持與耐心。

伊恩・高丁，於牛津
羅伯特・穆加，於里約
2020 年六月

註釋

前言

1 Coronavirus.jhu.edu, COVID-19 Dashboard, Center for Systems Science and Engineering (CSSE) at Johns Hopkins University (JHU), 2020.

2 Gates, Bill, We're Not Ready for the Next Epidemic, Gates Notes, 2015; Muggah, Robert, Pandemics Are the World's Silent Killers. We Need New Ways to Contain Them, Devex, 2019; Goldin, Ian and Mariathasan, Mike, *The Butterfly Defect*, Princeton University Press, 2014.

3 Altman, Steven A., Will Covid-19 Have a Lasting Impact on Globalization?, *HBR*, 2020.

4 Schipani, Andres, Foy, Henry, Webber, Jude, et al., The 'Ostrich Alliance': The Leaders Denying the Coronavirus Threat, *FT*, 2020.

5 Spreeuwenberg, Peter, Kroneman, Madelon and Paget, John, Reassessing the Global Mortality Burden of the 1918 Influenza Pandemic, *American Journal of Epidemiology*, Vol. 187, 2018; Johnson, Niall P. A. S. and Juergen Mueller, Updating the Accounts: Global Mortality of the 1918–1920 'Spanish' Influenza Pandemic, *Bulletin of the History of Medicine*, Vol. 76, 2002.

6 Based on Nickol, Michaela and Kindrachuk, Jason, *A year of terror and a century of reflection: Perspectives on the great influenza pandemic of 1918–1919*, BMC Infectious Diseases, Vol. 19, 2019; Nicholson, Karl, Webster, Robert G., et al. *Textbook of Influenza*, Blackwell Science, 1998.

7 Brainerd, Elizabeth and Siegler, Mark V., The Economic Effects of the 1918 Influenza Epidemic, CEPR Discussion Papers 3791, 2003; Correia, Sergio, Luck, Stephan and Verner, Emil, Pandemics Depress the Economy, Public Health Interventions Do Not: Evidence from the 1918 Flu, SSRN, 2020.

8 Gyr, Ueli, The History of Tourism: Structures on the Path to Modernity, EGO, 2010.

9 See Fedrico, Giovanni and Tena, Junguito, World Trade Historical Databases.

10 Nielsen.com, Outbound Chinese Tourism and Consumption Trends, Nielsen, 2017.

11 Rabouin, Dion, Coronavirus Has Disrupted Supply Chains for Nearly 75% of U.S. Companies, Axios, 2020.

12 Crow, Alexis, COVID-19 and the Global Economy, Observer Research Foundation, 2020; Goldin, Ian and Muggah, Robert, Viral Inequality, Syndicate Project, 2020.

13 Antonenko, Oksana, COVID-19: The Geopolitical Implications Of A Global Pandemic, Control Risks, 2020.

14 See Binding, Lucia, Coronavirus: Only 9% of Britons Want Life to Return to 'Normal' Once Lockdown is Over, Sky News, 2020.

15 Monks, Paul, Coronavirus: Lockdown's Effect On Air Pollution Provides Rare Glimpse Of Low-carbon Future, The Conversation, 2020.

16 Muggah, Robert, Redesigning The COVID-19 City, NPR, 2020.

17 See Goldin, Ian, Divided Nations: *Why Global Governance Is Failing, and What We Can Do About It*, Oxford University Press, 2013.

18 Foa, Roberto, S., Klassen, Andrew, et al. The Global Satisfaction with Democracy Report 2020, University of Cambridge, 2020.

19 See Pew Surveys at Pewresearch.org, Topics: Political Polarization, Pew Research, 2020.

20 See Goldin, Ian, The Compass: *After the Crash: The Future*, BBC, 2018.

21 Oxfordmartin.ox.ac.uk, Now for the Long Term: The Report of the Oxford Martin Commission for Future Generations, Oxford Martin School, 2013.

全球化

1 See Goldin, Ian and Reinert, Kenneth, *Globalization for Development*, Oxford University Press, 2012.

2 Internetworldstats.com, World Internet Usage and World Population Statistics, 2020.

3 Ofcom.org.uk, Achieving Decent Broadband Connectivity for Everyone, 2016.

4 Cable.co.uk, Worldwide Broadband Speed League, 2019.

5 Fukuyama, Francis, *The End of History and the Last Man*, Penguin, 2012.

6 Cairncross, Frances, *The Death of Distance: How the Communications Revolution is Changing Our Lives*, Harvard Business School Press, 2001.

7 Friedman, Thomas, *The World is Flat: The Globalized World in the Twenty-First Century*, Penguin, 2007.

8 Goldin, Ian, Muggah, Robert, How to Survive and Thrive in Our Age of Uncertainty, World Economic Forum, 2019.

9 Inequality.org, Facts: Global Inequality, 2020.

10 Ahmed, Kamal, Workers are £800 a Year Poorer Post-crisis, BBC News, 2018.

11 World Bank Group, World Development Report 2016: Digital Dividends, 2016.

12 Osterhammel, Jurgen and Petersson, Niels, *Globalization: A Short History*, Princeton University Press, 2005; O'Rourke, Kevin H., Williamson, Jeffrey G., When Did Globalization Begin?, NBER No. 7632, 2000.

13 Francis Galton, Isochronic Passage Chart, Proceedings of the Royal Geographical Society, 1881.

14 Vanham, Peter, A Brief History of Globalization, World Economic Forum, 2019.

15 This section draws on Goldin, Reinert, 2012, op. cit., p23.

16 Goldin, Ian and Kutarna, Chris, *Age of Discovery*, Bloomsbury, 2017.

17 Vanham, 2019, op. cit., p23.

18 Beltekian, Diana, Ortiz-Ospina, Esteban, The 'Two Waves of Globalisation', 2018.

19 Keynes, John M., *The Economic Consequences of the Peace*, Harcourt, Brace, and Howe, 1920; See Goldin, Reinert, 2012, op. cit., p23.

20 Eichengren, Barry, *Globalizing Capital*, Princeton University Press, 2008.

21 See Hatton, Timothy and Williamson, Jeffrey, *The Age of Mass Migration*, Oxford University Press, 1998.

22 Smith, Oliver, Switzerland's Out, Albania's In – How the Travel Map Has Changed Since 1990, *Telegraph*, 2020.

23 Data.worldbank.org, Trade (% of GDP), World Bank national accounts data, and OECD National Accounts data files, 2019.

24 Data.worldbank.org, Merchandise Exports, Transparency in Trade initiative, 2019.

25 Data.worldbank.org, Trade, 2019, op. cit., p27.

26 Chatzky, Andrew, McBride, James and Sergie, Mohammed A., NAFTA and the USMCA: Weighing the Impact of North American Trade, Council on Foreign Relations, 2020.

27 Misbahuddin, Sameena, What is the World Wide Web?, BBC Bitesize, 2020.

28 Roser, Max, Democracy, Our World in Data, 2013.

29 See Foa, Roberto, S., Klassen, Andrew, et al. The Global Satisfaction with Democracy Report 2020, University of Cambridge, 2020.

30 Altman, Steven, A., Ghemawat, Pankaj and Bastian Phillip, DHL Global Connected Index 2018 – The State of Globalization in a Fragile World, DHL, 2018.

31 Ibid., p32.

32 Imf.org, World Economic Outlook Database, 2019.

33 Goldin, Reinert, 2012, op. cit., p32.

34 Goldin, Ian and Mariathasan, Mike, *The Butterfly Defect*, Princeton University Press, 2014.

35 Ibid., p32.

36 Murphy, Francois and Wroughton, Lesley, IMF Warns of Financial Meltdown, Reuters, 2008.

37 Wikipedia.org, Stock Market Crash, 2020.

38 Worldbank.org, Record High Remittances Sent Globally in 2018, World Bank Press Release, 2019.

39 Knomad and World Bank Group, Migration and Remittances: Recent Developments and Outlook, Migration and Development Brief 31, 2019.

40 Ibid., p34.

41 Unctad.org, Global Foreign Investment Flows Dip to Lowest Levels in a Decade, UNCTAD News, 2019.

42 Regling, Klaus, 'Cross-border Capital Flows: Theory and Practice' – Speech K. Regling, ESM News, 2017.

43 Ibid., p34.

44 See iif.com, Global Focus: Global Macro Views, Institute of International Finance, 2020.

45 Chappell, Bill, U.S. National Debt Hits Record $22 Trillion, NPR Economy, 2019.

46 Amoros, Raul, The Biggest Foreign Holders of U.S. Debt – In One Chart, howmuch.net article, 2019.

47 Ibid., p35.

48 Ibid., p35.

49 Goldin, Ian, Karlsson, Mats, Stern, Nicholas, Rogers, Halsey and Wolfensohn, James, D., A Case for Aid: Building a Consensus for Development Assistance, World Bank Report, 2002.

50 Goldin, Ian, *Development: A Very Short Introduction*, Oxford University Press, 2018.

51 Ibid., p36.

52 Ibid., p37.

53 Oecd.org, Official Development Assistance 2019: Compare your Country, DAC Statistics, 2020.

54 Ibid., p37.

55 Freund, Caroline and Ruta, Michele, Belt and Road Initiative, World Bank Brief, 2018.

56 See Goldin, 2018, op. cit., p37.

57 Oecd.org, What is ODA?, DAC Report, 2018.

58 Goldin, 2018, op. cit., p38.

59 Roser, Max, Economic Growth, Our World in Data, 2013.

60 Glenny, Misha, *McMafia: A Journey Through the Global Criminal Underworld*, Vintage, 2009.

61 Naim, Moises, *Illicit: How Smugglers, Traffickers, and Copycats are Hijacking the Global Economy*, Penguin Random House, 2006.

氣候

1 Cookson, Clive, Homo Sapiens 100,000 Years Older Than Thought, *Financial Times*, 2017.

2 Washingtonpost.com, Himalayan Death Tolls, *Washington Post*, 2014.

3 Farooq, Mohd, Wagno, Patrick, Berthier, Etienne, et al., Review of the Status and Mass Changes of Himalayan-Karakoram Glaciers, *Journal of Glaciology*, Vol. 64, 2018.

4 Mukherjee, Kriti, Bhattacharya, Atanu, Pieczonka, Tino, et al., Glacier Mass Budget and Climate Reanalysis Data Indicate a Climatic Shift Around 2000 in Lahaul-Spiti, Western Himalaya, *Climate Change*, Vol. 148, 2018.

5 Skymetweather.com, Gangotri Glacier Shrinking, skymetweather, 2014.

6 Dixit, Kunda, In Mount Everest Region, World's Highest Glaciers are Melting, Inside Climate News, 2018.

7 King, Owen, Quincey, Duncan J., Carrivick, Jonathan L., et al., Spatial Variability in Mass Loss of Glaciers in the Everest Region, Central Himalayas, Between 2000 and 2015, *The Cryosphere*, Vol. 11, 2017.

8 Thejournal.ie, Shrinking Himalayan Glaciers Have Been Granted Status of 'Living Entities', theJournal.ie, 2017.

9 Pelto, Mauri, Zemu Glacier, Sikkim Thinning and Retreat, From A Glacier's Perspective: Glacier Change, 2009.

10 Kornei, Katherine, Glacial Outburst Flood Near Mount Everest Caught on Video, Eos, 2017.

11 Ibid., p51.

12 Dixit, 2018, op. cit., p52.

13 UNDP Nepal, Danger In The Himalayas, UNDP Nepal, 2018.

14 Spacedaily.com, Black Carbon Driving Himalayan Melt, Space Daily, 2010.

15 Chao, Julie, Black Carbon a Significant Factor in Melting of Himalayan Glaciers, Berkeley Lab: News Center, 2010.

16 Voiland, Adam, A Unique Geography -- and Soot and Dust -- Conspire Against Himalayan Glaciers, nasa.gov, 2009.

17 Npolar.no, Albedo Effect, Norwegian Polar Institute.

18 Wester, Philipous, Mishra, Aditi, Mukherji, Arun, et al., The Hindu Kush Himalaya Assessment: Mountains, Climate Change, Sustainability and People, Springer, 2019.

19 Ibid., p53; Sahasrabudhe, Sanhita and Mishra, Udayan, Summary of the Hindu Kush Himalaya Assessment Report, ICIMOD, 2019.

20 Wester, Mishra, Mukherji, 2019, op. cit., p53.

21 Cornell University, Rising Seas Could Result in 2 Billion Refugees by 2100, ScienceDaily, 2017.

22 Holmes, Robert M., Natali, Susan, Goetz, Scott, et al., Permafrost and Global Climate Change, Woods Hole Research Center, 2015.

23 Winski, Dominic, Osterberg, Erich, Kreutz, Karl, et al., A 400-Year Ice Core Melt Layer Record of Summertime Warming in the Alaska Range, *JGR Atmospheres*, Vol. 123, 2018.

24 Larsen, Chris F., Burgess, Evan and Arendt, Anthony A., Surface Melt Dominates Alaska Glacier Mass Balance, *Geophysical Research Letters*, Vol. 42, 2015.

25 NASA, World of Change: Columbia Glacier, Alaska, Phys.org, 2018.

26 Trusel, Luke D., Das, Sarah B., Osman, Matthew B., et al., Nonlinear Rise In Greenland Runoff In Response To Post-industrial Arctic Warming, *Nature*, Vol. 564, 2018.

27 Van As, Dirk, Hubbard, Alun L., Hasholt, Bent, et al., Large Surface Meltwater Discharge from the Kangerlussuaq Sector of the Greenland Ice Sheet During the Record-warm Year 2010 Explained by Detailed Energy Balance Observations, *The Cryosphere*, Vol. 6, 2012.

28 Andrews, Lauren C., Methane Beneath Greenland's Ice Sheet is Being Released, *Nature*, 2019.

29 Oltmanns, Marilena, Strane, Fiammetta and Tedesco, Marco, Increased Greenland Melt Triggered by Large-scale, Year-round Cyclonic Moisture Intrusions, *The Cryosphere*, Vol. 13, 2019.

30 Phys.org, Iceberg 4 Miles Wide Breaks off From Greenland Glacier, Phys.org, 2018.

31 Gray, Ellen, Unexpected future boost of methane possible from Arctic permafrost, Global Climate Change, 2018.

32 Portnov, Alexey, Vadakkepuliyambatta, Sunil, Mienert, Jürgen, et al., Ice-sheet-driven Methane Storage and Release in the Arctic, *Nature Communications*, Vol. 7, 2016.

33 Boberg, Frederik, Langen, Peter L., Mottram, Ruth H., 21st-century Climate Change Around Kangerlussuaq, West Greenland: From the Ice Sheet to the Shores of Davis Strait, Arctic, *Antarctic, and Alpine Research*, Vol.

50, 2018.

34 NCDC.noaa.gov, Global Climate Report – Annual 2018, NOAA, 2019.

35 Shen, Lucinda, These 100 Companies Are Responsible for Most of the World's Carbon Emissions, *Fortune*, 2017.

36 Allsopp, Michelle, Page, Richard, Johnston, Paul, et al., State of the World's Oceans, Springer, 2009.

37 NCDC.noaa.gov, 2019, op. cit., p60.

38 European Academies' Science Advisory Council, Leopoldina – Nationale Akademie der Wissenschaften, New Data Confirm Increased Frequency of Extreme Weather Events, Science Daily, 2018.

39 Europarl.europa.eu, Greenhouse Gas Emissions by Country and Sector (Infographic), European Parliament, 2019.

40 Rodgers, Lucy, Climate Change: The Massive CO2 Emitter You May Not Know About, BBC News: Science and Environment, 2018.

41 EPA.gov, Sources of Greenhouse Gas Emissions, EPA, 2018.

42 Griffin, Paul, The Carbon Majors Database: CDP Carbon Majors Report 2017, CDP, 2017.

43 Thompsonreuters.com, Global 250 Greenhouse Gas Emitters, Reuters, 2017.

44 Carr, Mathew, *China's Carbon Emissions May Have Peaked*, Bloomberg, 2018.

45 Guan, Dabo, Meng, Jing, Reiner, David M., et al., Structural Decline In China's CO2 Emissions Through Transitions In Industry And Energy Systems, *Nature Geoscience*, Vol. 11, 2018.

46 Storrow, Benjamin, Global CO2 Emissions Rise after Paris Climate Agreement Signed, Scientific American, 2018.

47 Kurtis, Alexander, Oil Companies Want Sf, Oakland Climate Lawsuits Dismissed, *San Francisco Chronicle*, 2018.

48 Milman, Oliver and Holden, Emily, Lawsuit Alleges Exxonmobil Deceived Shareholders On Climate Change Rules, *Guardian*, 2018.

49 DiChristopher, Tom, Judge Throws Out New York City's Climate Change Lawsuit Against 5 Major Oil Companies, CNBC, 2018.

50 Kurtis, 2018, op. cit., p62.

51 Irfan, Umair, Playing hooky to save the climate: why students are striking on March 15, Vox, 2019.

52 Balch, Jennifer K., Bradley, Bethany A., Abatzoglou, John T., et al., Human-started Wildfires Expand the Fire Niche Across the United States, PNAS, 2017.

53 Wolters, Claire, California Fires Are Raging: Get the Facts on Wildfires, *National Geographic*, 2019.

54 Wall, Mike, Raging California Wildfires Spotted from Space, Space.com, 2018.

55 Miller, Casey and Irfan, Umair, Map: See Where Wildfires Are Causing Record Pollution In California, Vox, 2017.

56 Azad, Arman, Due to Wildfires, California Now Has The Most Polluted Cities In The World, CNN, 2018.

57 Williams, Jeremy, Tracking Coal Power from Space, The Earthbound Report, 2019.

58 Magill, Bobby, U.S. Has More Gas Flares than Any Country, *Scientific American*, 2016.

59 Bismarktribune.com, North Dakota Oil Production Natural Gas Flaring Reach New Highs, Bismarck Tribune, 2018.

60 Kroh, Kiley, Emissions From North Dakota Flaring Equivalent To One Million Cars Per Year, Think Progress, 2013.

61 Finlay, Sarah E., Moffat, Andrew, Gazzard, Rob et al., Health Impacts of Wildfires, *PLoS Currents*, Vol. 4, 2012.

62 WHO.int, Health Topics: Air Pollution, WHO, 2020.

63 Wettstein, Zachary S., Hoshiko, Sumi, Fahimi, Jahan, et al., Cardiovascular and Cerebrovascular Emergency Department Visits Associated With Wildfire Smoke Exposure in California in 2015, Journal of the American Heart Association Vol. 7, 2018.

64 Schultz, Courtney and Moseley, Cassandra, Better Forest Management Won't End Wildfires, But It Can Reduce The Risks – Here's How, The Conversation, 2018.

65 Jenner, Lynn, Agricultural Fires Seem to Engulf Central Africa, NASA, 2018.

66 Tosca, Michael, The Impact Of Savanna Fires On Africa's Rainfall Patterns, The Conversation, 2015.

67 Yang, Yan, Saatchi, Sassan S., Xu, Liang, et al., Post-drought Decline of the Amazon Carbon Sink, *Nature Communications*, Vol. 9, 2018.

68 Butler, Rhett A., Calculating Deforestation Figures for the Amazon, Mongabay, 2018.

69 Lancaster University, Carbon Emissions from Amazonian Forest Fires up to Four Times Worse than Feared, Phys.org, 2018.

70 Sawakuchi, Henrique O., Neu, Vania, Ward, Nicholas D., et al., Carbon Dioxide Emissions along the Lower Amazon River, Frontiers in Marine Science, 2017.

71 Aragao, Luis, Barlow, Jos and Anderson, Liana, Amazon Rainforests that Were Once Fire-proof Have Become Flammable, The Conversation, 2018.

72 該州有208,000平方公里的土地。

73 WWF.org.co, Brazilian Amazon: Environmental Awareness Higher in Deforested Areas, World Wide Fund for Nature, 2001.

74 Bauters, Marijn, Drake, Travis W., Verbeeck, Hans, et al., High Fire-derived Nitrogen Deposition on Central African Forests, PNAS Vol. 115, 2018; Sinha,

Eva, Michalak, Anna M. and Balaji, Venkatramani, Eutrophication Will Increase During The 21st Century As A Result Of Precipitation Changes, *Science*, Vol. 357, 2018.

75 2009年以來，巴西每年大約損失6,000平方公里的土地。McCarthy, Niall, Brazil Sees Worst Deforestation In A Decade, Forbes, 2018.

76 Song, Xiao-Peng, Hansen, Matthew C., Stehman, Stephen V., et al., Global land change from 1982 to 2016, *Nature*, Vol. 560, 2018.

77 Pearce, Fred, Rivers in the Sky: How Deforestation Is Affecting Global Water Cycles, Yale Environment 360, 2018.

78 Ibid., p77.

79 Staal, Arie, Tuinenburg, Obbe A., Bosmans, Joyce H. C.,
et al., Forest-rainfall Cascades Buffer Against Drought Across the Amazon, *Nature Climate Change*, Vol. 8, 2018.

80 Sinimbu, Fabiola and Jade, Liria, Over 850 Brazil Cities Face Major Water Shortage Issues, Agencia Brazil, 2017.

81 Stocker, Thomas F., Qin, Dahe, Plattner, Gian-Kasper, et al., IPCC: Climate Change 2013: The Physical Science Basis (Contribution of Working Group I to the Fifth Assessment Report of the Intergovernmental Panel on Climate Change), Cambridge University Press, 2013.

82 C40.org, Staying Afloat: The Urban Response to Sea Level Rise, C40, 2018.

83 Ibid., p77.

84 Holder, Josh, Kommenda, Niko and Watts, Jonathan, The Three-degree World: The Cities That Will Be Drowned by Global Warming, *Guardian*, 2017.

85 Muggah, Robert, The World's Coastal Cities Are Going Under. Here's How Some Are Fighting Back, World Economic Forum, 2019.

86 IPCC.ch, Global Warming of 1.5 ˚C: Special Report, IPCC, 2018.

87 Mei Lin, Mayuri and Hidayat, Rafki, Jakarta, The Fastest-sinking City in the World, BBC News, 2018.

88 Ibid., p79.

89 Ibid., p79.

90 Win, Thei L., In Flood-prone Jakarta, Will 'Giant Sea Wall' Plan Sink or Swim?, Reuters, 2017.

91 Ibid., p79.

92 Holder, Kommenda and Watts, 2017, op. cit., p80.

93 Muggah, Robert, The world's coastal cities are going under, 2019, op. cit., p80.

94 Radford, Tim, Coastal Flooding 'May Cost $100,000 bn a Year by 2100', Climate News Network, 2014.

95 Swissre.com, Confronting the Cost of Catastrophe, Swiss Re Group, 2019.

96 Fu, Xinyu, Gomaa, Mohamed, Deng, Yujun, et al., Adaptation Planning for Sea Level Rise: a Study of US Coastal Cities, *Journal of Environmental Planning and Management*, Vol. 60, 2017.

97 Sealevel.climatecentral.org, These U.S. Cities Are Most Vulnerable to Major Coastal Flooding and Sea Level Rise, Surging Seas, 2017.

98 Loria, Kevin, Miami is Racing Against Time to Keep up with Sea-level Rise, Business Insider, 2018.

99 Brasilero, Adriana, In Miami, Battling Sea Level Rise May Mean Surrendering Land, Reuters, 2017.

100 Euronews.com, Rising Sea Levels Threat: a Shrinking European Coastline in 2100?, Euronews, 2018.

101 Brown, Sally, African Countries Aren't Doing Enough to Prepare for Rising Sea Levels, The Conversation, 2018.

102 See globalcovenantofmayors.org, Our Cities, Global Covenant of Mayors, 2020.

103 Ryan, Julie, North Texas Cities Combating Climate Change from Bottom Up, Green Source DFW, 2018.

104 Statesman.com, Austin on Track to Meet Carbon-neutral Goal, Statesman, 2018.

105 Heidrich, Oliver and Reckien, Diana, We Examined 885 European cities' Plans to Tackle Climate Change – Here's What We Found, The Conversation, 2018.

106 Taylor, Lin, Cycling City Copenhagen Sprints to Become First Carbon-neutral Capital, Reuters, 2018.

107 See Carbonneutralcities.org, About, Carbon Neutral Cities Alliance, 2020.

108 Globalcovenantmayors.org, 2020, op. cit., p82.

109 Ibid., p83.

110 CBSnews.com, Sea Change: How the Dutch Confront the Rise of the Oceans, CBS News, 2017.

111 C40.org, C40 Good Practice Guides: Rotterdam – Climate Change Adaptation Strategy, c40 Cities, 2016.

112 Caramel, Laurence, Besieged by the Rising Tides of Climate Change, Kiribati Buys Land in Fiji, *Guardian*, 2014.

113 Climate.gov.ki, Fiji Supports Kiribati On Sea Level Rise, Climate Change: Republic of Kiribati, 2014.

114 Tooze, Adam, Rising Tides Will Sink Global Order, Foreign Policy article, 2018.

115 Letman, Jon, Rising Seas Give Island Nation a Stark Choice: Relocate Or Elevate, *National Geographic*, 2018.

116 Dauenhauer, Nenad J., On Front Line Of Climate Change As Maldives Fights Rising Seas, *New Scientist*, 2018.

117 IUCN.org, Deforestation and Forest Degradation, IUCN: Issues Brief, 2020.

118 Gerretsen, Isabelle, How Climate Change is Fueling Extremism, CNN, 2019.

119 Busby, Joshua and Von Uexkull, Nina, Climate Shocks

and Humanitarian Crises, Foreign Affairs article, 2018.

120 Muggah, Robert and Cabrera, José L., The Sahel Is Engulfed by Violence. Climate Change, Food Insecurity and Extremists Are Largely to Blame, World Economic Forum, 2019.

121 IFLscience.com, Engineers Develop Roadmap To Get The US To Run on 100% Renewable Energy By 2050, IFL Science; Jacobson, Mark Z. , Delucchi, Mark A., Bazouin, Guillaume, et al., 100% Clean And Renewable Wind, Water, and Sunlight (Wws) All-sector Energy Roadmaps For the 50 United States, *Energy Environ Science*, Vol. 8, 2015.

122 Ellenmacarthurfoundation.org, Effective Industrial Symbiosis, Ellen MacArthur Foundation, 2017.

123 Childress, Lillian, Lessons from China's Industrial Symbiosis Leadership, GreenBiz, 2017.

124 Griffin, Paul, The Carbon Majors Database: CDP Carbon Majors Report 2017, CDP, 2017.

125 Byers, Logan, Friedrich, Johannes, Hennig, Roman, et al., A Global Database of Power Plants, World Resources Institute, 2019.

126 Fischetti, Mark, The Top-22 Air Polluters Revealed, *Scientific American*, 2017.

127 Carrington, Damian, Avoiding Meat and Dairy Is 'Single Biggest Way' To Reduce Your Impact on Earth, *Guardian*, 2018.

128 Grain.org, Emissions Impossible: How Big Meat and Dairy are Heating Up the Planet, GRAIN and the Institute for Agriculture and Trade Policy (IATP), 2018.

129 IPCC.ch, Summary for Policymakers of IPCC Special Report on Global Warming of 1.5°C Approved by Governments, IPCC, 2018.

130 CAT.org.uk, Zero Carbon Britain, Centre for Alternative Technology, 2020.

131 Stein, Jill and Hawkins, Howie, The Green New Deal, Green Party US, 2018.

都市化

1 Brilliantmaps.com, The 4037 Cities in The World With Over 100,000 People, Brilliant Maps article, 2015.

2 Misra, Tanvi, Half the World Lives on 1% of Its Land, Mapped, CityLab article, 2016.

3 Muggah, Robert, A Manifesto of a Fragile City, *Journal of International Affairs*, 2015.

4 Galka, Max, Watch as the world's cities appear one-by-one over 6000 years, Metrocosm, 2016; worldpopulationhistory.org, World Population Visualization, 2016; Desjardins, Jeff, These 3 Animated Maps Show the World's Largest Cities

Throughout History, Visual Capitalist, 2016.

5 並非所有學者都同意農業是城市成長的先決條件，例如Jane Jacobs（1969）就認為，其他形式的生計（漁撈業）也可能促成城市的興起。

6 Moore, Andrew, *The Neolithic of the Levant*, Oxford University Press, 1978; Compton, Nick, What is the Oldest City in the World?, *Guardian*, 2015.

7 Mumford, Lewis, *The City in History*, Harcourt, Brace and World, 1961.

8 Evans, Damian, A Cross-Section of Results from the 2015 Lidar Campaign, CALI, 2016.

9 TheGuardian.com, Laser Technology Reveals Lost City Around Angkor Wat, *Guardian*, 2013; Damian, 2016, op. cit., p102.

10 Wainwright, Oliver, How Nasa Technology Uncovered the 'Megacity' of Angkor, *Guardian*, 2016.

11 Zimmern, Helen, *The Hanseatic League – A History of the Rise and Fall of the Hansa Towns*, Didactic Press, 2015.

12 Metrocosm.com, 2016, op. cit., p102.

13 Brilliantmaps.com, 2015, op. cit., p102.

14 Ritchie, Hannah and Roser, Max, Urbanization, Our World in Data, 2018.

15 Hollen Lees, Lynn, *World Urbanization – 1750 to Present*, Cambridge University Press, 2015.

16 1870年到1920年之間，有一千一百萬人從鄉村移居到城市地區，在這段期間內抵達的兩千五百萬移民中，大部分也都定居城市。

17 Arsht, Adrienne, Urbanization in Latin America, Atlantic Council, 2014.

18 Dikotter, Frank, Mao's Great Famine: *The History of China's Most Devastating Catastrophe*, 1958–1962, Bloomsbury Paperbacks, 2018.

19 Statista.com, Urban and Rural Population of China from 2008 and 2018, Statista Demographics, 2019.

20 Worldbank.org, Urban Development, World Bank article, 2020.

21 Prasad, Vishnu, 'Triumph of the City' – Why Cities Are Our Greatest Invention, Financing Cities IFMR.

22 Ritchie and Roser, 2018, op. cit., p 106.

23 Sassen, Saskia, The Global City: *Introducing a Concept*, Brown Journal of World Affairs, Vol. 11, 2005.

24 大部分關於如何定義城市的爭論，都可以追溯到沃斯（Louis Wirth）的經典文本——1938年的《城市》（*The City*）——他描述「城市」的關鍵特徵有四個層面：人口規模、人口密度、社會異質性與永久性的要素。這個方法遭批評太過著重地理和人口結構，沒有考慮到城市的功能以及當下的邊界（在地區、全國和全球規模上）。

25 Mark, Joshua J., The Ancient City, *Ancient History Encyclopedia*, 2014.

26 Fang, Chuanglin and Yu, Danlin, Urban Agglomeration: An Evolving Concept of an Emerging

Phenomenon, *Landscape and Urban Planning*, Vol. 162, 2017.

27 Ibid., p106.

28 Scott, Allen J. and Storper Michael, The Nature of Cities: The Scope and Limits of Urban Theory, *International Journal of Urban and Regional Research*, Vol. 39, 2015.

29 Atkearny.com, Leaders in a World of Disruptive Innovation, Global Cities 2017 Report, 2017; Sennet Richard, *Classic Essays on the Culture of Cities*, Prentice-Hall, 1969.

30 Bevan, Robert, What makes a city a city – and does it really matter anyway?, 2014; and McClatchey, Caroline, Why do towns want to become cities? *BBC News magazine*, 2011.

31 Ibid., p107

32 聯合國的「都市聚集」概念定義是特定集中的人口（「大都會區」而非「城市範圍」），如此一來，也包括特定類別的聚集地，例如華盛頓特區大都會大約有五百九十五萬人（2014年），涵蓋北維吉尼亞州、馬里蘭州和哥倫比亞特區。但是華盛頓特區市只有六十五萬九千人。同樣地，馬尼拉市只有一百六十五萬人，但馬尼拉都會有一千一百八十萬人，大都會地區則有兩千五百五十萬人，包含在三千五百六十萬人的巨型馬尼拉群集之內。詳見https://www.un.org/development/desa/en/news/population/2018-revision-of-world-urbanisationprospects.html

33 這份報告每年都會透過檢視人口結構數據，並且詢問國家統計局對於局勢的看法，來估計全球都市人口。詳見https://population.un.org/wup/

34 United Nations Department of Economic and Social Affairs (UNDESA), Population Division, *World Urbanization Prospects: The 2018 Revision*, United Nations Publications, 2019.

35 Ibid., 107.

36 Ritchie and Roser, 2018, op. cit., p107.

37 ghsl.jrc.ec.europa.eu, Testing the degree of urbanization at the global level, CIESIN, 2020.

38 不靠各國提供的各種詮釋，這裡採用的是通用定義，「城市中心」（urban centre，五萬人或以上，每平方公里人口密度至少一千五百人）、「城市群集」（urban cluster，五千人或以上，每平方公里人口密度至少三百人）、鄉村地區（rural areas，人口少於五千）。

39 ghsl.jrc.ec.europa.eu, 2020, op. cit., p108; Dijkstra, Lewis, Florczyk Aneta, et al., Applying the Degree of Urbanization to the Globe, 16th Conference of IAOS, 2018.

40 某些批評者認為這些數字嚴重高估了城市的規模，因為把農業就業人數也納入計算，還有城市周邊觀測到的人口密度。Angel, Shlomo, Lamson-Hall, Patrick, Guerra, Bibiana et al., Our Not-So-

Open World, p42, The Marron Institute of Urban Management, 2018.

41 Cheney, Catherine, Is the world more urban than UN estimates? It depends on the definition, Devex, 2018.

42 Unstats.un.org, Definition of 'Urban', table 6, *United Nations Demographic Yearbook*, 2005.

43 Ibid., p108.

44 Statcan.gc.ca, Population Centre and Rural Area Classification 2016, Statistics Canada, 2017.

45 城市中心必須是具有市界的連續地理區域，人口五萬以上，人口密度每平方公里至少一千五百人。通勤帶中則有15%的就業人口通勤到城市。

46 城市規劃師和地理學家構想中的城市是一連串的同心圓土地利用帶，以都市為核心（中央商業區）、過渡區（工業、住宅及商業帶）、都市邊緣區（包括衛星城市及宿舍聚落），還有城市依賴的鄉村偏遠地區。某方面來說，城市是這一整套體系，不只都市核心，極度鄉村地區雖然不是城市的一部分，但卻是有來有往的影響帶。

47 相較之下，在許多已開發國家的環境中，鄉村生活可能一樣享有許多便利設施，就跟大部分服務齊全的城市一樣。

48 en.wikipedia.org, Megacity, Wikipedia article, 2020; en.wikipedia.org, List of Cities by GDP, Wikipedia article, 2020.

49 UNDESA, 2019, op. cit., p108.

50 Ibid., p109.

51 新興市場城市如深圳、首爾和聖保羅，積極參與後福特主義的經濟，在生產體制內外激發密集的互接鏈，培養高技術就業機會，孵育資訊及資本流，激發創新。城市之間的貿易讓越來越多的城市能有所專精，銷售給同儕。不意外地，城市外交正在快速恢復以往的重要性。詳見Chan, Dan H-K., City diplomacy and 'glocal' governance: revitalizing cosmopolitan democracy, Innovation: The European Journal of Social Science Research, Vol. 29, 2016.

52 Metropolitan Manila is over 13.4 million in 2019. See UNDESA, 2019, op. cit., p109.

53 Weller, Chris, Manila is the Most Crowded City in the World — Here's What Life is Like, *Business Insider*, 2016.

54 Metropolitan Paris has some 10.9 million people in 2019. See UNDESA, 2019, op. cit., p109.

55 Hunn Patrick, Australian Cities Among the Largest and Least Densely Settled in the World, ArchitectureAU, 2017.

56 Demographia, World Urban Areas 16th Edition, Demographia Report, 2020.

57 From Earthtime, CREATE Lab, CMU.

58 Murphy Douglas, Where is the World's Most Sprawling City?, *Guardian*, 2017.

59 See Las Vegas in projects.propublica.org; Lasserre,

Frederic, Water in Las Vegas: Coping with Scarcity, Financial and Cultural Constraints, City, Territory and Architecture, Vol. 2, 2015.

60 Plummer, Brad, Watch Lake Mead, the Largest Reservoir in the US, Shrink Dramatically over 15 Years, Vox article, 2016.

61 Worldpopulationreview.com, Population of Cities in China (2020), World Population review, 2020.

62 Worldpopulationreview.com, Population of Cities in United Kingdom (2020), World Population review, 2020.

63 Kunshan, China is Trying to Turn Itself Into a Country of 19 Super-regions, *Economist*, 2018.

64 Ward, Jill, Will Future Megacities Be a Marvel or a Mess? Look at New Delhi, Bloomberg article, 2018.

65 Li, He, Zhao, Shichen and Wang Daqiang, Urbanization Patterns of China's Cities in 1990-2010, International Review for Spatial Planning and Sustainable Development Vol. 3, 2015.

66 Kumar, Amit and Navodaya, Ambarish R., Urbanization Process, Trend, Pattern and Its Consequences in India, Neo Geographia Vol. 3, 2015; Prasad, Sangeeta, Why the World Should be Watching India's Fast-growing Cities, World Economic Forum article, 2019.

67 Abraham, Reuben and Hingorani, Pritika, India's a Land of Cities, Not Villages, Bloomberg article, 2019.

68 Ibid., p112.

69 Worldpopulationreview.com, Population of Cities in India (2020), World Population review, 2020.

70 Kumar and Navodaya, 2015, op. cit., p112.

71 Griffiths, James, 22 of the Top 30 Most Polluted Cities in the World are in India, CNN Health article, 2019.

72 McKinsey & Co., India's Urban Awakening: Building Inclusive Cities, Sustaining Economic Growth, McKinsey Global Institute, 2010.

73 Charlton, Emma, India is Building a High-tech Sustainable City from Scratch, World Economic Forum article, 2018.

74 Chandran, Rina, As India adds 100 Smart Cities, One Tells a Cautionary Tale, Reuters article, 2018.

75 Vidal, John, UN report: World's Biggest Cities Merging into 'Mega-regions', *Guardian*, 2010; Mukhopadhyay, Chandrima, Megaregions: Globalization's New Urban Form?, European Planning Studies, Vol. 24, 2016.

76 Rouhana, Salim and Bruce Ivan, Urbanization in Nigeria: Planning for the Unplanned, World Bank Blog, 2016.

77 Worldpopulationreview.com, Population of Cities in Nigeria (2020), World Population review, 2020.

78 Vidal, John, The 100 million city: is 21st century

79 Pope, Kevin and Hoornweg, David, Population predictions for the world's largest cities in the 21st century, *Environment & Urbanization*, Vol. 29, 2017.

80 Leithhead, Alastair, The City that Won't Stop Growing: How can Lagos Cope with its Spiralling Population?, BBC News Report, 2017.

81 Earthtime, CREATE Lab, CMU.

82 Dobbs, Richard, Smit, Sven, Remes, Jaana, et al., Urban world: Mapping the Economic Power of Cities, McKinsey Global Institute, 2011.

83 Florida, Richard, The Economic Power of Cities Compared to Nations, CityLab, 2017.

84 financialexpress.com, With GDP of $370 billion, Delhi-NCR Muscles out Mumbai as Economic Capital of India, Financial Express article, 2016.

85 Florida, Richard, What To Do About the Rise of Mega-Regions, City Lab, 2018.

86 Woetzel, Jonathan, Remes, Jaana, Boland, Brodie, et al., Smart cities: Digital Solutions for a More Livable Future, McKinsey Global Institute Report, 2018.

87 Ibid., p116.

88 Muggah, Robert and Goodman, Marc, Cities are Easy Prey for Cybercriminals. Here's How they can Fight Back, World Economic Forum article, 2019.

89 Florida, Richard, The Real Powerhouses That Drive the World's Economy, City Lab, 2019.

90 xinhuanet.com, 'Jing-jin-ji': China's Regional City Cluster Takes Shape, Xinhua Headlines, 2019.

91 Mongabay.com, Population Estimates for Karachi, Pakistan, 1950-2015, Population Mongabay Data, 2016.

92 Earthtime, CREATE Lab, CMU.

93 McCarthy, Niall, The World's Largest Cities By Area, Statista: Urban Areas, 2018.

94 分析上最大的城市單位可以說是大都會帶（megalopolis），又稱為大都市帶（megaregion）或超級城市（supercity）。大都會帶是指串的連續都會地區，引用可見Spengler（1918）、Mumford（1938）及Gottman（1954），與城市過度發展及社會衰退有關。大都會帶可由地面運輸廊道連結，會出現在國際邊境之內或之間。詳見Florida, Richard, Gulden, Tim and Mellander, Charlotta, The Rise of the Mega-region, *Cambridge Journal of Regions, Economy and Society*, Vol. 1, 2008.

95 大都會圈是指包含數個相鄰城市、郊區和周邊外圍所組成的區域，合併形成連續的城市工業開發地區。大都會圈是多元中心的城市聚集，有助於創造整合的勞動市場。這個詞其實是1915年時由吉迪司（Patrick Geddes）在他的《進化中的城市》（*Cities in Evolution*）一書中所創造的。

96 Johnson, Ian, As Beijing Becomes a Supercity, the Rapid Growth Brings Pains, *New York Times*, 2015.

97 Roxburgh, Helen, Endless Cities: Will China's New Urbanisation Just Mean More Sprawl?, *Guardian,* 2017.

98 business.hsbc.com, China's Emerging Cities, HSBC Belt and Road article, 2020.

99 Phillips, Tom, 'Forest cities': The Radical Plan to Save China from Air Pollution, *Guardian,* 2017.

100 其他研究也利用來自四百多萬個通勤者流量的流動性數據,追蹤美國大都市帶的範圍。詳見 Nelson, Garrett D., Rae, Alasdair, An Economic Geography of the United States: From Commutes to Megaregions, *Plos One*, Vol. 11, 2016.

101 Florida, 2019, op. cit., p120.

102 Ibid., p120.

103 Frem, Joe, Rajadhyaksha, Vineet and Woetzel, Jonathan, Thriving Amid Turbulence: Imagining the Cities of the Future, McKinsey article, 2018.

104 Davis, Mike, *Planet of Slums*, Verso, 2007.

105 Wikipedia, 2020, List of Slums, op. cit., p120.

106 UN PSUP Team Nairobi, Slum Almanac 2015–2016, UN Habitat Report, 2016.

107 Ritchie and Roser, 2018, op. cit., p 120; wikipedia.org, List of Slums, Wikipedia article, 2020.

108 Warner, Gregory, In Kenya, Using Tech To Put An 'Invisible' Slum On The Map, NPR article, 2013.

109 Kuffer Monika, Pfeffer, Karen, Sliuzas, Richard V., Slums from Space: 15 Years of Slum Mapping Using Remote Sensing, *Remote Sensing*, Vol. 8, 2016; See impactlab.net, A Satellite Tour of the Biggest Slums, Impact Lab article, 2012.

110 Mberu, Blessing U., Haregu, Tilahun N., Kyobutungi, Catherine and Ezeh, Alex C., Health and Health-related Indicators in Slum, Rural, and Urban Communities: A Comparative Analysis, *Global Health Action*, Vol. 9, 2016.

111 Aggarwalla, Rohit T., Hill, Katie, Muggah, Robert, Smart City Experts Should be Looking to Emerging Markets. Here's Why, World Economic Forum article, 2018.

112 Ritchie and Roser, 2018, op. cit., p 122.

113 Friesen, John, Rausch, Lea, Pelz, Peter F., et al., Determining Factors for Slum Growth with Predictive Data Mining Methods, *Urban Science*, Vol. 2, 2018.

114 Marx, Benjamin, Stoker, Thomas and Suri, Tavneet, The Economics of Slums in the Developing World, *Journal of Economic Perspectives*, Vol. 27, 2013.

115 Florida, Richard, The Amazing Endurance of Slums, City Lab, 2014.

116 Scott, Allen J. and Michael Storper, The Nature of Cities: The Scope and Limits of Urban Theory, *International Journal of Urban and Regional Research*, Vol. 35, 2015.

117 Kopf, Dan, China Dominates the List of Cities with the Fastest Growing Economies, Quartz article, 2018.

118 Muggah, Robert, A Manifesto for the Fragile City, *Journal of International Affairs*, Vol. 68, 2015.

119 Perur, Srinath, What the Collapse of Ancient Capitals Can Teach us About the Cities of Today, *Guardian*, 2015.

120 Muggah, Robert, Where Are the World's Most Fragile Cities?, City Lab, 2017.

121 From EarthTime, CREATE Lab, CMU.

122 從巴爾的摩到波哥大,相較於財富與基本服務分配比較平均的地方,不平等的城市往往比較暴力,這是因為實際與相對剝奪收入、財產、社會地位,與比較低的社會資本、社會效力和社會混亂有關。劣勢集中與表現不佳的學校、住宅品質低落、健康情況不良、以及較高的監禁率與犯罪率密切相關。

123 這些發現類似風險顧問公司Maplecroft在2018年所做的一項研究,以聯合國對於一千八百多個城市的年度人口成長預測,結合該組織的氣候變遷脆弱指數,發現在前一百個成長最快速的城市中,有八十四個正面臨極端風險,另外還有十四個處於高風險類別。在極端風險類別的兩百三十四個城市中,超過95%在非洲和亞洲。

124 From Earthtime, CREATE Lab, CMU.

125 Muggah, Robert, Kilcullen, David, These are Africa's Fastest-growing Cities – and They'll Make or Break the Continent, World Economic Forum, 2016.

126 Van Leggelo-Padilla, Daniella, Why We Need to Close the Infrastructure Gap in Sub-Saharan Africa, World Bank article, 2017.

127 Statista.com, Annual Average Infrastructure Expenditures as Percent of GDP Worldwide from 2010 to 2015, by Country, Statista Heavy Construction, 2020.

128 Ballard, Barclay, Bridging Africa's Infrastructure Gap, World Finance, 2018.

129 Kenyanwallstreet.com, Africa Infrastructure Index; $108B Financing Gap, The Kenyan Wall Street article, 2018.

130 Gutman, Jeffrey and Patel, Nirav, Foresight Africa viewpoint – Urban Africa: Avoiding the Perfect Storm, Brookings: Africa in Focus, 2018.

131 Williams, Hugo, COP 21: Five Ways Climate Change Could Affect Africa, BBC News article, 2015.

132 Chuttel, Lynsey, How Cape Town Delayed its Water-shortage Disaster—At Least Until 2019, Quartz Africa, 2018.

133 Hill, Tim, Asia's Urban Crunch: What To Do About 900,000 Weekly Arrivals?, Eco-Business, 2018.

134 Oxfordeconomics.org, Which Cities will Lead the Global Economy by 2035, Oxford Economics, 2018.

135 globaldata.com, 60% of the World's Megacities Will

be Located in Asia by 2025, Global Data press release, 2018.

136 chinabankingnews.com, China's Second-tier Cities on the Verge of Peak Population Growth, China Banking News: Economy, 2018.

137 Bughin, Jacques, Manyika, James and Woetzel, Jonathan, Urban World: Meeting the Demographic Challenge, McKinsey Global Institute Report, 2016.

138 Hananto, Akhyari, We will See Southeast Asia's Spending Spree in Infrastructure in 2018, Seasia, 2017.

139 From EarthTime, CREATE Lab, CMU.

140 Oxfordeconomics.org, 2018, op. cit., p131.

141 See globalcovenantofmayors.org 'Our Cities', 2020.

142 Knight, Sam, Sadiq Khan Takes On Brexit and Terror, *New Yorker*, 2017.

143 McAuley, James and Rolfe, Pamela, Spain is the Most Welcoming Country in Europe for Migrants. Will it Last?, *Washington Post*, 2018.

144 Horowitz, Jason, Palermo Is Again a Migrant City, Shaped Now by Bangladeshis and Nigerians, *New York Times*, 2018.

科技

1 Arthur, W. Brian, *The Nature of Technology*, Penguin, 2010.

2 Humanorigins.si.edu, 'What Does it Mean to be Human?': Early Stone Age Tools, Smithsonian, National Museum of Natural History, 2020.

3 Wayman, Erin, 'The Earliest Example of Hominid Fire', *Smithsonian Magazine*, 2012.

4 Roser, Max, Economic growth, Our World in Data, 2013.

5 Arthur, 2010, op. cit., p138.

6 Kendall, Graham, Your Mobile Phone vs. Apollo 11's Guidance Computer, Real Clear Science, 2019.

7 Authors' estimate based on conversations with Oxford computing colleagues.

8 Roser, Max and Ortiz-Ospina, Esteban, Literacy, Our World in Data, 2016.

9 Ibid., p141.

10 Goldin, Ian, Cameron, Geoffrey and Balarajan, Meera, *Exceptional People*, Princeton University Press, 2012.

11 Goldin, Cameron and Balarajan, 2012, op. cit., p141.

12 World Bank Group, World Development Report 2016: Digital Dividends, 2016.

13 Ibid., p141.

14 Ibid., p142.

15 See Release dates and Locations on Apple Store.

16 BBC.co.uk, Using Drones to Deliver Blood in Rwanda, BBC News video, 2019.

17 Aggarwalla, Rohit T., Hill, Katie, Muggah, Robert, Smart City Experts Should be Looking to Emerging Markets. Here's Why, World Economic Forum article, 2018.

18 For example, see Diamandis, Peter and Kotler, Steven, *Abundance*, Free Press, 2012; And more recently pathwayscommission.bsg.ox.ac.uk, The Digital Roadmap: How Developing Countries Can Get Ahead, Pathways for Prosperity Commission, 2019.

19 World Bank Group, World Development Report 2016, op. cit., p142.

20 Geomedici.com, M-Pesa: Mobile Phone-based Money Transfer, Medici article, 2019.

21 伊恩・高丁在製作英國國家廣播公司的紀錄片時，曾經拜訪過其中幾家健康中心。*Will AI kill development?*

22 Goldin, Ian, *Will AI kill Development?*, BBC World Service Documentary, 2019.

23 Pasti, Francesco, State of the Industry Report on Mobile Money 2018, GSMA Report, 2019.

24 Data.worldbank.org, GDP per capita (current US$) – United Kingdom, Gambia, World Bank data, 2020.

25 Ibid., p143.

26 Wikipedia.org, Solar Power by Country, Wikipedia article, 2020; Wikipedia.org, Wind Power by Country, Wikipedia article, 2020.

27 Ibid., p148.

28 Ibid., p148.

29 JPmorgan.com, Driving into 2025: The Future of Electric Vehicles, JP Morgan Report, 2018.

30 Bnef.com, Electric Vehicle Outlook 2019, BNEF EVO Report, 2019; Muggah, Robert, Cities Could Be Our Best Weapon in the Fight Against Climate Change, World Economic Forum, 2019.

31 Holland, Maximillian, China 2019 Electric Vehicle Market Share Grows To 4.7% Despite Tighter Incentives, Clean Technica, 2020; Huang, Echo, China Buys One Out of Every Two Electric Vehicles Sold Globally, Quartz article, 2019.

32 Wikipedia.org, Carna Botnet, Wikipedia article, 2019.

33 McKetta, Isla, The World's Internet in 2018: : Faster, Modernizing and Always On, Speedtest: Global Speeds, 2018.

34 National Telecommunications and Information Administration, A Nation Online: How Americans Are Expanding Their Use of the Internet, US Department of Commerce: NTIA, 2002.

35 'McKetta, 2018, op. cit., p152; Speedtest.net, 2019 Mobile Speedtest U.S. Mobile Performance, Speedtest Report, 2019.

36 McKetta, 2018, op. cit., p152.

37 Wikipedia.org, List of countries by Internet Connection Speeds, Wikipedia article, 2020; Speedtest.net, 2019, op. cit., p152.

38 McCann, John, Moore, Mike, Lumb, David, 5G:

Everything You Need to Know, Techradar article, 2020;

justaskthales.com, What is the Difference Between 4G and 5G?, Just Ask Thales, 2020.

39 Economist.com, Why Does 5G Have Everyone Worried About Huawei?, *Economist*: Business, 2018.

40 Li, Tao, Nearly 60 Percent of Huawei's 50 5G Contracts are from Europe, *South China Morning Post*, Big Tech, 2019.

41 Araya, Daniel, Huawei's 5G Dominance in the Post-American World, *Forbes*, 2019.

42 Vincent, James, Putin Says the Nation that Leads in AI 'will be the ruler of the world', The Verge, 2019.

43 Economist.com, The Technology Industry is Rife with Bottlenecks, *Economist* Pinch Points, 2019.

44 Ibid., p155.

45 Ibid., p156.

46 Levy, Michael, Stewart, Donald E. and Hardy Wise Kent, Christopher, *Encyclopaedia Britannica*, Encyclopaedia Britannica article, 2019.

47 See Graham, Mark, Information Geographies and Geographies of Information, New Geographies Vol. 7, 2015; as well as Stats.wikipedia.org, Wikimedia Traffic Analysis Report, Wikipedia Data Repository, 2015.

48 Ibid., p157.

49 Ibid., p157.

50 Ibid., p157.

51 Ibid., p157.

52 Ibid., p157.

53 Columbus, Louis, 2018 Roundup of Internet of Things Forecasts and Market Estimates, *Forbes*, 2018; Statista.com, Internet of Things (IoT) Active Device Connections Installed Base Worldwide from 2015 to 2025, Statista: Consumer Electronics, 2016.

54 Berger de-Leon, Markus, Reinbacher, Thomas, Wee, Dominik, The IoT as a Growth Driver, McKinsey Digital article, 2018.

55 Muggah, Robert and Goodman, Marc, Cities are Easy Prey for Cybercriminals, World Economic Forum, 2019.

56 Fortney, Luke, Bitcoin Mining, Explained, Investopedia: Bitcoin, 2020.

57 Ibid., p159.

58 Technical University of Munich, Bitcoin Causing Carbon Dioxide Emissions Comparable to Las Vegas or Hamburg', ScienceDaily, 2019; Deign, Jason, Bitcoin Mining Operations Now Use More Energy Than Ireland, Greentechmedia, 2017.

59 See, for example, the work done by deepmind.com.

60 Harris, Ricki, Elon Musk: Humanity is a Kind of 'Biological Boot Loader' for AI, Wired: Business, 2019.

61 Silver, David and Hassabis, Demis, AlphaGo Zero: Starting from Scratch, Deepmind Blog Post, 2017.

62 Suleyman, Mustafa, Using AI to Plan Head and Neck Cancer Treatments, Deepmind Blog Post, 2018.

63 Bostrom, Nick, *Superintelligence*, Oxford University Press, 2014.

64 IFR.org, Executive Summary World Robotics 2019, Industrial Robots, International Federation of Robotics, 2019.

65 BBC.co.uk, Robot Automation Will 'Take 800 Million Jobs by 2030', BBC News, 2017.

66 Frey, Carl B., Berger, Thor, Chen, Chinchih, Political Machinery: Automation Anxiety and the 2016 U.S. Presidential Election, Oxford Martin School paper, 2017.

67 Frey, Carl B., *The Technology Trap*, Princeton University Press, 2019.

68 Ian Goldin interview with former CEO of global mobile phone network, 11 November 2019.

69 Frey, Carl B. and Osborne, Michael A., The Future of Employment, Oxford Martin School paper, 2013.

70 World Bank Group, World Development Report 2016, op. cit., p162.

71 OECD.org, Putting Faces to the Jobs at Risk of Automation, Policy Brief on the Future of Work, 2018.

72 Chui, Michael, Lund, Susan and Gumbel, Peter, How Will Automation Affect Jobs, Skills, and Wages?, McKinsey Global Institute, 2018.

73 World Bank Group, World Development Report 2016: Figure O.18 p23, op. cit., p164.

74 See: Goldin, Ian, Will AI kill development?, BBC World Service Documentary, 2019.

75 AFDB.org, Jobs for Youth in Africa, African Development Bank Group article, 2016.

76 Goldin, *Will AI kill development?*, op. cit., p165.

77 Berg, Andrew, Buffie, Edward F. and Zanna, Luis-Felipe, Should We Fear the Robot Revolution?, IMF Working Paper No. 18/116, 2018.

78 Ibid., p165.

79 Ibid., p165.

80 Obamawhitehouse.archives.gov, Artificial Intelligence, Automation, and the Economy, Executive Office of the President, 2016.

81 Ibid., p165.

82 Berg, Buffie and Zanna, 2018, op. cit., p166.

83 World Bank Group, World Development Report 2016, op. cit., p166.

84 Ibid., p166.

85 Ibid., p166.

86 Ibid., p166.

87 Goldin, Ian, Koutroumpis, Pantelis, Lafond, François, Rochowicz, Nils and Winkler, Julian, The Productivity

Paradox, Oxford Martin School Report, 2019; World Bank Group, World Development Report 2016, op. cit., p166.

88 Ibid., p167.

89 Ibid., p167.

90 Ibid., p167.

91 Ibid., p167.

92 Ibid., p168.

93 Schwab, Klaus, The Fourth Industrial Revolution, World Economic Forum, 2016.

94 Ibid., p168.

95 Frey, 2019, op. cit., p168.

96 Keynes, John M., *A Tract on Monetary Reform*, Macmillan, 1923.

97 Goldin, Ian and Kutarna, Chris, *Age of Discovery: Navigating the Storms of Our Second Renaissance*, Bloomsbury, 2017.

不平等

1 最富有的一百四十七個億萬富翁只佔全球人口的0.000002%，卻掌控了1%的全球財富。

2 Matthews, Dylan, Are 26 Billionaires Worth More Than Half the Planet?, Vox, 2019.

3 Authors' calculations based on Forbes Rich List Profile of Jeff Bezos; And databank.worldbank.org, Gross Domestic Product 2018, World Development Indicators, 2019.

4 Krugman, Paul, The Great Gatsby Curve, The New York Times blog, 201; HDR.undp.org, Income Gini Coefficient, World Development Indicators 2013: Human Development Report, 2013.

5 Worldpopulationreview.com, World City Populations (2020), World Population review, 2020.

6 Energy.gov, State of New York: Energy Sector Risk Profile, U.S. Department of Energy, 2014; Campbell, John, Electricity Distribution Is Holding Nigeria Back, Council on Foreign Affairs, 2018.

7 Ibid., p176.

8 Scotsman.com, Class System Began 7,000 Years Ago, Archaeologists Find, *Scotsman News*, 2012.

9 Roser, Max, Global Economic Inequality, Our World in Data, 2013.

10 Frey, Carl B., *The Technology Trap*, Princeton University Press, 2019.

11 Roser, 2013, op. cit., p177.

12 DeLong, James B., A Brief History of Modern Inequality, World Economic Forum, 2016.

13 DeLong, James B., A Brief History of Modern (In)equality, Project Syndicate article, 2016.

14 Ibid., p178.

15 Delong, World Economic Forum, 2016, op. cit., p178.

16 Ibid., p178.

17 Goldin, Ian, *Development*, Oxford University Press, 2017.

18 Roser, 2013, op. cit., p178.

19 Ibid., p178.

20 Philippon, Thomas, *The Great Reversal: How America Gave Up on Free Markets*, Harvard University Press, 2019.

21 Goldin, 2017, op. cit., p180.

22 Worldbank.org, The World Bank in China: Overview, World Bank, 2020.

23 Sanchez, Carolina, From Local to Global: China's Role in Global Poverty Reduction and the Future of Development, World Bank: Speeches and Transcripts, 2017.

24 Ibid., p180.

25 Roser, 2013, op. cit., p180.

26 Worldbank.org, Poverty: Overview, World Bank, 2020.

27 Ibid., p180.

28 Ibid., p180.

29 Goldin, 2017, op. cit., p181; worldbank.org, Decline of Global Extreme Poverty Continues but Has Slowed, World Bank Press Release, 2018.

30 Worldbank.org, Classification of Fragile and Conflict-Affected Situations, World Bank Brief, 2020.

31 AEAweb.org, The Elephant Curve: Chart of the Week, American Economic Association, 2019.

32 Kharas, Homi and Seidel, Brina, What's Happening to the World Income Distribution? The Elephant Chart Revisited, Brookings Report, 2018.

33 Ibid., p182.

34 Scott, Katy, South Africa is the World's Most Unequal Country. 25 Years of Freedom Have Failed to Bridge the Divide, CNN, 2019.

35 Florida, Richard, The World is Spiky, *Atlantic*, 2005.

36 Brewer, Mike and Robles, Claudia S., Top Incomes in the UK: Analysis of the 2015-16 Survey of Personal Incomes, ISER Working Paper Series, 2019.

37 Neate, Rupert, Bill Gates, Jeff Bezos and Warren Buffett Are Wealthier Than Poorest Half of US, *Guardian*, 2017.

38 Kagan, Julia, How Much Income Puts You in the Top 1%, 5%, 10%?, investopedia, 2019.

39 Inequality.org, Income Inequality in the United States, Inequality: Facts, 2019.

40 Kagan, 2019, op. cit., p186.

41 Piketty, Thomas, Saez, Emmanuel and Zucman, Gabriel, Distributional National Accounts, *Quarterly Journal of Economics*, Vol. 133, 2018.

42 Collinson, Patrick, UK Incomes: How Does Your Salary Compare?, *Guardian*, 2014.

43 Brewer and Robles, 2019, op. cit., p186.

44 Metcalf, Tom and Witzig, Jack, World's Richest Gain

$1.2 Trillion in 2019 as Jeff Bezos Retains Crown, Bloomberg News, 2019.

45 Coffey, Clare, Revollo, Patricia E., Rowan, Harvey, et al., Time To Care: Unpaid and Underpaid Care Work and the Global Inequality Crisis, Oxfam Briefing Paper, 2020.

46 Forbes.com, Forbes 33rd Annual World's Billionaires Issue Reveals Number of Billionaires and their Combined Wealth Have Decreased For First Time Since 2016, Forbes Press Release, 2019.

47 Coffey, Revollo, Rowan, et al., 2020, op. cit., p187.

48 Economist.com, A Rare Peep at the Finances of Britain's 0.01%, Economist, 2019.

49 Ibid., p188.

50 Desroches, David, Georgetown Study: Wealth, Not Ability, The Biggest Predictor Of Future Success, WNPR article, 2019.

51 Wikipedia.org, Great Gatsby Curve, Wikipedia article, 2020.

52 Atkinson, Anthony, Inequality: What Can Be Done?, Harvard University Press, 2015.

53 Ibid., p190.

54 Unicef.org, Annual Results Report: 2017: Education, Unicef Report, 2018.

55 Richardson, Hannah, Oxbridge Uncovered: More Elitist Than We Thought, BBC News, 2017.

56 Suttontrust.com, Elitist Britain 2019, Sutton Trust Report, 2019.

57 See, for example, Ramos, Gabriela, The Productivity and Equality Nexus, OECD Yearbook, 2016.

58 Gracia Arenas, Javier, Inequality and Populism: Myths and Truths, Caixa Bank Research, 2017; Funke, Manuel, Schularick, Moritz and Trebesch, Christoph, The Political Aftermath of Financial Crises: Going to Extremes, VOX CEPR Policy Portal, 2015.

59 Rawls, John, A Theory of Justice, Harvard University Press, 1979; Sen, Amartya, The Idea of Justice, Allen Lane, 2009; Atkinson, Anthony, Public Economics in an Age of Austerity, Routledge, 2014.

60 Sen, Amartya, Development as Freedom, Oxford University Press, 1999.

61 HDRO Outreach, What Is Human Development?, United Nations Development Programme, 2015.

62 See UN.org, Sustainable Development Goals: Goal 5: Achieve Gender Equality and Empower All Women and Girls, UN SDGs, 2020.

63 Goldin, 2017, op. cit., p192.

64 Wikipedia.org, Gender Pay Gap, Wikipedia article, 2020; weforum.org, The Global Gender Gap Report 2018, World Economic Forum: Insight Report, 2018.

65 Graf, Nikki, Brown, Anna and Patten, Eileen, The Narrowing, But Persistent, Gender Gap in Pay, Pew Research Center, 2019.

66 Weforum.org, The Global Gender Gap Report 2018, op. cit., p193.

67 Roser, Max and Ortiz-Ospina, Esteban, Income Inequality, Our World in Data, 2013.

68 Ibid., p196.

69 Wetzel, Deborah, Bolsa Família: Brazil's Quiet Revolution, World Bank article, 2013.

70 Ceratti, Mariana, How to Reduce Poverty: A New Lesson from Brazil for the World?, World Bank article, 2014.

71 Worldbank.org, Bolsa Família: Changing the Lives of Millions, World Bank article, 2020.

72 Soares, Sergei, Guerreiro Osório, Rafael, Veras Soares, Fabio, et al., Conditional Cash Transfers In Brazil, Chile and Mexico, International Poverty Centre W.P. 35, 2007.

73 Medeiros, Marcelo, World Social Science Report 2016: Income inequality in Brazil: New Evidence from Combined Tax and Survey Data, United Nations: Education, Scientific and Cultural Organisation, 2016.

74 Data.worldbank.org, GINI Index (World Bank Estimate), World Bank Data, 2020.

75 Batha, Emma, These Countries are Doing the Most to Reduce Inequality, World Economic Forum, 2018; oxfamilibrary.openrepository.com, The Commitment to Reducing Inequality Index 2018, Development Finance International and Oxfam Report, 2018; Simson, Rebecca, Mapping Recent Inequality Trends in Developing Countries, LSE International Inequalities Institute W.P. 24, 2018.

76 See, Lagarde, Christine, Tweet 2015: 'Reducing excessive inequality is not just morally and politically correct, but is good economics'.

77 Wolf, Martin, Seven Charts that Show How the Developed World is Losing its Edge, Financial Times, 2017.

78 Lagarde, Christine, 'Lifting the Small Boats', Speech by Christine Lagarde (June, 17th 2015), IMF: Speech, 2017.

79 IFO.de, Economic Policy and the Rise of Populism – It's Not so Simple, EEAG Report on the European Economy, 2017.

80 Wolf, Martin, The Economic Origins of the Populist Surge, Financial Times, 2017.

81 Desroches, 2019, op. cit., p197.

82 Goldin, Ian and Muggah, Robert, Viral Inequality, Project Syndicate, 2020.

地緣政治

1 Alevelpolitics.com, Are We Moving Into a New Multipolar World, A-Level Politics, 2020.

2 Law, David, Three Scenarios for the Future of

Geopolitics, World Economic Forum article, 2018.

3 Muggah, Robert, The Global Liberal Order is in Trouble – Can it Be Salvaged, or Will it Be Replaced?, World Economic Forum, 2018.

4 Krastev, Ivan and Leonard, Mark, The Spectre of a Multipolar Europe, European Council on Foreign Relations, 2010.

5 weforum.org, The Future of Global Liberal Order, World Economic Forum article, 2018.

6 Mearsheimer, John J., Bound to Fail: The Rise and Fall of the Liberal International Order, *International Security*, Vol. 43, 2019.

7 Auslin, Michael, The Asian Century Is Over, *Foreign Policy*, 2019.

8 Economist.com, Ten Years On, *Economist*, 2007.

9 Romei, Valentina and Reed, John, The Asian Century is Set to Begin, *Financial Times*, 2019.

10 Focus-economics.com, The World's Fastest Growing Economies, Focus Economics, 2020.

11 在中國，民粹主義則是被利用來煽動大眾輿情，相較之下，在比較開放的民主社會中，民粹主義則有失控的危險。

12 Araya, Daniel, The Future is Asian: Parag Khanna On the Rise of Asia, *Forbes*, 2019.

13 Khanna, Parag, Why This is the 'Asian Century', Fast Company, 2019.

14 Monbiot, George, The New Political Story That Could Change Everything, TED Summit Talk, 2019.

15 Muggah, Robert, 'Good Enough' Global Cooperation is Key To Our Survival, World Economic Forum, 2019.

16 Partington, Richard, What Became of the G20 Leaders Who Met in 2008 to Avert Financial Crisis?, *Guardian*, 2018.

17 Ibid., p205.

18 Goldstein, Joshua S., *International Relations*, 2013–2014 Update, 10th Edition, American University and University of Massachusetts, Amherst.

19 Credit-suisse.com, 'Getting Over Globalization' – Outlook for 2017, Credit Suisse Press Release, 2017.

20 GPF Team, Is a Multipolar World Emerging?, Geopolitical Futures, 2018.

21 Credit-suisse.com, Which Way to a Multipolar World?, Credit Suisse Research Institute, 2017.

22 Credit-suisse.com, 'Getting Over Globalization', 2017, op. cit., p206.

23 Muggah, Robert, America's Dominance Is Over – By 2030, We'll Have A Handful Of Global Powers, *Forbes*, 2016.

24 Bremmer, Ian, *Every Nation For Itself*, Penguin, 2013.

25 Ibid., p206.

26 不同於在雙極體系中，多極體系的嚇阻更直接，因為有更多的國家可以聯合起來對抗挑釁的國

家。此外體制中的敵意也比較少，因為國家之間的注意力相對較低，分散在所有強權上。不同國家之間的許多互動，能創造出關聯和差異，緩和戰爭。Mearsheimer, John J., Structural Realism, International Relations Theories: Discipline and Diversity, Vol. 3, 2013.

27 霸權國家如果能夠適當地分配報酬給其他的國家，就比較有可能創造出權力的和平均衡。Wohlforth, William C., The Stability of a Unipolar World, International Security, Vol. 23, 1999.

28 Mowle, Thomas S. and Sacko, David, *The Unipolar World*, Palgrave Macmillan US, 2007.

29 雙極體系能減少衝突的誘因，創造平衡的機會。

30 Allison, Graham, The Thucydides Trap, Foreign Policy, 2017.

31 Allison, Graham, The Thucydides Trap: Are the U.S. and China Headed for War?, *Atlantic*, 2016.

32 See belfercenter.org, Can America and China Escape Thucydides's Trap, Harvard Kennedy School: Belfer Centre for Science and International Affairs, 2020.

33 Allison, Graham, Is War Between China and the U.S. Inevitable?, TED Talk, 2018.

34 The International Commission and Association on Nobility, Map Congress of Vienna, The International Commission and Association on Nobility, Public Domain, 2015.

35 根據一項格雷厄姆・艾利森（Graham Allison）的研究，在過去五百年的十六個例子中，主導強權明顯感受到對手的威脅時，有十二個的結果是戰爭。belfercenter.org, 2020, op. cit., p208.

36 Muggah, Robert and Owen, Taylor, The Global Liberal Democratic Order Might be Down, But It's Not Out, World Economic Forum, 2018.

37 Wikipedia.org, Polarity: Spheres of Influence of the Two Cold War Superpowers, Map (1959), Wikipedia article, 2020.

38 除了南非之外，還有非洲大陸、印度和少數幾個歐洲國家，他們力求保持距離，不與人結盟。

39 衝突與政權更替發生在西藏（1950）、伊拉克（1958）、古巴（1960）、玻利維亞（1970）、烏干達（1971）、阿根廷（1976）、巴基斯坦（1977）、阿富汗（1978）、伊朗（1979）、中非共和國（1979）、土耳其（1980）。美國和蘇聯都介入了各地的內戰，包括在馬來亞（Malaya，1948-60）、寮國（1953-1975）、柬埔寨（1967-75）、衣索比亞（1974-91）、黎巴嫩（1975-90）、薩爾瓦多（1980-92）。冷戰期間，華府派遣美國軍隊到越南（1965-75）、多明尼加共和國（1965）、黎巴嫩（1982）、格瑞那達（1983）、巴拿馬（1989）。

40 Armscontrol.org, Nuclear Weapons: Who Has What at a Glance, Arms Control Association, 2020.

41 Spielman, Richard, The Emerging Unipolar, *New York*

Times, 1990.

42 Leaniuk, Jauhien, The Unipolar World, The Dialogue, 2016; Krauthammer, Charles, The Unipolar Moment, Foreign Affairs article, 1990.

43 Wohlforth, 1999, op. cit., p210.

44 Roser, Max and Nagdy, Mohamed, Nuclear Weapons: Number of Nuclear Warheads in the Inventory of the Nuclear Powers, 1945 to 2014 graph, Our World in Data, 2013.

45 Kristensen, Hans and Norris, Robert, U.S. Nuclear Forces, 2009, *Bulletin of the Atomic Scientists*, 2015.

46 Wohlforth, 1999, op. cit., p210; Hansen, Birthe, The Unipolar World Order and its Dynamics, The New World Order, 2000.

47 David Vine, 'Lists of U.S. Military Bases Abroad, 1776–2020', American University Digital Archive, https://doi.org/10.17606/bbxc-4368.

48 Crawford, Neta C., US Budgetary Costs of Wars through 2016, Watson Institute: Cost of War, 2016.

49 Desjardins, 2017, op. cit., p210.

50 根據一項研究，美國建國兩百四十三年以來（截至2019年），有兩百二十六年的時間都在打仗。參照網站globalresearch.ca，自1776年以來，美國有93%的時間都處於戰爭中──即兩百三十九年中的兩百二十二年。Global Research, 2019.

51 Clark, David, Like It or Not, the US Will Have to Accept a Multipolar World, *Guardian*, 2007; Monteiro, Numo P., Unrest Assured: Why Unipolarity Is Not Peaceful, International Security, Vol. 36, 2011; Gayle, Damien, Vladimir Putin: US trying to create 'unipolar world', *Guardian*, 2015.

52 Turner, Susan, Russia, China and Multipolar World Order: The Danger in the Undefined. *Asian Perspective*, Vol. 33, 2009; Prashad, Vishay, Trump and the Decline of American Unipolarity, CounterPunch, 2017.

53 Kennedy, Scott, Liang, Wei and Reade, Claire, How is China Shaping the Global Economic Order?, China Power, 2015.

54 Desjardins, 2017, op. cit., p212; McGregor, Sarah and Greifeld, Katherine, China Loses Status as U.S.'s Top Foreign Creditor to Japan, Bloomberg article, 2019.

55 Isidore, Chris, The U.S. is Picking a Fight With its Biggest Creditor, CNN Business, 2018.

56 Chinainvestmentresearch.org, Massive Chinese Lending Directed to Silk Road, China Investment Research, 2015.

57 Ma, Alexandra, This map shows a trillion-dollar reason why China is oppressing more than a million Muslims, Business Insider, 2019.

58 FT.com, China Needs to Act as a Responsible Creditor, *Financial Times*, 2018.

59 Hillman, Jonathan E., How Big Is China's Belt and Road?, Center for Strategic and International Studies, 2018.

60 Kozul-Wright, Richard and Poon, Daniel, China's Belt and Road isn't Like the Marshall Plan, but Beijing Can Still Learn From It, *South China Morning Post*, 2019.

61 根據一位觀察家，「相當於二十世紀中聯合國和世界銀行的創建，加上馬歇爾計劃，全部合在一起。」

62 Khanna, Why This is the 'Asian Century', 2019, op. cit., p214.

63 Ma, 2019, op. cit., p214.

64 Reed, John, China Construction Points to Military Foothold in Cambodia, *Financial Times*, 2019.

65 Ng, Teddy, China's Belt and Road Initiative Criticised for Poor Standards and 'Wasteful' Spending, *South China Morning Post*, 2019.

66 Cheong, Danson, Belt and Road Initiative Not a Debt Trap, has Helped Partners Grow Faster, *Straits Times*, 2019; Morris, Scott, China's Belt and Road Initiative Heihtens Debt Risks in Eight Countries, Points to Need for Better Lending Practices, Centre for Global Development, 2018.

67 Businesstoday.in, India Rejects China's Invite to Attend Belt and Road Initiative Meet for the Second Time, Business Today, 2019.

68 跡象顯示中國與鄰國之間的緊張局勢升高，包括日本、印度和東南亞國家，尤其是競相宣示南海的主權。詳見Gangley, Declan, Tweet, 17 October 2018.

69 Jiangtao, Shi, Dominance or Development? What's at the End of China's New Silk Road?, *South China Morning Post*, 2019.

70 Fickling, David, China Could Outrun the U.S. Next Year. Or Never, Bloomberg, 2019.

71 2017年到2019年之間，全球成長大約有35%來自中國，相較之下，只有18%來自美國，9%來自印度、8%來自歐洲。

72 Guillemette, Yvan and Turner, David, The Long View: Scenarios for the World Economy to 2060, OECD Economic Policy, 2018.

73 Wearden, Graem, Trump Claims Trade War is Working as China's Growth Hits 27-year low, *Guardian*, 2019.

74 China already spends close to 2.5 per cent of its GDP on public and private research and development (as compared to 2.8 per cent in the US).

75 EY Greater China, China is Poised to Win the 5G Race. Are You Up to Speed?, EY article, 2018.

76 Fayd'Herbe, Nannette H., A Multipolar World Brings Back the National Champions, World Economic Forum article, 2019.

77 雖然回想起來，這段短暫的和平插曲先有1853年的克里米亞戰爭破壞，之後又因為二十世紀的世

界大戰爆發而完全崩毀。

78 Murray, Donnette and Brown, David, *Power Relations in the Twenty-First Century*, Routledge, 2017.

79 Walt, Stephen M.,What Sort of World Are We Headed For?, Foreign Policy article, 2018.

80 Lezard, Nicholas, I Told You So, *Guardian*, 2003.

81 Zhen, Liu, Why 5G, a Battleground for US and China, Is Also a Fight for Military Supremacy, *South China Morning Post*, 2019; Medin, Milo and Louie, Gilman, The 5G Ecosystem: Risks & Opportunities for DoD, 2019.

82 Simons, Hadlee, Trump Signs Order Effectively Banning Huawei Telecom Equipment in US, Android Authority, 2019.

83 Worldview.stratfor.com, The Geopolitics of Rare Earth Elements, Stratfor, 2019.

84 See U.S. Geological Survey, usgs.gov, 2020.

85 Rockwood, Kate, How a Handful of Countries Control
the Earth's Most Precious Materials, Fast Company, 2010.

86 Worldview.stratfor.com, 2019, op. cit., p217.

87 Lima, Charlie, Cobalt Mining, China, and the Fight for Congo's Minerals, Lima Charlie News, 2018.

88 Millan Lombrana, Laura, Bolivia's Almost Impossible Lithium Dream, Bloomberg article, 2018.

89 cfr.org, Liberal World Order RIP?, Council on Foreign Relations, 2018.

90 Fraga, Armenio, Bretton Woods at 75, Project Syndicate, 2018.

91 Bremmer, Ian, The End of the American Order: Speech at 2019 GZERO Summit, Eurasia Group, 2019.

92 Desilver, Drew, For most U.S. workers, real wages have barely budged in decades, PEW Research Center, 2018.

93 Freedomhouse.org, Democracy in Retreat, Freedom House, 2019.

94 Ibid., p220.

95 Taylor, Adam, Global Protests Share Themes of Economic Anger and Political Hopelessness, *Washington Post*, 2019.

96 例如美國的認同政治極為偏黨派，在美國眾議院裡，有90%的共和黨黨員是白人男性，而同等的民主黨黨員中，有66%不是白人男性。

97 Gallup.com, Global Emotions Report 2018, Gallup, 2018.

98 Ibid., p220.

99 Ibid., p221.

100 Muggah, Robert and Kavanagh, Camino, 6 Ways to Ensure AI and New Tech Works For – Not Against – Humanity, World Economic Forum, 2018.

101 Mounk, Yasha, 'Warning signs are flashing red',

102 Ferguson, Peter Allyn, Undertow in the Third Wave: Understanding the Reversion from Democracy, University of Columbia: Open Collections, 2009.

103 Diamond, Larry, The Democratic Rollback, Foreign Affairs, 2008.

104 Diamond, Larry, Facing Up to the Democratic Recession, *Journal of Democracy*, Vol. 26, 2015.

105 Voytko, Lysette, White House Goes Dark As George Floyd Protests Boil Over, *Forbes*, 2017.

106 Pfeifer, Sylvia, Oil Companies in New Rush to Secure North Sea Drilling Rights, *Financial Times*, 2018; Goldsmith, Arthur A., Making the World Safe for Partial Democracy? Questioning the Premises of Democracy Promotion, *International Security*, Vol. 33, 2008.

107 Arce, Moises and Bellinger, Paul T., Low-Intensity Democracy Revisited: The Effects of Economic Liberalization on Political Activity in Latin America, *World Politics*, Vol. 60, 2007.

108 Leterme, Yves and Eliasson, Jan, Democracy – Is the Glass Half Full or Half Empty?, IDEA, 2017.

109 Zakaria, Fareed, The Rise of Illiberal Democracy, Foreign Affairs, 1997.

110 Eiu.com, Democracy Index, The Economist Intelligence Unit, 2018.

111 Kauffmann, Sylvie, Europe's Illiberal Democracies, *New York Times*, 2016.

112 Project-syndicate.org, Recep Tayyip Erdoğan, Project Syndicate, 2020.

113 CRF-usa.org, Putin's Illiberal Democracy, Bill of Rights in Action Vol. 31, 2016.

114 Muggah, Robert, Can Brazil's Democracy Be Saved?, *New York Times*, 2018.

115 Thompson, Mark R., Bloodied Democracy: Duterte and the Death of Liberal Reformism in the Philippines, *Journal of Current Southeast Affairs*, Vol. 35, 2016.

116 Abramowitz, Michael J., Democracy in Crisis, Freedom House, 2018.

117 Levitsky, Steven and Ziblatt, Daniel, *How Democracies Die*, Penguin Random House, 2019.

118 Mounk, Yascha, Illiberal Democracy or Undemocratic Liberalism?, Project Syndicate, 2016.

119 V-dem.net, Democracy for All?, V-Dem Annual Democracy Report, 2018.

120 Economist.com, Democracy Continues Its Disturbing Retreat, *Economist*, 2018.

121 V-dem.net, 2018, op. cit., p224.

122 Fao, Roberto S., Mounk, Yasha and Inglehart, Ronald F., The Danger of Deconsolidation, *Journal of Democracy*,
Vol. 27, 2016.

Journal of Democracy, 2016.

123 Wike, Richard, Silver, Laura and Castillo, Laura, Many Across the Globe Are Dissatisfied With How Democracy Is Working, 2019.

124 Guilford, Gwinn, Harvard Research Suggests That An Entire Global Generation Has Lost Faith in Democracy, Quartz, 2016.

125 Howe, Neil, Are Millennials Giving Up On Democracy?, *Forbes* article, 2017.

126 Fetterolf, Janell, Negative Views of Democracy More Widespread in Countries with Low Political Affiliation, Pew Research Center, 2018.

127 Wike, Richard, Simmons, Katie, Stokes, Bruce, et al., Democracy Widely Supported, Little Backing for Rule by Strong Leader or Military, Pew Research Center, 2017.

128 Systemicpeace.org, Global Trends in Governance: 1800-2017, Polity IV, 2017.

129 Wike, Richard, Simmons, Katie, Stokes, Bruce, et al., Globally, Broad Support for Representative and Direct Democracy, Pew Research Center, 2017.

130 Desilver, Drew, Despite Global Concerns About Democracy, More Than Half of Countries are Democratic, Pew Research Center, 2019.

131 Wike, Simmons, Stokes, et al., Globally, Broad Support for Representative and Direct Democracy, 2017, op. cit., p225.

132 Desilver, 2019, op. cit., p225.

133 Wike, Silver and Castillo, 2019, p225.

134 Fetterolf, 2018, p226.

135 Washingtonpost.com, The Rise of Authoritarians, *Washington Post*, 2019.

136 Gray, Alex, The Troubling Charts that Show Young People Losing Faith in Democracy, World Economic Forum, 2016.

137 Marshall, Monty G., Gurr, Ted R. and Jaggers, Keith, Political Regime Characteristics and Transitions, 1800–2016, Polity IV Project, 2017.

138 Diamond, Larry, A Fourth Wave or False Start?, Foreign Affairs, 2011.

139 Liddiard, Patrick, Are Political Parties in Trouble?, Wilson Center, 2018.

140 Oecd.org, Trade Unions, Employer Organisations, and Collective Bargaining in OECD Countries, OECD, 2017; McCarthy, Niall, The State Of Global Trade Union Membership, Statista, 2019.

141 Liddiard, op cit., p227.

142 McCarthy op cit., p227.

143 Economist.com, The Arab Spring, Five Years On, *Economist*: Daily Chart, 2016.

144 Yagci, Alper H., The Great Recession, Inequality and Occupy Protests around the World, Government and Opposition, Vol. 52, p2017.

145 Economist.com, 2016, op. cit., p232.

146 Wile, Rob, MAP: The World's Economic Center Of Gravity From AD 1 To AD 2010, Business Insider, 2012.

147 Public.wmo.int, Greenhouse Gas Concentrations Atmosphere Reach Yet Another High, World Meteorological Organisation: Press Release, 2019.

148 川普總統指稱這是「談判不良的協議，犧牲了美國的成長與發展中國家的就業率。」

暴力

1 Hedges, Chris, 'What Every Person Should Know About War', *New York Times*, 2003.

2 BBC.com, Afghanistan: Civilian Deaths at Record High in 2018 – UN, BBC News, 2019.

3 Reuters.com, Syrian Observatory Says War Has Killed More Than Half a Million, Reuters World News, 2018.

4 See Yemendataproject.org data.

5 Palmer, Jason, Call for Debate on Killer Robots, BBC News, 2009.

6 根據心理學家史蒂芬・平克，我們「很可能生活在人類存在以來，最和平的年代。」

7 Ourworldindata.org, Global Deaths in Conflict Since 1400, Our World in Data, 2016.

8 CGEH.nl, Conflicts and Wars, Centre for Global Economic History, 2020.

9 Roser, Max, War and Peace, Our World in Data, 2016.

10 WHO.int, Global Health Observatory (GHO) data, WHO, 2020.

11 Ourworldindata.org, Death Rate by Cause, World, 1990 to 2017, Our World in Data, 2017.

12 Keeley, Lawrence H., *War Before Civilization*, Oxford University Press, 1996.

13 這類原始戰爭的死亡人數有個最近發掘的可怕例子，在今日蘇丹的位置有個叫做傑貝爾薩哈巴（Jebel Sahaba）的城鎮，一萬四千年前的墓地萬人塚中發現了數以千計的頭骨和骨頭，顯示出槍矛、箭頭和棍棒穿刺的跡象。Kelly, Raymond C., The Evolution of Lethal Intergroup Violence, PNAS, Vol. 102, 2015.

14 Roser, Max, Archaeological Evidence on Violence, Our World in Data, 2016; Roser, Max, Ethnographic Evidence on Violence, Our World in Data, 2016.

15 ICRC.org, The Roots of Restraint in War, International Committee of the Red Cross, 2018; Farhat-Holzman Laina, Steven A. LeBlanc, Constant Battles: The Myth of the Peaceful, Noble Savage; Matt Ridley, The Red Queen, Sex and the Evolution of Human Nature, *Comparative Civilization Review*, Vol. 52, 2005.

16 Alcantara, Chris, 46 Years of Terrorist Attacks in Europe Visualized, *Washington Post*, 2017; Juengst,

Sara L., Hillforts of the Ancient Andes: Colla Warfare, Society, and Landscape, *Journal of Conflict Archaeology*, Vol. 6, 2011.

17 Whipps, Heather, How Gunpowder Changed the World, Live Science, 2008.

18 Roser, Max, Battle-related Deaths in State-based Conflicts Since 1946, by World Region, 1946 to 2016, Our World in Data, 2016; Roser, Max, Average Number of Battle Deaths per Conflict Since 1946, per Type, 2016.

19 PCR.uu.se, Fatal Events in 2018 by Type of Violence, Uppsala Conflict Data Program, 2018.

20 Pettersson, Therese, Hogbladh, Stina and Oberg, Magnus, Organized Violence, 1989–2018 and Peace Agreements, *Journal of Peace Research*, Vol. 56, 2019.

21 Muggah, Robert, The U.N. Can't Bring Peace to the Central African Republic, Foreign Policy article, 2018.

22 Muggah, Robert, Is Kabila Using Ethnic Violence to Delay Elections?, Foreign Policy article, 2018.

23 Muggah, Robert, Mali is Slipping Back Into Chaos, *Globe and Mail*, 2018.

24 ICRC.org, 2018, opo. cit., p242.

25 Muggah, Robert and Sullivan, John P., The Coming Crime Wars, Foreign Policy article, 2018.

26 Rowlatt, Justin, How the US Military's Opium War in Afghanistan Was Lost, BBC News article, 2019.

27 Wellman, Phillip W., US Ends Campaign to Destroy Taliban Drug Labs in Afghanistan, *Stars and Stripes*, 2019.

28 Muggah and Sullivan, 2018, op. cit., p242.

29 Peacekeeping.un.org, Principles and Guidelines, United Nations Peacekeeping Operations, 2008.

30 Autesserre, Severine, *Peaceland: Conflict Resolution and the Everyday Politics of International Intervention*, Cambridge University Press, 2014.

31 See tools provided by Earthtime, CREATE Lab, CMU.

32 Unenvironment.org, The Tale of a Disappearing Lake, UN Environment Programme, 2018; Ross, Will, Lake Chad: Can the Vanishing Lake be Saved?, BBC News article, 2018.

33 Muggah, Robert and Cabrera, Jose L., The Sahel is Engulfed by Violence. Climate Change, Food Insecurity and Extremists are Largely to Blame, World Economic Forum, 2019.

34 Gerretsen, Isabelle, How climate change is fueling extremism, CNN World News article, 2019.

35 May, John F., Guengant, Jean-Pierre and Brooke, Thomas R., Demographic Challenges of the Sahel, *PRB*, 2015.

36 FAO.org, Atlas on Regional Integration in West Africa, OECD, 2008.

37 Giordano, Mark and Bassini, Elisabeth, Climate Change and Africa's Future, Hoover Institution, 2019.

38 Semple, Kirk, Central American Farmers Head to the U.S., Fleeing Climate Change, *New York Times*, 2019.

39 Saha, Sagatom, How Climate Change Could Exacerbate Conflict in the Middle East, Atlantic Council, 2019.

40 Busby, Joshua and Von Uexkull, Nina, Climate Shocks and Humanitarian Crises, Foreign Affairs article, 2018.

41 Ibid., p245.

42 OECD.org, *States of Fragility 2018*, OECD Publication, 2019.

43 Samenow, Jason, Drought and Syria: Manmade Climate Change or Just Climate?, *Washington Post*, 2013.

44 Polk, William R., Understanding Syria: From Pre-Civil War to Post-Assad, *Atlantic*, 2013.

45 Femia, Francesco and Werrell, Caitlin, Syria: Climate Change, Drought and Social Unrest, The Center for Climate & Security, 2012.

46 See data provided by unhcr.org, Situations: Syria, Operational Portal: Refugee Situations, 2020.

47 Bernauer, Thomas and Bohmelt, Tobias, Can We Forecast Where Water Conflicts Are Likely to Occur?, New Security Beat, 2014. See map, Ars.els-cdn.com, Likelihood of Hydro-political Interaction, date not given.

48 Ratner, Paul, Where Will the 'Water Wars' of the Future be Fought?, World Economic Forum, 2018.

49 Peek, Katie, Heat Map: Where is the Highest Risk of Water Conflict?, *Popular Science*, 2014.

50 Worldwater.org, Water Conflict Chronology, Pacific Institute, 2018.

51 儘管有許多處理水情緊張局勢的合作案例，包括印度與巴基斯坦之間的1960年《印度河水協定》（Indus Water Treaty），但這些情況都比從前更難調停，詳見vector-center.com, Water and Conflict, Vector Center, 2018.

52 Farinosi, Fabio, Giupponi, Carlo, Reynaud, Arnaud, et al., An Innovative Approach to the Assessment of Hydro-political Risk: A Spatially Explicit, Data Driven Indicator of Hydro-political Issues, *Global Environmental Change*, Vol. 52, 2018.

53 Bernauer, Thomas and Bohmelt, Tobias, Basins at Risk: Predicting International River Basin Conflict and Cooperation, Global Environmental Risks, *Global Environmental Politics*, Vol. 14, 2018.

54 政權的種類（民主程度）、沿岸國家的法律體制本質、降水量、地理上的相鄰性還有沿岸國家的數量，是決定衝突風險的最重要因素。

55 BBC.com, The 'Water War' Brewing Over the New

River Nile Dam, BBC News article, 2018; EC.europa. eu, Global Hotspots for Potential Water Disputes, EU Science Hub, 2018.

56 See Smallarmssurvey.org, Conflict Armed Violence portal, 2017.

57 Smallarmssurvey.org, Weapons and Markets, Small Arms Survey, 2017.

58 Ibid., p247.

59 See SIPRI Arms Flows visualisation provided by Earthtime, CREATE Lab, CMU; Geary, Will, The United States of Arms, Vimeo video, 2018.

60 Ibid., p248.

61 Trefis.com, What Is Netflix's Fundamental Value Based On Expected FY'19 Results, Trefis: Collaborate on Forecasts, 2019; macrotrends.net, Netflix Net Worth 2006-2020: NFLX, MacroTrends, 2020.

62 Sipri.org, Global Share of Major Arms Exports by 10 Largest Exporters, 2014–2018: Pie Chart, SIPRI Arms Transfers Database, 2019; sipri.org, Trends in World Military Expenditure: 2018, SIPRI Fact Sheet, 2019.

63 Sipri.org, World Military Expenditure Grows to $1.8 Trillion in 2018, SIPRI Press Release, 2019.

64 Ibid., Sipri.org, World Military Expenditure Grows to $1.8 Trillion in 2018, op. cit., p250.

65 Wikipedia.org, Participation in the Nuclear Non-Proliferation Treaty Map, Wikipedia Visual, 2014.

66 據信以色列持有七十五到四百個核能武器，但維持著刻意模稜兩可的政策。disarmament.un.org, Treaty on the Non-Proliferation of Nuclear Weapons, UNODA, 2020.

67 Sanders-Zakre, Alicia, What You Need to Know About Chemical Weapons Use in Syria, Arms Control, 2019.

68 OPCW.org, Fact-Finding Mission, OPCW, 2019.

69 Schneider, Tobias and Lutkefend, Theresa, The Logic of Chemical Weapons Use in Syria, GPPI, 2019.

70 Pandya, Jayshree, The Weaponization Of Artificial Intelligence, Forbes, 2019.

71 O'Hanlon, Michael E., The Role of AI in Future Warfare, Brookings Report, 2018.

72 Allen, Gregory C., Understanding China's AI Strategy, Center for New American Study, 2019.

73 McMullan, Thomas, How Swarming Drones will Change Warfare, BBC News article, 2019.

74 Futureoflife.org, An Open Letter to the United Nations Convention On Certain Conventional Weapons, Future of Life open letter, 2017.

75 See Map in Lang, Johannes, Schott, Robin M. and Van Munster, Rens, Four Reasons why Denmark Should Speak

up about Lethal Autonomous Weapons, Danish Institute for International Studies, 2018.

76 Stopkillerrobots.org, Country Views on Killer Robots,

Campaign to Stop, 2018.

77 See esri.com, A map of terrorist attacks, according to Wikipedia, ESRI, 2020.

78 Horsley, Richard A., The Sicarii: Ancient Jewish 'Terrorists', Journal of Religion, Vol. 59, 1979.

79 Szczepanski, Kallie, Hashshashin: The Assassins of Persia, Thought Co., 2019; Irving, Clive, Islamic Terrorism Was Born on This Mountain 1,000 Years Ago, Daily Beast, 2017.

80 Fraser, Antonia, The Gunpowder Plot, Orion Books, 2010.

81 Hoffman, Bruce, Terrorism in History, Journal of Conflict Studies, Vol. 27, 2007.

82 Senn, Alfred E., The Russian Revolutionary Movement of the Nineteenth Century as Contemporary History, Wilson Center Report, 1993.

83 Johnston, David, Terror In Oklahoma: The Overview, New York Times, 1995.

84 Washingtonpost.com, How Terrorism In The West Compares To Terrorism Everywhere Else, Washington Post, 2016.

85 See umd.edu, Global Terrorism Database, National Consortium for the Study of Terrorism and Responses to Terrorism, 2019.

86 Mueller, John and Stewart Mark G., Conflating Terrorism and Insurgency, CATO Institute, 2016.

87 UN.org, International Terrorism Committee Report of 17 December 1996, Ad Hoc Committee Established by General Assembly Resolution, 1996.

88 Muggah, Robert, Europe's Terror Threat Is Real. But Its Cities Are Much Safer Than You Think, World Economic Forum, 2017.

89 Ibid., p256.

90 Wikipedia.org, Organizations Currently Officially Designated as Terrorist by Various Governments, Wikipedia article, 2020.

91 Prnewswire.com, IEP's 2018 Global Terrorism Index: Deaths From Terrorism Down 44 Per Cent in Three Years, but Terrorism Remains Widespread, Institute for Economic Peace, 2018.

92 Muggah, Robert and Aguirre, Katherine, Terrorists Want To Destroy Our Cities. We Can't Let Them, World Economic Forum, 2016.

93 Jipson, Art and Becker, Paul J., White Nationalism, Born in the USA, Is Now a Global Terror Threat, The Conversation article, 2019.

94 Splcenter.org, Hate Map, Southern Poverty Law Center, 2019.

95 Muggah, Robert, Global Terrorism May be Down but is Still a Threat In 2019 – Are We Ready?, Small Wars Journal, 2019.

96 Green, Manfred S., LeDuc, James, Cohen, Daniel, et al., Confronting the Threat of Bioterrorism: Realities,

Challenges, and Defensive Strategies, Terrorism And Health, *Lancet*, Vol. 19, 2019.

97 Kimball, Daryl and Davenport, Kelsey, Timeline of Syrian Chemical Weapons Activity, 2012-2020, Arms Control Association, 2020.

98 一項關於非洲暴力極端份子的研究發現，在70%以上的通報案例中，國家殺戮及濫捕是關鍵因素，會把現有心懷不滿的人轉變成恐怖份子。詳見 un.org, Marginalization, Perceived Abuse of Power Pushing Africa's Youth to Extremism, UN News, 2017.

99 Freedomhouse.org, Freedom in the World 2019, Featuring Special Release on United States, Freedom House, 2019.

100 Wikipedia.org, List of Genocides by Death Toll, Wikipedia article, 2020.

101 Evans, Gareth, State Sovereignty Was a Licence to Kill, International Crisis Group, 2008.

102 Rummel, Rudolph J., *Death by Government*, Transaction Publishers, 1994.

103 Barry, Ellen, Putin Criticizes West for Libya Incursion, *New York Times*, 2011.

104 Wee, Sui-Lee, Russia, China Oppose 'Forced Regime Change' in Syria, Reuters, 2012.

105 Economist.com, In Some Countries, Killer Cops are Celebrated, *Economist*, 2018.

106 Muggah, Robert, Brazil's Murder Rate Finally Fell—and by a Lot, Foreign Policy article, 2019.

107 詳見第三十八屆人權理事會（38th Session of the Human Rights Council）或是2017年到2020年之間，美國遭警察射殺身亡的人數。by Race: Statista, 2020.

108 Ellis-Petersen, Hannah, Duterte's Philippines Drug War Death Toll Rises Above 5,000, *Guardian*, 2018.

109 Sinyangwe, Samuel, Police killed 1,099 people in 2019: Map, Mapping Police Violence, 2020.

110 Reuters.com, ICC Prosecutor: Examination of Philippines Continues Despite Withdrawal, Reuters, 2019.

111 Wagner, Peter and Sawyer, Wendy, States of Incarceration: The Global Context 2018, Prison Policy Initiative, 2018.

112 Kann, Drew, 5 Facts Behind America's High Incarceration Rate, CNN News, 2019.

113 Walmsley, Roy, World Prison Population List 12th Edition, World Prison Brief, 2018.

114 Walmsley, 2018, p261.

115 Pelaez, Vicky, The Prison Industry in the United States: Big Business or a New Form of Slavery?, Global Research, 2019.

116 Kann, 2019, p261.

117 HRW.org, Monitoring Conditions Around The World, Human Rights Watch Prison Project.

118 OHCHR.org, Convention against Torture and Other Cruel, Inhuman or Degrading Treatment or Punishment, UN Human Rights Office of the High Commisioner, 1984; un.org, United Nations Standard Minimum Rules for the Treatment of Prisoners (the Mandela Rules), UN General Assembly: 70th Session, 2015.

119 See Muggah, Robert, Taboada, Carolina and Tinoco Dandara, Q&A: Why Is Prison Violence So Bad in Brazil?, *Americas Quarterly*, 2019; Muggah, Robert, Opinion: Brazil's Prison Massacres Send A Dire Message, NPR, 2019; Muggah, Robert and Szabó De Carvalho, Ilona, Brazil's Deadly Prison System, *New York Times*, 2017.

120 Wilkinson, Daniel, The High Cost of Torture in Mexico, Human Rights Watch, 2017.

121 Torture and Ill Treatment in Syria's Prisons, The Lancet Editorial, *Lancet*, Vol. 388, 2016.

122 Amnestyusa.org, Senior Members Of Nigerian Military Must Be Investigated For War Crimes, Amnesty International, 2015.

123 Fifield, Anna, North Korea's prisons 'worse' than Nazi camps, judge who survived Auschwitz concludes, *Independent*, 2017.

124 Sudworth, John, China's Hidden Camps, BBC News, 2018; Doman, Mark, Hutcheon, Stephen, Welch, Dylan, et al., China's Frontier of Fear, ABC News, 2018.

125 Sigal, Samuel, Internet Sleuths Are Hunting for China's Secret Internment Camps for Muslims, *Atlantic*, 2018.

126 Foreignpolicy.com, China's War on Uighurs, Foreign Policy article, 2019.

127 Ryan, Fergus, Cave, Danielle and Ruser, Nathan, Mapping Xinjiang's 'Re-education' Camps, Australian Strategic Policy Institute, 2018; Nationalawakening.org, China's Gulag Archipelago in Occupied East Turkistan, Awakening Movement Project.

128 Doman, Hutcheon, Welch, et al., 2018, op. cit., p262.

129 Byler, Darren, China's Hi-tech War on its Muslim Minority, *Guardian*, 2019.

130 Tiezzi, Shannon, Is the Kunming Knife Attack China's 9–11?, *Diplomat*, 2014.

131 Doman, Hutcheon, Welch, et al., 2018, op. cit., p263.

132 Mozur, Paul, Inside China's Dystopian Dreams: A.I., Shame and Lots of Cameras, *New York Times*, 2018.

133 Botsman, Rachel, Big Data Meets Big Brother as China Moves to Rate its Citizens, Wired, 2017.

134 HRW.org, China: Big Data Fuels Crackdown in Minority Region, Human Rights Watch, 2018.

135 Benaim, Daniel and Russon, Gilman, Hollie, China's

Aggressive Surveillance Technology Will Spread Beyond Its Borders, Slate, 2018.

136 See redd.it, Map of Illegal Trafficked Goods Around the World, UNODC and Sciences Po, 2014.

137 Gambetta, Diego, *The Sicilian Mafia: The Business of Private Protection*, Harvard University Press, 1996.

138 Chu, Yiu-Kong, *The Triads as Business*, Routledge, 2000.

139 Hill, Peter B. E., The Japanese Mafia: Yakuza, Law, and the State, Oxford Scholarship Online, 2004.

140 Andreas, Peter, Gangster's Paradise, Foreign Affairs article, 2013.

141 Varese, Federico, The Russian Mafia: Private Protection in a New Market, Oxford Scholarship Online, 2003.

142 Clough, Christine, Transnational Crime is a $1.6 trillion to $2.2 trillion Annual 'Business', Global Financial Integrity, 2017.

143 Roos, Dave, How Prohibition Put the 'Organized' in Organized Crime, History article, 2019.

144 Stigall, Dan E., Ungoverned Spaces, Transnational Crime, and the Prohibition on Extraterritorial Enforcement Jurisdiction in International Law, *Journal of International & Comparative Law*, 2013.

145 Winton, Alison, Gangs in Global Perspective, Environment and Urbanization, 2014.

146 Muggah, Robert, Violent crime has undermined democracy in Latin America, *Financial Times*, 2019.

147 IFEX.org, In Mexico, 'Narcopolitics' is a Deadly Mix for Journalists Covering Crime and Politics, IFEX, 2018.

148 Muggah, Robert and Szabo de Carvhalo, Ilona, Violent crime in São Paulo has dropped dramatically. Is this why?, World Economic Forum, 2018.

149 Sullivan, John P. , De Arimatéia da Cruz, José and Bunker, Robert J., Third Generation Gangs Strategic Note No. 9, *Small Wars Journal*, 2018.

150 Ibid., p266.

151 Drago, Francesco, Galbiati, Roberto and Sobbrio, Francesco, The Political Cost of Being Soft on Crime: Evidence from a Natural Experiment, LSE, 2017.

152 Muggah, Robert, Reviewing the Costs and Benefits of Mano Dura Versus Crime Prevention in the Americas, *The Palgrave Handbook of Contemporary International Political Economy*, 2019.

153 Fraser, Alistair, Global Gangs: Street Violence Across the World, *British Journal of Criminology*, Vol. 56, 2016.

154 Economist.com, Why Prisoners Join Gangs, *Economist*, 2014.

155 Wood, Graeme, How Gangs Took Over Prisons, The Atlantic, 2014.

156 Igarapé Institute (2020) Homicide Monitor, accessed at https://homicide.igarape.org.br/.

157 Ibid., p. 266

158 Kleinfeld, Rachel, Magaloni, Beatriz and Ponce, Alejandro, Reducing Violence and Improving the Rule of Law, Carnegie Endowment for Peace, 2014; Kleinfeld, Rachel, *A Savage Order*, Penguin Random House, 2019.

159 See Earthtime, CREATE Lab, CMU, Map of Blue Helmet Deployment. Data from UN, 2019; Muggah, Robert and Tobon, Katherine A., Citizen security in Latin America: Igarape Institute, 2018.

160 Abt, Thomas, Bleeding Out: The Devastating Consequences of Urban Violence -- and a Bold New Plan for Peace in the Streets, *Basic Books*, 2019; Muggah, Robert and Pinker, Steven, We Can Make the Post-Coronavirus World a Much Less Violent Place, Foreign Policy article, 2020.

161 Muggah, Robert and Abdenur, Adriana, Conflict Prevention is Back in Vogue, and Not a Moment Too Soon, *Hill Times*, 2018; Kleinfield, 2019, op. cit., p268.

162 Collin, Katy, The Year in Failed Conflict Prevention, Brookings, 2017.

163 Rand.org, UN Nation Building Record Compares Favorably with the U.S. in Some Respects, Rand Corporation, 2005.

164 Clarke, Colin P., An Overview of Current Trends in Terrorism and Illicit Finance, Rand Corporation, 2018.

165 Ibid., p270.

166 Alvaredo, Facundo, Chancel, Lucas, Piketty, Thomas, et al., World Inequality Report 2018, World Inequality Lab, 2018.

167 Muggah, Robert and Raleigh, Clionad, Violent Disorder is on the Rise. Is Inequality to Blame?, World Economic Forum, 2019.

168 Muggah, Robert and Velshi, Ali, Religious Violence is on the Rise. What Can Faith-based Communities do About it?, World Economic Forum, 2019.

169 Paasonen, Kari and Urdal, Henrik, Youth Bulges, Exclusion and Instability: The Role of Youth in the Arab Spring, PRIO Policy Brief: Conflict Trends, 2016.

170 Dahl, Marianne, Global Women, Peace and Security Index, PRIO, 2017; Busby, Mattha, First Ever UK Unexplained Wealth Order Issued, OCCRP, 2018.

人口狀況

1 Ritchie, Hannah, The World Population is Changing: Population by Age Bracket Graph, Our World in Data, 2019.

2 UN.org, World Population Ageing 2017 Report, UN Department of Economic and Social Affairs, 2017;

Engel, Pamela, These Staggering Maps Show How Much The World's Population Is Aging, Business Insider, 2014.

3 These arguments are reviewed in Goldin, Ian (ed.), *Is the Planet Full?*, Oxford University Press, 2014

4 Roser, Max, The Global Population Pyramid, Our World in Data, 2019.

5 Goldin, 2014, op. cit., p275.

6 Ibid., p276.

7 UN.org, Total Population by Sex (thousands) dataset, UN Department of Economic and Social Affairs, 2020.

8 Harper, Sarah, Demographic and Environmental Transitions, in Goldin, Ian (ed.), *Is the Planet Full?*, Oxford University Press, 2014.

9 Ibid., p276.

10 Ibid., p277.

11 Roser, Max, Ritchies, Hannah and Ortiz-Ospina, Esteban, World Population Growth, Our World in Data, 2019.

12 Lutz, Wolfgang, Goujon, Anne, KC, Samir, et al., Demographic and Human Capital Scenarios for the 21st Century, European Commission, 2018.

13 Roser, Max, *Future Population Growth*, Our World in Data, 2019.

14 Gallagher, James, 'Remarkable' Decline in Fertility Rates, BBC News, 2018.

15 Craig, J., Replacement Level Fertility and Future Population Growth, Population Trends, 1994.

16 Worldpopulationreview.com, Total Fertility Rate (2020), World Population Review, 2020. For a discussion on different explanations for low fertility see Harper, 2014, op. cit., p278.

17 Ibid., p278.

18 Ibid., p278.

19 Goldin, Ian, *Development: A Very Short Introduction*, Oxford University Press, 2017

20 Worldbank.org, Fertility rate, total (births per woman) data, World Bank, 2018.

21 Ibid., p279.

22 Data.worldbank.org, Fertility rate, total (births per woman), World Bank with UN Population Division, 2019.

23 Ibid., p279.

24 Worldbank.org, Fertility rate, 2018, op. cit., p279.

25 Ibid., p279.

26 Worldpopulationreview.com, 2020, op. cit., p279; Romei, Valentina, Italy Registers Lowest Number Of Births Since At Least 1861, *Financial Times*, 2019.

27 Worldbank.org, Fertility rate, 2018, op. cit., p279; Livingston, Gretchen, Is U.S. Fertility At An All-time Low? Two Of Three Measures Point To Yes, Pew Research Center, 2019.

28 Worldpopulationreview.com, 2020, op. cit., p279.

29 Ibid., p279.

30 Ibid., p279.

31 UN.org, Growing At A Slower Pace, World Population Is Expected To Reach 9.7 Billion In 2050 And Could Peak At Nearly 11 Billion Around 2100, UN Department of Economic and Social Affairs, 2019.

32 Worldpopulationreview.com, Africa Population (2020), World Population Review, 2020.

33 UN.org, Growing At A Slower Pace, 2019, op. cit., p281.

34 Worldbank.org, Life expectancy at birth, total (years) – Nigeria data, World Bank, 2019.

35 Ibid., p281.

36 Chappel, Bill, U.S. Births Dip To 30-Year Low; Fertility Rate Sinks Further Below Replacement Level, NPR, 2018.

37 Census.gov, Historical National Population Estimates: July 1, 1900 to July 1, 1999, U.S. Census Bureau, 2000.

38 UN.org, Growing At A Slower Pace, 2019, op. cit., p282.

39 Unicef.org, MENA Generation 2030, UNICEF, 2019.

40 Ourworldindata.org, Increase of life expectancy in hours per day: 2015, Our World in Data, 2017.

41 Wyss-Coray, Tony, Ageing, Neurodegeneration And Brain Rejuvenation, *Nature*, Vol. 539, 2016; royalsociety.org, The Challenge of Neurodegenerative Diseases in an Aging Population, G7 Academies' Joint Statements, 2017.

42 Goldin, Ian, Pitt, Andrew, Nabarro, Benjamin, et al., Migration And The Economy: Citi GPS, Oxford Martin School Report, 2018.

43 Bankofengland.co.uk, Procyclicality And Structural Trends In Investment Allocation By Insurance Companies And Pension Funds, Bank of England Working Paper, 2014.

44 Worldbank.org, Age Dependency Ratio (% of Working-age Population), World Bank, 2018.

45 https://data.worldbank.org/indicator/SP.POP. DPND?view=chart

46 Ibid., p284; oecd.org, Pensions at a Glance 2017, OECD and G20 Indicators at a Glance, OECD, 2017.

47 Harding, Robin, Japan's Population Decline Accelerates Despite Record Immigration, *Financial Times*, 2019.

48 Ibid., p284.

49 Ibid., p284; Worldpopulationreview.com, Total Population by Country, 2020, op. cit., p284.

50 Harding, 2019, op. cit., p284.

51 Ibid., p284.

52 Tanase, Alexandru M., Slowing Down Romania's

Demographic Exodus Would be a Historic Achievement, Emerging Europe, 2019. Goldin, Pitt, Nabarro, et. al., 2018, p284.

53 Ibid., p285.

54 Roser, Max, Ortiz-Ospina, Esteban and Ritchie, Hannah, Life Expectancy, Our World in Data, 2019.

55 Roser, Max, Fertility Rate, Our World in Data, 2017.

56 Roxby, Philippa, Why Are More Boys than Girls Born Every Single Year?, BBC News, 2018.

57 Worldbank.org, The World Bank in China: Overview, World Bank, 2020; oecd.org, China: Science And Innovation: Country Notes, OECD Science, 2010.

58 See ceicdata.com, Country Profile: India, CEIC, 2020; Worldbank.org, Fertility rate, 2018, op. cit., p287.

59 Roser, Ortiz-Ospina, Ritchie, 2019, p287.

60 Clark, Peter K., Investment in the 1970s: Theory, Performance, and Prediction, Brookings Institution, 1979.

61 Roser, Ortiz-Ospina, Ritchie, 2019, p288.

62 Dimson, Elroy, Marsh, Paul and Staunton, Mike, *Credit Suisse Global Investment Returns Yearbook 2018*, Credit Suisse: Research Institute, 2018.

63 Golin, Ian and Mariathasan, Mike, *The Butterfly Defect*, Princeton University Press, 2014.

64 Norton, Robyn, Safe, Effective and Affordable Health Care for a Bulging Population, in Goldin, Ian (ed.), *Is the Planet Full?*, Oxford University Press, 2014.

移民

1 IOM.int, World Migration Report 2020, UN International Organization for Migration, 2019.

2 UNrefugees.org, What is a Refugee?: Refugee Facts, UN High Commissioner for Refugees.

3 Muggah, Robert, A Critical Review of Displacement Regimes, in Hampson, Fen O., Ozerdem, Alpaslan, and Kent, Jonathan, *Routledge Handbook of Peace, Security and Development*, Routledge, 2020.

4 IOM.int, Migration In An Interconnected World: New Directions For Action, Report Of The Global Commission On International Migration, 2005.

5 Toronto.ca, Toronto at a Glance: Social Indicators, City of Toronto, 2020; toronto.ca, World Rankings for Toronto, City of Toronto, 2020.

6 Goldin, Ian, *Exceptional People: How Migration Shaped Our World and Will Define Our Future*, Princeton University Press, 2012.

7 Ibid., p298.

8 Hatton, Timothy, and Williamson, Jeffrey, *The Age of Mass Migration*, Oxford University Press, 1998

9 Ibid., p298.

10 Ibid., p299.

11 Ibid., p299.

12 Ibid., p299.

13 Ibid., p299.

14 Ibid., p299.

15 History.com, Chinese Exclusion Act, History article, 2018.

16 Routley, Nick, Map: All of the World's Borders by Age, Visual Capitalist, 2018.

17 Wikipedia.org, List of Sovereign States by Date of Formation, Wikipedia article, 2020.

18 OM.int, World Migration Report 2020: Chapter 2, 2019, op. cit., p300.

19 值得注意的是，移民的比例在過去百年中只有些微增加——1990年是2.9%，1965年是2.3%。最大的差異是移民的方向，相較於過去那個世紀，現在大部分的移民都是從南方移往北方。

20 Goldin, 2012, op. cit., p300.

21 OM.int, World Migration Report 2020, 2019, op. cit., p301.

22 Ibid., p302.

23 Pison, Gilles, Which Countries Have the Most Immigrants?, World Economic Forum, 2019.

24 OM.int, World Migration Report 2020, 2019, op. cit., p303.

25 Ibid., p303.

26 Wikipedia.org, Schengen Area, Wikipedia article, 2020.

27 EC.europa.eu, Migration and Migrant Population Statistics: Statistics Explained, eurostat, 2020.

28 Wilson, Francis, International Migration in Southern Africa, *The International Migration Review*, Vol. 10, 1976.

29 Goldin, Ian, Pitt, Andrew, Nabarro, Benjamin, et al., Migration And The Economy: Citi GPS, Oxford Martin School Report, 2018.

30 OECD.org, Is Migration Good for the Economy?, Migration Policy Debates: OECD, 2014.

31 Goldin, Pitt, Nabarro, et al., 2018, op. cit., p 306.

32 Ibid., p306.

33 Ibid., p306.

34 Ibid., p306.

35 Ibid., p306.

36 Ibid., p307; oecd-ilibrary.org, International Migration Outlook 2013: The fiscal impact of immigration in OECD countries, OECD, 2013.

37 Ibid., p307.

38 Ibid., p307.

39 Vargas-Silva, Carlos, The Fiscal Impact of Immigration in the UK, The Migration Observatory, 2020.

40 Storesletten, Kjetil, Fiscal Implications of Immigration – a Net Present Value Calculation, IIES Stockholm University and CEPR, 2013.

41 OECD.org, Is Migration Good for the Economy?, 2014, op. cit., p307.

42 Ibid., p307.

43 Goldin, Pitt, Nabarro, et al., 2018, op. cit., p 307.

44 See, for example, Warwick-Ching, Lucy, A Fifth of Over-45s Expect to Leave Work to Become Carers, *Financial Times*, 2019; Romei, Valentina and Staton, Bethan, How UK Social Care Crisis Is Hitting Employment Among Older Workers, *Financial Times*, 2019.

45 Ibid., p308.

46 Ibid., p308.

47 Goldin, Pitt, Nabarro, et al., 2018, op. cit., p 308.

48 Ibid., p308.

49 Ibid., p308.

50 Callahan, Logan D., Are Immigrants The Next Great Appliance?, Bard Digital Commons, 2017.

51 Ibid., p308.

52 Giuntella, Osea, Nicodemo, Catia and Vargas Silva, Carlos, The Effects of Immigration on NHS Waiting Times, Blavatnik School of Governance W.P. 5, 2015.

53 Ibid., p308.

54 Goldin, Pitt, Nabarro, et al., 2018, op. cit., p309.

55 Ibid., p309.

56 Ibid., p309.

57 Ibid., p309.

58 Ibid., p309.

59 Goldin, 2012, op. cit., p310.

60 Woetzel, Jonathan, Madgavkar, Anu, Rifai, Khaled, et al., Global Migration's Impact and Opportunity, McKinsey Global Institute Report, 2016.

61 Goldin, Pitt, Nabarro, et al., 2018, op. cit., p 310.

62 Kerr, William R. and Lincoln, William F., The Supply Side of Innovation: H-1B Visa Reforms and US Ethnic Invention, NBER W.P. 15768, 2010.

63 Ibid., p310.

64 Ibid., p310.

65 Goldin, Pitt, Nabarro, et al., 2018, op. cit., p 310.

66 Winder, Robert, *Bloody Foreigners: The Story of Immigration into Britain*, Little, Brown, 2004.

67 Guest, Robert, *Borderless Economics*, Palgrave, 2011.

68 Goldin, Pitt, Nabarro, et al., 2018, op. cit., p 310.

69 Ibid., p310.

70 Ibid., p310.

71 Ibid., p310.

72 Ibid., p310.

73 Ibid., p310.

74 Ibid., p310.

75 Ibid., p311.

76 Alesina, Alberto, Miano, Armando and Stantcheva, Stefanie, Immigration And Redistribution, NBER W.P. 24733, 2018.

77 Ibid., p312.

78 Roser, Max, Fertility Rate, Our World in Data, 2017.

79 Goldin, Pitt, Nabarro, et al., 2018, op. cit., p 313.

80 Ibid., p313.

81 Ibid., p313.

82 UNHCR.org, Figures at a Glance, UN High Commissioner for Refugees, 2020.

83 Ibid., p314; Koser, Khalid and Martin, Susan, The Migration-displacement Nexus, Studies in Forced Migration, Vol. 32, 2011.

84 UNHCR.org, Global Trends: Forced Displacement in 2017, UN High Commissioner for Refugees, 2017.

85 ESA, Zaatari Refugee Camp, Jordan, European Space Agency, 2014. ©KARI/ESA

86 UNHCR.org, Zaatari General Infrastructure Map, UN High Commissioner for Refugees, 2014.

87 Guttridge, Nick, Cologne Rapists WERE refugees: Prosecutor slams reports exonerating migrants as 'nonsense', *Express*, 2016.

88 Adelman, Robert, Williams, Reid, Markle, Gail, et al., Urban Crime Rates and the Changing Face of Immigration: Evidence Across Four Decades, *Journal of Ethnicity in Criminal Justice*, Vol. 15, 2017; Kubrin, Charis, Exploring the Connection Between Immigration and Violent Crime Rates in U.S. Cities, 1980–2000, *Social Problems*, Vol. 56, 2009.

89 Newamericaneconomy.org, Is there a Link Between Refugees and U.S. Crime Rates?, New American Economy: Research Fund, 2017.

90 Ibid., p318.

91 DW.com, Are refugees more criminal than the average German citizen?, Deutsche Welle, 2017.

92 Dutchnews.nl, Refugee Centres Don't Lead to Rising Crime, Dutch research shows, Dutch News, 2018.

93 Ellingsen, Nora, It's Not Foreigners Who are Plotting Here: What the Data Really Show, Lawfare Blog, 2017.

94 Carrion, Doris, Are Syrian Refugees a Security Threat to the Middle East?, Reuters, 2017; Idean, Salehyan and Skrede Gleditsch, Kristian, Refugee Flows and the Spread of Civil War, Oslo, Norway: Peace Research Institute, 2000; Muggah, Robert, *No Refuge: The Crisis of Refugee Militarisation in Africa*, Zed Books, 2006.

95 Mayda, Anna Maria, The Labor Market Impact of Refugees: Evidence from the U.S. Resettlement Program, US Department of State, Office of the Chief Economist W.P. 4, 2017.

96 Fakih, Ali and Ibrahim, May, The Impact of Syrian Refugees on the Labor Market in Neighboring Countries: Empirical Evidence from Jordan, IZA D.P. 9667, 2016.

97 UNESCO.org, Cities Welcoming Refugees and Migrants: Enhancing effective urban governance in an age of migration, UNESCO, 2016.

98 其中包含四千個保留給與美軍合作的伊拉克人、一千五百個給中美洲人、五千個給受到宗教迫害

的人、七千五百個給尋求家庭團聚的人。這只佔先前歐巴馬政府認為2016年應該允許的十一萬名額當中一小部分。詳見 Shear, Michael D. and Kanno-Youngs, Zolan, Trump Slashes Refugee Cap to 18,000, Curtailing U.S. Role as Haven, *New York Times,* 2019.

99 See welcomingamerica.org, Map: Our Network: Municipalities, Welcoming America, 2020.

100 See Dinan, Stephen, Number of Sanctuary Cities Nears 500, *Washington Times*, 2017.

101 See eurocities.eu home webpage.

102 Muggah, Robert and Barber, Benjamin, Why Cities Rule the World, TED Ideas, 2016.

103 See uclg.org, Migration, United Cities and Local Governments article, 2020; urbancrises.org, What is different about crises in cities?, Urban Crises, 2020; Solidaritycities.eu/, website, Solidarity Cities, 2020; urban-refugees.org, The NGO network: Map, Urban Refugees, 2017.

104 本段及後續有關政策經驗的段落大量取材自 pp144-148 of Goldin, Pitt, Nabarro, et al., 2018, op. cit. , p324。

糧食

1 Worldwildlife.org, Which Everyday Products Contain Palm Oil?, World Wide Fund for Nature, 2020.

2 Willett, Walter, Rockstrom, Johan, Loken, Brent, et al., Food in the Anthropocene: the EAT–Lancet Commission on Healthy Diets from Sustainable Food Systems, *Lancet Commissions*, Vol. 393, 2019.

3 See healthdata.org, Diet, IHME, 2020 and healthdata. org, Diet, Global Burden of Disease, 2020.

4 Gilbert, Natasha, One-third of our Greenhouse Gas Emissions Come From Agriculture, *Nature*, 2012.

5 Ibid., p330.

6 Ibid., p330.

7 Mateo-Sagasta, Javier, Zadeh, Sara M. and Turral, Hugh, Water Pollution from Agriculture: a Global Review, Food and Agriculture Organisation of UN, 2017.

8 GBD 2017 Collaborators, Health Effects of Dietary Risks in 195 countries, 1990–2017: a Systematic Analysis for the Global Burden of Disease Study 2017, *Lancet Commissions*, Vol. 393, 2019; wfp.org, Zero Hunger, World Food Programme, 2020.

9 Willett, Rockstrom, Loken, et al., 2019, op. cit., p332.

10 Ibid., p332.

11 Hamzelou, Jessica, Overeating Now Bigger Global Problem Than Lack of Food, *New Scientist*, 2012.

12 Willett, Rockstrom, Loken, et al., 2019, op. cit., p332.

13 Sen, Amartya, *Poverty and Famines*, Oxford University Press, 1981. This issue is discussed in Goldin, Ian, *Development: A Very Short Introduction*, Oxford University Press, 2018, pp42-43.

14 Tufts.edu, Famine Trends Dataset, Tables and Graphs, World Peace Foundation, 2020.

15 NYtimes.com, Famine: The Man-Made Disaster, *New York Times*, 1998.

16 Who.int, Overweight and Obesity, World Health Organization, 2020.

17 CDC.gov, The Health Effects of Overweight and Obesity, Centers for Disease Control and Prevention, 2020.

18 Wikipedia.org, Epidemiology of Obesity, Wikipedia article, 2020.

19 Renee, Janet, The Average Calorie Intake by a Human Per Day Versus the Recommendation, SF Gate, 2018.

20 Health.gov, Dietary Guidelines for Americans: 2015–2020: 8th Edition: Appendix 2. Estimated Calorie Needs per Day, by Age, Sex, and Physical Activity Level, USDA, 2015.

21 Donnelly, Laura and Scott, Patrick, Fat Britain: Average Person Eats 50pc More Calories Than They Realise, *Telegraph*, 2018.

22 Renee, 2018, op. cit., p334.

23 Donnelly and Scott, 2018, op. cit., p334.

24 Royalsociety.org, Reaping the Benefits: Science and the Sustainable Intensification of Global Agriculture, Royal Society, 2009.

25 Meadows, Donella H., Meadows, Dennis L., Randers, Jorgen, et al., *The Limits to Growth: A Report for The Club Of Rome's Project On The Predicament of Mankind*, Universe Books, 1972.

26 FAO.org, Crop Production and Natural Resource Use, Food and Agriculture Organisation of the UN, 2015.

27 FAO.org, The Future of Food and Agriculture – Trends and Challenges, Food and Agriculture Organisation of the UN, 2017.

28 Ibid., p338; Royalsociety.org,, 2009, op. cit., p338.

29 Ibid., p338.

30 IPCC.ch, Climate Change and Land: Special Report, IPCC, 2019.

31 Worldwildlife.org, Soil Erosion and Degradation, World Wide Fund for Nature: Overview, 2020.

32 IPCC.ch, Climate Change and Land, 2019, op. cit., p338.

33 Ibid., p338.

34 Piore, Adam, The American Midwest Will Feed a Warming World. But For How Long?, *MIT Technology Review*, 2019.

35 Economist.com, Warmer Temperatures Could Play Havoc with Crops, *Economist*, 2019.

36 Ibid., p339.

37 Ibid., p339.

38 UNfccc.int, Why Methane Matters, UN Climate Change, 2014.

39 IPCC.ch, Land is a Critical Resource, IPCC report says, IPPC News, 2019.

40 Royalsociety.org, 2009, op. cit., p339.

41 Notaras, Mark, Does Climate Change Cause Conflict?, Our World, 2009.

42 Fao.org, The State of Agricultural Commodity Markets 2018: Agricultural Trade, Climate Change and Food Security, Food and Agriculture Organisation of the UN, 2018.

43 Ibid., p339.

44 IPCC.ch, Climate Change and Land, 2019, op. cit., p340.

45 Springmann, Marco, Clark, Michael, Mason-D'Croz, Daniel, et al., Options for Keeping the Food System Within Environmental Limits, *Nature*, Vol. 562, 2018.

46 Globalagriculture.org, Meat and Animal Feed, Global Agriculture, 2020.

47 Economist.com, Global Meat-eating is on the Rise, Bringing Surprising Benefits, *Economist*, 2019.

48 OECD.org, Meat Consumption data, OECD, 2020.

49 Ibid., p341.

50 Ibid., p341.

51 Ritchie, Hannah and Roser, Max, Crop Yields, Our World in Data, 2017.

52 Bloomberg.com, China Ramps Up Brazil Soybean Imports, Rebuffing U.S. Crops, Bloomberg News, 2019.

53 Worldatlas.com, Top Palm Oil Producing Countries In The World, World Atlas, 2018.

54 Rainforest-rescue.org, Questions and Answers About Palm Oil, Rainforest Rescue, 2011.

55 Ibid., p344; Moss, Catriona, Peatland Loss Could Emit 2,800 Years' Worth of Carbon in an Evolutionary Eyeblink:
Study, Forest News, 2015; UCSUSA.org, Palm Oil and Global Warming, Union of Concerned Scientists, 2013.

56 Rainforest-rescue.org, 2011, op. cit., p344.

57 FAO.org, The State of the World Fisheries and Aquaculture: Report 2018, Food and Agriculture Organisation of the UN, 2018.

58 This paragraph is based on Zeller, Dirk and Pauly, Daniel, Viewpoint: Back to the Future for Fisheries, Where Will We Choose to Go?, *Global Sustainability*, Vol. 2, 2019.

59 Worldview.stratfor.com, China Sets a Course for the U.S.'s Pacific Domain, Stratfor, 2019.

60 Royalsociety.org, What is ocean acidification and why does it matter?, The Royal Society, 2020; EDF.org, Overfishing: The Most Serious Threat to Our Oceans, EDF, 2020.

61 Zeller, Pauly, 2019, op. cit., p345.

62 FAO.org, The State of the World Fisheries and Aquaculture: Report 2018, Food and Agriculture Organisation of the UN, 2018.

63 Ibid., p347.

64 Tacon, Albert G.J., Hasan, Mohammad R. and Metian, Marc, Demand and Supply of Feed Ingredients for Farmed Fish and Crustaceans, Food and Agriculture Organisation of the UN, 2011.

65 FAO.org, The State of the World Fisheries and Aquaculture, 2018, op. cit., p347.

66 Ibid., p347.

67 Ceballos, Gerardo, Ehrlich, Paul R. and Dirzo, Rodolfo, Biological Annihilation via the Ongoing Sixth Mass Extinction Signaled by Vertebrate Population Losses and Declines, PNAS, Vol. 114, 2017.

68 Willett, Rockstrom, Loken, et al., 2019, op. cit., p347.

69 Willett, Rockstrom, Loken, et al., 2019, op. cit., p347.

70 WWF.org.uk, A Warning Sign From Our Planet: Nature Needs Life Support, World Wild Fund of Nature, 2018.

71 IUCN.org, IUCN Red List of Threatened Species, IUCN, 2018.

72 Ibid., p348.

73 Black, Richard, Bee Decline Linked To Falling Biodiversity, BBC News, 2010.

74 Regan, Shawn, What Happened to the 'Bee-pocalypse'?, PERC, 2019.

75 FAO.org, Declining Bee Populations Pose Threat to Global Food Security and Nutrition.

76 Including from the Highly Respects, Food and Agriculture Organization of the UN, 2019.

77 Willett, Rockstrom, Loken, et al., 2019, op. cit., p349.

78 Willett, Rockstrom, Loken, et al., 2019, op. cit., p349.

79 Willett, Rockstrom, Loken, et al., 2019, op. cit., p349.

80 Willett, Rockstrom, Loken, et al., 2019, op. cit., p349.

81 IPCC.ch, Land is a Critical Resource, 2019, op. cit., p 349.

82 Economist.com, Gloom From the Climate-change Front Line, *Economist*, 2019.

83 This paragraph draws on Willett, Rockstrom, Loken, et al., 2019, op. cit., p349.

健康

1 See, davos2019.earthtime.org, Life Expectancy by Country, CREATE Lab: CMU, 2020. Data sourced from UN Population Division, Life Expectancy projections, UN Department of Economic and Social Affairs: Population Division: World Population Prospects, 2019; wikipedia.org, Countries by Average Life Expectancy According to the World Health Organization, Wikipedia map, 2015.

2 UNFPA.org, Ageing in the Twenty-First Century: Chapter 1: Setting the Scene, UNFPA, 2011.

3 Dong, Xiao, Milholland, Brandon and Vijg, Jan, Evidence for a Limit to Human Lifespan, *Nature*, Vol. 538, 2016; Sample, Ian, Geneticists Claim Ageing Breakthrough but Immortality Will Have to Wait, *Guardian*, 2005.

4 Federation of American Societies for Experimental Biology, Longevity Breakthrough: Scientists 'activate' Life Extension in Worm, Discover Mitochondria's Metabolic State Controls Life Span, ScienceDaily, 2010; Chen, Alice L. , Lum, Kenneth M., Lara-Gonzalez, Pablo, et al., Pharmacological Convergence Reveals a Lipid Pathway that Regulates C. Elegans Lifespan, *Nature Chemical Biology*, 2019; Faloon, William, Fahy, Gregory M. and Church, George, Age-Reversal Research at Harvard Medical School, *Life Extension Magazine*, 2016.

5 Hughes, Bryan G. and Hekimi, Siegfried, Many Possible Maximum Lifespan Trajectories, *Nature*, Vol. 546, 2017. Slagboom, Eline P., Beekman, Marian, Passtoors, Willemijn, et al., Genomics of Human Longevity, *Philos Trans R Soc Lond B Biol Sci*, Vol. 366, 2011; Diamandis, Peter H., Extending Human Longevity With Regenerative Medicine, Singularity Hub, 2019.

6 Slagboom, Beekman, Passtoors, et al., 2011, op. cit., p353.

7 Yet one more challenge was one's sex. Males tended to have unhealthier lifestyles and shorter lifespans. They smoked and drank, got into more accidents and tended to die in battle and crime in greater abundance.

8 全球預期壽命在2000年到2016年之間增加了五年以上，速度為1960年代以來最快。增加在1990年代趨緩，因為愛滋病在非洲和東歐流行的緣故。2000年以來最大幅度的增加出現在非洲，當地的預期壽命多了十年以上（到六十一歲），這是因為抗反轉錄病毒藥物的取得改善，能夠治療愛滋病，還有兒童存活率改善的緣故。who.int, Global Health Observatory (GHO) data: Life Expectancy: Situation, WHO, 2020.

9 Worldpopulationreview.com, Life Expectancy (2020), World Population Review, 2020.

10 CDC.gov, United States Life Tables: Life Expectancy, CDC, 2017; Woolf, Steven H. and Aron, Laudan, Failing Health of the United States, *BMJ*, Vol. 360, 2018.

11 機率隨著年紀增長而改善：一般六十五歲的女性可以預期再活二十七年半。Kontis, Vasilis, Bennett, James E., Mathers, Colin D., et al., Future Life Expectancy in 35 Industrialised Countries: Projections with a Bayesian Model Ensemble, *Lancet*, Vol. 389, 2017.

12 Preston, Samuel H., *The Human Population*: Chapter: Human Mortality Throughout History and Prehistory, Freeman, 1995.

13 Roser, Max, Ortiz-Ospina, Esteban and Ritchie, Hannah, Life Expectancy: Life Expectancy, 1543 to 2015 graph, Our World in Data, 2019.

14 Roser, Max, Ritchie, Hannah and Dadonaite, Bernadeta, Child and Infant Mortality: Child Mortality, 1800 to 2015 Graph, Our World in Data, 2019. Roser, Max, Ritchie, Hannah and Dadonaite, Bernadeta, Child and Infant Mortality: Child Mortality by Country: Kenya: Graph, Our World in Data, 2019.

15 Davos2019.earthtime.org, 2020, op. cit., p355; Gurven, Michael and Kaplan, Hillard, Longevity among Hunter-Gatherers: A Cross-Cultural Examination, *Population and Development Review*, Vol. 33, 2007.

16 Roser, Max, Ritchie, Hannah and Dadonaite, Bernadeta, Child and Infant Mortality: Child Mortality Graph, Our World in Data, 2019.

17 Alemu, Aye M., To What Extent Does Access to Improved Sanitation Explain the Observed Differences in Infant Mortality in Africa?, *Afr J Prim Health Care Fam Med*, Vol. 9, 2017.

18 Liu, Li, Oza, Shefali, Hogan, Daniel, et al., Global, Regional, and National Causes of Child Mortality in 2000–13, With Projections to Inform Post-2015 Priorities: an Updated Systematic Analysis, *Lancet*, Vol. 383, 2015.

19 See, Hill, Kenneth and Amouzou, Agbessi, Disease and Mortality in Sub-Saharan Africa. 2nd ed.: Chapter 3: Trends in Child Mortality, 1960 to 2000, The World Bank, 2006. Roser, Ritchie and Dadonaite, Child Mortality Rate: 1800–2015, 2019, op. cit., p356; Ahmad,Omar B., Lopez, Alan D., and Inoue, Mie, The Decline In Child Mortality: A Reappraisal, *Bulletin of the World Health Organization*, Vol. 78, 2000.

20 WHO.int, Health in the post-2015 Development Agenda: Need For A Social Determinants Of Health Approach, WHO, 2015.

21 Infoplease.com, Health and Social Statistics, Infant Mortality Rates of Countries, 2016.

22 Roser, Max and Ritchie, Hannah, Maternal Mortality, Our World in Data, 2013.

23 WHO.int, Maternal Mortality, WHO, 2019.

24 Roser, Max and Ritchie, Hannah, Maternal Mortality: Maternal Mortality Ratio, 2015.

25 孕產婦死亡率是每十萬人中十二人，相較於每十萬人中兩百三十九人。

26 Ehling, Holger, No Condition Is Permanent: An Interview With Chinua Achebe, *Publishing Research Quarterly*, Vol. 19, 2003.

27 Who.int, Maternal Mortality, 2019, op. cit., p359.

28 McFadden, Clare and Oxenham, Marc F., The Paleodemographic Measure of Maternal Mortality and a Multifaceted Approach to Maternal Health, *Current Anthropology*, Vol. 60, 2019.

29 Aminov, Rustam I., A Brief History of the Antibiotic Era: Lessons Learned and Challenges for the Future, Frontiers in Microbiology, Vol. 1, 2010.

30 Wikipedia.org, Penicillin Was Being Mass-produced in 1944: Public Domain image, Wikipedia, 2020.

31 他稱這個過程叫「化學療法」，雖然這個詞要到數十年後才因為癌症治療而流行起來。

32 Kardos, Nelson and Demain, Arnold L., Penicillin: The Medicine With the Greatest Impact on Therapeutic Outcomes, *Applied Microbiology and Biotechnolgy*, Vol. 92, 2011.

33 Aminov, 2010, op. cit., p361.

34 AMR-review.org, Antimicrobial Resistance: Tackling a Crisis for the Health and Wealth of Nations, AMR, 2014.

35 Lobanovska, Mariya and Pilla, Giulia, Penicillin's Discovery and Antibiotic Resistance: Lessons for the Future?, *Yale Journal of Biology and Medicine*, Vol. 90, 2017.

36 McKenna, Maryn, What Do We Do When Antibiotics Don't Work Anymore?, TED Talk, 2015.

37 Pearson, Carole, Antibiotic Resistance Fast-Growing Problem Worldwide, Voice of America, 2009.

38 Larson, Elaine, Community Factors in the Development of Antibiotic Resistance, Annual Review of Public Health Vol. 28, 2007.

39 Tete, Annie, Sir Alexander Fleming's Ominous Prediction, The National WWII Museum Blog, 2013.

40 Bowler, Jacinta, The CDC Is Warning About Resistant 'Nightmare Bacteria' Spreading Through The US, Science Alert, 2018; emro.who.int, What is the Difference Between Antibiotic and Antimicrobial Resistance?, WHO EMRO, 2020.

41 WHO.int, What is the Difference Between Antibiotic And Antimicrobial Resistance?, WHO, 2020.

42 BSAC.org.uk, Antimicrobial Resistance Poses 'Catastrophic Threat', says Chief Medical Officer, BSAC, 2013.

43 Telegraph.co.uk, Antibiotic Resistance 'Could Kill Humanity Before Climate Change Does', Warns England's Chief Medical Officer, *Telegraph*, 2019.

44 Hampton, Tracy, Novel Programs and Discoveries Aim to Combat Antibiotic Resistance, *JAMA*, Vol. 313, 2015.

45 Cassini, Alessandro, Högberg, Liselotte D., Plachouras, Diamantis, et al., Attributable Deaths And Disability-adjusted Life-years Caused By Infections With Antibiotic-resistant Bacteria in the EU and the European Economic Area in 2015, *Lancet*, Vol. 19, 2018.

46 AMR-review.org, 2014, op. cit., 362.

47 De Kraker, Marlieke E. A., Stewardson, Andrew J. and Harbart, Stephan, Will 10 Million People Die a Year due to Antimicrobial Resistance by 2050?, *PLoS Med*, Vol. 13, 2016.

48 Wikipedia.org, Map of Cholera Cases, Wikipedia article, 2016. Originally published in 'On the Mode of Communication of Cholera' by John Snow, in 1854 by C.F. Cheffins, London, now in public domain.

49 Koch, Tom, Visualizing Disease: Understanding epidemics through maps, ESRI, 2011.

50 Brown, Lisa, 2009 H1N1 Influenza Pandemic 10 Times More Deadly Than Previously Estimated, NACCHO, 2013.

51 NHS.uk, The History of Swine Flu, NHS, 2009.

52 Simonsen, Lone, Spreeuwenberg, Peter, Lustig, Roger, et al., Global Mortality Estimates for the 2009 Influenza Pandemic from the GLaMOR Project: Figure 5, *PLoS Med*, Vol. 10, 2013.

53 Zepeda-Lopez, Hector M., Perea-Araujo, Lizbeth, Miliar-Garcia, Angel, et al., Inside the Outbreak of the 2009 Influenza A (H1N1)v Virus in Mexico, *PLoS One*, Vol. 5, 2010; Hsieh, Ying-Hen, Ma, Stefan, Velasco Hernandez, Jorge X., Early Outbreak of 2009 Influenza A (H1N1) in Mexico Prior to Identification of pH1N1 Virus, *PLoS One*, Vol. 6, 2019.

54 Fraser, Christophe, Donnelly, Christ A., Cauchemez, Simon, et al., Pandemic Potential of a Strain of Influenza A (H1N1): Early Findings, *Science Magazine*, Vol. 324, 2009.

55 Euro.who.int, WHO Director-General declares H1N1 Pandemic Over, WHO, 2010.

56 Viboud, Cecile and Simonsen, Lone, Global Mortality of 2009 Pandemic Influenza A H1N1, *Lancet*, Vol. 12, 2012; cdc.gov, First Global Estimates of 2009 H1N1 Pandemic Mortality Released by CDC-Led Collaboration, CDC, 2012; Dawood, Fatimah S., Iuliano, A Danielle, Reed, Carrie, Estimated Global Mortality Associated with the First 12 Months of 2009 Pandemic Influenza a H1N1 Virus Circulation: A Modelling Study, *Lancet*, Vol. 12, 2012.

57 Fang, Li-Qun, Li, Xin-Lou, Liu, Kun, et al., Mapping Spread and Risk of Avian Influenza A (H7N9) in China, *Scientific Reports*, Vol. 3, 2013.

58 Ibid., p365.

59 CDC.gov, Asian Lineage Avian Influenza A(H7N9) Virus, CDC, 2018.

60 Czosnek, Hali, Predicting the Next Global Pandemic, Global Risks Insights, 2018.

61 Butler, Declan, Mapping the H7N9 avian flu

outbreaks, *Nature*, 2013.

62 Ibid., p366.

63 Smith, Katherine F., Goldberg, Michael, Rosenthal, Samantha, et al., Global Rise In Human Infectious Disease Outbreaks, *Journal of the Royal Society Interface*, Vol. 11, 2014.

64 Declan, 2013, op. cit., p365.

65 Butler, 2013, op. cit., p365; Tatem, Andrew J., Huang, Zhuojie and Hay, Simon I., Spread of H7N9, Unpublished data, 2013.

66 Pathologyinpractice.com, Measles: The Importance of Vaccination, Disease Monitoring and Surveillance, Pathology in Practice, 2018.

67 Muggah, Robert, Pandemics Are the World's Silent Killers. We Need New Ways to Contain Them, Devex, 2019.

68 Ourworldindata.org, Share of population with mental health and substance use disorders Map, Our World in Data, 2017.

69 Ourworldindata.org, Number of people with mental and substance use disorders, World, 1990 to 2017, Our World in Data, 2017.

70 健康指標評估中心的最新估計數字低很多——大約是九億七千一百萬人，佔全球人口的13%——患有某種心理疾病。包括三億人焦慮症、一億六千萬人受到憂鬱症影響，還有一億人罹患輕微形式的憂鬱症，稱為輕鬱症（dysthymia）。詳見 Rice-Oxley, Mark, Mental illness: is there really a global epidemic?, *Guardian,* 2019.

71 Who.int, Mental Disorders, WHO, 2019.

72 Ourworldindata.org, Share of the Population with Depression by Average Country Income, Our World in Data, 2017.

73 Who.int, Age-standardised Suicide Rates Both Sexes, WHO, 2018.

74 Trautmann, Sebastian, Rehm, Jürgen and Wittchen, Hans-Ulrich, The economic Costs of Mental Disorders, *EMBO Reports*, Vol. 17, 2016.

75 McManus, Sally, Meltzer, Howard, Brugha, Traolach, et al. Adult Psychiatric Morbidity in England, 2007: Results of a Household Survey, NHS, 2009.

76 Who.int, Breaking the Vicious Cycle Between Mental Ill-health and Poverty, WHO, 2007.

77 Who.imt, Mental Disorders, op. cit., p368.

78 Rice-Oxley, 2019, op. cit., p368.

79 Thelancet.com, The Lancet Commission on Global Mental Health and Sustainable Development, *Lancet*, 2018.

80 Ferrari, Alize J., Norman, Rosana E., Freedman, Greg, et al., The Burden Attributable to Mental and Substance Use Disorders as Risk Factors for Suicide: Findings from the Global Burden of Disease Study 2010. *PLoS One*, Vol. 9, 2014.

81 世界衛生組織的國際疾病分類第十版（International Classification of Diseases, ICD-10）將這些疾病定義為從輕度、中度到重度。健康指標評估中心採取這樣的定義，分別列出輕度憂鬱、持續憂鬱（輕鬱症）以及重鬱症（重度）。

82 Ferrari, Norman, Freedman, et al., 2014, op. cit., p368.

83 Khazaei, Salman, Armanmehr, Vajihe, Nematollahi, Shahrzad, et al., Suicide Rate in Relation to the Human Development Index and Other Health Related Factors: A Global Ecological Study From 91 Countries, *Journal of Epidemiology and Global Health*, Vol. 7, 2017.

84 Ferrari, Norman, Freedman, et al., 2014, op. cit., p369.

85 Worldpopulationreview.com, Suicide Rate by Country (2020), World Population Review, 2020.

86 Who.int, Mental Health: Suicide data, WHO, 2020.

87 Bantjes, Jason, Iemmi, Valentina, Coast, Ernestina, et al., Poverty and Suicide Research in Low- and Middle-income Countries: Systematic Mapping of Literature published in English and a Proposed Research Agenda, *Global Mental Health*, Vol. 3, 2016.

88 Prasad, Ritu, Why US Suicide Rate is On the Rise, BBC News, 2018.

89 Case, Anne and Deaton, Angus, Rising Morbidity and Mortality In Midlife Among White Non-Hispanic Americans in The 21st Century, PNAS Vol. 112, 2015;
Case, Anne and Deaton, Angus, Mortality and Morbidity in the 21st Century, Brookings Papers on Economic Activity, 2017.

90 Oi, Mariko, Tackling the Deadliest Day for Japanese Teenagers, BBC News, 2015.

91 Helpage.org, Global Age Watch Index 2015: Population Ageing Maps, Global Age Watch, 2015.

92 UN.org, World Population Prospects: Key Findings and Advance Tables W.P. 248, UN DESA, 2017.

93 who.int, Fact Sheet: Ageing and Health, WHO, 2018.

94 在收入較高的環境中，女性的生育率較低，大約只有1.6，然而在非洲部分地區仍然高達5。今日全球有50%的人口生活在生育率低於人口替代率的國家中，造成一種稱為「少子化」（sub replacement fertility）的現象，意思是比較富裕的低生育率國家不只人口老化，也縮減了。UN.org, Global Issues: Ageing, UN, 2019.

95 Haseltine, William A., Why Our World Is Aging, *Forbes*, 2018.

96 Magnus, George, *The Age of Aging*, Wiley, 2008.

97 Population.un.org, Average Annual Rate of Population, Population Change 2020–2025: Maps, UN DESA, 2019.

98 總生育率的數據資料來源有三個：戶籍制度、抽

樣調查和人口普查。

99 Theguardian.com, Russian Men Losing Years to Vodka, *Guardian*, 2014.

100 Bernstein, Lenny, U.S. Life Expectancy Declines Again, a Dismal Trend Not Seen Since World War 1, *Washington Post*, 2018.

101 CGDEV.org, Zimbabweans Have Shortest Life Expectancy, Center for Global Development, 2006.

102 Bor, Jacob, Herbst, Abraham J., Newell, Marie-Louise, et al., Increases in Adult Life Expectancy in Rural South Africa: Valuing the Scale-up of HIV Treatment, *Science*, Vol. 339, 2013.

103 Ibid., p375.

104 Siddique, Haroon, Life Expectancy in Syria Fell by Six Years at Start of Civil War, *Guardian*, 2016.

105 Muggah, Robert, How to Protect Fast Growing Cities from Failing, TED Global, 2014.

106 Haseltine, William A., 2018, op. cit., p375.

107 The projections for diabetes are based on the estimated prevalence of obesity and overweightness, and for road traffic injuries, on the estimated number of cars on the road assuming current economic trends. Who.int, Projections of mortality and causes of death: 2016 to 2060, WHO, 2016.

108 Who.int, Fact Sheets: Malaria, WHO, 2020.

109 1978年時英國的實驗室發生意外，兩人感染，一人死亡。

110 PBS.org, Stamping Out Smallpox is Just One Chapter of His Brilliant Life Story, PBS News, 2017.

111 Ourworldindata.org, Number of Reported Smallpox Cases: 1943, Our World in Data, 2018.

112 Ourworldindata.org, Decade in Which Smallpox Ceased to be Endemic by Country, Our World in Data, 2018.

113 Loria, Kevin, Bill Gates Revealed a Scary Simulation that Shows how a Deadly Flu Could Kill More Than 30 Million People Within 6 Months, Business Insider, 2018.

114 WHO.int, Blueprint: Prioritizing Diseases for Research and Development in Emergency Contexts, WHO, 2018.

115 Branswell, Helen, The Data are Clear: Ebola Vaccine Shows 'Very Impressive' Performance in Outbreak, STAT, 2019.

116 Scott, Clare, New 3D Printing Method Combines Multiple Vaccines into One Shot, 2017.

117 Muggah, 2019, op. cit., p378.

118 Tekin, Elif, White, Cynthia, Manzhu Kang, Tina, et al., Prevalence and Patterns of Higher-order Drug Interactions in Escherichia coli, *npj Systems Biology and Applications*, Vol. 4, 2018.

119 Cassella, Carly, Experimental Antibiotic Gives New Hope Against Superbugs in Clinical Trials, Science Alert, 2018; Dockrill, Peter, We Just Found a Game-Changing Weapon Against Drug-Resistant Superbugs, Science Alert, 2018.

120 Gazis, Olivia, Author Jamie Metzl Says the 'Genetic Revolution' Could Threaten National Security, CBS, 2019; Beyret, Ergin , Liao, Hsin-Kai, Yamamoto, Mako, et al., Single-dose CRISPR–Cas9 Therapy Extends Lifespan of Mice with Hutchinson–Gilford Progeria Syndrome. *Nature Medicine*, Vol. 25, 2019; University of Rochester, 'Longevity Gene' Responsible for More Efficient DNA Repair.' ScienceDaily, 2019; Wray, Britt, The Ambitious Quest to Cure Ageing Like a Disease, BBC: Ageing, 2018.

教育

1 Thygesen, Tine, The One Thing You Need To Teach Your Children To Future-Proof Their Success, *Forbes*, 2016.

2 WEForum.org, White Paper: Realizing Human Potential in the Fourth Industrial Revolution, World Economic Forum, 2017.

3 Hanushek, Eric A. and Woessmann, Ludger, Education and Economic Growth, *Economics of Education*, 2010.

4 UNESCO Institute for Statistics, A Growing Number Of Children And Adolescents Are Out of School As Aid Fails to Meet the Mark, UNESDOC Policy Paper 32, 2015.

5 UNESCO.org, Themes: Literacy, UNESCO, 2020.

6 Lee, Jong-Wha and Lee, Hanoi, Human Capital in the Long Run, *Journal of Development Economics*, Vol. 122, 2016.

7 Hao, Karen, China Has Started a Grand Experiment in AI Education. It Could Reshape How the World Learns, *MIT Technology Review*, 2019.

8 Roser, Max and Ortez-Ospina, Esteban, Literacy: Literacy rate, 1475 to 2015: Graph, Our World in Data, 2018.

9 Roser, Max and Ortez-Ospina, Esteban, Literacy: Literate and Illiterate World Population: Graph, Our World in Data, 2018.https://ourworldindata.org/ grapher/literate-and-illiterate-world-population

10 染料最早用於紙莎草紙的紀錄可以追溯到西元前三千五百年左右，不久之後出現腓尼基語（Phoenician）書寫系統，後來文字由希臘人採用，之後再演變成拉丁字母及西里爾（Cyrillic）等字母。在中國，西元前一千四百年左右約商朝時，文字被刻寫在骨頭上，之後很快傳播開來。

11 Buringh, Eltjo and Van Zanden, Jan Luiten, Charting the 'Rise of the West': Manuscripts and Printed Books in Europe, A Long-term Perspective From the Sixth

Through Eighteenth Centuries, *Journal of Economic History*, Vol. 69, 2009.

12 Van Zanden, Jan Luiten, Baten, Joerg, Mira d'Ercole, Marco, et al., How Was Life?: Global Well-being Since 1820, OECD Publishing, 2014.

13 Roser, Max and Ortez-Ospina, Esteban, Literacy: Population Having Attained at Least Basic Education by Region, 1870-2010, Our World in Data, 2013. Based on Van Zanden, Baten, Mira, et al., 2014, op. cit., p389.

14 OHCHR.org, Adopted and Opened for Signature, Ratification and Accession by General Assembly Resolution 2200A (XXI) of 16 December 1966, International Covenant on Economic, Social and Cultural Rights, 1966.

15 Roser, Max and Ortez-Ospina, Esteban, Global Education, Our World in Data, 2016.

16 Roser, Max and Ortez-Ospina, Esteban, Global Education: Mean years of schooling, 2017, Our World in Data, 2018.

17 Byun, Soo-yong and Park, Hyunjoon, When Different Types of Education Matter: Effectively Maintained Inequality of Educational Opportunity in South Korea, *American Behavioral Scientist*, Vol. 61, 2017.

18 Sistek, Hanna, South Korean Students Wracked with Stress, Aljazeera, 2013.

19 CWUR.org, World University Rankings 2018-19, CWUR, 2019.

20 ICEF.com, South Korea: Record Growth in International Student Enrolment, ICEF Monitor, 2018.

21 Roser, Max and Ortez-Ospina, Esteban, Primary and Secondary Education: Share of the Population with No Formal Education, Projections by IIASA: 1970, 2050.

22 Roser, Max and Ortez-Ospina, Esteban, Global Education, 2016, op. cit., p392.

23 Roser, Max and Ortez-Ospina, Esteban, Government Spending: Share of Government Expenditure Spent on Education: 2016, Our World in Data, 2016.

24 The International Commission on Financing Global Education Opportunity, The Learning Generation, 2018.

25 Worldbank, Learning to Realize Education's Promise, World Development Report, 2018

26 Evans, David, Education Spending and Student Learning Outcomes, Development Impact, 2019.

27 Morais de Sa e Silva, Michelle, Conditional Cash Transfers and Improved Education Quality: A Political Search for the Policy Link, *International Journal for Educational Development*, Vol. 45, 2018; Bertrand, Marianne, Barrera-Osorio, Felipe, Linden, Leigh, et al., Improving the Design of Conditional Transfer Programs: Evidence from a Randomized Education

Experiment in Colombia, *American Economic Journal: Applied Economics*, Vol. 3, 2011.

28 Patrinos, Harry A. And Psacharopoulos, George, Strong Link Between Education and Earnings, World Bank Blogs, 2018.

29 Patrinos, Harry A. and Psacharopoulos, George, Returns to Investment in Education: A Decennial Review of the Global Literature, World Bank: Education Global Practice W.P. 8402, 2018; and associated data file for Annex 2.

30 Blundell, Richard, Costa Dias, Monica, Meghir, Costas, et al., Female Labor Supply, Human Capital, and Welfare Reform, *Econometrica*, Vol. 84, 2016.

31 Patrinos, and Psacharopoulos, 2018, op. cit., p395.

32 Lutz, Wolfgang, Crespo Cuaresma, Jesus and Sanderson, Warren, et al., The Demography of Educational Attainment and Economic Growth, *Science*, Vol. 319, 2008. Krueger, Alan B. and Lindahl, Mikael, Education for Growth: Why and For Whom?, NBER W.P. 7591, 2000.

33 Hanushek, Eric A. and Woessmann, Ludger, *Universal Basic Skills: What Countries Stand to Gain*, OECD Publishing, 2015.

34 Valero, Anna and Van Reenen, John, The Economic Impact of Universities: Evidence from Across the Globe, NBER W.P. 22501, 2016.

35 Easterly, William, *The Elusive Quest for Growth: Economists' Adventures and Misadventures in the Tropic*, MIT Press, 2001.

36 Hanushek, Eric A. and Woessmann, Ludger, Do Better Schools Lead to More Growth? Cognitive Skills, Economic Outcomes, and Causation, NBER W.P. 14633, 2009.

37 Hanushek, Eric A. and Woessmann, Ludger, Schooling, Cognitive Skills, and the Latin American Growth Puzzle, NBER W.P. 15066, 2009.

38 OECD-ilibrary.org, Education at a Glance 2015: OECD Indicators, 2015.

39 Browne, Angela W., and Barrett, Hazel R., Female Education in Sub-Saharan Africa: The Key to Development?, *Comparative Education*, Vol. 27, 1991; Fishetti, Mark, Female Education Reduces Infant and Childhood Deaths, *Scientific American: Health*, 2011.

40 Glaeser, Edward L., Ponzetto, Giacomo A. M. and Shleifer, Andrei, Why Does Democracy Need Education?, *Journal of Ecomomic Growth*, Vol. 12, 2007; Lutz, Wolfgang, Crespo Cuaresma, Jesus and Abbasi-Shavazi, Mohammad Jalal, Demography, Education, and Democracy: Global Trends and the Case of Iran, *Population and Development Review*, Vol. 36, 2010.

41 Glaeser, Edward A., Want a Stronger Democracy? Invest in Education, *New York Times*, 2009.

42 Lutz, Crespo Cuaresma and Abbasi-Shavazi, 2010, op. cit., p396.

43 Norrlof, Carla, Educate to Liberate: Open Societies Need Open Minds, Foreign Affairs article, 2019.

44 Drutman, Lee, Diamond, Larry and Goldman, Joe, Follow the Leader: Exploring American Support for Democracy and Authoritarianism, Democracy Fund: Voter Study Group, 2018.

45 Roser, Max and Ortiz-Ospina, Esteban, Population Breakdown by Highest Level of Education Achieved for Those Aged 15+, Brazil, 1970 to 2050 Chart, Our World in Data, 2016.

46 Patrinos, Harry A., The Skills that Matter in the Race Between Education and Technology, World Bank Blogs, 2017.

47 OECD.org, *The Future of Education of Skills: Education 2030*, OECD Publishing, 2018.

48 Russell, Stuart, *Human Compatible: Artificial Intelligence and the Problem of Control*, Penguin, 2019.

49 Weforum.org, System Initiative: Shaping the Future of Education, Gender and Work, World Economic Forum, 2018.

50 Saavedra, Jaime, Alasuutari, Hanna and Gutierrez, Marcela, Finland's Education System: The Journey to Success, World Bank Blog, 2018.

51 OPH.fi, Finnish Education in a Nutshell, Finnish National Agency for Education, 2017.

52 NCEE.org, Finland: Teacher and Principal Quality, Center on International Benchmarking, 2018.

53 Hancock, LynNell, Why Are Finland's Schools Successful?, *Smithsonian Magazine*, 2011.

54 Factsmaps.com, PISA Worldwide Rankings, Factmaps. com sourced from OECD, 2016.

55 LynNell, 2011, op. cit., p399.

56 Madden, Duncan, Ranked: The 10 Happiest Countries In The World In 2019, *Forbes*, 2019.

57 THL.fi, Alcohol Consumption in Finland has Decreased, But Over Half a Million are Still at Risk From Excessive Drinking, Finnish Institute for Health and Welfare, 2018.

58 Kingsley, Sam, Finland: From Suicide Hotspot to World's Happiest Country, *Jakarta Post*, 2019.

59 Constituteproject.org, Finland's Constitution of 1999 (with amendments through 2011), Constitution Project, 2011.

60 OPH.fi, Education System: Finnish Education System, Finnish National Agency for Education, 2020.

61 Economist.com, It Has the World's Best schools, But Singapore Wants Better, *Economist*, 2018.

62 Hogan, David, Why is Singapore's School System so Successful, and Is It a Model for the West?, The Conversation, 2014.

63 Including the Primary School Leaving Examination which shapes their educational pathway.

64 Liew, Maegan, The Singaporean Education System's Greatest Asset is Becoming its Biggest Weakness, Asean Today, 2019.

65 Smartnation.sg, Smart Nation: The Way Forward, Smart Nation and Digital, 2018.

66 Keating, Sarah, The Most Ambitious Country in the World, BBC News, 2018.

67 Ourworldindata.org, Average Learning Outcomes vs GDP per Capita, 2015, Our World in Data, 2015.

68 Gatesfoundation.org, Education Research and Development: Learning From the Field, Gates Foundation, 2019.

69 Houser, Kristen, China's AI Teachers Could Revolutionize Education Worldwide, Futurism, 2019.

70 Holoniq.com, Global Education Technology Market to Reach $341B by 2025, Holon IQ, 2018.

71 Ritchie, Hannah and Roser, Max, Share of the population using the Internet, 2015, Our World in Data, 2017.

72 Esposito, Mark, This is How New Technologies Could Improve Education Forever, World Economic Forum, 2018.

73 Lynch, Matthew, What Is the Future of STEM Education?, Education Week, 2018.

74 Siliconrepublic.com, What's Driving STEM Education? Emerging Trends on the Road Ahead, Silicon Republic, 2017.

75 Reynard, Ruth, Technology and the Future of Online Learning, Campus Technology, 2017; Kak, Subbash, Universities Must Prepare for a Technology-enabled Future, The Conversation, 2018.

76 Kaplan, Andreas M. and Haenlein, Michael, Higher Education and the Digital Revolution: About MOOCs, SPOCs, Social Media, and the Cookie Monster, *Business Horizons*, Vol. 59, 2016.

77 Reich, Justin and Ruiperez-Valiente, Jose A., The MOOC Pivot, *Science*, Vol. 363, 2019.

78 McCubbin, James, 4 Predictions for the Future of Technology in Education, Campus Blog, 2018.

79 Lederman, Doug, 'Clay Christensen, Doubling Down', Inside Hired, 2017.

80 Tanzi, Alexandre, U.S. Student Loan Debt Sets Record, Doubling Since Recession, Bloomberg article, 2018.

81 Economist.com, A Booming Population is Putting Strain on Africa's Universities, *Economist*, 2019.

82 Johnson, Theodore R., Did I Really Go to Harvard If I Got My Degree Taking Online Classes?, *Atlantic*, 2013.

83 See, Earthtime, CREATE Lab, CMU, Nobel Prize

Winners sourced from worldmapper.org.

84 Economist.com, A Booming Population is Putting Strain on Africa's Universities, 2019, op. cit., p408.

85 McLeod, Scott and Fisch, Karl, Chapter 1: The Future of Jobs and Skills, World Economic Forum, 2020.

86 Pinder, Reuben, Fancy life As A Human Body Designer Or Rewilding Strategist? These 10 Creepy-sounding Job Titles Will Exist by 2025, Cityam, 2016.

87 Bernard, Zoe, Here's How Technology is Shaping the Future of Education, Business Insider, 2017.

文化

1 Mendelssohn, Scott, 'Avengers: Endgame' Tops 'Avatar' At Worldwide Box Office, *Forbes*, 2019.

2 Rosenberg, Matt, Number of McDonald's Restaurants Worldwide, Thought Co., 2020.

3 BBC.com, Bollywood's Expanding Reach, BBC News, 2012.

4 Zhou, Zier, The global influence of K-pop, *Queen's Journal*, 2019.

5 Jpninfo.com, How Has Japanese Anime Influenced the World?, Japan Info, 2015.

6 Tsunagujapan.com, 50 McDonald's Menu Items Only in Japan, Tsunagu Japan, 2014.

7 Prickman, Greg, 'The Atlas of Early Printing', University of Iowa Libraries, 2008. Retrieved from atlas.lib.uiowa.edu; Wikipedia.org, 15th Century Printing Towns of Incunabula Map, Wikipedia article, 2011. Based on Incunabula Short Title Catalogue of the British Library.

8 雖然中國人早了快一千年發明印刷技術，但由於太過繁瑣所以沒有流行起來。Dewar, James A., The Information Age and the Printing Press, CA: RAND Corporation, 1998.

9 Dittmar, Jeremiah, Information Technology and Economic Change, 2011, op. cit., p416.

10 Lua, Alfred, 21 Top Social Media Sites to Consider for Your Brand, Buffer, 2019.

11 Statista.com, Global Digital Population as of April 2020, Statista, 2020; Wearesocial.com, Global Digital Report 2019, WeAreSocial Report, 2019.

12 Lua Alfred, 21 Top Social Media Sites to Consider for Your Brand, Buffer, 2019.

13 Ourworldindata.org, Number of Internet Users by Country: 1990, Our World in Data, 2017.

14 Barber, William L. and Badre, Albert N., Culturability: The merging of culture and usability. Presented at the Conference on Human Factors and the Web, Basking Ridge, New Jersey: AT&T Labs, 1998.

15 Spencer-Oatey, Helen, What is Culture? A Compilation of Quotations, GlobalPAD Open House, 2012.

16 CARLA.umn.edu, What is Culture?, CARLA University of Minnesota, 2019.

17 Pagel, Mark, Does Globalization Mean We Will Become One Culture?, BBC: Future, 2014.

18 BBC.com, Islamic State and the Crisis in Iraq and Syria in Maps, BBC News, 2018.

19 Travis, Clark, Netflix Quietly Debuted Sci-fi Movie 'the Wandering Earth', The Second-biggest Chinese Blockbuster Of All Time, Business Insider, 2019; Sharf, Zack, What If Netflix Released a $700 Million Blockbuster and No one Noticed? Oh Wait, It Just Did, Indie Wire, 2019.

20 See Geoawesomeness.com, Netflix Expansion gif, Geo Awesomeness, 2018.

21 Rice, Emma S., Haynes, Emma and Royce, Paul, Social Media and Digital Technology use Among Indigenous Young People in Australia: A Literature Review, *International Journal for Equity in Health*, 2016.

22 Carlson, Bronwyn L., Farrelly, Terri, Frazer, Ryan, et al., Mediating Tragedy: Facebook, Aboriginal Peoples and

Suicide, *Australian Journal of Information Systems*, Vol. 19, 2015.

23 Dunklin, A. L., Globalization: A Portrait of Exploitation, Inequality and Limit, 2005.

24 Gov.uk, Policy Paper: Culture is Digital, Department for Digital, Culture, Media & Sport, 2019.

25 Ward, Peter, Using Today's Technology to Preserve the Past, Culture Trip, 2018.

26 Adzaho, Gameli, Can Technology Help Preserve Elements of Culture in the Digital Age?, Diplo, 2013.

27 See catawbaarchives.libraries.wsu.edu resource.

28 See plateauportal.libraries.wsu.edu resource.

29 See passamaquoddypeople.com resource.

30 See guides.library.ubc.ca, Indigenous Librarianship, University of British Columbia, 2020.

31 See waiata.maori.nz songs resource.

32 Manish, Singh, Global Video Streaming Market is Largely Controlled by the Usual Suspects, Venture Beat, 2019.

33 Google, See what was trending in 2018 – Global, Google, 2018.

34 Kovalchick, Shae, The Spread of the English Language, Geo 106 Human Geography, 2013; Beauchamp, Zack, The Amazing Diversity of Languages Around the World, in One Map, Vox 2015.

35 Eberhard, David M., Simons, Gary F. and Fennig, Charles D., Ethnologue: Languages of the World. Twenty-second edition. Dallas, Texas: SIL International, 2019.

36 Kull, Steven, Culture Wars? How Americans and Europeans View Globalization, Brookings, 2001.

37 Mikanowski, Jacob, Behemoth, Bully, Thief: How the English Language is Taking Over the Planet, *Guardian*, 2018.

38 Noack, Rick, The Future of Language, *Washington Post*, 2015.

39 Mikanowski, 2018, op. cit., p423.

40 Noack, 2015, op. cit., p423.

41 Gobry, Pascal-Emmanuel, Want To Know The Language Of The Future? The Data Suggests It Could Be...French, *Forbes*, 2014.

42 Noack, Rick and Gamio, Lazaro, The World's Languages in 7 Maps and Charts, *Washington Post*, 2015. See map by endangeredlanguages.com, Endangered Languages Project (ELP), 2020.

43 The Catalogue of Endangered Languages. The Catalogue of Endangered Languages is under the direction of Lyle Campbell (University of Hawai'I Mānoa) and Anthony Aristar and Helen Aristar-Dry (LINGUIST List/Eastern Michigan University).

44 Eberhard, Simons, and Fennig, 2019, op. cit., p423.

45 Noack and Gamio, 2015, op. cit. p424.

46 See wikitongues.org; Smithsonian: National Museum of Natural History, Recovering Voices, Smithsonian, 2020.

47 Arnold, Carrie, Can an App Save an Ancient Language?, *Scientific American*, 2016.

48 Endangeredlanguages.com, 2020, op. cit., p425.

49 UNESCO.org, UNESCO Atlas of the World's Languages in Danger, UNESCO, 2010.

50 Mikanowski, 2018, op. cit., p425.

51 Strochlic, Nina, The Race to Save the World's Disappearing Languages, *National Geographic*, 2018.

52 Ben, Reynolds, Starbucks: Aggressive Global Expansion Means Growth Percolating, NewsMax, 2018.

53 Ibid., op. cit., p425.

54 Knoema.com, Number of Starbucks Stores Globally: 1992 – 2019, KNOEMA, 2020.

55 Statista.com, Number of Starbucks Stores Worldwide From 2003 to 2019, Statista, 2020.

56 Yanofsky, David, A Cartographic Guide to Starbucks' Global Domination, Quartz, 2014.

57 Statista.com, Cities with the Largest Number of Starbucks in the United States as of April 2019, Statista, 2019.

58 Flanagan, Jack, How Starbucks Adapts to Local Tastes When Going Abroad, Real Business, 2014.

59 Willick, Jason, The Man Who Discovered 'Culture Wars', *Wall Street Journal*, 2018.

60 Heyrman, Christine L., The Separation of Church and State from the American Revolution to the Early Republic, National Humanities Center, 2008.

61 For example, a bitterly contested state law passed in

62 Wisconsin in 1889 required the use of English to teach key subjects in public and private schools.

62 Castle, Jeremiah, New Fronts in the Culture Wars? Religion, Partisanship, and Polarization on Religious Liberty and Transgender Rights in the United States, *American Politics Research*, Vol. 47, 2019.

63 McCarthy, Justin, U.S. Support for Gay Marriage Edges to New High, Gallup, 2017.

64 Even in 2004, weeks before Massachusetts became the first state to legalise same-sex marriage, just 42 per cent were supportive.

65 Ibid., p430.

66 Ibid., p430.

67 Lewis, Helen, Culture Wars Cross The Atlantic To Coarsen British Politics, *Financial Times*, 2018.

68 Newton, Casey, Far-right Extremists Keep Evading Social Media Bans, The Verge, 2019.

69 McDonell, Stephen, China Social Media: WeChat and the Surveillance State, BBC News, 2019.

70 Matsa, Katerina E., Fewer Americans Rely on TV News; What Type They Watch Varies by Who They Are, Pew Research Center, 2018.

71 Thehindu.com, For Indians, Smartphone is Primary Source of News, *Hindu*, 2019.

72 Wakefield, Jake, Social Media 'Outstrips TV' as News Source for Young People, BBC News, 2016.

73 Rainie, Lee, Americans' Complicated Feelings About Social Media in an Era of Privacy Concerns, Pew Research Center, 2018.

74 Scher, Bill, The Culture War President, Polito, 2017.

75 Borger, Julian, Trump Urges World to Reject Globalism in UN Speech that Draws Mocking Laughter, *Guardian*, 2018.

76 NPR.org, A Lavish Bollywood Musical Is Fueling A Culture War In India, NPR, 2018.

77 Ma Damien, Beijing's Culture War Isn't About the US It's About China's Future, *Atlantic*, 2012.

78 Lewis, Martin W., Mapping Evangelical Christian Missionary Efforts, GeoCurrents, 2013.

79 Legacy.joshuaproject.net, Evangelical Growth Rate Map, Joshua Project, 2010.

80 Van Herpen, Marcel H., *Putin's Propaganda Machine*, London: Rowman and Littlefield, 2016.

81 Haaretz.com, How Steven Bannon's 'The Movement' Is Uniting the Far Right in Europe, Haaretz, 2018.

82 BBC.com, Europe and Right-wing Nationalism: A Country-by-country Guide, BBC News, 2019.

83 BBC.com, The Movement: Steve Bannon Role in 2019 EU Elections, BBC Video Report, 2019.

84 Coman, Julian, Marine Le Pen and Emmanuel Macron Face Off for the Soul of France, *Guardian*, 2017.

85 Titley, Gavan, Pork is the Latest Front in Europe's

Culture Wars, *Guardian*, 2014.

86 Chazan, Guy, Germany's Increasingly Bold Nationalists Spark A New Culture War, *Financial Times*, 2018.

87 Angelos, James, The Prophet of Germany's New Right, *New York Times*, 2017.

88 Meeus, Tom-Jan, The Wilders Effect, Politico, 2017.

89 Reuters.com, China Aims to 'optimize' Spread of Controversial Confucius Institutes, Reuters, 2019; Flew, Terry, Entertainment Media, Cultural Power, And Post-globalization: The Case of China's International Media Expansion and the Discourse of Soft Power, Pew Research Center, 2016.

90 Rosen, Stanley, Berry, Michael, Cai, Jindong, et al., Xi Jinping's Culture Wars, China File, 2014.

91 Wong, Edward, China's President Lashes Out at Western Culture, *New York Times*, 2012; Wong, Edward, Pushing China's Limits on Web, if Not on Paper, *New York Times*, 2011.

92 Osnos, Evan, China's Culture Wars, *New Yorker*, 2012.

93 Britishcouncil.org, International Development: Regions, British Council, 2020.

94 Washingtonpost.com, Why US Universities Have Shut Down China-funded Confucius Institutes, *Washington Post*, 2019.

95 McDonald, Alistair, *Soft Power Superpowers: Global Trends in Cultural Engagement and Influence*, London: British Council, 2018.

96 Kreko, Peter, Gyori, Lorant and Dunajeva, Katya, Russia is Weaponizing Culture in CEE by Creating a Traditionalist 'Counter-culture', StopFake.org, 2016.

97 Ibid., p437.

98 Ibid., p437.

結語

1 See ClimateReanalyzer.org, Climate Change Institute, University of Maine, 2020.

2 Niler, Eric, An AI Epidemiologist Sent the First Warnings of the Wuhan Virus, Wired, 2020.

3 See Coronavirus COVID-18 Global Cases by Johns Hopkins CSSE, Data Visualization, 2020.

4 See ESRI, esri.com, The Power of the Map and Planet Lab at planet.com.

5 Nagaraj, Abhishek and Stern, Scott, The economics of Maps, *Journal of Economic Perspectives*, Vol. 34, 2020.

6 Pinker, Steven, *Enlightenment Now*, Penguin, 2019.

7 Muggah, Robert and Wabha, Sameh, How Reducing Inequalities Will Make Our Cities Safer, World Bank, 2020.

8 IPBES.net, Global Assessment, IPBES Media Release, 2019.

9 Rees, Martin, *Our Final Century*, Heinemann, 2004.

10 Grose, Anouchka, How the Climate Emergency Could Lead to a Mental Health Crisis, *Guardian*, 2019.

11 Castelloe, Molly, Coming to Terms With Ecoanxiety, *Psychology Today*, 2019.

12 Goldin, Ian and Mariathasan, Mike, *The Butterfly Defect*, Princeton University Press, 2014.

13 Nyabiage, Jevans, US-China Trade War Hits Africa's Cobalt and Copper Mines with 4,400 Jobs Expected to Vanish, *South China Morning Post*, 2019.

14 Muggah, Robert, It Isn't Too Late to Save the Brazilian Rainforest, Foreign Policy article, 2019.

15 See WHO website at who.int, Fact Sheets: Measles.

16 Goldin, Ian, *Divided Nations: Why Global Governance is Failing, and What We Can Do About It*, Oxford University Press, 2013.

17 Muggah, Robert and Kosslyn, Justin, Why the Cities of the Future are 'Cellular', World Economic Forum Agenda, 2019.

18 Goldin, Ian and Kutarna, Chris, *Age of Discovery: Navigating the Storms of Our Second Renaissance*, Bloomsbury, 2017.

19 Oxfordmartin.ox.ac.uk, Now for the Long Term: The Report of the Oxford Martin Commission for Future Generations, Oxford Martin School, 2013.

20 Energyatlas.iea.org, CO2 Emissions from Fuel Combustion: Map, IEA Atlas of Energy, 2020.

21 Ucsusa.org, Each Country's Share of CO2 Emissions, Union of Concerned Scientists, 2019.

22 Taylor, Matthew and Watts, Jonathan, Revealed: The 20 Firms Behind a Third of All Carbon Emissions, *Guardian*, 2019.

23 Philippon, Thomas, *The Great Reversal: How America Gave Up on Free Markets*, Harvard University Press, 2019.

24 USCA.es, Profession: History of Air Traffic Control, USCA, 2020.

名詞對照表

摩加迪沙，索馬利亞 Mogadishu
摩蘇爾，伊拉克 Mosul
摩爾多瓦 Moldova
莫哈維沙漠，美國 Mojave
莫士比港，巴布亞紐幾內亞 Port Moresby
莫斯科，俄羅斯 Moscow
莫三比克 Mozambique
墨西哥 Mexico
墨西哥市 Mexico City
麥肯錫全球研究院 McKinsey Global Institute
邁阿密，美國 Miami
玫瑰戰爭 Wars of the Roses
梅爾斯堡，美國 Fort Myers
美利堅大學 American University
美國 United States, US
美國地質調查局 United States Geological Survey, USGS
美國太空總署 NASA
美國太空總署地球天文台 NASA Earth Observatory
美國太空總署科學視覺化工作室 NASA Scientific
    Visualization Studio
美國國家海洋暨大氣總署 National Oceanic and
    Atmospheric Administration, NOAA
美國國家環境保護局 United States Environmental
    Protection Agency, EPA
美國國家再生能源實驗室 National Renewable Energy
    Laboratory, NREL
美國科學家聯合會 Federation of American Scientists
美國科學促進會 American Association for the
    Advancement of Science, AAAS
美國環境系統研究所公司 Environmental Systems
    Research Institute, Inc.
美國中央情報局《世界概況》CIA World Factbook
美國社區問卷調查 ACS
美國衛生研究所 National Institutes of Health, NIH
茅利塔尼亞 Mauritania
曼谷，泰國 Bangkok
蒙巴沙，肯亞 Mombasa
蒙大拿州，美國 Montana
蒙古 Mongolia
孟買，印度 Mumbai
孟加拉 Bangladesh
米德湖，美國 Lake Mead
米諾特，美國 Minot
米格航空器集團 MiG
祕魯 Peru
密西根州，美國 Michigan
密西西比州，美國 Mississippi
密斯河，印度 Mithi River
密蘇里河 Missouri River
密蘇里州，美國 Missouri
緬甸 Myanmar
緬因州，美國 Maine
名古屋，日本 Nagoya

明尼蘇達州，美國 Minnesota
明尼亞波利斯，美國 Minneapolis
木喀拉，葉門 Al Mukalla

ㄈ

法國 France
法國大革命戰爭 Wars of the French Revolution
法屬圭亞那 French Guiana
佛蒙特州，美國 Vermont
佛羅里達州，美國 Florida
菲律賓 Philippines
犯罪與司法政策研究院 Institute for Crime & Justice
    Policy Research
泛美衛生組織 Pan American Health Organization, PAHO
鳳凰城，美國 Phoenix
夫拉丁根，荷蘭 Vlaardingen
釜山，韓國 Busan

ㄉ

達拉斯，美國 Dallas
達拉維，印度 Dharavi
達利思公司 Thales
達卡，孟加拉 Dhaka
達梭系統 Dassault Systèmes
達爾文，澳洲 Darwin
達沃，菲律賓 Davao
大阪，日本 Osaka
大本德，美國 Big Bend
大盆地，美國 Great Basin
大馬士革，敘利亞 Damascus
大沼澤地國家公園 Everglades National Park
德夫特，荷蘭 Delft
德拉瓦州，美國 Delaware
德國 Germany
德黑蘭，伊朗 Tehran
德州，美國 Texas
德意志邦聯邊界 Boundary of German Confederation
德意志農民戰爭 Peasants' War in Saxony
的黎波里 Tripoli
丹麥海峽 Denmark Strait
丹佛，美國 Denver
當惹雍錯湖，中國 Tangra Yumco
迪法，尼日 Diffa
迪金森市，美國 Dickinson
底特律，美國 Detroit
地牙哥加西亞島 Diego Garcia
杜哈，卡達 Doha
杜尚貝，塔吉克 Dushanbe
多明尼加共和國 Dominican Republic
多德雷赫，荷蘭 Dordrecht
多哥 Togo
東方評論 Oriental Review
東京，日本 Tokyo

東雅加達，印尼 East Jakarta

ㄊ

塔馬塔夫，馬達加斯加 Toamasina
塔若錯湖，中國 Taruo Lake
塔伊茲，葉門 Ta ‘Izz
特斯科科，墨西哥 Texcoco
太平天國之亂 Taiping Rebellion
太子港，海地 Port-au-Prince
泰國 Thailand
坦帕，美國 Tampa
坦尚尼亞 Tanzania
碳揭露專案 Carbon Disclosure Project, CDP
碳巨頭報告 Carbon Majors Report
天堂鎮，美國 Paradise
田納西州，美國 Tennessee
停止殺手機器人運動 Campaign to Stop Killer Robots
突尼西亞 Tunisia
突尼斯，突尼西亞 Tunis
土耳其 Turkey
通用動力公司 General Dynamics Corp.

ㄋ

拿破崙戰爭 Napoleonic Wars
納米比亞 Namibia
納木措，中國 Namtso
納齊馬巴德，巴基斯坦 Nazimabad
奈及利亞 Nigeria
內布拉斯加州，美國 Nebraska
內華達州，美國 Nevada
內華達山脈，美國 Sierra Nevada
內薩，墨西哥 Neza
內薩瓦爾科約特城，墨西哥 Nezahualcóyotl
南非 South Africa
南方貧困法律中心 Southern Poverty Law Center
南達科他州，美國 South Dakota
南大西洋 SOUTH ATLANTIC OCEAN
南丹格朗 South Tangerang
南太平洋 SOUTH PACIFIC OCEAN
南卡羅來納州，美國 South Carolina
南韓 South Korea
南極大陸 Antarctica
南桑默林，美國 Summerlin South
南雅加達，印尼 South Jakarta
尼加拉瓜 Nicaragua
尼日 Niger
牛津馬丁學院 Oxford Martin School
牛津馬丁學院花旗投資研究報告 Oxford Martin Citi Report
紐西蘭 New Zealand
紐澤西州，美國 New Jersey
紐約，美國 New York
紐約州，美國 New York

挪威 Norway
挪威諾貝爾研究所 Norwegian Nobel Institute
諾夫哥羅，俄羅斯 Novgorod
諾斯洛普格魯門公司 Northrop Grumman Corp.

ㄌ

拉巴特，摩洛哥 Rabat
拉巴斯，玻利維亞 La Paz
拉脫維亞 Latvia
拉哥斯，奈及利亞 Lagos
拉哥斯島 Lagos Island
拉哥斯潟湖 Lagos Lagoon
拉卡，敘利亞 Al-Raqqah
拉合爾，巴基斯坦 Lahore
拉斯維加斯，美國 Las Vegas
賴比瑞亞 Liberia
雷神公司 Raytheon
黎巴嫩 Lebanon
李奧納多公司 Leonardo
里約，巴西 Rio de Janeiro
立陶宛 Lithuanian
利比亞 Libya
利馬，祕魯 Lima
利雅德，沙烏地阿拉伯 Riyadh
聯合國毒品和犯罪問題辦公室 UN Office on Drugs and Crime, UNODC
聯合國難民署 United Nations High Commissioner for Refugees, UNHCR
聯合國糧食及農業組織 UN Food and Agriculture Organization, FAO
聯合國開發計畫署 United Nations Development Programme, UNDP
聯合國跨政府氣候變遷專家小組 IPCC
聯合國教科文組織 United Nations Educational, Scientific and Cultural Organization, UNESCO
聯合國經濟及社會事務部人口司 UN DESA Population Division
聯合國商品貿易統計資料庫 UN Comtrade
聯合國裁軍事務廳 UN Office for Disarmament Affairs
聯合國兒童基金會 United Nations International Children’s Emergency Fund, UNICEF
聯合航空製造公司 United Aircraft Corp.
聯合技術公司 United Technologies Corp.
聯合造船集團 United Shipbuilding Corp.
糧農組織統計資料庫 Food and Agriculture Organization Corporate Statistical Database, FAOSTAT
糧食未來計畫 Future of Food Programme
盧安達 Rwanda
盧安達種族滅絕 Genocide in Rwanda
鹿特丹，荷蘭 Rotterdam
鹿特丹港，荷蘭 Port Rotterdam
路孚特 (金融資訊機構)Refinitiv
路易斯安那州，美國 Louisiana

羅馬，義大利 Rome
羅德岱堡，美國 Fort Lauderdale
羅德島州，美國 Rhode Island
羅興亞人 Rohingya
羅徹斯特，美國 Rochester
洛梅，多哥 Lomé
洛克希德馬丁公司 Lockheed Martin Corp.
洛磯山脈，美國 Rockies
洛杉磯，美國 Los Angeles
洛子峰 Lhotse
洛子峰冰河 Lhotse Glacier
洛子東峰冰河 Lhotse Shar Glacier
洛子西峰冰河 Lhotse Nup Glacier
倫巴底，義大利 Lombardy
倫敦，英國 London
呂本巴希，剛果 Lubumbashi

《

哥本哈根，丹麥 Copenhagen
哥多華，西班牙 Cordoba
哥倫比亞 Colombia
哥斯大黎加 Costa Rica
格陵蘭 Greenland
蓋普曼德基金會 Gapminder
蓋洛普公司 Gallup
蓋亞那 Guyana
干哥垂，印度 Gangotri
甘比亞 Gambia
甘地納加，印度 Gandhinagar
剛果民主共和國 Democratic Republic of Congo, DRC
古巴 Cuba
古貝弗瓦，法國 Courbevoie
古庫塔，哥倫比亞 Cucuta
瓜達爾，巴基斯坦 Gwadar
國際再生能源總署 International Renewable Energy
　　Agency, IRENA
國際電信聯盟 International Telecommunication Union
國際電信聯盟 ITU World Telecommunication
國際能源總署 International Energy Agency, IEA
國際機器人科學聯合會 International Federation for
　　Robotics
國際健康功能與身心障礙分類 International
　　Classification of Functioning, Disability and Health, ICF
國際應用系統分析研究所 International Institute for
　　Applied Spatial Analysis, IIASA
國家地理創意中心 National Geographic Creative
國家歷史地理資訊系統 National Historical Geographic
　　Information System, NHGIS
關島 Guam
公共宗教研究所 Public Religion Research Institute

ㄎ

卡達 Qatar

卡迪斯，西班牙 Cadiz
卡拉卡斯，委內瑞拉 Caracas
卡利，哥倫比亞 Cali
卡斯卡底地區，美國 Cascadia
卡森市，美國 Carson City
柯托努，貝南 Contonou
科羅拉多州，美國 Colorado
科西嘉島 Corsica
科威特 Kuwait
可見光紅外線成像輻射儀 Visible Infrared Imaging
　　Radiometer Suite, VIIRS
喀布爾，阿富汗 Kabul
喀麥隆 Cameroon
喀土穆，蘇丹 Khartoum
喀拉蚩，巴基斯坦 Karachi
喀斯喀特山，美國 Cascades
開普敦，南非 Cape Town
開放街圖 OpenStreetMap, OSM
開羅，埃及 Cairo
堪薩斯州，美國 Kansas
坎達哈，阿富汗 Kandahar
坎農斯堡，美國 Canonsburg
肯塔基州，美國 Kentucky
肯亞 Kenya
康克魯斯瓦格 Kangerlussuaq
康克魯斯瓦格冰河 Kangerlussuaq Glaicer
康考，美國 Concow
康乃狄克州（康州），美國 Connecticut
跨界淡水爭議資料庫 Transboundary Freshwater Dispute
　　Database, TFDD
跨政府生物多樣性與生態系統服務平台
　　Intergovernmental Science-Policy Platform on
　　Biodiversity and Ecosystem Services
奎塔，巴基斯坦 Quetta
昆杜茲，阿富汗 Kunduz
空中巴士公司 Airbus Group

ㄏ

哈浪島，印尼 Halang Island
哈科特港，奈及利亞 Port Harcourt
哈薩克 Kazakhstan
哈爾格薩，索馬利亞 Hargeisa
荷姆斯，敘利亞 Homs
荷蘭 Netherlands
荷蘭獨立戰爭 Dutch War of Independence
荷蘭環境評估局 PBL Netherlands Environmental
　　Assessment Agency
赫拉特，阿富汗 Herat
海法，以色列 Haifa
海德拉，阿爾及利亞 Hydra
海湖莊園，美國 Mar-a-Lago
海牙，荷蘭 Hague
黑爾海姆冰河，格陵蘭 Helheim Glacier

漢堡，德國 Hamburg
漢班托塔，斯里蘭卡 Hambantota
漢威國際公司 Honeywell International
亨德森，美國 Henderson
亨廷頓‧英格爾斯工業 Huntingdon Ingalls Industries
胡斯戰爭 Hussite Wars
花旗全球觀點與解決方案部門 Citi Global Perspectives
　& Solutions, Citi GPS
花旗研究 Citi Research
華沙，波蘭 Warsaw
華盛頓州，美國 Washington
霍斯特，阿富汗 Khost
懷俄明州，美國 Wyoming
惠特尼，美國 Whitney
黃石國家公園，美國 Yellowstone
宏都拉斯 Honduras

ㄐ

基輔，烏克蘭 Kiev
基爾庫克，伊拉克 Kirkuk
吉布地 Dijbouti
吉隆坡，馬來西亞 Kuala Lumpur
疾病管制與預防中心 Centers for Disease Control, CDC
加彭 Gabon
加德滿都，尼泊爾 Kathmandu
加拿大 Canada
加拉拉巴德，阿富汗 Jalalabad
加州，美國 California
加爾各答，印度 Kolkata
迦納 Ghana
捷克共和國 Czech Republic
堺市，日本 Sakai
舊金山，美國 San Francisco
柬埔寨種族滅絕 Cambodian Genocide
健康指標評估中心 IHME
健康指標與評估研究所 Institute for Health Metrics and
　Evaluation, IHME
金夏沙，剛果 Kinshasa
京斯波特，美國 Kingsport
經濟合作暨發展組織 "Organisation for Economic Co-
　operation and Development, OECD"

ㄑ

七年戰爭 Seven Years War
奇馬爾瓦坎，墨西哥 Chimalhuacán
奇斯馬約，索馬利亞 Kismayo
氣候變遷研究所 Climate Change Institute
氣候中心 Climate Central
喬治亞，中亞國家 Georgia
喬治亞州，美國 Georgia
清奈，印度 Chennai
全國公共廣播電台 National Public Radio, NPR
全球大氣研究碳排放資料庫 Emissions Database for

Global Atmospheric Research , EDGAR
全球大氣研究溫室氣體排放資料庫 Emission Database
　for Global Atmospheric Research, EDGAR
全球糧食安全支援分析三十公尺之數據資料 Global
　Food Security-Support Analysis Data at 30m
全球恐怖主義資料庫 Global Terrorism Database, GTD
全球環境歷史資料庫 History Database of the Global
　Environment, HYDE
全球疾病負擔 Global Burden of Disease, GBD
全球氣候和能源市長盟約 Global Covenant of Mayors for
　Climate & Energy, GCMCE

ㄒ

西班牙 Spain
西班牙革命戰爭 War of the Spanish Revolution
西班牙王位繼承戰爭 War of Spanish Succession
西西里，義大利 Sicily
西棕櫚灘，美國 West Palm Beach
西雅圖，美國 Seattle
西維吉尼亞州，美國 West Virginia
錫亞琴冰河 Siachen Glacier
系統和平中心 Center for Systemic Peace
矽谷，美國 Silicon Valley
夏威夷，美國 Hawaii
休士頓，美國 Houston
辛巴威 Zimbabwe
新墨西哥州，美國 New Mexico
新德里，印度 New Delhi
新港，貝南 Porto-Novo
新喀拉蚩鎮，巴基斯坦 New Karachi Town
新漢普夏州，美國 New Hampshire
新加坡 Singapore
新西伯利亞，俄羅斯 Novosibirsk
信德工業貿易園區 Sindh Industrial Trading Estate
象牙海岸 Cote d'lvoire
敘利亞 Syria
雪梨，澳洲 Sydney

ㄓ

芝加哥，美國 Chicago
智利 Chile
扎日南木錯湖，中國 Zhari Namco
札赫蘭，沙烏地阿拉伯 Dhahran
政府開發援助 Official Development Assistance, ODA
政體 IV 計畫 Polity IV Project
朱巴，南蘇丹 Juba
朱拜勒，黎巴嫩 Byblos
中非共和國 Central African Republic
中國 China
中國兵器工業集團 NORINCO Group
中國兵器裝備集團 CSGC
中國電子科技集團 CETC
中國航空工業集團 AVIC

UCDP
烏拉圭 Uruguay
烏魯克，伊拉克 Uruk
烏克蘭 Ukraine
烏爾，伊拉克 Ur
吳哥，柬埔寨 Angkor
伍德蘭市，美國 Woodlands
勿加泗，印尼 Bekasi
瓦拉納西，印度 Varanasi
瓦沙特昆吉，印度 Vasant Kunj
沃福市，美國 Watford City
渥太華，加拿大 Ottawa
威尼斯，義大利 Venice
威利斯頓，美國 Williston
威克島 Wake Island
威斯康辛州，美國 Wisconsin
維基媒體流量分析報告 Wikimedia Traffic Analysis Report
維基共享資源 Wikimedia Commons
維吉尼亞州，美國 Virginia
維查耶納加爾，印度 Vijayanagar
委內瑞拉 Venezuela
溫哥華，加拿大 Vancouver
文契斯特，美國 Winchester

ㄩ

約翰尼斯堡，南非 Johannesburg
越南 Vietnam

ㄚ

阿布札，奈及利亞 Abuja
阿帕拉契山脈，美國 Appalachians
阿曼 Oman
阿富汗 Afghanistan
阿富汗內戰 Afghan Civil War
阿拉巴馬州，美國 Alabama
阿拉伯聯合大公國 United Arab Emirates, UAE
阿拉斯加，美國 Alaska
阿勒波，敘利亞 Aleppo
阿根廷 Argentina
阿克拉，加納 Accra
阿肯色州，美國 Arkansas
阿什哈巴特，土庫曼 Ashgabat
阿森松島 Ascension Island
阿爾馬茲・安泰公司 Almaz-Antey
阿爾及利亞 Algeria
阿爾及爾，阿爾及利亞 Algiers

ㄜ

厄利垂亞，非洲 Eritrea
厄瓜多 Ecuador
俄羅斯 Russia
俄羅斯帝國 Russian Empire
俄亥俄州，美國 Ohio

ㄞ

埃佛勒斯峰 Everest
埃里都，伊拉克 Eridu
埃及 Egypt
埃森，德國 Essen
艾比爾，伊拉克 Erbil
愛達荷州，美國 Idaho
愛荷華州，美國 Iowa
愛爾蘭 Ireland

ㄠ

奧地利帝國 Austrian Empire
奧地利王位繼承戰爭 War of Austrian Succession
奧勒岡州，美國 Oregon
奧蘭多，美國 Orlando
奧蘭吉鎮，巴基斯坦 Orangi Town
奧克拉荷馬州，美國 Oklahoma
奧斯陸，瑞典 Oslo
奧斯陸和平研究所 Peace Research Institute Oslo, PRIO
澳大拉西亞 Australasia
澳大利亞戰略政策研究所 Australian Strategic Policy
　　Institute, ASPI
澳洲 Australia

ㄡ

歐盟聯合研究中心 Joint Research Center, JRC
歐盟聯合研究中心 Joint Research Centre, JRC
歐洲太空總署 European Space Agency, ESA
歐洲疾病預防控制中心 European Centre for Disease
　　Prevention and Control, ECDC
歐文，美國 Irving

ㄢ

安布拉查冰河，尼泊爾 Ambulapcha Glacier
安托普山，印度 Antop Hill
安納保，美國 Ann Arbour
安哥拉 Angola
安卓曼，伊朗 Anjoman

ㄣ

恩特普來士，美國 Enterprise
恩吉格米，尼日 Nguigmi
恩加美納，查德 N'Djamena

ㄤ

昂拉仁錯湖，中國 Ang Laren Lake
昂孜錯湖，中國 Ngangze Co

其他

L3 科技公司 L3 Technologies
NASA 火災資訊資源管理系統 NASA-FIRMS

國家圖書館出版品預行編目(CIP)資料

未來生存地圖：面對下一個百年，用 100 張地圖掌控變動
世界中的威脅與機會 / 伊恩 . 高丁 (Ian Goldin)，羅伯特 . 穆加
(Robert Muggah) 著；趙睿音譯 .– 初版 .– 臺北市：日出出版：
大雁文化事業股份有限公司發行，2021.11
　520 面 ;17*23 公分

譯自：Terra incognita : 100 maps to survive the next 100 years.

ISBN 978-626-7044-07-0(精裝)

1. 未來學 2. 未來衝擊 3. 全球化

541.49　　　　　　　　　　　　　　　110017551

未來生存地圖
面對下一個百年，用 100 張地圖掌控變動世界中的威脅與機會
TERRA INCOGNITA
100 MAPS TO SURVIVE THE NEXT 100 YEARS

Copyright © Ian Goldin, Robert Muggah, Paul Dille, Ryan Hoffman and Gabriel
O'Donnell 2020
First published as TERRA INCOGNITA by Century, an imprint of Cornerstone.
Cornerstone is part of the Penguin Random House group of companies.
Typesetting and design by Roger Walker
Features EarthTime images by CREATE Lab
Features additional images by Roger Walker

This edition arranged with Cornerstone a division of The Random House Group
Limited through Big Apple Agency, Inc., Labuan, Malaysia.
Traditional Chinese edition copyright:
2021 Sunrise Press, a division of AND Publishing Ltd.
All rights reserved.

作　　　者　伊恩‧高丁（Ian Goldin）、羅伯特‧穆加（Robert Muggah）
譯　　　者　趙睿音
責任編輯　李明瑾
協力編輯　吳愉萱
封面設計　張　巖
內頁排版　陳佩君
發 行 人　蘇拾平
總 編 輯　蘇拾平
副總編輯　王辰元
資深主編　夏于翔
主　　　編　李明瑾
業　　　務　王綬晨、邱紹溢
行　　　銷　曾曉玲
出　　　版　日出出版
　　　　　　地址：台北市復興北路 333 號 11 樓之 4
　　　　　　電話（02）27182001　傳真：（02）27181258
發　　　行　大雁文化事業股份有限公司
　　　　　　地址：台北市復興北路 333 號 11 樓之 4
　　　　　　電話（02）27182001　傳真：（02）27181258
　　　　　　讀者服務信箱 E-mail:andbooks@andbooks.com.tw
　　　　　　劃撥帳號：19983379 戶名：大雁文化事業股份有限公司
初版一刷　2021 年 11 月
定　　　價　1260 元
版權所有‧翻印必究
ISBN 978-626-7044-07-0